国家语委"十二五"科研规划基地重大项目（ZDJ125-4）
国家语委"十二五"科研规划重大项目（ZDA125-21）

英语能力及评价国际考察研究

主　编　梅德明
副主编　杨媛媛　高文成　霍艳娟

上海教育出版社

图书在版编目（CIP）数据

英语能力及评价国际考察研究/梅德明主编. 一上海：上海教育出版社，2018.11（2019.11重印）
ISBN 978-7-5444-8849-5

Ⅰ.①英… Ⅱ.①梅… Ⅲ.①英语—学习能力—对比研究—世界 Ⅳ.①H31

中国版本图书馆CIP数据核字（2018）第261312号

责任编辑　戴嘉子　金　枫
封面设计　朱博韡

英语能力及评价国际考察研究
梅德明　主编

出版发行　上海教育出版社有限公司
官　　网　www.seph.com.cn
地　　址　上海永福路123号
邮　　编　200031
印　　刷　上海叶大印务发展有限公司
开　　本　787×1092　1/16　印张 20
字　　数　436千字
版　　次　2018年12月第1版
印　　次　2019年11月第2次印刷
书　　号　ISBN 978-7-5444-8849-5/G·7330
定　　价　58.00元

如发现质量问题，读者可向本社调换　电话：021-64377165

前　言

《英语能力及评价国际考察研究》是国家语委"十二五"科研规划基地重大项目"我国大中小学学生外语能力标准及评价体系研究"（编号：ZDJ125-4，负责人：梅德明）的子课题，同时也是国家语委"十二五"科研规划重大项目"语言教育规划研究"（ZDA125-21，负责人：陈坚林）的子课题之一。

该课题以我国外语教育应助力构建人类命运共同体和中外人文交流互鉴为基本理念，立足我国国家外语规划的战略需求以及国民外语能力的发展需求，基于国际教育界发展国民21世纪核心素养的大趋势，以家国情怀、全球视野和广泛调研，对以英语为主要外语的学生语言能力培养标准以及评价指标体系进行国际考察和跨地区比较研究，涉及德国、法国、芬兰、韩国、荷兰、加拿大、马来西亚、墨西哥、日本、新加坡、以色列、印度、英国、欧盟以及中国。此外，也对俄罗斯、澳大利亚和美国三个国家的非英语外语教育进行了考察，并对经合组织的PISA语言能力测试中关于全球胜任力和阅读素养的测评进行了全面介绍与分析。在调查研究及比较的基础上，系统阐述所考察的语言对象国和地区、国际组织和教育机构等有关英语（外语）能力和评价标准的现状及发展趋势，对新时代我国国民外语能力建设的发展规划和教育指导具有战略参考价值和现实意义。

通过广泛而深入的国际考察，我们清楚地意识到，置身于全球化、信息化、智能化新时代的学生，他们面对一个富有挑战的世界和不可确定的未来，这对我们的外语教育提出了新的要求。基于科技进步的21世纪外语教育，学习形态呈现出多样化发展趋势，如社会学习、可视学习、移动学习、自主学习、合作学习、探究学习、深度学习、建构学习等学习方式层出不穷。面向人类命运共同体建设的国民外语教育要守正创新，重塑教育生态，回归育人本质，加强品格塑造和能力培养，以立德树人为根本任务，以发展学科核心素养为具体目标，体现外语教育的国际发展趋势，体现融知识技能、过程方法、情感态度价值观于一炉的学科核心素养发展导向，致力于培养有情怀、有视野、有胜任能力的时代新人。

三百年来，我们的教育深受夸美纽斯教育思想的影响，始终将知识传授和知识学习置于教育的核心位置，并试图通过教育实验来实现"泛智教育"。进入21世纪后，这种"知识本位教育观"受到了广泛的质疑。在全球化、信息化、大数据时代的今天，知识的增长速度和更新速度不断加快，信息产生和更替的速度已远远超过信息储存能力提升的速度。我们的教育已无法做到"把一切知识教给一切人"。因此我们需要改革基于知识和技能发展的教学模式和学习方式，将知识体系优化整合，将知识和技能融会贯通，帮助学生在学习过程中同步构建知识体系、运用能力和价值观念，使知识、技能、态度有机融合。

我们已进入了一个互联互通、互鉴互惠、共建人类命运共同体的新时代。我们面临着越来越多的全球性的机会和挑战。拥抱全球性机会，迎接全球性挑战，需要我们具有全球意识、全球思维和全球胜任力。全球胜任力是全球化时代的综合素养，是人们为了适应信息时代、知识社会和全球化时代的需要，将所学的知识与技能用于解决全球性复杂问题的关键能力和必备品格。全球问题既涉及语言学科和自然学科，也涉及相关地区的历史、地理、人文等知识，以及对跨文化、跨疆界等问题的理解。发展和提升国民基于民心相通、文明互鉴的全球胜任力是各国教育界的主要关切，也是当今社会发展的必然选择。民心相通的重要基础是语言互通。语言是人类文明世代相传的载体，是沟通理解的钥匙，是文明交流的纽带。采取措施提升国民多种语言的能力，有助于满足日益显现的全球社会需求。

通过对英语能力和评价的国际考察，我们深切地认识到，作为人类命运共同体的建设者和推动者，我们的学生应至少熟练掌握一门外语，并能有效应用所学的知识与技能，与具有多元文化背景、不同价值观念和思维方式的人们进行交流与合作。我们的学生需要跨越文化差异、观点差异、价值差异、思维差异的障碍，与来自其他文化背景的人们建立互信、互动、互助关系。因此，人类命运共同体的建设者需要全球意识和胜任力。面向人类命运共同体的我国外语教育必须帮助学生形成进入未来世界所需要的全球意识和胜任力，即帮助学生在学习和掌握外语知识和语用能力的同时，形成构建人类命运共同体所需要的情感、态度和价值观，发展全球胜任力。这种胜任力不仅仅是语言沟通能力，更重要的是从多个角度审视、分析、理解、评判并积极回应全球和跨文化议题的能力和态度，了解不同观念产生的历史地理原因和社会文化原因，理解差异性对认知能力以及元认知策略产生的影响，尊重基于历史社会原因人们的多元价值观念，发展与不同文化背景的人进行开放、恰当、有效互动的人文交流与合作的胜任力。

英语是当今世界广泛使用的国际通用语，是世界多元文化和文明成果的重要载体，是国际交流与合作的重要工具，在英语教育教学中融入核心素养的培养和发展，这是时代赋予外语教育工作者义不容辞的重要使命。我们应该帮助学生在学习英语的同时，拓宽国际视野，树立跨文化意识和人类命运共同体意识，领悟世界文化的多样性和丰富性以及民心相通的重要性；通过分析、审视、鉴别多元文化现象所反映的价值取向，感悟、汲取优秀文明成果，描述、比较、阐释、评价中外文化，坚定文化自信，形成正确的价值观、健康的审美情趣和道德情感；同时，引导学生学会用所掌握的英语知识和技能向世界讲述中国故事，传播中华文化蕴含的思想观念、人文精神、道德规范以及时代风采，积极参与中外人文交流与合作，成为人类命运共同体的建设者、维护者和推动者。

本书的撰写得到了课题参与者的积极支持，其中德国、芬兰和荷兰部分由计霄雯完成,俄罗斯部分由黄晓玲完成,法国部分由马晓彦完成,韩国部分由李莲玉和尹悦完成,加拿大和英国部分由刘颖呈完成,马来西亚、澳大利亚和美国部分由申奥完成,墨西哥部分由张礼骏完成,日本部分由刘臻完成,新加坡部分由杨媛媛完成,以色列部分由侯香浪完成,印度和欧盟部分由吴晓芳完成,经合组织部分由孙娟完成,中国部分由刘钰、杨媛媛和刘颖呈完成。在此,对所有参与者的辛勤付出一并表示感谢!

梅德明

上海外国语大学外语战略研究中心

2018 年 5 月 20 日

目 录

第一章 德国英语能力及评价 ... 1

　　一、英语在德国的生态状况 / 1
　　二、德国英语教育政策 / 2
　　三、德国英语教学模式 / 8
　　四、德国英语教学评价 / 11

第二章 俄罗斯外语能力及评价 ... 16

　　一、俄罗斯的语言生态 / 16
　　二、俄罗斯的语言政策 / 16
　　三、俄罗斯的外语教育 / 17
　　四、俄罗斯的外语评价 / 18

第三章 法国英语能力及评价 ... 22

　　一、英语在法国的生态状况 / 22
　　二、法国英语教育政策 / 23
　　三、法国英语教育体系 / 26
　　四、法国英语教学评价 / 29

第四章 芬兰英语能力及评价 ... 33

　　一、英语在芬兰的生态状况 / 33
　　二、芬兰英语教育政策 / 34
　　三、芬兰英语教育体系 / 38

四、芬兰英语水平评价 / 41

第五章　韩国英语能力及评价　　46

一、英语在韩国的生态状况 / 46
二、韩国英语教育政策 / 48
三、韩国英语教育体系 / 51
四、韩国英语能力评价体系 / 56

第六章　荷兰英语能力及评价　　66

一、英语在荷兰的生态状况 / 66
二、荷兰英语教育政策 / 68
三、荷兰英语教学体系 / 71
四、荷兰英语教学评价 / 73

第七章　加拿大英语能力及评价　　78

一、英语在加拿大的生态状况 / 78
二、加拿大英语教育体系 / 78
三、加拿大英语能力评价体系 / 81

第八章　马来西亚英语能力及评价　　94

一、英语在马来西亚的生态状况 / 94
二、马来西亚英语教育政策 / 95
三、马来西亚英语教育体系 / 97
四、马来西亚英语能力评价体系 / 98

第九章　墨西哥英语能力及评价　　103

一、英语在墨西哥的生态状况 / 103
二、墨西哥英语教育政策 / 105

三、墨西哥英语教学体系 / 108
　　四、墨西哥英语教学评价 / 111

第十章　日本英语能力及评价　　114

　　一、英语在日本的生态状况 / 114
　　二、日本英语教育政策 / 116
　　三、日本英语教育体系 / 119
　　四、日本英语能力评价体系 / 121

第十一章　新加坡英语能力及评价　　127

　　一、英语在新加坡的生态状况 / 127
　　二、新加坡英语教育政策 / 129
　　三、新加坡英语教育体系 / 130
　　四、新加坡英语能力评价体系 / 134

第十二章　以色列英语能力及评价　　137

　　一、英语在以色列的生态状况 / 137
　　二、以色列英语教育政策 / 138
　　三、以色列英语教育体系 / 140
　　四、以色列英语能力评价体系 / 141

第十三章　印度英语能力及评价　　150

　　一、英语在印度的生态状况 / 150
　　二、印度英语教育政策 / 151
　　三、印度英语教育体系 / 154
　　四、印度英语能力评价体系 / 157

第十四章　英国英语能力及评价　　160

　　一、英语在英国的生态状况 / 160

二、英国语言教育政策 / 161
三、英国英语教育体系 / 165
四、英国英语能力评价体系 / 171

第十五章　澳大利亚外语能力及评价　　185

一、澳大利亚外语生态状况 / 185
二、澳大利亚外语教育政策 / 185
三、澳大利亚外语教育体系 / 188
四、澳大利亚外语能力评价体系 / 190

第十六章　美国外语能力及评价　　200

一、美国外语生态状况 / 200
二、美国外语教育政策 / 200
三、美国外语教育体系 / 202
四、美国外语能力评价体系 / 204

第十七章　欧盟英语能力及评价　　214

一、英语在欧盟的生态状况 / 214
二、欧盟英语教育政策 / 216
三、欧盟英语教育体系 / 218
四、欧盟英语能力评价体系 / 223

第十八章　经合组织语言能力及评价——以PISA语言能力测试为例　　228

一、PISA简介 / 228
二、全球胜任力 / 232
三、阅读素养 / 232
四、中国参加PISA情况 / 240
五、PISA对世界各国教育政策的影响 / 241
六、PISA的启示 / 243

第十九章　中国英语能力及评价　　246

第一部分：中国大陆地区英语能力及评价 / 246
一、英语的生态状况 / 246
二、英语教育政策 / 247
三、英语教育体系 / 250
四、英语能力评价标准及体系 / 259
五、结论及建议 / 270

第二部分：中国香港地区英语能力及评价 / 273
一、英语的生态状况 / 273
二、英语教育政策 / 275
三、英语教育体系 / 276
四、英语能力评价体系 / 279

第三部分：中国台湾地区英语能力及评价 / 287
一、英语的生态状况 / 287
二、英语教育政策 / 292
三、英语教育体系 / 295
四、英语能力评价体系 / 300

第一章
德国英语能力及评价

德意志联邦共和国(The Federal Republic of Germany),简称德国,地处中欧,北邻丹麦,西邻荷兰、比利时、卢森堡、法国,东接捷克、波兰,南部与瑞士和奥地利接壤。截至2015年,德国总人口为8 119万[19],是欧盟人口最多的国家[20]。民族主体为德意志人,有少数丹麦人、索布人及其他少数民族[21]。另外还有754万名外籍人口,占人口总数的9.29%,其中最多的是土耳其人,共152万(2014年底数据)[19]。由于来自不同国家和民族的人们共同生活在德国,跨文化交流无处不在。外语教育在德国是社会经济发展的需要,社会语言现状也为语言教育事业的发展提供了肥沃的土壤。

一、英语在德国的生态状况

1.1 德国的语言生态

德国的语言生态具有多样性,包括官方语言、少数族群语言、移民语言以及其他外语等。

1.1.1 德国的官方语言

德语是德国的官方语言,全国超过95%的人口以德语作为第一语言[22]。此处德语是指标准德语或其他德语方言(如低地德语方言),这些方言的使用在德国受到保护。此外,在欧洲,德语是使用者最多的语言,拥有约9 700万母语者,占欧盟总人口的四分之一以上,远多于法语、英语以及西班牙语等[23]。除德国外,奥地利也将德语作为自己唯一的官方语言,卢森堡和比利时也将德语其作为官方语言之一。

1.1.2 德国的外语

大多数德国人都把英语作为学校的第一外语,有时第一外语也可能是法语或拉丁语,但通常情况下,这两种语言是作为第一外语——英语之外的第二或第三外语。学校也经常根据自身所处的地理位置选择教授俄语、意大利语、西班牙语、波兰语、荷兰语、古希腊语或其他语言。

1.2　英语与德国民众的关系

今天多方面的原因使英语成为世界范围最通用的国家交流语言。英国和美国依靠其强大的经济实力、发达的科技水平以及世界影响力,将自己的生活方式和价值观传播到世界各地。英语作为交流工具和文化传播的载体,也扩散到世界许许多多国家的语言和生活中。德语中的英语现象也层出不穷。

20世纪,德国公众语言出现的新兴词汇中,有60%来自英语或者是由英语经过德语化而形成的词[11]。英语已经融入了德国人的日常生活,例如德国的超市被称为shopping center,德国快递将包裹大小分为small, medium, large和extra large,在计算机领域德语也吸收了许多英语词汇,如hardware, email, chat等,或者根据原词创造出新的德语词,如cursor对应lichtmark, download被直译为herunterladen, driver被翻译为treiber, mouse被翻译为maus,数不胜数。此外,还有不少人认为英语单词相比于德语更简单、精确,使用也更方便,如stress比anstrengung、balance比gleichgewicht更短,因此越来越多的英语词汇开始融入德国的社会和日常生活中。

互联网这一"新媒体"对语言这一文化载体也产生了显著的影响。早在1999年,德国的互联网接口用户就已经超过了100万[11]。互联网起源于美国,无论是互联网术语还是网页语言,都充斥着大量的英语词汇,如browser, chat, cyberspace, homepage, online, server, web和messenger等,几乎不需要再翻译成本国语言。因此,互联网的广泛使用也扩大了英语对德国语言生态系统的影响。

1.3　德国人的英语能力

2015年,"英孚教育"发布了全球成年人英语熟练程度指标。在参与测试的70个国家中,德国的成绩排名第11位[32]。雅思考试官方网站显示:2015年雅思学术类(A类)考试,德国考生的平均分为7.2,各分项均分在6.5—7.5之间[33]。

二、德国英语教育政策

语言不但具有承载和传播文化的功能,而且对一个国家的政治地位、经济发展和综合国力具有重要的影响。因而,一个有效的语言战略对一个国家的发展非常重要。外语教育政策是语言战略的重要组成部分,它是社会发展和外语教育互相作用的反映,决定一个国家的外语教育导向。德国作为欧盟四大经济体之一,在世界政治和经济中扮演着举足轻重的角色。语言教学一直以来被认为是德国教育体系的基石,外语教育的多样性和发挥的效果是维持德国经济发展的前提和保障。

2.1 德国英语教育简史

1957年,《罗马条约》签订,标志着欧洲经济共同体(Europaeische Wirtschaft Gemeinschaft,简称EWG或欧共体)的成立。欧共体促进了欧洲各国之间的贸易往来,同时也对外语人才产生了迫切的需要。许多欧洲国家都开始专注外语教育事业的发展,但第一步是要制定外语教育政策。1960年,德国联邦州文化教育部长联席会议(Kultusministerkonfernz der Länder,简称KMK)通过了《文理中学高年级课程规则框架协议》。该协议规定了需要设置第一外语作为必修课的年级,同时也对开设第二和第三外语等事宜做了规定,明确要求给学生们提供更好的外语学习机会,营造更好的外语学习环境。随后出台的《柏林宣言》和《汉堡协议》都指出,国家长期有效的发展需要以正确的教育规划为前提条件。根据这两个文件的规定,中学需要开设现代外语课程,高中生必须完成两门外语类必修课。同时,强调外语课作为学校必修基础课设置,要求在普通中学、专科高中以及文理中学的不同阶段设置外语课,要求将第一外语(通常为英语)作为必修课[10]。《汉堡协议》确定外语是中学最主要的基础课程之一。小学外语教学也被提上日程,规定第一外语课程从五年级开始。1972年《波恩协议》进一步明确外语与德语、数学一样是基础课程。这一时期是德国外语教育政策初步形成阶段,主要目的是增强人们对外语学习重要性的认识,提高学习者的语言交际能力,鼓励外语教育,扩展外语学习者的人数,使外语教育逐步普及[10]。

20世纪80年代末到90年代初,欧盟先后提出多个教育计划,包括著名的"伊拉斯谟"、"苏格拉底"和"达芬奇"计划。这些计划旨在促进欧盟各国继续教育和培训领域的协作,推动各国人员间语言多样化发展和终身学习的实施。1990年德国统一,对整个联邦教育体系也提出了相应要求。十六个联邦州文化教育部部长努力协调各州的教育规定,力求建立一套统一的教育政策。首先,对小学外语课程提出改革建议,如增加小学外语课程的内容,确认采用游戏的学习方式,强调外语课程应与其他课程的内容和方法紧密结合在一起,口语优先等。改革建议还认为,孩子在这个年龄阶段开始学习外语,有利于获取外语知识,在小学阶段打下系统坚实的基础有利于在中学开始学习第二门外语。小学开设外语课能改变学生未来的生活。其次,颁布了英语、法语、意大利语、西班牙语、俄语、汉语和日语等语种的统一考试要求。这标志着各州对各语种的教学目的、内容、方法和测试都制定了统一的评判标准,有利于各州的外语教学互相协调,逐步走向统一。最后,补充了一条规定,即在文理中学六年级可以学习第二外语,八年级可以学习第三外语,提前了第二外语及第三外语的学习年龄[19]。这一时期德国的外语教育政策倾向于降低学习者的年龄,促进除英语、法语以外的其他非通用外语的教学和学习,鼓励对外语教学和学习的投入,提高外语教学的质量,提供学习不同外语的机会等。

2001年,欧盟委员会颁布了《欧洲语言共同参考框架:学习、教学、评估》(*Common European Framework of Reference for Languages: Learning, Teaching, Assessment*, CEFR),简称"欧框"。这个纲领性的标准不仅风靡整个欧洲外语界,而且对国际外语教育、语言规划和能力评估都有重要的参考价值。此后的《里斯本策略》《外语语言学习和语言多元化发展行动计划》以及2008年的《多元化语言：欧洲的共同资产和承诺》都鼓励支持欧盟各成员国内部实行多语政策，强调外语能力对实现欧盟经济发展的重要作用[16]。同时，欧盟委员会还把多语政策从教育和文化事务中分离出来，设立专职部门负责执行。

在此背景下，德国先后两次对《波恩协议》进行修订，对外语课程教学、考核和毕业考试的要求进行更为详细的规定，要求每周的外语课程不少于3个学时。同时，详细说明外语课堂教学在语言、文学和艺术课程领域中的基本要求，并要求进一步扩展对语言结构的认识能力，注重语言交流和表达能力，对德国外语教学，尤其是文理高中的英语教学提出了更高的要求。此外，还有两个针对移民及外国学生的外语教育政策：一是允许移民学生将原来国家的语言作为必修外语；二是允许外国学生将母语作为第二外语[12]。

总之，这一时期的德国外语教育政策具有更强的包容性，目的在于促进所有语言的学习，包括地区性或少数民族的语言、移民的语言以及世界上其他主要语言。

2.2 德国的英语教育政策

2.2.1 德国英语教育标准

2001年，德国学生在国际学生评估项目（PISA）中表现不佳。由此，引发了德国教育界对现行教学方式的反思。德国联邦政府教育与文化部常务委员会也制定了相应的全国性外语教育标准[37]，最主要的改变是从强调输入转向强调输出。为了提升教学效果，德国双语教学将外语作为其他学科的授课语言，以外语作为教学媒介语来强化外语学习。把外语从教学对象转变为教学工具，以直觉学习代替规则讲解，通过增加语言输入量提高学生的语言应用能力[10]。

该标准将语言能力定义为"学生能够或将能够做什么"。这拓展了教学拘泥于该教什么话题和内容的问题。语言能力是学习者固有或后天习得，用于解决特定问题的认知能力和技巧，并根据自身和社会需求在不同环境中进行合理运用。这份国家外语教育标准为学校教学确立了导向，强调学习产出的结果，确保教学工作的效果。为此，德国教育系统要求研究人员进行实证研究，评价学生能力是否满足该标准，并建立有效的管理机制。目前，已经针对英语和法语建立了相应的政策和测评等级。

在德国，英语作为外语的语言能力研究是目前最全面、最有意义的能力测试研究[15]。该项研究的结果受到广泛关注。它调查了11 000名学生在一个学年的语言发展过程，构建了学生的英语能力水平框架；采用不同的研究方法和测试工具，运用定性和定量两种方法，分析外语的整体能力和分项能力，如听力、篇章理解和语法，并对研究对象做了深入探讨。Hartig & Hohler利用项目反应理论模型和语言的分项互动技巧测试学生完成任务的语言能力水平[1]。他们认为，利用语言的分项能力比整体语言水平测试更能准确评价学生的外语知识和交际能力。语法、阅读理解和听力水平研究表明，基于已有理论框架下的测试项目，结合心理测试工具，能够提供丰富的语言能力维度的评价。从心理测量学角度评估学生的外语能力是一个创新，但也需要结合外语教学方法将研究成果运用到课堂教学。

基于以上项目，Pant 等人在建立外语能力标准的过程中采用了大范围调查方法[1]。在评估全国教育标准方面，学生外语能力测试统计分析结果都能被研究者、教师和学生接受。研究分析了分界分值在两个临界水平项目的区分度和准确性，测试项目包括 2 932 名学生的英语阅读和听力水平。所测试的 74 个听力和阅读测试项目设置了分界分值。参与研究的 45 名教育专家被分成 4 组，其中 2 组为语言教师组成的同质组，另外 2 组为混合组，包括教师、外语教育研究者、心理测量学家和教育部门人员。研究结果表明，专家对外语能力标准的界定存在较大差异，外语教师同质组在设定分界分值标准时低于混合组的标准。研究同时还指出，有声思维（Think Aloud）的运用可以进一步加深对专家组的标准设置的研究。

德国外语教育标准的制定过程促使外语教育评价得到广泛关注，促进了大量语言能力的实证研究。值得注意的是，外语教育的相关研究者，包括心理学家和教育科技人员，在研究方法上有所转向，比如将项目反应理论和心理测量模型运用到外语研究中。因此，学生外语能力标准的多维研究视角将使外语教学实践中所获得的数据更具可信度和有效性。

2.2.2　英语教师的培养政策
2.2.2.1　德国英语教师培养的三个阶段

德国的师范教育始于 17 世纪末。在教育史上，德国被认为是世界上最早建立师范教育机构的国家之一。现代教师教育继承了师范教育的传统并逐步发展成熟[3]。不同于传统师范教育的是，教师教育在遵循学科教育的基础上，有很大的开放性。综合性大学以学科为体系，本科教育并不包括对"准教师"（即师范生）的职业培养。本科阶段的教育重点在于学科的体系性和学科相关的能力培养。毕业生中有意愿从事教师职业的学生要参加为期两年以上的在校见习和教学实习，并通过国家考试，才能进入中学任教。

具体来说，德国对于教师的培养分为三个阶段，即修业阶段、实习阶段以及在职培训阶段。第一阶段是在大学获取学位，主要学习学科必备的基础知识和理论。以柏林大学在校教育时间为例，中学教师要 5—6 年，学习期间须完成 3 个月的在校见习。第一阶段结束前，必须通过第一次国家考试。第二阶段是在中学进行为期 2 年的教学实习，着重培养作为教师应该具备的执教能力。第一年为引导和试教阶段，即在老师的指导下试教。一般情况下，学生上午见习或试教，下午在研修班学习讨论。第二年才开始独立承担一个班的教学。这一阶段实习是有薪实习，结束前要通过第二次国家考试。第三阶段是在职培训阶段，目的是增强教师适应社会的能力，做到师资队伍的可持续发展，主要包括自主学习和派出培训。政府及教育团体经常举办各种在职教育，教师在业余时间可自主参加培训；同时经校方许可，教师可以在师资培训机构学习，从而进一步提高自己[9]。

2.2.2.2　德国英语教师的培养优势

德国作为欧盟成员国之一，执行统一的欧盟语言政策，即重视母语、英语及另外一门外语的学习。作为欧盟成员交流的主要语言，英语被认为是第一外语，在教育体系中有着举足轻重的地位。英语教育也得到了充分地发展[40]。英语师资的培养在入学门槛、课程设置、考试和质量监控等方面都有较为明显的特色和优势。

首先，大学英语专业的入学门槛要求较高，大学入学新生的英语水平较高。德国基础教育以人为本，不同的学生有良好的个性化发展，准备上大学的学生都需在文理中学读完十三年级，有较强的学习能力，且必须通过毕业考试。良好的基础教育，加上德语和英语的语言联系、欧盟语言政策的推动、经济发展为教育提供的保障（如小班教学、英语国家访问交流）等因素，使得申请大学英语专业的学生英语水平较高，基本通过语言关，可以进入以内容为主的学习阶段，为教师培养奠定了良好的英语语言基础。

其次，英语专业的课程设置以学科为基础。通过实施学分制促进学生自主选择和个性化发展。学习形式以启发式、研究式为主，在积累语言和文学理论知识的基础上，不断塑造学生良好的学术水平和专业能力[4]。以柏林自由大学英语系为例，开设的课程包括英语文学、英语语言研究、跨文化交际等几大模块。根据学科体系，学生选择以某个模块为主的课程，同时可以适当选择其他模块的课程。课程形式包括讲座课、讨论课和练习课。由于学生有基本的英语交流能力，课堂用语是英语，关注的焦点不是语言形式而是学科内容，且根据课程性质的不同采用不同的课程形式。英语语言学导论课程以讲座课为主，辅之以练习课。讲座课主要介绍语音学、词汇学、句法学等语言学分支，练习课巩固所学知识。世界英语变体研究课程则以讨论课为主，教授在前两次授课时对这门课程进行基本介绍后，就把学生分成若干小组，每个小组负责一个话题的讨论，包括口头介绍和课程论文。教授只在每节课的最后给予总结和评价[9]。这样的课程设置不仅符合学科体系，更有利于培养学生的语言分析和研究能力，为未来英语教师提供专业理论知识的源泉。

第三，重视教学实践。教育实习和国家考试的内容具有很强的可操作性。教师培养的第一阶段要完成3个月的教学见习，第二阶段在中学老师的指导下从试教到独立教学，历时2年。在教育实习过程中，指导教师和实习学生继承了德国教育的"师徒式"加"研讨会"的传统，使实习生在实践中有明显提高，逐步发展成为"成熟型"教师[6]。同时，带薪实习为此提供经济保障。更重要的是，考试是形成性和终结性评价的结合，考试内容不同于我国的"标准化测试"，而是包括课堂演示、课后报告以及口笔试结合的综合评价。入学考试、中期考试和学士学位考试均由所在学校命题，国家考试由所在州命题。所有考试包括口试和笔试，笔试为主观题。

第四，职前培养和在职培训有机结合，是教师资源可持续发展的重要保障。由于德国教育投入大，中小学班级人数少（英语课一般不多于20人），每个教师的工作量适当，教师的国际交流项目多，教师可以在职任教的同时，不断提高自己。值得一提的是，很多有一定经验的中学英语教师同时受聘于大学英语系做讲师，给在校学生开设英语教学研讨课，同时和大学教授一起，参与如教材编写、课堂教学改革等教学研究项目，不断提高学术能力，并回馈到中学的教学实践中去。

2.3 欧盟外语教育政策对德国英语教育的影响

自欧盟成立以来,制定了多个语言政策方面的规定,如《博洛尼亚宣言》(*The Bologna Declaration*, 1999)[32]《欧洲语言共同参考框架:学习、教学、评估》(*A Common European Framework of Reference for Languages: Learning, Teaching, Assessment*, 2001)[30]《促进语言学习和语言多样化行动计划》(*Action Plan for Language Learning and Linguistic Diversity*, 2003)以及《欧洲教育与培训合作战略框架》(*A Strategic Framework for European Cooperation in Education and Training*, 2009)等,都对欧洲各国的外语教学导向有重大的影响[6]。

2.3.1 《博洛尼亚宣言》的影响

1999年,欧洲29个国家在意大利博洛尼亚召开会议,《博洛尼亚宣言》诞生。该文件明确欧盟要在2010年之前建立一个"欧洲高等教育区域"(European Higher Education Area,简称 EHEA)[7]。

《博洛尼亚宣言》详细阐述了以下几个方面的内容:(1)建立一个易懂且通用的学位体系,即在参会的29个国家的公立大学之间设立一个统一的学位体系,使得所有专业具有可比性,加强彼此间的认同和理解;(2)建立一个以本科和硕士为基础的高等教育模式,目的在于突显专业技术人才的培养;(3)建立一套欧洲学分转换系统(European Credit Transfer System,简称 ECTS),通用学分制度是各个高校走向统一和互相认同的基础;(4)鼓励各国师生和学术人员进行交流,即欧盟各个公立大学的师生都可以到其他大学学习或任教,促进欧盟各学校的师生和学术人员互通有无;(5)确保欧洲高等教育的教学质量,统一欧盟高等教育体系的最终目的就是保证大学的教学质量和所培养出的人才具有足够的竞争力,以此缩短欧盟与美国在科技、经济、文化等领域的差距;(6)改善欧洲各国高校之间的合作关系。《博洛尼亚宣言》的推出为欧盟各国大学之间的合作搭建了良好的平台,也为德国高等教育国际化提供了有力的帮助。

《博洛尼亚宣言》是欧盟各国教育国际化的指导方针,总结该宣言可得出其三个基本要素,即师资的国际化、课程的国际化以及学生的国际化。《博洛尼亚宣言》出台后,欧盟各国也都先后从这三个方面进行调整,包括现有课程体系的调整,设立新的国际化学位课程以及引入国际师资和学者。德国采取了如下措施:(1)设立新的学士和硕士学位,与原有的本科、硕士、博士学位系统共存;(2)为学位证书提供补充说明,用于介绍德国的学位;(3)为本国学生制定海外学习计划,并将其纳入学位课程之中;(4)推出与专业课程相对应的高级语言课程,即用外语教授专业课程,如"专业英语"。

2.3.2 《欧洲语言教学与评估共同纲领》的影响

在欧洲一体化进程的推动下,促进和引导外语教育朝着统一、明确的方向发展成为当务之急,《欧洲语言教学与评估共同纲领》也进一步加快了欧洲外语教育改革的步伐。欧委会研究和制订了用于指导欧洲各国语言教育的文件,并制定了多个关于现代外语改革框架的文件,如《现代外语:学习、教学、评估——欧洲共同课程指南框架》(Council of Europe, 1996)[18]等,提出欧洲地区外语教学的共同目标,为教育政策制定者、课程研究人员、教材编写人员、考试委员、教师、培训人员以及学生等提供参考。这一文件不仅有助于各国设立具体目标和评价标准,还对大纲设计、考试、教材、教师培训等产生影响。2001年,欧委会又颁布了《欧洲语言共同参考框架:学习、教学、评估》(Council of Europe, 2001)[17]。这是欧盟各国外语教学和评价的标准,它详细描述了语言学习者进行有效交流必须掌握的技能和应达到的标准,目的在于给欧洲语言教学的课程设计、大纲制定、语言测试和教材编写提供一个共同的参考。

2.3.3 《促进语言学习和语言多样化行动计划》的影响

《促进语言学习和语言多样化行动计划》包含三个具体的行动建议:(1)面对全体公民做好语言学习宣传工作,鼓励公民学习语言且将其作为终身学习的内容;(2)鼓励各层次的语言教学,包括学前、学校早期、中学教育、高等教育以及成人教育等,努力提高语言教学的质量;(3)建立"语言友好"学校,利用外语授课的专业课程、语言技能检测等进行语言教师培训和供应。这一文件的出台对在欧洲范围内营造良好的语言学习环境有着积极的作用。通过语言多样化行动,创立"语言友好型"社区,降低语言学习难度,为有语言学习需求的人提供便捷的设施等。这一系列的语言政策加快了德国政府在外语教学上制定措施的步伐,为外语教学质量的提升做出了积极的贡献[6]。

三、德国英语教学模式

3.1 德国英语教育体系概述

德国学校的授课语言一般包括德语和英语,德语学校将英语作为必修课,而英语学校则将德语作为必修课。这样,学生无论就读于哪一类学校都能够学好两种语言。这一方式为学生创造了良好的语言学习环境,有助于学生掌握语言、了解语言背后的文化。德国的外语教育始于小学阶段,但课时相对较少。外语教育的主要阶段在中学,英语教育基本在高中阶段完成,进入大学后不再开设大学英语课程。这样看来,德国中学生接受英语教育的时间少于中国学生,但是德国学生对英语的掌握程度却好于中国学生[9]。这可能与德国地处欧洲这一多语言文化交汇中心有关,也可能和师资、教材以及课堂教学有关,值得研究。

3.2 德国英语教育的课程设置

3.2.1 德国英语教材的编写

教材是课堂教学的重要组成部分,学生各种能力的培养离不开优秀的教材。然而,我国现行的英语专业教材"课文的选材不关注内容与知识的系统性和逻辑性"[8],缺乏一定的思想深度和知识广度,不利于培养学生的思辨能力。束定芳(2011)认为,德国英语教学的成功不仅得益于欧洲比较特殊的语言文化环境,高质量的教材也是一个关键因素[6]。因此,我们可以结合我国外语教学的实际,恰当借鉴德国英语教材编写的成功经验。

在德国,十年级对应中国的初中三年级,十一年级对应高中一年级。进入十年级后,德国学校会参考学生的学习成绩和兴趣进行分流,一部分学生进入高中,为随后的大学阶段做准备;而另一批学生则进入职业高中进行专业培训学习。由此可知,德国对于十年级英语学习的目标是基础达标,而对十一年级制定的目标是拓展提高。下面就详细说明德国巴符州的十、十一年级英语教材[13]。整本书包含四个话题,这里以第1个话题"成长(Growing up)"为例分析德国英语教材的特点。该单元具体的编排如表1所示:

表1 德国巴符州中小学英语教材某单元结构

话题 1	成长(Growing up)	
话题内容	文本类型与主题	交际和学习技能
引 言	图表——最低合法年龄限制图:关于成长的事实和数字	解释事实性图表;协调:协调争议
阅读篇章:迷幻公园	小说片段选摘:成长故事——人生的艰难	阅读技能:叙述技巧(视角、原型、环境描写类词汇);创意写作技能:故事续写
电影:青少年电影	经典电影:毫无理由的叛逆;青少年电影的成功要素	项目式活动:电影展示和分析
友情:如何检验真正的友谊;歌曲《雨伞》	网站:关于真正友情的测试;欣赏关于友谊的歌曲	讨论:就友谊给出建议;赏析关于友谊的歌曲
补充阅读	小说选读:改变这个孩子一生的那一天 视频片段:Nick Hornby的电视采访	阅读技能:叙述技巧(人物个性塑造、幽默、悬疑);讨论人生观点
补充阅读和听力	短篇故事:女孩子必须做出人生的选择; 听力:女孩子们不同的生活方式比较	阅读技能:叙述技巧(转折、象征);听力技能:变换视角
语 言	语言形式和功能:通过强调句式和色彩词,提高语言质量; 跨文化:准备一个学生交换项目; 日常英语:闲暇活动	强调句式复习:形容词和副词,词序,添加情感色彩;跨文化:比较清单,做出安排
结 论	做一个有责任感的人:Nick Hornby的小说片段选读流程图——你是一个有责任感的人吗?	讨论责任感;分析文本中的叙述技巧;独立思考—两人交流—小组分享:谈论责任感

(续 表)

话 题 1	成长（Growing up）	
话题内容	文本类型与主题	交际和学习技能
复习环节A：复习和考试		
你的理想是什么？		
跑马拉松的孩子们：年龄小，不能参加吗？	准备标准化测试：阅读理解、听力理解、口语、写作	多项选择练习，列出清单，编写并表演一段对话，表达观点，进行总结

从上面这个例子，我们可以了解德国英语教材的几个特点：

首先，德国英语教材以话题为主线，并且这些话题都与学生的生活息息相关。一本教材中的话题数量并不多，但是单个话题蕴含的内容十分丰富，表现形式也多种多样，包括图表、小说片段、影视歌曲等等。同时，教材将听说读写看这几项外语技能的练习融入话题中，有效地帮助学生运用各项技能，从而达到提升技能的目的。

其次，教材在技能训练上进行合理的分工，全面但同时也各有所侧重。例如"成长"这一话题的阅读技能重点在于学习"叙述技巧"。因此第一篇阅读材料以视角、原型和词汇学习为主，而第二篇材料以人物性格刻画、特殊描写手法的学习为主，第三篇阅读材料则将重点放在学习转折点和象征手法上。如此精心的安排让学生能够系统了解叙述技巧的各个方面，对阅读和写作都大有裨益。

最后，德国英语教材在文章的选择方面十分考究，阅读材料基本全是英文原版文章，这样就可以保证学习者能够接触到地道的英语。此外，德国英语教材还兼顾对学生应试能力的培养，每个话题之后都有一个综合性的模拟测试，目的在于让学生将所学知识融会贯通。总之，德国英语教材的编写同时兼顾了知识性、思想性和应试性技能的培养，利于学生的长远发展。

3.2.2 德国小学、中学和大学英语课程安排

德国的课程设置是在联邦课程标准的指导下完成的，由各个州自主管理。英语在德国的中小学属于重要的基础课程之一。德国小学阶段共有4年时间，一年级便开始学习外语，主要包括英语和法语，其中选择英语的学校占大多数。小学阶段每周会安排4个课时的英语课。小学阶段的英语学习力求遵循孩子的母语学习过程，因而学习形式通常为趣味性的活动，同时具有跨学科的特点，比较适合低龄学生的语言学习习惯。到中学之后，各州开始根据学生的水平和兴趣将其划分到不同的学校继续学习，然而无论哪一类学校，学生每周学习英语的时间基本上都维持在4至5个课时[36]。

2004年版的巴符州英语课程标准对中小学英语课程内容和能力做出如表2所示的解析：

表2 巴符州2004年版英语课程标准解析

小 学	所有中学
1. 学习语言的能力/学习策略 2. 交际策略和活动：接受/输出/互动策略；听、说、互动 3. 语言体系：语用、词汇、语音、语法能力 4. 普遍能力：世界知识、社会—文化知识、跨文化知识	1. 交际技能：听/视听、说、读、写、协助沟通 2. 语言体系：语音、词汇、语法能力 3. 文本 4. 文化能力：社会文化知识、跨文化知识 5. 方法性能力：学习语言的能力/策略、技术能力和口头陈述能力

由上表信息可知，德国中小学英语课程是以实际运用能力为导向的，在强调学习英语基础知识的同时也关注语言运用能力的发展，且不同学习阶段的教育侧重点有所不同。小学阶段专注于语言习得，突出语言学习的整体性和跨学科性；中学阶段细分为三个子阶段：五至九年级侧重语法教学；十年级复习语法项目；十一至十二年级以话题教学为主，侧重提高学生的语言交际能力。

德国公立大学的英语专业知识课程占总课程量80%左右，语言技能方面课程只占约20%[2]。德国大学的英语专业分为三大方向，包括语言学、文学与文化以及耳语教学。学生入学后首先学习专业知识，专业课程通常包括四个领域：文学类课程、文化类课程、语言学类课程以及英语语言技能培训课程[38]。课程类型也详细地分为初级研讨课、大型讲座课、研讨课和小班练习课。本科生的基础文学类课程是"文学导论"，主要学习研究文学著作时使用到的理论分析方法，属于必修课，其他必修课还包括英美文学作品选读[2]。文化类的课程内容较为丰富，使用的教材通常包括英文原版小说以及授课教师的研究成果等。语言学类课程的主要必修课是"语言学导论"，目的在于让学生了解语言学领域的研究内容和基本知识[2]。

英语专业的本科生和研究生在课程上有明显差异。本科生阶段的必修课远多于选修课，而硕士阶段则恰恰相反，这是为了让初入该领域的本科生能够对基本概念有充分的理解，从而为之后的学习打下坚实的基础。而进入研究生阶段后，选修课所占比例的增加是为了增加学生的知识深度并扩展学生的知识面。例如，本科阶段修完"句法学"这门必修课之后，会在研究生阶段安排选修研讨课——"句法理论"，这样学生既能充分理解句法方面的基本概念，又能对该领域专业知识的学习具有一定的深度和广度。

四、德国英语教学评价

作为欧洲四大经济体之一，德国的英语教育从课程设置到管理模式、从教学方式到评价方法，都体现"以人为本"的教育理念。

4.1 德国的英语评价理念

在德国，中小学任课教师会根据教学目标、要求以及对象差异性来制定英语测试的方法,力求评价模式的生活化和多元化。在校学生都有自己的个人档案,教师会将自己学生的整个学习过程记录在档案里,并据此了解不同学生的学习特点,从而调整教学方法。这种动态的、反馈式的教学和评价方法能够真正意义上做到因材施教。学生到中学毕业时需要参加全国性或者区域性的大规模英语能力测试,而为了获得高中毕业证书则要参加阿比托考试(Abitur)[35]。该考试有四门必考课程,其余课程为考查科目。外语属于必考课程,其中英语属于常选的外语之一[35]。

虽然德国的英语教育评价体系处在欧洲领先水平,但德国教育部门依然不断地完善评价方式。近年来,德国英语课程评价的改变趋势包括:由重视语言要素向重视语言能力的运用转变;从强调书面表达能力向强调口头表达能力转变;从重视评价结果向重视学习过程转变;从专注共性向专注个性转变[14]。譬如,听说能力测试要以课堂口语学习、分组讨论以及角色扮演等为依据;对小学生的英语评价要以口语水平为主,适当减少书面测试;而中学阶段使用口笔头检测相结合的方式进行评价。总之,评价不能完全依赖于静态的、书面的考试,还应该时刻关注学生的动态发展(档案记录)和口头实用交际能力。

4.2 德国英语能力的考核方式

与欧盟其他多数国家一样,德国英语课程体系的建立是基于《欧洲语言共同参考框架》(CEFR)[17]。CEFR由41个欧盟成员国的应用语言学家和教育专家经过十多年的研究而构建的,它包括课程开发、教学目标制定、教材编写以及测试评价等方面的内容,为欧盟国家的英语教育提供了一个重要参考。这一框架基于学生的语言运用能力,将其划分为ABC三个等级,每个等级又进一步细分为两个阶段,最后构成基础水平(A1,A2)、独立水平(B1,B2)以及熟练水平(C1,C2)三个语言运用水平递增的层级结构。德国巴符州依据CEFR框架对中小学不同类型学校各年级学生的英语运用能力作出水平界定,结果如表3所示[39]:

表3 德国巴符州中小学不同类型学校各年级学生英语能力水平界定

学校类型	年级	语言运用水平
文理高级中学	12	C1
	11	B2
	10	B1,部分B2
	8	A2
	6	A1
实科中学	10	B1
	8	A2
	6	A1

(续 表)

学校类型	年级	语言运用水平
普通中学	10	B1
	9	A2,部分B1
	6	A1
小 学	1—4	重视语言习得,未匹配相应能力水平

进入大学后,学生考核方式主要为学分制。一个英语专业学生在硕士毕业之前需要参加的考试包括入学考试、第四学期结束的中期考试、第八学期结束时的硕士资格考试或国家考试以及必修课单科课程考试。其中入学考试、中期考试以及用于检查确定学生是否能结业的必修课单科课程考试均由学校自行命题,国家考试由学校所在的州命题,考试形式分为口试和笔试两部分[4]。考试的内容多以主观性试题为主,涉及时事政治、各类文化现象等内容,对学生语言知识的深度和广度有较高的要求。[28]

参考文献:

[1] 郭高攀.基于研究项目分析的德国外语教育政策研究[J].内蒙古师范大学学报(教育科学版).2014,27(12):23-25.

[2] 金焱.从微观角度看德国公立大学英语专业的教学现状[J].教育教学论坛.2012,40:161-162.

[3] 李其龙.联邦德国的师范教育[J].教师教育研究.1989,2:76-81.

[4] 刘育东,秦永生.中德大学英语专业教学对比研究[J].河北大学学报.2010,35(6):131-136.

[5] 宋全成.简论德国移民的历史进程[J].文史哲.2005.3:86-93.

[6] 束定芳.德国的英语教学及其对我国外语教学的启发[J].中国外语.2011,1:4-10.

[7] 束定芳.高等教育国际化与大学英语教学的目标和定位——德国高校英语授课学位课程及其启示[J].外语教学与研究.2011,1:137-144+160.

[8] 孙有中.突出思辨能力培养,将英语专业教学改革引向深入[J].中国外语.2011,3:49-58.

[9] 田振江.德国英语教师培养的优势及对我国的启示[J].内蒙古师范大学学报(教育科学版).2012,25(11):53-56.

[10] 王淑杰.多元视角下的德国外语教育政策[J].比较教育研究.2011.9:55-59.

[11] 严莹.德语中的英语现象及其对德国社会的影响[J].德国研究.2007.22(83):61-65+80.

[12] 张建伟,王克飞.德国外语教育政策研析[J].外语教学与研究.2009,41(6):459-464.

[13] 张金秀.德国中小学英语教育特色管窥——以德国巴登-符腾堡州英语课程为例[J].中国教师.2015,8:26-31.

[14] 张勇.德国中学英语教学的特色与启示[J].中小学外语教学(中学篇).2009,6:38-43.

[15] Beck, B. &Klieme, E. SprachlicheKompe-tenzen. Konzepte und Messung/DESI-Studie [C]. Beltz, 2007.

[16] Commission of the European Communities. *Multilingualism: an Asset for Europe and a Shared Commitment.* [EB/OL]. http://ec.europa.eu/education/languages/pdf/com/2008_0566_en.pdf. 2009-03-14

[17] Council of Europe. 2001. *Common Framework of Reference for Languages: Learning, Teaching, Assessment*[M]. Cambridge: Cambridge University Press.

[18] Council of Europe. 1996. *Modern Languages: Learning, Teaching, Assessment. A Common European Framework of Reference* [EB/OL]. http://www.csarimini.it/—csa_old/didattica/saperi/linguestraniere/

[19] https://www.destatis.de/EN/FactsFigures/SocietyState/Population/CurrentPopulation/Tables_/lrbev02.html

[20] http://www.bbc.com/news/world-europe-17299607

[21] Federal Ministry of the Interior (BMI, 德国联邦内政部). (2010). National Minorities in Germany.

[22] http://www.bbc.co.uk/languages/european_languages/countries/germany.shtml

[23] http://europa.eu.int/comm/education/policies/lang 2006

[24] http://www.tatsachen-ueber-deutschland.de/en/society/main-content-08/immigration-and-integration.html

[25] http://www.uoc.edu/euromosaic/web/document/sorab/an/i1/i1.html

[26] http://www.tatsachen-ueber-deutschland.de/en/society/main-content-08/german-society-modern-pluralist-and-open-minded.html

[27] https://www.destatis.de/EN/FactsFigures/SocietyState/Population/CurrentPopulation/CurrentPopulation

[28] http://www.fairobserver.com/region/europe/germany-non-immigration-country-country-integration-and-back/

[29] http://www.economist.com/news/europe/21672296-after-historic-embrace-refugees-german-public-opinion-turning-merkel-her-limit

[30] https://www.destatis.de/EN/FactsFigures/SocietyState/Population/MigrationIntegration/ForeignPopulation/Tables/CitizenshipTimeSerie.html

[31] https://en.wikipedia.org/wiki/Languages_of_Germany

[32] http://liuxue.ef.com.cn/epi/regions/europe/germany/

[33] http://ielts.bailiedu.com/guide/20150529/54695.html

[34] http://www.ehea.info/Uploads/Declarations/BOLOGNA_DECLARATION1.pdf

[35] https://en.wikipedia.org/wiki/Education_in_Germany

[36] Kachru, B. B. *The Other Tongue: English across Culture* [M]. Urbana: University of Illinois Press, 1992.

[37] Klieme, E. et al. *The development of national educational standards*[C]. a technical report of Bundesministerium für Bildung und forschung, Berlin, 2004.

[38] Matras, Y. The Status of Romani in Europe. Report submitted to the Council of Europe's Language Policy Division, 2005.

[39] Rogers, M. 2005. *Curriculum Reform and Development in Baden-Wurttemburg with Particular Reference to Teaching English as a Foreign Language*[P]. Presentation at Sixth Isreali-German Symposium.

[40] Tian, Z. *Norm Orientation of Chinese English: a Sociohistorical Perspective*[M]. Goettingen: CuvillierVerlagGoettingen, 2011.

第二章
俄罗斯外语能力及评价

一、俄罗斯的语言生态

俄罗斯是一个多民族多语言的国家。据俄罗斯语言学家统计,俄罗斯境内正使用的语言有150多种,包含大到99%的俄罗斯公民都能使用的俄语和小到只有622人使用的涅吉达尔语。根据语言学家的分析,俄联邦的主要语言分属四大语系的八大语族,即印欧语系的斯拉夫语族和伊朗语族,阿尔泰语系的突厥语族和蒙古语族,乌拉尔语系的芬兰—乌戈尔语族,伊比利亚—高加索语系的阿布哈兹—阿迪盖语族、纳赫语族和达吉斯坦语族,其中俄语属于印欧语系的斯拉夫语族[4]。

随着经济文化活动的开展与深入,外来词大量涌入俄语。俄罗斯的青年追逐时尚、极力追捧外语,尤其是美国英语,于是来自英语、德语等的外来词大量涌入俄语,给俄语和俄罗斯人民的生活带来了很大的影响。[5]

二、俄罗斯的语言政策

早在沙俄时期,俄罗斯民族一体化就成为统治者维护统治、巩固和扩大政治基础的方针,具体表现为限制少数民族地区文化及教育事业的发展,大力加强俄语和俄罗斯文化推广,推行民族语—俄语双语制度。卞继华(2014)认为,从殖民统治时期的俄罗斯化政策到苏联时期,俄罗斯的语言政策可分成四个阶段:多元化和语言联邦主义阶段、发展民族语—俄语的双语阶段、单语制或语言俄罗斯化阶段以及语言民主化阶段[7]。第一阶段:多元化和语言联邦主义阶段(1917—1930)。这一时期民族平等、地方化和主体民族语言(包括俄语)教育成为主旋律,采取用法律确立各民族语言平等的地位、发展民族语言文字及语言教学等措施。在这一时期,苏联各民族的语言和文化都取得了巨大成就,大俄罗斯主义受到批判,稳定了国内政权。第二阶段:发展民族语—俄语的双语阶段(1930—1950)。在这一阶段,苏联政府扩大使用俄语教学学校的比例,开展教学语言在民族语言学校的功能方面的讨论，从而帮助俄语在各民族的推广，导致俄语的地位和作用过分突出。第三阶段：单语制或语言俄罗斯化阶段(1951—1989)。在这一时期，苏联语言政策偏向于提高俄语地位、降低民族语言地位。于是，苏联的加盟共和国都大力推广俄语，极大地提高和扩大了其社会功能和使用范围。第四阶段：语言民主化阶段(1989—1991)。这一时期苏联各个加盟共和国相继颁布语言法，夯实主体民族语言的国语地位，有力地推进国语化运动。1991年苏联解体，俄罗斯逐渐感受到外部环境给外语教育带来的巨大压力。1994年，俄罗斯教育部发布《关于在普通教育机构中提供外语的函》，其中明确规定：外语课在全日制学校五—九年级是必修课，且每周教授的时间不得少于3学时。有条件的学校可在低年级开设外语选修课，且每周不少于2—3学时。对于学外语有兴趣的学生，建议在高年级(即十—十一年级)单列教学计划；同时在条件许可的学校为这些学生开设第二外语选修课。

三、俄罗斯的外语教育

3.1 俄罗斯的外语教育政策

普京上任后改变了国家对教育的投入政策，从国家发展战略的高度去思考和规划，于是出台了一系列发展教育的重要文件。2000年，出台了《俄罗斯联邦教育发展纲要》《俄罗斯联邦民族教育方针》《俄罗斯联邦国民教育要义》。2001年，通过了《关于2010年实现教育现代化的构想》。俄罗斯旨在强国富民，重塑大国地位的教育振兴、提高国民素质的战略效应正在逐步显现。[10] 2000年，俄罗斯教育部还发布了《学习外语的函》；2004年发布了《国家普通教育标准(联邦部分)基础普通教育外语课程标准》；2007年发布了《关于在普通教育系统中学习小语种的函》三个重要的外语教育政策文件[9]。这些政策性文件明确了外语教育的基本概念和要求，构建了以多元化为基本原则、以双语及多语种外语教学为基本模式、以灵活多样的教学方法为手段的外语能力培养与发展格局。

俄罗斯将外语教育提升到国家战略高度，推出多元化外语教育原则，增加语种，并授予学校进行语种组合的权利。高考中外语分为两个水平等级，丰富教学层次。在俄罗斯的中小学，语种主要分为欧洲主要国家的语言和与俄罗斯比邻国家的语言，后来又增加了波兰语、意大利语、芬兰语、土耳其语、阿拉伯语、汉语和日语。在莫斯科，中小学开设多达31种的外语语种课程。选择学习两种外语的学生可自主组合两门语言，如德语和法语、德语和西班牙语或英语等等。第一外语可以从一年级开始，也可以从二年级开始，部分从五年级或更高年级开始开设。第二外语则在第一外语开设1年后开始，作为必修课、选修课均可，条件许可的学校还为学生开设第三外语。同时，增加外语课的课时量，尤其是重点中学的外语课周课时接近周课时总量的20%。外语教学方法也得到优化。俄罗斯中小学外语教学注重交际教学法的使用，要求教师多利用外语进行教学活动，在强化交际技能培养的同时也注重语言知识的传授，同时严格控制班级规模。

3.2 俄罗斯外语教育模式

目前,俄罗斯中小学外语教学呈现出四种模式:基本常规外语教学、专业倾向性外语教学、深入外语教学和特色外语教学。在俄罗斯的高等教育中,外语教学也越来越受重视,尤其是高层次、专业化的外语教学。俄罗斯有多语种的传统,语种资源非常丰富,目前教授的语言种类多达145种以上。俄罗斯的综合性大学都设有外语系,进行外语专业教育。专业的外语院校数量不多,但开设的语言门类非常多,如莫斯科语言大学开设了包括对外俄语在内的52种语言课程。为了保证和提升外语教学质量,俄罗斯特别重视外语教师的培养和储备,其教师队伍规模大、职称高、学历高、国际化程度高、专业领域机构实际语言经验丰富。俄罗斯的外语教育注重教学和科研的结合,教师不仅要保证和提高教学水平,还要深化外语教学相关领域的研究。通过丰富的研究成果,促进语言资源建设和语言教育功能的拓展,从而实现提高国家外语能力和国际竞争力的目标,满足国家发展战略的需要。[13]

3.3 俄罗斯的英语教育

2010年2月,俄罗斯第一副总理舒瓦洛夫明确地向大学生指出:"目前的全球化水平要求俄罗斯人通晓英语。应当把英语作为第二门语言来学习,因为全球化要求我们和其他国家顺畅地交流。必须懂英语,否则就没有竞争力。"[14]

1991年苏联解体后,俄罗斯政府及教育部门对小学生和大学生外语方面的学习计划和课程结构作了针对性的调整,使其更符合俄罗斯经济、政治、社会和文化发展的需要。通过政府开办的各级各类学校接受英语教育成为俄罗斯青少年学习英语的主流途径。按照俄罗斯的教育计划,大部分中小学生的第一外语是英语(如2011年参加USE外语考试的毕业生中,92%的学生选择英语),剩下的学生第一外语可能是法语、德语、西班牙语等,但他们的第二外语必须是英语,课程结构为法语、德语、西班牙语、日语等课程之一加上英语。政府部门从师资、教材、学制等方面为俄罗斯的英语教学和学习提供方便和保障。

除了学校英语教育外,俄罗斯境内还有大量的英语培训课程。这些培训机构推出的课程主要针对社会各界有需要的人群,如雅思、托福、GRE等。同时,也有针对在校中小学生乃至大学生到英语国家短期游学的项目,因为形式新颖、贴近英语国家生活,很受欢迎。

四、俄罗斯的外语评价

4.1 俄罗斯的教育质量

俄罗斯有精英教育的传统。早在彼得大帝时期,俄国就制订了培养西式精英人才的目标,明确提出学习欧洲并超越欧洲的口号。苏联时期,法国模式的精英教育引领了一代又一代俄罗斯优秀人才的成长,成就了苏联在数学、物理、航天、体育、文学等领域的巨大成就,并拓展到科学、体育、人文、艺术等各个领域。俄罗斯现在仍然坚持向欧洲学习,致力于深度融入欧洲教育体系,培养世界精英。

除精英教育传统外,俄罗斯还秉持为每位公民提供智力、文化及精神发展空间的理念。俄罗斯通过立法将全体公民纳入教育体系,以法律的形式确保提高全民族的整体素质这一目标的实现。这也是俄罗斯文盲率低于美国,受高等教育率高于美国的主要原因。

俄罗斯历来注重教育过程,测试一般由学校自主进行。在教育质量管理方面,注重培养方案的严密性和规范性。俄罗斯通过法律保障办学主体的自主权利。政府通过立法对教学课时数、内容、师资水平等进行明确和保护,从而保障教学质量。对于课程测试,除高中升大学考试外,基本上不组织全国性的测试,各级各类学校都自主组织考试。

4.2 俄罗斯的教育评价模式

俄罗斯的教育模式一直学习欧洲,其教育评价过程也深受欧洲的影响。俄罗斯制定并实施深度融入欧洲教育体系的计划,在教育质量评价方面虽然也在努力构筑本土模式,但主要还是引入欧洲的成熟模式。以高等教育为例,俄罗斯就引入了"欧洲质量管理基金会模式"和"欧洲地区高等教育质量保证标准"。俄罗斯自创的"质量机构规划鉴定中心模式"的使用范围远不及引入的欧洲模型[7]。

4.2.1 欧洲质量管理基金会模式

1992年,欧洲质量管理基金会模式成功推出,其特点是子标体系完整、自我评价与测试评价相结合。具体而言,就是9个标准的综合体,每个标准又分成"可能性"和"结果"两个方面。每个方面的分值为500分,即"可能性"500分,"结果"500分。这样,潜力的重要性和现有能力的价值都得以凸显。

办学主体在使用该评价模式时,必须在规定时限内(通常3—5年)改善最重要的评价指标,并且提高业务水平,从而成为欧洲质量奖的获得者。该模式高达1 000的分值能够呈现出办学主体进步和提高的趋势,方便对其进行量化评价,从而对其办学实力和服务能力等进行精确定位和评估。[15]

4.2.2 欧洲地区高等教育质量保证标准

欧洲地区高等教育质量保证标准主要从质量保障政策和保障程序、确认、跟踪调查及教学大纲和等级的定期评价、学生的知识水平评价、质量保证及师资力量的权威性、教育资源和学生支援系统、信息系统以及舆论信息等几个维度,对办学主体和教学实施过程进行合理、详细地分析,以判定其是否整体达到欧洲高等教育质量保证标准。

4.2.3 全俄罗斯质量机构规划鉴定中心模式

2003年,俄罗斯的全部质量机构都成为欧洲质量管理基金会合作机构后,俄罗斯本着更好地在本国范围内进行质量评价和认定工作,推出了全俄罗斯质量机构规划鉴定中心模式,以便切实保证有关质量认定过程的严谨性和规范性。这一模式由8个含有若干子标准的质量评价标准组成,同时每个子标准中设定了严格的分值评价区间。[16]

4.3 俄罗斯的外语评价体系

4.3.1 俄罗斯外语评价形式

俄罗斯的外语课程测试一般由学校自行组织,只有高中毕业升大学的"高考",才实施全国性外语测试。据2010年数据显示,俄罗斯外语学习者的比例为英语82%、德语7%、法语4%、意大利语4%、西班牙语2%、日语0.6%、汉语0.4%[17]。平时,外语学习者只参加所在学校的测试来了解自己的学习状况及完成学业情况,也有学习者凭自己意愿去社会办学机构参加培训和相应的考核。"高考"时,学习者可凭自己的意愿选择上述外语中的一种参加全国性考试。

4.3.2 俄罗斯外语评价特点

俄罗斯外语评价注重以实际交际能力为核心的综合能力培养,把听说能力放在首位。外语测试一般由学校自主进行,重点是检测学生的实用外语能力,无论书面考试还是口试都不仅仅检查所学的词汇、语法知识,而是更注重考察学生对语言对象国的国情、语言文化知识的了解,包括阅读文学作品和阐述自己态度、观点的实际效果。

4.3.3 俄罗斯外语评价的效果

俄罗斯注重语言运用实效的评价方式为其外语学习者提供了较大的自主空间和明确的价值取向。在这样的评价方式指引下,俄罗斯外语学习者的语言实际运用能力得到很好的培养和发展。俄罗斯学生的外语表达能力,尤其是口头表达能力,已达到甚至超过欧洲外语教育的要求,为满足俄罗斯社会经济发展对外语人才的需求和储备提供了强有力的支持。

参考文献:

[1]俄罗斯国家概况:中华人民共和国外交部网站(引用日期:2018年8月30日)

[2]潘德礼.俄罗斯/列国志[M].北京:社会科学文献出版社,2010(1-4).

[3]潘德礼.俄罗斯/列国志[M].北京:社会科学文献出版社,2010(16-18).

[4]齐桂波.俄罗斯语言政策:现状与发展[D].黑龙江大学,2014.

[5]潘德礼.俄罗斯/列国志[M].北京:社会科学文献出版社,2010(44-75).

[6]潘德礼.俄罗斯/列国志[M].北京:社会科学文献出版社,2010(89-95).

[7]卞继华.俄罗斯的民族语言政策研究[D].上海外国语大学,2014.

[8]杨艳丽.俄罗斯苏维埃联邦社会主义共和国民族语言法[J].世界民族,1995(01)

[9] 文秋芳.法国与俄罗斯中小学外语教育对我国的启示[J].外国语,2014,37(6):11-14.

[10] 肖甦,单丽洁.俄罗斯教育政策与国家发展[J].比较教育研究,2005(11)

[11] 李雅君.俄罗斯教育改革模式的历史文化研究[D].东北师范大学,2010.

[12] 雷启之.俄罗斯中小学外语课程开设的历史沿革与现状[J].课程.教材.教法,1999(3):55-58.

[13] 王淼.俄罗斯外语教育政策与外语教学改革[J].比较教育研究,2013(10)

[14] http://sputniknews.cn/russia/20100212/42705370.html 俄副总理舒瓦洛夫呼吁俄罗斯人学英语.[EB/OL].2016.07.28.

[15] 单春艳.俄罗斯教育发展对其国家竞争力影响之研究[D].北京师范大学,2009.

[16] 仇红露.关于俄罗斯高等教育质量评价模型概述[J].齐齐哈尔大学学报:哲学社会科学版,2015(2):158-160.

[17] 张朝意.俄罗斯外语教育概貌[J].中国英语教育,2010(02)

第三章
法国英语能力及评价

法兰西共和国(la République française),简称法国,是欧洲国土面积第三大的国家。截至2017年1月1日,法国拥有约6 699万人口[1]。作为一个文化历史悠久的国家,法国还是欧盟的创始会员国之一、联合国安理会五大常任理事国之一以及法语国家与地区国际组织的主要成员。欧洲议会、联合国教科文组织等国际或地区组织机构的总部都设立在法国。

法国历来重视语言事务和语言管理。自上世纪70年代开始,便将外语教育政策化、规范化。不仅针对法语的使用、规范出台诸多措施,也对其少数民族语言和地区语言予以保护。法国依照《新知识、能力和文化共同基础纲领》[2](le Nouveau socle commun de connaissances, de compétences et de culture)、高中各年级《教育大纲》以及《欧洲语言共同参考框架》(A Common European Framework of Reference for Languages: Learning, Teaching, Assessment,简称CEFR)等标准对其中小学外语教育和评价作出具体的规定。大部分法国学生都选择英语作为第一外语进行学习。法国重视对法语的保护,但法国如何开展英语教育和评价也值得考察。希望通过考察法国的英语教育和评价方式,给我国的英语教育提供一些思路和借鉴。

一、英语在法国的生态状况

1.1 法国语言分布状况

有关于法语的历史记载文献最早可追溯到公元842年签署的《斯特拉斯堡誓言》(le serments de Strasbourg)[3],中世纪时法语只是众多方言中的一种。自15世纪下半叶起,法语在法国本土大部分地区逐步推广开来,社会各个阶层都开始使用法语,其中也包括法国的皇室和宫廷。1539年8月,国王弗朗索瓦一世在维莱尔-科特雷签署了著名的"维莱尔-科特雷敕令"(le ordonnance de Villers-Cotterêts)。此项敕令至今仍有效力,其中第110、111两条规定所有司法文件和身份文件必须使用法语书写,以取代拉丁语。此后,法国于1992年修订了《宪法》,在《宪法》第二条中加入"法兰西共和国的语言是法语"这一条款,正式从《宪法》的高度确立了法语的官方地位。

放眼全球,法语是29个国家的官方语言(唯一官方语言或官方语言之一),五大洲约有2.74亿人说法语,其中2.12亿人以法语为日常交际语,其余6 200万人则多数通过中学或大学期间作为外语学习掌握该门语言[4]。此外,目前约有1.25亿人在学习法语。与英语一样,法语是全球非母语国家人士首选的外语之一[5]。

在法国本土除了法语之外,还有布列塔尼语、科西嘉语、洛林语等几十种少数民族语言和地区语言。2008年,法国修宪,在《宪法》第75条附上了"地方语言是法国的遗产"这一条文,彰显了法国致力于建立一个多民族语言国家的立场。

1.2 法国人的英语能力状况

2012年5月,法国教育部发布一项法国学生英语能力调查,结果显示,2010年法国初中毕业生的英语口头和书面表达能力的满意度分别为40.4%和50.3%[6]。欧盟委员会在2011年对16个国家和行政实体的50 000名完成义务教育的学生进行了语言能力评估。法国接受评估的是学习英语和西班牙语的初三学生。2012年6月的结果显示,在英语口头听说能力方面,仅有26%的学生达到了《欧洲语言共同参考框架》设定的第二等级标准(A2),而书面理解和书面表达的相应比例分别为28.8%和38.8%[7]。大部分法国学生的英语能力在低水平线上徘徊。

依据权威机构"英孚教育(Education First)"近期公布的"2018年世界英语熟练度指标(EPI)",法国国民的英语熟练度位居世界第35位(成绩为55.49分),在32个欧洲国家中仅位列第25位[8]。法国国民的英语熟练度在中、低等水平之间摇摆。尽管如此,法国政府还是十分重视包括英语在内的法国外语教育。

二、法国英语教育政策

随着19世纪初商业贸易的迅猛发展,法国社会对包括英语在内的外语运用能力的需求急剧增加。许多外语自学教材也应运而生,力求满足日益增长的社会需求。当时在统治阶级中就法国学校教授拉丁语和外语的方法存在激烈的争论,加之法国在1870年普法战争中的失败让其意识到自身的落后,这些因素促进了法国推行学校外语教育。法国的外语教育政策就是在这样的背景下逐步制定和完善起来的。

2.1 法国英语教育简史

法国在大革命时期就赋予所有男性公民接受初等教育的权利。吉伦特派的孔多塞(Condorcet)主张男女平等,提出女性也是共和国公民,理应享有教育权利。国家应负担起教育儿童以及成年公民的责任,建立包括初等小学、高级小学、中等学校和专门学校(大学)的教育体系。但其后由于革命的反复和法国政权的频繁更迭,法国现代教育制度体系难以平稳建立。直至1881—1883年间,法兰西第三共和国教育部长儒勒·费里(Jules Ferry)促成了一系列有关教育的《费里法案》的通过与颁布,义务教育制和教育世俗化得到确立。法国学校的外语教育政策也是伴随着时局的变化而不断发展变化的。

(1) 法国外语教育政策的确立和初步发展

1829年3月26日,时任教育部长的瓦蒂梅尼尔(Vatimesnil)发布法令,鼓励公立和私立学校设立专门学科,开展科学与应用、外语、商业理论及制图等专业教育[9]。这标志着在法国教育体系中外语教育政策的正式诞生。教授的外语是英语、德语,当时还并非必修课程。1838年3月12日,萨尔万蒂(Salvandy)部长发出通函,规定必须在学校开展外语教育[10]。由于当时传统的拉丁语、古希腊语教学方法十分盛行,关于外语教学方法的使用和改革的争论十分激烈。

自1840年至1890年间,主要有三部《外语教学指导》对外语教学方法的发展起了关键性作用。1840年9月18日颁布的《外语教学指导》强调实用主义,主张让学生第一年只学习语法和发音,语法的巩固主要通过翻译练习来实现。这一方法有浓厚的拉丁语和古希腊语教学模式的痕迹。根据这一方法,学生读写能力培养并没有获得理想的结果,学生很难进行外语会话交流。随后,1863年9月29日颁布的《外语教学指导》主张对语法内容进行压缩,用归纳法进行语法讲解,同时重视外语口语。但该《指导》只是简单强调了课堂教师的口语表达,未考虑到实际的教学时间有限,教师难以很好地顾及自身和学生口语表达的准确性。

随着在普法战争中的失败,法国开始意识到普鲁士教育的先进性。由于法国自身资本主义发展和对外交流的需要,加之19世纪末语言学、心理学等学科的发展,外语教学直接法逐步形成。1890年9月13日发布的《外语教学指导》将外语使用作为外语学习的目的,同时确立了口语优先原则,将上述两点充分融为一体。至此到第一次世界大战前后,法国学校的外语教学主要沿用直接法进行教学,同时因政治、社会、经济发展的需要,法国学校的外语学习课时、学习年限以及所教授的语种数量都有所增加[11]。在师资方面,法国于1841年设立了外语教学能力证书,于1848年设立了中学外语教师资格考试,对外语教师的资质有严格的要求。

(2) 法国外语教育政策的稳步发展

普法战争失败后,法兰西第三共和国成立。战争创伤未愈,为了巩固共和政权,法国政府寄希望于通过教育来稳固执政,因而在教育领域推行了一系列改革举措。1871年10月10日,在当时教育与宗教部部长的通函中,要求"学生自九年级起必须选择英语或德语作为外语科目学习,课程分为初、中、高三级。……外语成为高中毕业会考文学类考试的必考科目。"[12]1871年12月31日,教育与宗教部部长又发通函,要求法国的学区长在各自学区条件允许的情况下从小学至八年级都开设英语课和德语课,每周1个学时[13]。在这一阶段,外语教育的范围涵盖基础教育阶段和中等教育阶段,进一步巩固了外语教育的法定地位。而英语作为力推的两门外语之一，在外语教育中的地位不断得到加强。

（3）法国外语教育政策的巩固和完善

经过三十年的发展后，法兰西第三共和国着手对中等教育进行改革。1902年5月31日，中等教育改革法令正式生效。中学生可以在初中阶段选择没有拉丁语课程的三个分科方向继续完成学业，其中选择B类方向的每周会有7个学时学习两门外语[14]。在外语教学法方面，直接法的运用更多了，更加重视口语表达和语言的实际运用，传统的翻译教学法日渐弱化。1902年，外语教师教学联合会诞生。此后在两次世界大战、维希政府和第四共和国时期，法国教育基本上都沿袭了此前的学校外语教育政策体系，没有重大变化。

第五共和国时期，随着世界各国交流进一步扩大、贸易往来频繁以及英语在法国本土的渗透，自20世纪70年代起，法国为应对英语独大和扩大交流，就开始提出文化多元的概念，倡导语言多样性。1975年，《阿比法》通过，该法将法国的地区语言也纳入语言教育体系之中。二十世纪80年代末，法国教育部开始推行外语早期教育，而英语在外语教学中始终占据着主导地位。为此，法国从90年代开始出台了一系列外语教育政策以推动多语制的建设。根据法国参议院1994年对全国外语教学进行调研后提交的报告，法国教育部将外语教学提早到小学二年级，在中等教育中增加外语教育的语种，第一、第二外语总课时也有所增加，法国高校当时为非外语专业学生开设了30多门外语学习课程[15]。

2.2　法国当前的英语教育政策

进入21世纪，外语教育在法国愈发得到重视，但外语教育状况令人担忧。2004年，参议员雅克·勒让德尔提交的一份有关法国外语教学情况的报告表明，尽管法国在高中毕业会考中有44门语言科目供学生选择，然而实际情况是初中生和高中生将英语作为第一外语的比例已分别达到了90%以上和89%[16]，西班牙语稳定在第二外语的位置。法国中学生选择其他语言的空间受到严重的压缩。此外，对照欧洲，法国学生们的外语水平也不尽如人意。

在这样的历史背景下，在新世纪的几次重大教育改革中法国对外语教育政策采取措施。2005年出台的教育法案《菲永法》制定了《知识和能力基础纲领》，对小学和初中阶段的外语学习内容作了新的规定，其中外语交流能力位列七大能力的第二位。教育部对小学、中学的外语教学大纲也作出了新规定。2013年6月，由樊尚·佩永提案的《国家学校重塑规划和指导法》（又名《佩永法》）获议会通过，并于7月正式颁布。《佩永法》中明文规定"所有学生自义务教育阶段开始就要接受一门外语教育。"[17] 2015年，《新知识、能力和文化共同基础纲领》颁布，涵盖五大领域，语言的交流能力位列首位。法国学校如今的法语、少数民族和地区语言以及外语教育政策和大纲就是遵循《新知识、能力和文化共同基础纲领》的精神而制定的。

此外，法国在制定英语教育政策时也充分参考了2001年正式发布的《欧洲语言共同参考框架:学习、教学、评估》(以下简称《共同参考框架》)。《共同参考框架》对欧洲各国语言教学大纲的制定、课程设置、教材编写、考试设计等都有深刻的影响。法国的外语运用能力的分级标准就是在《共同参考框架》的基础上制定和细化的。

三、法国英语教育体系

  法国教育部门将外语教育作为一个整体学科进行规划,英语教育体系融入在整个外语教育体系之中。因此,厘清法国的外语教育体系,也就能理解法国的英语教育体系。如前所述,进入到20世纪90年代,法国着眼于语言多样化的推广、多语制的建立,因而在外语教育方面进行了改革,从而在各个教学阶段不断完善包括英语在内的外语教育体系。法国目前的教育体制包括三个阶段:初级教育、中级教育和高等教育。初级教育包括幼儿园和小学,小学是义务教育阶段的开始,一般为6至11岁的儿童,为期五年;中级教育包括初中四年、高中三年(职业学校可以为期两年),学生一般必须接受义务教育至16岁;高等教育则包括综合性大学教育、高等职业教育以及高水平非学历教育等。

  据法国教育部的最新数据显示,2016年法国初级阶段(包括幼儿园)和中级阶段学习英语的学生数分别为6 806 400[18]和5 579 400[19]。自20世纪90年代初,法国就开始将外语学习逐步引入到小学教育之中,并且强调培养外语口头交流能力。由于大部分家长都让自己的孩子选择英语作为第一外语,即便不是第一外语也极有可能是作为第二外语学习。2016年中级教育阶段学习英语的学生数达到了5 532 714[19]。英语教师的需求量非常大,每个学区都会招募大量的英语教师,同时教育部也组织教师培训,以确保英语教学质量。

  而大学的管理主要由法国高等教育与研究部负责,大学的自主性更大,国际学生也更多,对于外语教育的课程安排、发展等要视学校的办学理念和条件而定。法国现在也越来越重视国际化教育,尤其鼓励本国大学生充分利用"伊拉斯谟斯+"计划(Programme Érasmus,2014年之前为"伊拉斯谟斯"计划)去欧洲其他国家的学校学习半年到一年,开阔视野,培养适应全球化发展趋势的人才。下面我们将通过法国外语教学要求、课程设置以及教师培养三个方面的分析来了解法国的英语教学体系。

3.1 法国的外语教学要求

  随着全球经济一体化进程的不断加快,外语的重要性日益凸显。法国教育部对中小学的外语教育要求也随着时代的变革日益提高。如今,法国教育部遵循《新知识、能力和文化共同基础纲领》的精神,并参照《共同参考框架》的具体要求,制定了强调听、说、读、写和互动能力的中小学外语教育教学大纲。大纲明确了初级和中级教育阶段外语教育的目标:学生在完成中学阶段教育后应能使用两门外语进行交流;要求各具体阶段的外语教学都应当以口语表达为优先。参照《共同参考框架》的语言能力量表,法国学生在小学毕业时的外语水平应达到A1级别(基础入门,简单交流);完成义务教育时第一外语水平应达到B1级别(语言独立使用者);而高中毕业会考外语科目对考生的要求是达到B2级别(比较自如地表达,就某一主题、事件发表看法等)。为了达到上述要求,法国教育部对中小学外语教育课程、大纲等都作出了详细的规定。自2005年起,所有的外语教学大纲已全部按照《共同参考框架》的要求来制定。

3.2 法国的外语课程设置

法国教育部在中小学各阶段的外语教育大纲中,对具体课程设置作出了详细的规定。

1) 小学阶段:自1992年起,教育部就规定小学四、五年级逐步开设外语入门课程,并于1995年引入二年级课堂。当时开设的语种有德语、英语、阿拉伯语、西班牙语、意大利语、葡萄牙语和俄语。1998年起,小学外语教育普及工作展开,学生们每周至少有一个半小时学习外语,并以情景口语表达为主。2002年起,所有学生必须从小学三年级开始学习一门外语,即第一外语。2016年9月,随着《新知识、能力和文化共同基础纲领》正式实施,所有小学生自一年级入学开始就必须学习一门外语。

2) 初中阶段:教育部规定,学生在完成中等教育后必须能够用至少两门外语进行交流[19]。为了实现这一目标,初中生在继续学习第一外语的同时,一般在七年级开始学习第二外语,双语班的学生则是从六年级就开始学习第二外语。从2017—2018学年开始,学校可以根据自身办学情况在六年级开设第二外语课程,如今学生们一般每周学习外语的课时数如表1所示:

表1 法国初中每周外语课时数

	第一外语课时数	第二外语课时数
六年级	4课时/周	
七年级	3课时/周	2.5课时/周
八年级	3课时/周	2.5课时/周
九年级	3课时/周	2.5课时/周

3) 高中阶段:由于学生们在进入高中后要进行分科,教育部对选择不同类别的学生的外语学习时间作了相应的规定,详见表2:

表2 法国高中每周外语课时数

	方向	第一外语和第二外语课时数
高一		5.5课时/周
高二	普通高中类	4.5课时/周
	技术专业类	3课时/周

(续　表)

	方　　　向	第一外语和第二外语课时数
高三	普通高中类	4课时/周
	技术专业类	3课时/周

在法国高中毕业会考中,所有学生必须参加外语考试。第一、第二外语考试均有笔试和口试要求。为了让学校更好地开展外语教学、丰富教学内容,法国教育部在其针对教育从业人士的网站éduscol[12]上开设了外语教学专栏。目前针对英语、德语、西班牙语免费提供数字化教学资源和具体教案供各级学校参考和使用,其中英语资源最为丰富。2017年10月23日,还推出了英语"慕课""Spice up your English"供英语A2、B1水平的学习者使用,数字化的教学平台和内容丰富了外语教育活动。

法国的外语教学活动也并非一味地进行语言技能操练,各级学校也注重学生人文艺术素养的培养,外语教学与文化、艺术、哲学等内容进行跨学科组合,全面培养学生的综合素质。

3.3　法国英语教师培养

法国教育部在不断推进外语教学内容改革的同时,也十分重视外语师资的培养。在法国,师范教育人员不仅要注重当前的教学,更要关注教师实际教学效果和自身全面素养的提高。因此,法国对从事师范教育的教师提出了很高的要求,教师的教学活动都必须为学生的成长和学业成功服务。为此,法国教育部统筹全国各大学区,制定了全国培训计划,旨在让教师更好地理解和践行教师职业、适应未来的职业发展以及提高专业能力。

法国的教师都属于公务员,要获得各种级别的教师资格必须通过教师资格考试。教师资格培训学校一般负责教师基本素质的培养和教师资格考试的组织工作。大部分教师候选人都是通过在教师资格培训学校中注册和学习来获取教师资格。初等教育(含学前教育)、中等教育(初中和普通类高中)、职业高中、技术高中、高等名校预备班、体育等教师候选人都要通过相应的考试。以上考试有内部考试和外部考试两种渠道,都设有初试(笔试)和复试(口试)两部分。通过教师资格考试后,候选人进入教师资格培训高等学校进行学习,并且完成教师实习工作。只有通过教师实习工作并得到培训院校学术委员会的认可,候选人才能真正成为教师队伍中的一员。

外语教师层面,教师资格的竞争十分激烈。以2016年为例,公立中学外部考试和内部考试计划录取1 740名英语教师(中学资格教师和高中职衔分别为1 453名和287名),应试者人数达到了5 804人[20]。同时,教育部对外语教师的业务能力要求也很高,自2008年起,所有外语教师必须达到《共同参考框架》C1水平。

法国在发展本国外语教师的同时,还聘请外国助教来充实外语教学队伍。外语助教交换项目最初在英、法、德三国之间开展,已有超过110年的历史,如今法国与全球60个国家合作进行助教交换项目。受聘的外语助教主要帮助法国教师和学生与外国人交流,加强语言交流和跨文化交际能力,并从事教学工作。法国国际教育研究中心(CIEP)每年都会在其官网发布语言助教指南,为即将赴法的助教提供实用信息,为他们在法国生活、工作提供便利。

四、法国英语教学评价

法国人的英语语言能力在欧洲和世界范围内都不尽如人意。法国教育部门也意识到学生外语能力较为薄弱的现状。除了通过出台外语教改措施,提高外语教学质量之外,法国教育部门也制定了一套完备的外语教学质量评估体系来促进质量提升,解决学生外语能力弱的问题。由于高校拥有较大的自主权,因此对于高等院校的教学评估采取了有别于初级、中级教育评估体系的模式。

4.1 评价体系和机构

1)在初级和中级教育阶段,法国拥有悠久而完备的督导制度来评估整个教学,包括外语教学。督导制度源于拿破仑时代,距今已有200多年的历史。此前,公共教育总督学的主要职责是评估除小学教师之外所有的教师和学校负责人的教学工作,而随着学校数目逐年增加,教师队伍日益庞大,总督学再进行逐一评估不太现实。1964年,地区教育督学设立,逐步取代了总督学对教师逐一评估的工作。至1989年,总督学仅负责高中阶段高年级教师的个体评估,他们的工作重心转向对国家教育的宏观调控。

如今,法国的教育督导机构主要分为中央、地方两级。国民教育部设有由国民教育部部长直接领导的国民教育总督导处,由国民教育部部长、高等教育和科研部部长共同领导的国民教育行政总督导处。国民教育总督导处,其主要职责是评估教学大纲、教学内容、教学方法和教学质量。国民教育总督导处由一名总督导主任领导,按学科下设14个常务专业小组,由多名总督导组成,这其中包括语言督导小组。截至2017年1月1日,国民教育总督导处共有152名总督导[20]。总督导全面开展本学科的研究和建设,检查和保证本学科的教学质量;根据每年的教育专题,以调研小组的方式,深入有关地区开展调研;在地方督导以及总督导联络人的帮助下完成年度调研计划;同时帮助所在学区的督导制定工作计划,指导和协调地方督导的工作。在地方,主要由学区督导和大区教育督导在学区长的领导下,负责对所在学区中等教育教师的评估工作,并监督学校对于教育政策的贯彻和执行情况。

这些督导起着学区和总督导之间的桥梁作用。每年的督导工作结果都将直接上呈共和国总统并向全社会公开,成为中小学办学水平的官方鉴定和政府进行教育决策的重要依据。法国的教育督导是提高教育质量和教育管理水平的强大推动力,也是基层和政府高层沟通联系的重要齿轮。

2)在高等教育阶段,由全国大学委员会按照学科和子学科来具体执行对大学教师和研究员的评估工作。2006年,法国对各类高等教育、研究评估机构进行整合,设立高等教育研究与评估高级委员会，对高等教育的教学质量进行全面评估。高等教育研究与评估高级委员会采用国际标准，不仅对高等教育机构和公共研究机构的教研活动进行评估，还对高等教育的培训和文凭进行评估。评估工作报告在其官网上向全社会公布。

法国的教学评估范围从小学到大学实现全覆盖。评估机构包括历史悠久的总督导和2013年成立的高等教育与研究评估高等委员会，参与教育评估的机构和人员规模从中央到地方十分可观。法国的教育评估逐步形成了独特的督导机制文化，虽然系统庞杂，但这一评估体系今天仍对法国国民教育发挥重要的作用。

此外，教育部还设有评估、预测和绩效司对法国教育的情况进行数据跟踪和分析，从而对教育质量作出评估，并且让公众及时了解法国教育的动态变化。

4.2 评价的内容、目标和方式

考试也是法国外语教学评价的主要手段之一。每年六月，法国举行全国性的语言能力考试——高中毕业会考。高中毕业会考种类丰富，学生的选择较多，但无论选择何种毕业会考方向，考生们都必须参加一门除法语之外的语言考试，有的方向则要求必须参加两门甚至是三门语言考试。大部分学生都学习英语，因此选择英语的考生占据绝对多数。考试评分标准完全参照《共同参考框架》。2013年起，除笔试外还增加口试，根据不同会考方向，口试的形式和时间安排有所不同，例如经济与社会科目以及其他技术类考生的口试在高三学年随堂进行，而文科类考生则是在学年末进行。

除毕业会考外，法国教育部还要求各级学校采取更全面的外语考评方式，为每位学生建立个人学习档案，对学生的课堂表现、作业完成等进行记录。这有助于教师更好地掌握学生的学习过程、学习方法，学生也能够更清楚地认识自身的学习历程。通过重视平时成绩，让学生们更注重语言学习的日常积累，也丰富了外语考核方式。有的地方还开设外语特色教育，如欧洲语言特色学校。1992年起，法国在中等教育系统设立欧洲语言特色学校，教育部还专门为这类学生免费提供外语水平认证考试。英语水平认证考试由教育部委托剑桥英语测试中心（Cambridge Assessment English）负责。

在高等教育阶段，为促进和鼓励高校非外语专业大学生提高外语水平，2000年5月，法国教育部推出了高等教育语言能力证书（Certificat de compétences en langues de l'enseignement supérieur, CLES）。该考试也参照《共同参考框架》的标准，对听、说、读、写和互动等5种语言能力进行考核，但仅有B1、B2和C1三级，考生们可以在全国参加包括英语在内的9门外语能力资格考试。对于外语类专业学生而言，如果想做一名外语教师，则必须至少完成硕士学业才能报考教师资格考试。由于各高校开设的语言专业和语言课程不同，高等教育研究与评估高级委员会等评估机构根据各高校的实际情况采取灵活的评估方式。

从19世纪在学校开设外语课程以来，法国的外语教育也发生了深刻的变化。随着新时代的到来，法国在包括英语在内的外语教育课程方面不断调整、细化政策，改进教学模式、丰富教学手段以及创新评价标准。英语作为真正国际化的语言，成为许多法国学生的外语首选。学生们对外语语种的选择很大程度上影响法国教育部门对外语政策的调整和部署，外语教师的聘用也向英语教师倾斜。同时，法国极力主张语言多样性，在外语教育中实行多语言政策。在评价方面，《共同参考框架》标准成为法国外语教学和评价的重要标准，强调学生们的外语口头表达能力和跨文化交际能力，同时开始重视整个学习阶段的评估，各级督导和评估机构共同参与外语教育评估，并定期向社会公布。法国的外语教育目前虽然不能令人十分满意，但其教学与评估体系仍有不少值得我们思考和借鉴之处。

参考文献：

［1］戴冬梅.2014.法国学校外语教育的特点与启示［J］.《解放军外国语学院学报》第5期.

［2］刘壮，韩宝成，阎彤.2012.《欧洲语言共同参考框架》的交际语言能力框架和外语教学理念［J］.《外语教学与研究》第4期.

［3］马小彦.2016.法国面向拉美地区法语语言传播战略研究［J］.《语言政策与语言教育》第1期.

［4］唐一鹏.2013.法国教育督导制度的特点与现状［J］.《比较教育研究》第10期.

［5］王晓辉.2009.法国教育评估初探［J］.《外国教育研究》第5期.

［6］CHRISTIAN Puren. L'enseignement scolaire des langues vivantes étrangères en France au XIXe siècle ou la naissance d'unedidactique［J］. In: Langue française, n° 82, 1989. Vers une didactique du fiançais?.

［7］［OL］http://cache.media.education.gouv.fr/file/2017/41/6/depp_rers_2017_eleves_premier_degre_801416.pdf

［8］［OL］http://cache.media.education.gouv.fr/file/2017/41/7/depp_rers_2017_eleves_second_degre_801417.pdf

［9］［OL］http://cache.media.education.gouv.fr/file/2016/65/6/Rapport_IGEN-2016-V2-19-09-2017_815656.pdf

［10］［OL］http://cache.media.education.gouv.fr/file/2017/41/4/depp-RERS-2017-personnels_824414.pdf

［11］［OL］http://cache.media.education.gouv.fr/file/2017/85/0/depp-rers-2017-donnees-fiche-04-15_810850.xls

［12］［OL］http://eduscol.education.fr/fileadmin/user_upload/langues_vivantes/documents/Discours_F._Monnanteuil_01.pdf

［13］［OL］http://liuxue.ef.com.cn/epi/regions/europe/france/

［14］［OL］http://www.education.gouv.fr/cid206/les-langues-vivantes-etrangeres.html#au-college

［15］［OL］http://www.education.gouv.fr/cid21459/les-principes-directeurs-de-l-apprentissage-des-langues.html

［16］［OL］http://www.persee.fr/doc/baip_1254-0714_1871_num_14_263_36045?q=enseignement%20des%20langues%20vivantes

［17］［OL］http://www.persee.fr/doc/inrp_0000-0000_2000_ant_8_1_2442?q=enseignement%20des%20langues%20vivantes

［18］［OL］https://www.insee.fr/fr/statistiques/1892086?sommaire=1912926

［19］*Rapport au Parlement sur l'application de la loi 4 août 1994 relative à l'emploi de la langue française*［R］. Délégation générale à la langue française et aux langues de France. 1997.

［20］*Rapport au Parlement sur l'application de la loi 4 août 1994 relative à l'emploi de la langue française*［R］. Délégation générale à la langue française et aux langues de France. 2004.

［21］*Rapport au Parlement sur l'application de la loi 4 août 1994 relative à l'emploi de la langue française*［R］. Délégation générale à la langue française et aux langues de France. 2012.

第四章
芬兰英语能力及评价

芬兰共和国(简称芬兰)地处欧洲北部,与俄罗斯、瑞典和挪威接壤,与丹麦、瑞典、挪威以及冰岛并称北欧五国,属于发达资本主义国家。芬兰的人口约为528万,国土面积近34万平方公里。芬兰虽然国家较小,但却拥有较强的竞争力[12],其中的因素之一就在于他们发达而先进的教育。

一、英语在芬兰的生态状况

1.1 芬兰语言生态简述

作为一个多民族、多语言的国家,芬兰有三种母语:芬兰语、瑞典语和萨米语。芬兰语和瑞典语是官方语言[12],90.4%的芬兰人母语为芬兰语,5.4%的人母语为瑞典语,以萨米语为母语的人口仅占0.03%,剩下4.2%的人母语为其他语言,包括俄语、爱沙尼亚语、索马里语、英语和阿拉伯语等[2]。在教育国际化的趋势下,芬兰人意识到要适应和融入国际潮流,就必须掌握多门外语,因此芬兰政府鼓励有条件的学校开设多种外语课程。

1.2 芬兰英语能力概况

从2000年起,世界经合组织(Organization for Economic Cooperation and Development,简称OECD)每3年对各国15岁的学生进行一次国际学生评估项目(Program for International Student Assessment,简称PISA),测试内容包括学生在阅读、数学以及科学方面的能力,特别注重调查学生在实际生活中运用知识的能力。芬兰学生在2000、2003、2006以及2009年的测试中均取得了优异的成绩,且在2000年至2006年期间,芬兰学生在阅读、数学及科学测试中每次都排名首位。近年来,虽然亚洲学生的比分逐渐超过芬兰,但是芬兰的教育体系还是在皮尔逊(Pearson)评分中获评全球最棒的教育体系[3][38]。

此外，芬兰的外语基础教育也具有相当高的水平。2008年欧盟委员会曾针对欧洲六个国家进行了详细调查，结果显示63%的芬兰人能够流利地用英语进行对话，且接近一半的公民掌握了两门外语[11]。

在过去的100多年里，芬兰外语教育经历了数次改革。早在20世纪20年代，芬兰就已经为7—16岁的未成年人提供9年制义务教育，到1980年，芬兰已经实行免费（学费、书费、医药费）的9年制义务教育。在义务教育阶段，课程分为核心课程和选修课程。国家教育委员会（the National Board of Education）规定的核心课程包括母语（芬兰语、瑞典语）、外语（英语、法语、德语、俄语、西班牙语等）、环境科学、宗教或伦理学、公民学、自然科学（数学、物理、化学）、健康教育等19门课程。选修课程的类型、数量、教学形式以及开设时间等则由地方政府和学校决定[4]。

二、芬兰英语教育政策

2.1 芬兰英语教育简史

芬兰一贯重视外语教育，尤其是英语。早在19世纪末，芬兰的中学就十分重视外语，学生花在外语学习上的时间最多可占总学时的50%[17]。到了20世纪70年代，根据芬兰政府的规定，综合中学通常设置两门外语必修课，除母语外的另一官方语言以及一门外语，同时学生还可以根据年龄范围选修一门外语。1994年，芬兰政府颁布了《基础教育法案》(*The Basic Education Act*)，确定了基础教育阶段的英语课程目标，将培养学生对语言内容的理解和表达作为英语教学过程的侧重点，将能够进行流利的交流作为学习英语词汇、句型和语法的基本要求。同时，该法案还指明了九年级学生应具有的英语能力，包括用英语进行日常交流、了解英语语言文化和相关背景知识、掌握科学学习方法以及能在学习过程中进行评估和反思的能力[26]。

原则上芬兰学生可以学习任何一门外语，但是迄今为止，英语仍然是芬兰中小学生的优先选择。1998年，芬兰政府出台了《基础教育课程框架》(*The Framework Curriculum*)，从听、说、读、写以及文化意识五个方面进一步明确了基础教育阶段的英语课程目标。相比之前的课程目标，芬兰政府不仅强调培养学生的外语交际能力，而且更重视提高学生运用外语做事的能力[36]。

根据芬兰政府官方数据网站（Statistics Finland）2010年的统计结果，68%的小学生和99%的中学生在2009年度将英语作为必修或者首选外语课程[11]。根据芬兰国家教育委员会官员穆斯塔巴塔（Anna-Kaisa Mustaparta）的介绍，上世纪90年代以来，芬兰中小学提供的外语课程种类明显下降，"多样化"的特点大幅减弱。如今，除了英语、芬兰语和瑞典语外，芬兰中小学在义务教育阶段几乎不再开设其它外语课程[17]。在这样的形势下，英语教育在义务教育阶段的地位就变得更重要，高质量的英语教育也需要政府制定行之有效的政策来规范和指导。

2.2 芬兰当前的外语教育政策

芬兰人一直秉持崇尚和优先发展教育的理念。芬兰政府也一贯奉行重点投资教育的基本国策。这种理念和基本国策在外语教育方面体现得尤为明显。

2.2.1 外语教育投资

芬兰在基础外语教育上的成功与政府的大量教育投资密不可分。在政府强大财政支出的支持下，公民可以享受免费的义务教育。与此同时，芬兰还鼓励和支持师生的国际交流，为学生营造良好的外语学习环境，提高了学生的外语学习意识，采用多管齐下的方式提高本国的外语教学水平。芬兰在教育上的投入仅次于社会福利支出，多年来一直保持在GDP的6%以上。以2008年为例，芬兰教育部的预算为69亿欧元，占政府总预算的16%，在世界范围内遥遥领先[21]。中央政府对各类教育的预算分配比例大致为：40%用于基础教育，15%用于高等教育，20%用于职业教育，剩余的25%用于成人教育和其他教育[20]。以基础教育为例，芬兰对每位学生的投资平均为5 100美元/年[7]。

为了提升全民教育程度，芬兰投入巨资在全国建立了完善的图书馆网络。公共图书馆数量接近千个，相当于平均每5 000人就拥有一个图书馆。图书馆为所有人提供免费借阅服务，这让芬兰成为世界上图书馆利用率最高的国家之一。早在1966年，芬兰就设立了流动图书馆，为偏远地区的学生免费赠送外语读物，进一步加速了外语基础教育的发展[19]。此外，芬兰还投入大量资金在全国范围内播放外国原版影片，同时开设英语动画频道，丰富外语学习资源，营造良好的外语学习氛围。

2.2.2 外语教师培养机制

外语教师自身的外语水平和教学能力很大程度上决定了外语教学质量和学生的外语水平。芬兰教师普遍具有很高的外语水平，这不仅因为芬兰对外语教师的学历有严格要求，而且还在于芬兰拥有完善的外语教师培养机制。根据《芬兰教育法》的规定，只有具有硕士以上学位的教师才能从事学前教育、义务教育、高等教育以及成人教育。此外，申请这些职位首先需要通过教师资格考试。成为教师后，政府、学校和教育机构仍然免费提供在职或脱产培训以及学位攻读机会，不断提高教师的专业能力[9]。

芬兰在教师培养方面积累了丰富的经验。首先以研究为基础，教师需要掌握近年来对应学科领域的研究，并且熟悉该学科教学模式的最新进展，这与整个欧洲的教师教育标准一致。其次，加强学科知识、教育学知识以及元知识的学习，运用新兴信息技术手段辅助和促进学习。最后，注重教育中的多元文化要求，加强国际化社会中的教师职业道德和全纳教育（inclusive education），让所有人都能够平等地接受高质量的教育[40]。总之，芬兰教师的培养主要包括教和学的多样专业技能、学科知识、教学方法、道德文化知识以及学校工作的综合知识[34]。具体来说，芬兰在师范生的选拔、相应课程设置以及研究能力的培养上都有详细的规定。

2.2.2.1 师范生的选拔

在芬兰，教师职业十分受人尊重，因此立志做教师的人要多于做律师、医生和工程师等职业的人[42]。为了保证优质的教师来源,芬兰在选拔师范生时十分严格。芬兰大学的录取率约为31.4%,师范专业的竞争尤为激烈,录取率仅为10%[22]。另一方面,芬兰高考分为两轮选拔,第一轮根据高中毕业会考成绩、高中毕业证书和相关实践经验来选拔;然后各师范大学根据自行制定的更高标准进行第二次选拔,这样就保证了即将进入教师职业的师范生的质量。虽然师范专业的录取率很低,但仍然有很多人愿意做英语教师。芬兰的大学在录取英语专业师范生时对英语水平的要求很高,以此来保证优秀的师范生源。

2.2.2.2　师范生的教育课程设置

芬兰的教师教育课程偏重于培养教师的研究能力以及提高其教学实践水平。课程设置主要包括四部分:语言与交际课程、教育课程、专业课程以及辅修课程。其中,小学教师需要修满300 ECTS(European Credit Transfer and Accumulation System,欧洲学分转换与累积系统)并拿到硕士学位才能获得任职资格。在本科阶段,学生需要在3年内修满180 ECTS的课程;在研究生阶段,学生必须在2年时间内完成120 ECTS的课程[17]。对于师范生来说,虽然各大学所开设的课程比重有区别,但都必须修满以下课程的学分:60 ECTS的教育学课程,140 ECTS的班主任教师教育专业课程(以及25—60 ECTS该类别辅修课程),120—150 ECTS的英语专业课程和辅修课程[17]。此外,在本科阶段,语言与交际课程包括大学课程介绍、芬兰语、英语、瑞典语和信息技术等;在研究生2年期间,着重学习发言与表达观点的技巧。以图尔库大学的英语教师培养方案为例,教师专业的学生要修完语言与交际课程25 ECTS、教师教育专业的基础、中级和高级课程60+140 ECTS以及辅修课程75 ECTS[20]。教师教育专业的基础和中级教育学课程包括教育学概论、教育社会学、教学心理学、教育实习、研究工作坊等,高级教育学课程则包括研究方法、研究课题(占40 ECTS)、教学实习、学校管理、教学与评价(占16 ECTS)等。对于英语专业课程(占120—150 ECTS),本科阶段需修完25 ECTS的基础课程和35—45 ECTS的中级课程,硕士生则要修完60—80 ECTS的高级课程[40]。综上所述,基础和中级教育学课程重在培养教师的专业性,而高级教育学课程重在提升研究能力。

下面介绍一下英语专业的课程情况。与其他专业课程类似,英语专业课程也分为基础、中级和高级三个阶段。其中基础课程包括语法、英语语音学、发音与语调、翻译(芬译英)、写作、文学、英语语言学和当代英美社会;中级课程包括必修课和选修课,必修课有论文写作、口语技能、分析语法、语言和语言学、话语研究与语用学、英语当代文学、历史与文化阅读等,选修课有语用学、双语社会语言学、专业英语、美国学专题、英国历史等;高级课程主要包括英语史学、话语/语篇(Discourse)、第二语言习得(Second Language Acquisition, SLA)以及文学四大模块。这四大模块的课程都包括基础课、理论与方法论、论文讨论课和选修课。硕士研究生需要在这四个模块中选一个主修方向,修满25—30 ECTS,同时还要在其他板块中选修10—15 ECTS。对于立志做教师的英语专业学生,在修完本专业课程后,还可申请修满60 ECTS的教师教育课程,但每年的定额为30人,且对英语基础课程中的发音与语调课的成绩有一定的要求[31]。

芬兰大学的英语专业课不仅课程覆盖面广,还有一定的研究深度。具体来说,话语模块开设有话语理论、话语研究方法、话语分析、语义学、话语分析与第二语言教学；二语习得模块开设有二语习得理论、二语习得研究方法、语言教育文献以及二语学习者方面的课程。高级课程的教学手段较新颖，语言结构、语言教学与语言测试等课程进行读书测试（book exam），也就是让学生自学指定的几本英文书，然后通过考试取得学分[31]。论文讨论课和读书测试不仅有助于提高学生的自学能力，还可扩展学生的专业视野和加深专业知识。此外，教师教育课程还包括教育学研究（含定性和定量研究），强调教学法和因材施教，侧重发展学生的教学技能、思辨能力以及与他人沟通合作的能力。

2.2.2.3 师范生的研究能力培养

如前所述，以研究为基础是芬兰培养教师的最大特点。在授课过程中要求师范生熟悉关于教学的最新研究，传授最新的教学理念，同时强调因材施教、因人施教。一般来说，教师教育的理念和原则都会体现在职前培训的课程中，包括问题解决、学习过程、教学与评价以及论文讨论课等。为了促进教师自身的发展，职前培训课程也包括诸如课堂讨论、读书测试课程以及个人计划等自由度较高的课程。芬兰政府一直以来重视教师教育和教师的专业化发展，为了让教师能够得到更好的发展，自20世纪90年代起，芬兰教育部就建立开放性的人力资源网络交流模式，在全国范围内共享教师教育的研究成果与创新理念。

虽然芬兰已经制定了有关教师教育的有效政策，但其在教育改革的道路上并没有停止前进。例如，芬兰教育部曾经列举了2010至2012年教师培养的研究重心，其中涉及多文化研究、促进持续发展多学科视野的研究、教师发展和因材施教研究、文明社会中教育的意义、学科教与学的研究、教师教育研究、早期教育的研究和发展等[32]。此外，芬兰教师培养的另一大原则是注重多元国际社会对教育的要求，时刻关注国际形势，加强国际化社会中的教师职业素养[32]。

2.3 芬兰英语教育改革方向

为应对新世纪的挑战，更好地调动学生的学习积极性，2014年12月芬兰国家教育委员会公布了针对一至九年级的《国家基础教育核心课程》，同期也发布了针对学前教育和高中教育的课改方案[14]，正式拉开了新一轮课改序幕。新课程于2016年8月正式在全国范围内实施。新课改以培养适应未来社会的人才为总目标，最大程度地增强学生主动学习的参与度、促进有意义学习、快乐学习以及构建良好师生互动的学校文化，强调和促进"横贯能力"（transversal competences）向传统学科教学的渗入。

简单来说，横贯能力相对于传统的学科能力而言，指贯穿于不同学科和领域需要具有的通用能力。它不等同于知识或能力，属于综合素养的范畴，包括价值观、态度、意愿在内的面对具体情境的综合表现。这种能力跨越学科界限，需要将不同领域的知识和技能整合起来，以保证学生能够面对个人发展、学习、工作和参与公共事务的各种需求。横贯能力对于英语这门非常重视实践的学科来说意义重大，学生可以自由地与教师和同学进行交流，同时在不同领域的学习过程中使用英语，将英语作为工具学习非英语学科，从而全面地提高英语能力。

虽然芬兰的教学大纲（如新核心课程）由国家教育委员会制定，但它仅仅是一个粗线条的框架,学校和教师在执行上有较大的自主权。芬兰的出版社根据大纲来编制教材,但运作完全市场化,由学校和任课教师决定选用什么教材。新核心课程虽然强调横贯能力在未来基础教育改革中的重要地位,但这并不意味着取消传统的学科教学。

三、芬兰英语教育体系

3.1 芬兰英语教育体系概述

与多数国家相比,芬兰学校的英语课时相对较少,但学生的英语水平普遍较高。由此可见,芬兰的英语教育有其独到之处。《芬兰学生在 PISA 科学素养评估中取得成功的原因》一文将教学方式定义为学习或教学模式,包括学生活动和课堂实践,教学方式最大的特点是目标导向和师生之间的互动[33]。部分研究者通过对校长、教师以及学生的访谈,并在旁听数学、英语和历史等课程的基础上得出结论,认为芬兰中小学教师拥有充分的教学自主权,教学过程中可以主动地选择教学方式,如讲授式、自主式、合作式或体验式等[30]。同时,他们还可以根据国家规定的教学指导方针,自由选择教科书[24]。为了提高学生学习的主动性,芬兰小学低年级教师正在努力建立"以学生为中心"的教学模式,把学生看作主要知识建构者[25];教学的重点是学生学习而非测验;同时,学校采用能够促进学生学习的各种新教学方法[41]。尽管我国在经济发展、教育状况、人口数量等方面与芬兰存在差异,但其成功的英语教学模式与经验仍然对我国有很大的借鉴意义。下面具体介绍芬兰的英语教学目标、要求以及课程设置。

3.2 英语教学目标与要求

一般来说,英语教学的目的是让学生能够掌握这门外语,而衡量其是否掌握的标准则体现为更具体的目标。芬兰在义务教育阶段对学生英语水平的衡量标准主要有以下三点:首先,能够用英语进行必要的交际;其次,了解英美语言背后的文化,并能够认识到母语与英语的差异;最后,要有自主学习的能力,同时不在学习英语的过程中弱化母语的学习[18]。为了实现这三个目标,芬兰的学校在营造教学环境和学科整合两方面采取了一些措施。

3.2.1 教学环境方面:营造真实、自然、有意义的英语学习环境

芬兰教师善于营造宽松的外语学习环境。自由的学习环境可以激发学生的求知欲,也能够提高学生的创造力。芬兰的学校注重培养学生的阅读兴趣,让其在阅读过程中自我提升,同时还重视发展学生的外语交际能力,避免哑巴英语。芬兰在课程标准中有明确的教学建议:教师应该鼓励学生在课堂上用英语自由地表达自己的思想观点,并与同学一起交流讨论,让学生最大限度地使用英语来思考和讨论问题。在社会大环境中,政府在全国范围内创造更多可接触的英语资源,如带有母语字幕的英语原声影视剧、英语教学

节目等,在日常生活中增加国民的外语输入机会[29]。在家庭教育方面,芬兰家庭从小就注重培养孩子的阅读习惯,父母通过念报纸、讲故事等方式,让孩子在不知不觉中爱好阅读;同时倡导学生学会用英语做事情,政府和家长共同为学生营造良好的英语学习环境。

3.2.2 学科整合方面:实现英语学科与其他学科的融合

芬兰在外语教育上的成功不仅得益于其大量的投资,而且还在于其不断改革创新的积极性。为了让学生能更高效地提升英语能力,20世纪90年代中期,芬兰实行了创新性的语言学习方式——课程语言整合式学习。意思是以另一门语言(即目标语言)为工具学习非语言类的课程,从而实现目标语言能力和相应学科知识同步提升的教学目标,是一举两得的创新教学模式[23]。该模式能够避免目标语言与实际应用脱节的缺点,同时丰富了语言学习的文化内涵。

3.3 英语课程设置

合理的英语课程设置对于成功的英语教学具有十分重要的意义。芬兰的英语课程设置并不是由国家教育部一手包办的,地方教育局和学校也有相应的选择权。通常情况下,英语课程标准由芬兰国家教委负责制订,但选用何种教材则由地方教育局和学校决定。下面例析芬兰高中英语课程设置。

3.3.1 课程目标与要求

芬兰的高中生通常根据自己的兴趣自由选择一门外语学习,并参加高中毕业时的国家外语考试,虽然外语的选择范围很大(如法语、俄语、西班牙语等),但英语通常是学生们的首选,因为他们大多数在小学三年级时就将英语作为自己的第一外语。芬兰义务教育阶段的英语学习形式多样,注重英语口语表达,学生几乎没有考试的负担,很多学生乐于学习。《芬兰高中教育课程大纲》明确规定了高中阶段英语教育的总体要求:培养综合素质高、个性全面发展、有创造力和合作精神、能够独立探求知识、热爱和平的社会成员[37]。具体而言,要求学生在具备一定的英语词汇、句型和语法基础后,能够用英语进行日常交流,同时能够通过阅读等方式了解英语背后的文化知识,并进行自我反思,评价自身的英语学习。因此,在基础教育阶段芬兰英语教师特别注重培养学生对语言内容的理解和流畅表达。

3.3.2 英语教材的编写

教材在英语教学的过程中有着举足轻重的地位。教学目的需要教材来实现,而教学质量的好坏更与教材有直接的关系。

芬兰WSOY出版社2011年出版的系列教材 *The Profiles* 共有8册。以其中一册为例,内含4个单元,每个单元下设两个相关分主题,并包含除传统阅读外的8大模块内容,分别为 kick start、text wise、phrase bank、word power、chat room、hear say、sound bite 以及 note pad。其中 kick start 及 text wise 部分创设主题的具体情境，激发学生兴趣；在传统阅读文章结束后，学生在 word power、phrase bank、chat room 模块能接触到种类多样、情景真实的语言技能练习及学习方法讲解，以巩固所学；而注重学生综合语言技能发展的 hear say、sound bite 及 note pad 则安排在最后，进一步提升语言运用能力。[16]

3.3.3 学程与学段

依据《芬兰高中教育课程大纲》，学校和教师在课程安排上有较大的自由。一般来说，教师可以根据英语教材的内容与难度对课程进行灵活的设置，将授课过程分为数量不等的若干学程，一个学程通常包括30至38个课时，每次授课时间为75分钟[37]。从时间上看，芬兰实行学段制，每个学年被划分为5至6个学段，每个学段时间为6至7周，其中最后一周为考试周。芬兰学生在高中阶段至少要修完75个学程，其中49个为必修学程，10个为专业学程。按照这样的模式，芬兰高中生可以在2至4年内完成英语学习。这种学程和学段的设置让芬兰学生拥有灵活的安排，他们根据自身的爱好和特点，优先选择自己喜爱的课程，可同时选修多门学程，最终为大学阶段的学习打下坚实的基础。

3.3.4 班级的组成

芬兰的课程实施组织保障也较为灵活，高中通常施行"无固定班级授课制"，这一制度让学生拥有充分自由的选择权。新学期开始之前，学生可以在校园网上根据自己的职业规划合理选择课程，同样也可以选择合适的学段，甚至包括自己喜爱的教师，选择完毕后会产生一张新学期的课表，学生只要按此课表每天准时到所选课班级上课即可。

芬兰的英语教学模式让不同的学生可以根据自身的智力水平、学习基础、学习计划和学习兴趣等情况，在完成学校规定学分的基础上，自己决定如何用2至4年的时间（高中阶段）进行英语学习。

3.4 芬兰新课程改革对英语教学的影响

根据芬兰教育委员会官方网站发布的内容，芬兰新课程改革主要包括以下九个方面：第一，新课改的核心是培养目标的变化；第二，鼓励教师引导学生在教室外学习和应用新技术；第三，为适应新能力的培养，对课程内容和课时分配进行必要的调整；第四，在所有科目教学中都要加强七大未来横贯能力的培养；第五，学生要熟悉计算机编程基础；第六，至少每年开展一次多学科学习模块；第七，在较低年级开设更多选修课；第八，开展多样化的学习评价；第九，学生和家长要熟悉所在学校的课程体系[5]。其中与英语教学密切相关的是第一、二、四、八这四点。首先，课程改革的目标是确保孩子和年轻人在学校获得知识和技能，未来无论是在国内还是国外都能保持优势；同时学校要致力于发展有效提升学生学习兴趣和动力的方法，英语作为一门工具性的学科，最好的学习方式就是实践。这次课改的主要目标之一就是加强学生的社会参与度，鼓励学生在校外学习和历练自己，让他们拥有更多的机会与外界交流，在交流中提高英语水平。其次，新课程涵盖多种横贯能力，如思考与学习的能力、文化识读、互动与表达能力、多元读写能力（multi-literacy）。这三种能力在英语教学中尤为重要，语言和文化密切相关，学习语言的过程也是理解文化的过程，二者相辅相成，且都离不开思考与自主学习能力。最后，新课程体系强调发展评价方法的多样性，通过评价来引导和促进学习。每一个学生的学习进展信息必须经常及时地反馈给学生和他们的监护人，并且反馈信息是多样化、多维度和动态的，不仅仅是最终成绩报告的形式。

四、芬兰英语水平评价

4.1 "以人为本"的评价理念

20世纪90年代以后，为了满足时代和社会发展对多样化人才的需求，芬兰开始注重贯彻"平等"的核心价值观。各中小学舍弃旧的评价方式，转而实施"以人为本"的考试评价体系。为了避免对学生进行分数排名，分数系统被取代，考试成绩不再用百分制表示，而是采用描述性评价，学生们在考核结束后不会收到传统的成绩单，取而代之的是学习报告。1999年，芬兰颁布了《芬兰高中教育法案》。依据该法案，芬兰高中通过各学段最后一周的考试对学生的英语课程进行评价。考试成绩实行10分制，其中4分和4分以下被视为不及格，10分为满分[10]。如果只有一次考试不及格，并不影响学生选修高级课程，学生只需要针对不及格的课程充分准备，之后参加补考并通过即可，考试成绩以最高一次计入，并不限制补考次数；但是两个学程考试不及格的学生，就必须重新学习，直到通过考试后才能继续学习更高层次的课程。这种评价方式有效培养学生学习英语的兴趣，充分考虑学生在不同发展阶段的特点，注重学生的个性化发展。在这种教学环境下，学生可以拥有充分自主的学习时间。位于赫尔辛基市的拉托卡塔诺（Latokartano）小学的校长亨卡拉就曾说过："我们强调的是学习而不是竞争，芬兰绝对不会用竞争来刺激教学质量"。[13]

4.2 评价的内容与目标

1998年，芬兰出台了《义务教育法》，该法案规定了教学评价的具体内容和目标。《义务教育法》强调，教学评价的目的在于引导、鼓励和促进学生的学习，提高学生进行自我评价的能力。为了实现这一目标，学校教学和学生家庭教育需要相互配合，制定出义务教育阶段学生的评价标准。芬兰国家教育委员会也对此做出规定，学生评价有两种类型，分别为学年评价和终结性评价。其中学年评价属于过程性评价，评价内容包括学业情况、学程表现、学生在校行为表现；而终结性评价则注重甄别与选拔的双重属性，通过综合考核形成成绩的梯度排布，从而完成甄选。基于达到义务教育的目标与要求，将这两种评价方式相结合，公平地评价学生[39]。

与选择教材相似，芬兰的教学评价计划一般都由地方教育部门与学校合作制定。这样，各个学校就进入了三方共同管理模式，一方面要落实国家的课程目标，另一方面要依据地方教育部门与学校共同建立的评价计划,协调落实[35]。各个学校用于评价自己教育教学活动的方式通常为三种,即内部评价、外部评价以及自我评价。内部评价是课程实施者自己的评价,这种评价方式具有连续性、综合性和累计性三个特点;外部评价是由课程实施者之外的人进行的评价,较为客观;自我评价的范围较宽,可以涉及课程教学活动中的任何领域,每一次评价可设置一个主要目标,但通常应当照顾到课程教学活动的各方面,如学期目标、课时目标等。

英语教育应该着重培养学生对英语和外国文化的兴趣,拓展他们的国际视野,同时建立和完善自身对世界的看法(即世界观),培养他们的外国文化认同感。1998年,芬兰政府颁布了《基础教育课程框架》,从听、说、读、写及文化意识等五个方面详细制定基础教育阶段英语课程的目标[36]。英语评价内容也相应基于该课程目标,评价内容主要分为:语言能力、语言知识、社会文化意识以及认知情感四个方面。语言能力方面又细分为听说、读写及非言语;语言知识方面细分为语音、语法及词汇;社会文化意识方面细分为了解其他文化及理解不同文化;认知情感方面细分为培养独立学习能力及促进个性发展[4]。

4.3 多样化的评价方式

芬兰高度重视激励性评价和发展性评价。芬兰国家教育委员会罗坎恩(Ruokanen)先生曾说过:"当我们评价一所学校的时候,我们的目的是为学校提供支持并帮助教师发展。我们给予学校的是指导而非批评。我们不公开我们的调查结果,也不对学校进行排名。"[8]教育行政管理中永远不会出现官员对学校的点名批评,学校拥有相当的自由度和自主权。教师无需担心每年的测验或考试,在享有充分的教学时间和自主权的情况下,可以充分发挥自己的智慧,创新教学方式,更好地促进学生个人发展和培养学生终身学习能力。

由于芬兰的学校没有留级制度,英语考试形式多样化,如口语考试、听力考试、开卷考试、写论文等。学生平时的上课表现、作业完成情况等都被计入总分。高中学习结业时,所有学生必须参加全国毕业考试以衡量其是否具备高中教学大纲要求的知识和技能,并达到毕业水平,同时作为大学入学的资格考试。考试每半年举行一次,94%的高中学生可通过此次考试,并获取参加大学入学考试的资格。在英语考试中,学生主要完成听力理解、阅读文章并进行评论等题目。高校入学考试则由各高校各专业自行命题[15]。

芬兰义务教育阶段的英语测评,小学生以口语测评为主,书面测评为辅;中学生则是口试和笔试相结合的方式,其中书面测评以自由表述为主,听说能力的测评主要依据课堂口语练习、角色扮演以及小组互动等。评价方式并不单纯依据考试和测评成绩,学生在学习过程中的表现以及能力的提升受到更多的关注,这种动静结合的评价方式能够更科学地评价学生对英语的掌握程度。

20世纪90年代,鉴于欧洲各国语言资格证书纷杂,欧洲委员会决定统一语言标准,建立欧洲共同语言教学与评估纲领,以促进语言资格证书的相互认可,从而便于欧洲各国之间的人员流动。经过十多年的努力,于2001年正式出版了《欧洲语言共同参考框架:

学习、教学、评估》(*Common European Framework of Reference for Languages: Learning, Teaching, Assessment*, CEFR)。这一纲领使欧洲的语言教学与评估研究逐步形成体系，CEFR结合国际先进的语言交际和语言学习理论，为欧洲的语言学习制定了一系列语言教学目标和语言学习评估指标。

《欧洲语言教学与评估共同纲领》还提出要学生学会学习[27]。针对学习能力，芬兰赫尔辛基大学教育系开展了一项课堂实验研究[28]。实验涉及小学、初中和高中三个阶段，由11名教师具体实施，采用课堂行动研究的方法，历时一年完成[1]。研究结果显示：首先，明确的生存能力特征、学习技能、探究技能的发展，以及促进元认知能力发展的尝试可以从小学阶段开始，并应持续整个学习阶段；其次，不同阶段的教师一致认为自我评估有益于培养学生的反思能力，进而提高学生的元认知知识，当学生的元认知知识提高后，他们承担学习的责任也随之增加，就能够计划、实施以及自主评估自己的学习。

参考文献：

[1] 北京教育科学研究院.芬兰教育体制与基础教育课程改革概况[M].北京：北京教育出版社，2003：85-90.

[2] 曹一鸣主编.十三国数学课程标准评介,小学初中卷[M].北京：北京师范大学出版社,2012.

[3] 陈静.芬兰外语的教育特点的分析[J].教学与管理.2009,15：158-160.

[4] 芬兰国家教育委员会.芬兰教育概览[EB/OL].http://www.oph.fi/download/146428_Finnish_Education_in_a_Nutshell.pdf

[5] 芬兰教育的精髓，培养学生的"横贯能力"[N/OL].http://learning.sohu.com/20161223/.shtml

[6] 何艳铭.欧洲语言教学与评估共同纲领研究[D].华南师范大学.2005：1-5.

[7] 胡斌.芬兰高等教育一瞥[N].人民日报.2008.

[8] 李庆伟.芬兰中小学教师教学方式变革研究[D].西南大学.2011.

[9] 卢枫.芬兰基础教育成功原因初探[N].中国教育报.2003.

[10] 卢枫,任新军.芬兰高中教育体制改革调研[J].基础教育参考.2003,6：1-8.

[11] 欧盟委员会欧洲六国外语教育水平调查报告出炉.21世纪世界英语周刊[R].http://www.171english.cn/article.asp?ThreadID=4695.html

[12] 人民网.背景资料：芬兰国家概况[N/OL].http://politics.people.com.cn/n/2013/0529.html

[13] 萧富元.芬兰教育世界第一的秘密[J].海外星云.2009,4：48-50.

[14] 杨钦.芬兰基础教育核心课程改革[J].课程.教材.教法.2016,1：103.

[15] 尹蓉蓉,谢忠平.中芬高中英语课程的比较[J].现代教学.2014,11：74-76.

[16] 于悦.中外英语教材对比研究——以中国和芬兰的高中英语教材为例[D].浙江师范大学.2015.

[17] 张小情.芬兰中小学英语英语教育及特点分析[J].中小学英语教学与研究.2010,9：2-5.

[18] 张小情. 北欧四国（瑞典、挪威、芬兰、丹麦）英语基础教育比较研究[J]. 比较教育研究, 2007, 5: 74-78.

[19] 赵长春. 芬兰独具特色的儿童流动图书馆[N]. 新华网. 2009.

[20] 赵广俊, 冯少杰. 当今芬兰教育概览[M]. 河南: 河南教育出版社, 1994.

[21] 政府教育投入可观, 芬兰学生学习能力名列前茅[EB/OL]. http://news.chinesewings.com

[22] 周琳. 芬兰教师教育对中国小学英语教师职前培养的启示[J]. 首都师范大学学报（社会科学版）. 2011, 2: 55-59.

[23] 周淑惠. 芬兰优质的英语教育及启示[J]. 现代教育科学. 2015, 4: 169-171.

[24] Aho, E., Pitkanen, K., and Sahlberg, P. *Policy development and reform principles of basic and secondary education in Finland since 1968*[M]. Washington, DC: World Bank Group. 2006: 166.

[25] Berge, P. R. A comparative study of first grade teachers' developmentally appropriate beliefs and practices in Finland and the United states.[EB/OL]. http://joypub.joensuu.fi/publications/masters_thesis/berge_beliefs/berge.pdf

[26] Bonnet, G. *The Assessment of Pupils' Skills in English in Eight European Countries 2002: A European Project*[M]. Paris: Ministère de l'Éducationnationale, 2004, 26-27.

[27] Council of Europe. *Common European Framework of Reference for Languages: Learning, Teaching, Assessment*[M]. Cambridge: Cambridge University Press, 2001.

[28] Council of Europe. *Common European Framework of Reference for Languages: Learning, Teaching, Assessment-Case Studies*[DB]. Strasbourg: Council of Europe Publishing, 2002: 40-52. http://culture2.coe.int/portfolio.2002/2004-6-18

[29] Education in Finland[EB/OL]. http://en.wikipedia.org/wiki/Education-in-Finland/

[30] EU-MAIL visit in Finland 02.05.-08.05. 2004[EB/OL]. http://www.eu-mail.info/results/visits/fi-report_sw_en.pdf

[31] http://joypub.joensuu.fi/publications/masters_thesis/berge_beliefs/berge.pdf

[32] http://www.hum.utu.fi/oppiaineet/englantilainenfilologia/studying/teacher training

[33] http://www.helsinki.fi/teachereducation/research/index.html

[34] Lavonen, J. Reasons behind Finnish Students' success in the PISA Scientific Literacy Assessment. [EB/OL] http://www.friends-partners.org/GLOSAS/Global_University/GlobalUniversitySystem/ListDistributions/2008/MTI1980_09-18-08/FinlandEducation/ReasonsBehindPisaSuccess.pdf

[35] Ministry of Education. Regional strategy for education and research up to 2013[EB/OL]. http://www.minedu.fi/export/sites/default/OPM/Julkaisut/2004/liitteet/opm_230 _opm11.pdf. 2004

[36] National Board of Education. Framework Curriculum for the Senior Secondary School Helsinki [R]. 1994.

[37] National Board of Education, Framework Curriculum for the Comprehensive School[EB/OL]. Finland: 1998.

[38] National Board of Education. National Core Curriculum for Upper Secondary Schools, Finland,

2003.

[39] PISA. http://www.pisa2006.helsinki.fi/finland_pisa/results/2006/2006.html

[40] Reform of Education [EB/OL]. http://www.ammatillinenkoulutus.com/main. 2008

[41] Ritva, J. and Niemi, H. Research-based Teacher Education in Finland-Reflections by Finnish Teacher Education [M]. Finland: Finnish Education Research Association, 2006.

[42] Sahlberg, P. A short history of educational reform in Finland [EB/OL] http://192.192.169.112/filedownload/historyofeducational reforminFinlandFinlandFINAL.pdf

[43] Simola, H. The Finnish miracle of PISA: historical and sociological remarks on teacher education [J]. *Comparative Education.* 2005, 41(4): 445–470.

[44] Statistics Finland [EB/OL]. http://www.stat.fi/til/ava/2009/02/a-va_2009_02_2010-05-25_tie_001_en.html

第五章
韩国英语能力及评价

一、英语在韩国的生态状况

1.1 英语在韩国的生态状况

韩国很早就开始实施外语教育。自古朝鲜起,韩国与中国的交流就比较频繁,因此韩国最早的外语教育是汉语教育。1876年韩国与日本签订《江华条约》,以此为契机与西方各国的交往也越来越频繁,国家需要掌握西方语言的人才。这一时期韩国出现了许多官办、民间以及宗教语言学校,开展早期的英语教育。在当时韩国政府的推动下,仅仅经过二十多年的时间,英语在韩国就成为"最受欢迎的外语"[10]。

进入21世纪,韩国不断加快世界化的进程,英语在国民经济发展中的重要性也更加突显。韩国政府不断加大对公立学校英语教育的投入,根据2006年11月三星经济研究中心发布的报告,韩国每年在个人英语学习上花费153亿元,语言学习花费占国内生产总值1.9%,居世界首位。可以说,进入21世纪以后韩国进入全民学习英语的热潮,并且这股热潮一直呈现出不断升温的趋势。

1.2 英语与韩国民众生活的关系

英语是韩国最主要的外语,在韩国社会的许多领域占有重要的地位。英语成绩是韩国入学考试、职称评定、就业加薪的重要衡量指标之一。基础教育阶段,英语是韩国小学三年级到高中一年级的必修科目。韩国基础教育阶段的教学语言基本上都是韩国语,但是部分外国语中学使用英语授课。高等教育阶段,教学语言主要有韩国语和英语两种。根据Cooper对语言功能的划分,我们可以总结出韩国语和英语在韩国社会不同场景的功能分配。

如表1所示,韩国语作为韩国的国语和官方语言,担任9种重要的语言功能;英语在韩国社会担任7种语言功能。英语在韩国的社会地位仅次于韩国语。因此,许多家长将英语视为进入上层社会的敲门砖,非常重视英语教育,国内掀起了"英语热"。在韩国的"英语热"潮流中,一个非常显著的现象就是"早期留学",许多家长为了提高孩子的英语水平,在初中、高中甚至是小学的时候,就送孩子去美国、加拿大等英语国家学习英语。根

据韩国一项关于早期英语教育的问卷调查显示(오수아,2016),认为英语需要早期教育的家长占81.5%,持反对意见的仅占4.2%。另外,44.2%受调查的家长认为最适合孩子开始英语学习的年龄段是5—7岁。

表1　韩国主要语言功能分配表

语言	官方语言	省区语言	通用语	国际语	首都语言	群体语言	教育语言	学校课程语言	文学语言	宗教语言	大众媒体语言	工作语言
韩国语	√		√		√		√	√	√	√	√	√
英语			√	√		√	√	√			√	√

1.3　韩国的英语能力

根据美国教育考试服务中心(ETS)发布的2015年《亚洲国家和地区托福(TOEFL)成绩表》(见表2),在亚洲30个国家和地区中,韩国考生的成绩排第七。按照听说读写的顺序,韩国考生的平均成绩为22分、21分、20分、21分,总平均成绩为83分。从亚洲各国和地区排名看,韩国学生的成绩处于中等偏上水平。

表2　亚洲国家和地区托福(TOEFL)成绩表(2015)

	亚洲国家和地区	听(平均成绩)	说(平均成绩)	读(平均成绩)	写(平均成绩)	总平均成绩
1	新加坡	24	25	23	25	97
2	巴基斯坦	22	23	24	23	91
3	印　度	22	23	23	23	90
	菲律宾	21	22	23	23	90
4	马来西亚	22	22	21	23	89
5	中国香港	20	21	21	22	85
	孟加拉	21	21	21	22	85
	斯里兰卡	20	22	22	21	85
6	印度尼西亚	21	21	21	22	84
7	韩　国	22	21	20	21	83
8	阿塞拜疆	19	20	21	20	81
9	朝　鲜	20	20	20	20	80
	中国台湾	20	20	20	20	80
	越　南	20	20	20	20	80
	哈萨克斯坦	19	20	21	20	80
	缅　甸	19	20	20	21	80

(续 表)

亚洲国家和地区		听（平均成绩）	说（平均成绩）	读（平均成绩）	写（平均成绩）	总平均成绩
10	中　国	20	18	19	20	78
10	土库曼斯坦	18	20	21	19	78
10	乌兹别克斯坦	18	19	21	20	78
11	中国澳门	18	19	19	20	77
11	泰　国	19	19	19	20	77
12	吉尔吉斯斯坦	17	19	21	19	76
12	尼泊尔	17	18	20	20	76
13	蒙　古	18	19	19	19	75
14	不　丹	15	17	21	19	72
15	日　本	18	17	17	18	71
16	阿富汗	14	16	20	18	69
17	柬埔寨	15	16	19	18	68
17	塔吉克斯坦	15	16	20	18	68
18	老　挝	14	16	19	18	66

（资料来源：美国ETS: Test and Score Data Summary for the TOEFL iBT Tests）

此外，根据ETS发布的2014年到2015年的GRE考试数据，韩国学生的语文平均分为149.3分，数学平均分为160分，写作平均分为3.2分。与中国和日本考生的平均成绩相比，语文平均成绩，韩国为149.3分，中国为147.4分，日本为145.9分；数学平均成绩，韩国为160分，中国为164.5分，日本为158分；写作平均成绩，韩国为3.2分，中国与日本同为3.0分[6]。总的来说，韩国学生的语文与写作平均成绩略高于中国和日本学生，数学平均成绩略低于中国学生，略高于日本学生。从TOEFL成绩来看，韩国学生的强项是听力，弱项是阅读。从GRE科目成绩来看，语文与写作是韩国学生的强项，数学是弱项。韩国作为一个非英语亚洲国家，国民的英语水平在亚洲国家中处于中等水平，还需进一步提高学生的弱项成绩，进而提高整体英语水平。

二、韩国英语教育政策

2.1　韩国英语教育简史

韩国的英语教育最早开始于李氏朝鲜末期。英语教育在韩国的发展主要经历了李氏朝鲜末期、日本殖民时期及大韩民国成立至今三个阶段。

第一阶段：李氏朝鲜末期（1392年—1910年）

1883年，德国人穆麟德（Mollendorff, P.G.）设立了韩国最早的英语教育机关"同文学"讲授英语。直到1886年，"同文学"废止。同年，政府设立育英公院教授英语，直到1894年废止，被改编为英语学校。1880年，在基督教传教士设立的培材学堂、梨花学堂、儆新学校等教会学校里，传教士不仅教授英语，而且使用英语教授其他科目。1894年以甲午改革为契机进行了真正的教育改革。当时在小学教授日语，在中学教授英语与日语。1895年政府制定《外国语学校管制》，在管办的学校教授英语、日语等外语。1906年，这些学校被官办的汉城外国语学校合并。1890年后半期出现了很多私立学校，大部分私立学校主要教授英语和日语。宗教学校一直以教授英语为主[4]。

第二阶段：日本殖民时期（1910年—1945年）

这一时期英语只是一门选修课。1938年，日本颁布第三次《朝鲜教育令》（1938年—1943年），把朝鲜语改为选修课，中学与师范学校可教授英语、德语、法语以及汉语中的一门；高等女学校（相当于现在的初中与高中，4—5年制）可教授英语、法语以及汉语中的一门。各专科学校与京城帝国大学（首尔大学的前身）也教授英语、德语、法语以及汉语。1943年，日本颁布第四次《朝鲜教育令》（1943年—1945年），完全取消了朝鲜语课程，并且减少外语教育；只在初、高中的低年级设置外语必修课，高年级的外语设置为选修课，特别是把英语当作敌国语言，更加限制英语教育[4]。

第三阶段：大韩民国成立（1945年至今）

（1）教学大纲时期（1945年—1954年）

1945年，美军进驻韩国，英语教育重新受到重视。这一时期学校除了恢复韩国语教育之外，还恢复了英语教育，把英语设置为初、高中的必修课。1950年，美军政厅学务局组织"教学大纲制定委员会"，开始投入制定教学大纲与教科书的工作。

（2）教育课程时期（1954年至今）

二战后美军政期匆忙制定的教育课程尚显仓促，许多地方需要调整。因此，1954年韩国文教部颁布了《教育课程时间安排基准令》，正式进入教育课程时期。韩国前后进行了多次教育课程改革。

1954年，韩国颁布了《第一次教育课程》，这是韩国政府首次建立全国统一的课程标准，也包括英语课程在内。《第一次教育课程》中的英语教育目标是"掌握基本语法和会话能力"[4]。1963年和1973年，韩国政府先后启动《第二次教育课程》和《第三次教育课程》大纲。这两次教育课程的英语教育目标基本相同："以培养四项基本技能为基础，目的在于向外国介绍韩国文化和韩国的现状，通过英语教育加深对外国人和外国文化的了解，培养学生的国际合作精神"。1963年，韩国文教部正式将英语列为第一外语。1973年，又把英语列为初、高中的必修课程，每周课时一般在4—5学时。1982年和1988年，韩国政府又相继实施了第四次和第五次教育课程改革，第四次和第五次的英语教育目标基本相同:"培养语言使用能力和国际洞察力,通过英语教育加深对外国文化的了解,并以此为途径发展韩国文化"。第四、五次英语教育改革与以往不同的是,"四项基本技能"上升为"语言使用能力",同时强调培养学生的国际洞察力、敏锐的政治视角和世界眼光。这与《第四次教育课程》中的"复合型人才"及《第五次教育课程》中的"主导21世纪信息化、国际化时代的韩国人"的培养目标相吻合。

1992年,韩国政府颁布《第六次教育课程》,提出"培养交际能力、接受外国文化、发展韩国文化"的英语教育目标。《第六次教育课程》的颁布在韩国英语教育史上具有划时代的意义。自此,韩国英语教育真正开始从语言使用中心向语言交际中心转变。1993年,韩国教育部将英语列为大学学业能力考试(College Scholastic Ability Test)的主要考试科目,且分值不断增加。

1997年,韩国政府启动《第七次教育课程》,提出英语教育的方向是重视培养交际能力的外语教育;把差别化教育理念引入英语教育,实施以实践活动和课业为中心的英语教育;发展能够为国家发展和世界化做出贡献的英语教育。在本次教育课程期,教育部又降低了学校教育英语学习者的起始年龄,规定英语为小学阶段的必修课。这体现了韩国政府对英语学习的高度重视,极大地促进了英语教育的发展。

进入21世纪后,韩国又先后进行了两次教育课程改革,《2007年修订教育课程》和《2009年修订教育课程》。《2015年修订教育课程》也于2017年正式实施[6]。

从英语课程在韩国的发展来看,呈现递增趋势。1963年英语正式成为第一外语。1974年以后,英语被定为初中和高中的必修科目,达到每周4—5个学时。1997年,从小学三年级开始全面教授英语课。总的来说,开设英语课程的时间在不断提前,学时也在不断增加。

2.2　当前英语教育政策

进入21世纪,为了进一步提高国民的英语能力,满足世界化进程对国民英语能力的需求,韩国政府陆续出台了一系列英语教育政策,以改善英语学习环境,壮大英语教师队伍,提高学生英语水平。

2007年,韩国政府颁布《2007年修订教育课程》,显著变化就是增加了小学英语学习时间。小学三、四年级由1个小时增加到2个小时,五、六年级由2个小时增加到3个小时。后来的《2009年修订教育课程》取消了原本按照学校性质划分的普通中学、外国语中学以及国际中学不同层次的英语课程,而是按照英语等级对英语课程进行重新划分,即基础英语、一般英语、深化英语三个部分。一般英语分为实用英语、阅读、作文、会话、作文等;深化英语分为阅读、会话、作文等。《2015年修订教育课程》强调英语教育以交流为教学核心,小学与初中阶段重点放在英语听说上,高中阶段重点放在英语读写上。

2008年,时任韩国总统的李明博提出"强化公共英语方案"。根据该方案,政府计划在随后的五年内，投资4万亿韩元（约合328亿人民币）用于英语课程研发、教师培养、考试改革及教育环境改善等方面。这次英语教育政策的主要目标有两个：一是使所有学生高中毕业后，都可以用英语与外国人交流；二是减少私教费用，使所有学生只通过学校教育就可以进入大学。"强化公共英语方案"的具体内容包括实行国家英语能力评价考试、实施TEE英语教师资格认证制度、开展本族语教师引入项目、开展Talk留学生支教项目等等。

三、韩国英语教育体系

3.1 英语教育体系概述

根据1949年的教育法，韩国目前实行6334教育制度，即小学教育6年，中等教育的初中教育3年，中等教育的高中教育3年，大学教育4年，其中小学与初中9年是义务教育。基础教育阶段，从小学三年级到高中一年级，英语是必修课；高中二、三年级，英语是选修课。韩国教育部颁布的教育课程改革内容主要是针对基础教育阶段，因此，本节也重点对基础教育阶段的英语教育进行阐述。

3.2 英语教学目标与要求

《2015修订英语教育课程》是2015年9月至今韩国教育部公布的最新改革方案[7]，此改革方案能说明韩国英语教育的最新改革方向。《2015年修订教育课程》的适用对象为：2017年3月1日起的小学一、二年级学生；2018年3月1日起的小学三、四年级学生、初中一年级学生、高中一年级学生；2019年3月1日起的小学五、六年级学生、初中二年级学生、高中二年级学生；2020年3月1日起的初中三年级学生、高中三年级学生。该方案以提高学生的英语交际能力为总目标，同时以培养帮助他人意识和模范市民意识，培养智慧的创意性思考能力为目标。同时强调以正确理解外国文化为基础，了解韩国文化的价值，通过相互的价值认识培养国际视野以及作为世界市民的基本礼仪、协同能力以及素养。因此，《2015年修订英语教育课程》主要从工具性和人文性两个方面强调英语课程的价值。

《2015年修订英语教育课程》就小学、初中和高中的英语课程目标分别进行表述。根据该方案，韩国小学英语课程目标是掌握现实生活中使用的基础英语理解与表达能力的课程，重点放在有声语言的沟通能力上，文字教育的重点放在读写简单内容的文章，并且从内容上与听说相联系。初中英语课程目标是以让学生理解基本日常英语且掌握使用能力，理解外国文化，培养高中需要的基本英语能力。通过符合中学生的认知、定义的多种教学和学习方式提高英语的交流能力。不仅提高英语学习的效率，而且养成对外国文化的开放态度和国际性认知，学生不仅要理解外国文化，还要掌握把韩国文化介绍给外国人的双向沟通能力。作为高中的选修课，高中英语课程目标是为了提高学生的语言交流能力,让学生提高自身能力,随时应对时代变化,成长为国际性人才。高等学校的英语以小学、中学的学习内容为基础,提高理解英语、利用英语的能力,重点提高使用英语的交际能力。

从小学阶段"培养学生的基本交际能力"到初中"培养学生的双向英语沟通能力",再到高中阶段"培养学生成为国际性人才",小学、初中、高中三个阶段的英语教育目标循序渐进。但无论哪一个阶段,学校英语教育的首要目标都是培养和提高学生的英语交际能力,强调英语教育的工具性。因为英语交际能力是基础,只有具备良好的英语交际能力,才能对外介绍韩国的政治、经济和文化,使世界人民了解韩国,提高韩国在国际社会的话语权和影响力。此外,本次英语教育课程修订还特别强调学生通过英语学习,养成对外国文化的开放态度和国际性认知,培养学生的世界公民意识,这说明韩国的英语教育课程正在从"重视工具性"向"工具性和人文性并重"的目标转变。

《2015年修订英语教育课程》的评价方式包括教师评价、学生相互评价、自我评价、执笔评价(传统的笔试)以及表现评价(performance assessment)等[6]。教师可根据评价的种类、目的及学生的水平选取适当的评价方法。通过这些方法,既可以对学生英语的听、说、读、写进行单项评价,也可对两项或两项以上的项目进行综合评价,如英语的理解和使用能力等。与以往的评价方式相比,本次教育课程改革中提出的评价方式更加多元、灵活,也更能真实、公平地反映出每个学生的单项英语能力和综合英语能力。

3.3 英语课程设置

3.3.1 课时设置:课程时间提前,课时不断增加

第六次教育课程期间,韩国政府首次将英语列为小学的必修课程。其中一项重要措施是将学习外语的起始年级提前到小学三年级。小学三至六年级每周2学时,初一至高一阶段每周4个学时。

第七次教育课程期间,在"减轻学生学业负担"的国家总体教育指导思想下,小学三、四年级的英语学时减少为每周1个学时,初一、初二年级的学时减少为每周3个学时,其他年级没有变化。第七次教育课程中规定,一年级到十年级是国民共通教育课程阶段,此阶段的学习内容由国家统一规定。但是,十一年级到十二年级的课程为选择性深化课程,学生可以根据自己的兴趣、爱好以及未来规划,选择适合自己的课程。英语选择课程包括英语1级、英语2级、实用英语会话、高级英语会话、英语阅读和英语作文等,并且规定学生必须从中选修一门以上的科目。

2007年修订教育课程期间,小学三、四年级的英语学时增加到每周2学时,小学五、六年级的英语学时增加到每周3学时。此外,在《2007年修订教育课程》中,将小学英语文字教育提前一个学期。在第六、七次英语教育课程修订中,一直强调小学英语教育的目标是培养学生的基础沟通能力,教学内容主要以口语为主,文字教育为辅助工具。因此,小

学三年级的英语课程只有口语教育,从小学四年级开始,才开设文字课程。但是,考虑到口语和文字教育的分离,不符合外语教学规律,在实施过程中也很难操作,因此将英语文字教育提前到小学三年级第二学期。2009年修订教育课程时期,高中一年级的英语学时增至每周10学时。2015年修订教育课程时期,高中一年级的英语学时又减少为每周8学时,其它年级没有变化,详见表3:

表3 韩国五次教育课程修订中的英语学时设置

年级	小学(学时)						初中(学时)			高中(学时)		
	1	2	3	4	5	6	7	8	9	10	11	12
第六次			68	68	68	68	136	136	136	136		
第七次			34	34	68	68	102	102	136	136	选择英语课程	
2007年			68	68	102	102	102	102	136	136		
2009年			68	68	102	102	112	112	112	340		
2015年			68	68	102	102	112	112	112	272		

(注:图表中的数据是根据韩国教育部颁布的五次教育课程的内容整理而得)

上表中的数字代表每年两个学期34周的学时数。其中,小学1个学时40分钟,初中1个学时45分钟,高中1个学时50分钟。这五次教育课程的英语学时变化可用图1表示:

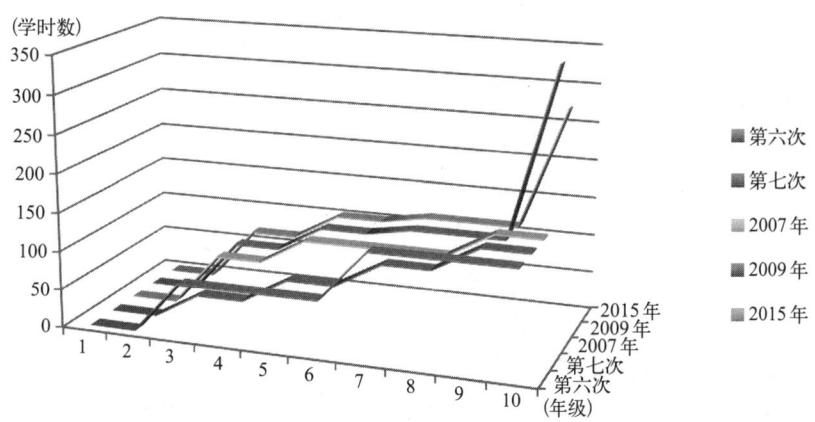

图1 韩国五次教育课程中的英语学时变化趋势图

从趋势图可以看出,从1992年的第六次教育课程时期到2015年修订教育课程时期,英语学时数呈现整体增加的趋势,这也反映出韩国政府对英语教育越来越重视。

3.3.2 教学内容不断细化

从第六次教育课程时期开始,英语教育课程的内容不断细化。前五次英语教育课程改革中,课程大纲只强调听、说、读、写的基本技能,教学内容主要以词汇、语法为主。《第六次教育课程》大纲的英语教学内容细化为语言功能、沟通交际功能和语言材料三部分,并从语言素材、发音、词汇及句子长度四个方面对语言材料进行了规定。《第七次教育课程》在第六次的基础上,又新增加了语言活动,具体分为语音活动和文字活动。此外,第六次英语教育课程方案还明确了语言交际性内容、听说材料和词汇句型的解释和说明,并在大纲后给出基本词汇表和基本句型示例。从2007年修订教育课程时期开始,英语教育课程的教学内容体系基本上没有太大的变化[8],见表4:

表4 第五、六、七次英语教育课程的教学内容体系对比

第 五 次	第 六 次	第 七 次
听、说、读、写	语言理解功能(听、读) 语言表达功能(说、写) 语言交际功能 语言材料	语言理解功能(听、读) 语言表达功能(说、写) 语言交际功能 语言材料 交际活动
词汇、语法为主	语言材料(素材、发音、词汇、句子长度)	语言材料(素材、文化、词汇、句子长度)
		语言活动(语音活动、文字活动)

(注:根据韩国教育部颁布的第五、六、七次英语教育课程大纲整理。)

3.3.3 英语课程科目更加细化

从第六次教育课程时期开始,高中二、三年级的英语选择课程科目不断细化,从最初的"英语Ⅰ、英语Ⅱ、英语阅读理解、英语会话和实务英语"5个科目,增加到现在的8个科目。《第六次英语教育课程》新增"实务英语"科目,主要是为了配合这一时期提出的"培养沟通交际能力"的英语教学目标。《第七次英语教育课程》新增"英语作文"科目。《2007年修订英语教育课程》将"英语会话"科目进一步细化为"实用英语会话"和"深化英语会话"2个科目,并新增"深化英语读解和作文"科目。《2009年修订英语教育课程》将选择课程细化为一般选择课程和深化选择课程两部分。一般选择课程面向全体学生开设,深化选择课程主要是为满足英语优秀者的深层次学习需要。这也反映了这一时期的教育课程"考虑不同学生的差异,实行差别化教学"的总体要求。《2015年修订英语教育课程》新增"英语圈文化"、"专门英语"和"英美文化阅读"科目。"专门英语"主要讲授与未来职业相关的英语,"英语圈文化"和"英美文化阅读"既是为了提高学生对外国文化的理解力和包容度,也是为配合这一时期韩国政府提出的"培养世界公民"的国家战略。从这五次英语教育课程方案的变化,可以看出英语选择课程的科目不断细化,并且越来越重视实用能力和跨文化交际能力的培养,见表5:

表5 五次英语教育课程中的选择课程变化

第六次	英语Ⅰ、英语Ⅱ、英语读解、英语会话、实务英语
第七次	英语Ⅰ、英语Ⅱ、英语读解、英语会话、英语作文
2007年	英语Ⅰ、英语Ⅱ、实用英语会话、深化英语会话、英语读解和作文、深化英语读解和作文
2009年	一般选择课程：实用英语Ⅰ、实用英语会话、实用英语读解和作文、实用英语Ⅱ、英语Ⅰ、英语会话、英语读解和作文、英语Ⅱ 深化选择课程：深化英语、深化英语会话Ⅰ、深化英语会话Ⅱ、深化英语读解Ⅰ、深化英语读解Ⅱ、深化英语作文
2015年	一般选择课程：英语会话、英语Ⅰ、英语读解和作文、英语Ⅱ 深化选择课程：实用英语、英语圈文化、专门英语、英美文化阅读

（注：根据韩国教育部颁布的五次英语教育课程大纲整理。）

在"注重沟通交际能力"教学目标的导向下，第六次英语教育课程的教学方式发生了重要的变化：从原来的"以教师为中心"的转向"以学生为中心"。[10]学校鼓励开展"以学生为中心"的教学活动，教师尽可能多地为学生提供在课堂上进行英语沟通的机会，通过组织小组活动、游戏、唱歌等增加学生课堂表达的机会，提高学生英语表达的流畅性，具体有：

（1）制定符合学习目标和学习时间的具体教学活动。
（2）根据学习阶段制定合适的教学活动。
（3）多使用视听资料，使学生多接触自然的英语发音。
（4）课堂教学活动尽可能使用英语。
（5）课堂活动形式以小组或2个人为主。
（6）课堂活动尽量以游戏为主要形式。
（7）多启发学生自主说话，不要指出学生的错误。
（8）尽可能地为学生提供英语听、说的机会。
（9）将课本内容有效地运用到课堂教学中去。

《第六次小学英语教育课程》中规定的教学与学习方法都强调"以学生为中心"，从课堂活动的制定到实施，都是以学生的需要为主，设计适合学生的课堂活动，并尽可能地为学生提供英语听、说的机会，为学生提供自然的英语学习环境。在整个学习活动中，教师只是起到辅助的作用，只为学生提供启发和引导，真正的学习主体是学生自己。这在韩国的英语教育史上，也是一个重要的转变。[10]

《第七次教育课程》中的一个重要变化就是引入了"差别化教学"模式，即设置"深化课程、补充型课程、差别化课程"。"补充型课程"是针对没有达到学校基本要求的学生，通过补充型课程，强化基本课程的学习。"深化课程"是针对已经达到基本要求以上的学生，通过深化，进一步提高学习难度。"差别化课程"是在考虑学生差异性的基础上提出的，其实就是《第六次英语教育课程》中提出的"以学生为中心"的教学方式的延续。但是,"差别化课程"的施行并不顺利,遭到了学者、教师和学生父母的一致反对。因为大多数人认为,共同课程是所有学生的必修科目,不应该故意拉开学生之间的差距,不利于学生的发展。因此,2007年修订的英语教育课程方案便取消了学校的"差别化课程",鼓励自主实施差别化教育。《2009年修订英语教育课程》和《2015年修订英语教育课程》没有大的变化,仍是强调"以学生为中心"的教学方式。

四、韩国英语能力评价体系

4.1 评价指南

《第一次英语教育课程》只是在总论部分简单提及了评价,但是具体的评价方法和标准等都未提及。《第二次英语教育课程》首次提到了英语评价的注意事项,指出评价要尽可能朝促进英语教学和英语学习的方向发展。《第三次英语教育课程》在《第二次英语教育课程》的评价基础上,简单地介绍了听、说、读、写、词汇及语法的评价方法。《第四次英语教育课程》提出了关于英语综合能力的评价指南、评价方法及对评价结果的有效活用。《第五次英语教育课程》强调对听、说、读、写的单独评价,并且都给出了具体的参考实例。《第六次英语教育课程》将评价细化为评价指南、评价内容、评价方法及评价的活用四个部分,并对每个部分都给出了具体的参考实例。

《第七次英语教育课程》首次在小学阶段提出了"表现评价"的概念[9]。"表现评价"强调的是学生现阶段的成绩与前一阶段成绩的变化,而不是与其他学生的成绩对比,更有利于促进学生的学习,减少学生的压力和负担。《2007年修订英语教育课程》和《2009年修订英语教育课程》的评价指南部分没有大的变化。《2015年修订英语教育课程》详细地指出了评价计划、评价目标、评价内容、评价步骤、评价的活用、语言功能单项评价、语言功能综合评价等内容。总的来说,韩国的英语教育评价体系越来越细化,且越来越重视"以学生为中心"的评价方式[9]。

4.2 评价内容和目标

从第五次教育课程时期开始,大纲中开始出现关于英语课程的具体评价内容和评价目标。《第五次英语教育课程》中的评价内容包括四个部分:听、说、读、写。听力部分强调对语音的识别和意义的把握;口语部分强调准确度和流畅性;阅读部分强调朗读的准确性、对文章主题的把握;写作部分强调准确性。

《第六次英语教育课程》中的评价内容与第五次略有不同,不再细分为听、说、读、写四个部分的单独评价,而是分为语言理解功能(听、读)和语言表达功能(说、写)两部分的评价。其中,语言理解功能的评价强调对语音和文字关系、音韵变化、内容、主题、情境、前后顺序以及沟通交际能力的理解等。语言表达功能的评价强调恰当的思想感情表达、符合情境的对话以及恰当的描写说明等。

《第七次英语教育课程》将评价分为深化、补充型课程评价和阶段差别化课程评价，没有再细分具体的语言功能评价。《2007年修订英语教育课程》删除深化、补充型课程和阶段差别化课程的评价部分，其他部分保持不变。现行的《2009年修订英语教育课程》中的评价内容包含语言功能、交际沟通功能、主题以及素材等内容。

4.2.1 确定评价目标与评价内容

小学、初中及高中阶段评价内容相同：1）评价目标与内容以教育课程中提到的教育目标和完成标准为基础；2）为了正确评价交际沟通能力要制定恰当的评价目标和选定恰当的评价内容，应持续提高评价内容的恰当程度。

4.2.2 选定评价内容的要点

小学阶段评价内容的要点包括：1）被包含在评价内容的语言与内容要有真实性，考虑学生的水平可重新调整；2）要选定能综合评价学生的语言知识、背景知识、沟通能力等评价内容；3）要选定对英语学习持肯定态度、能促进学生自主学习的评价内容。初中阶段评价内容的要点比小学阶段多了一项，即通过适当的课题选定能够测量语言要素与交际沟通要素的评价内容。高中阶段评价内容的要点包括：1）包含实际使用的、真实的语言和有意义的课题；2）应选使学生的语言知识、背景知识、交际沟通能力综合发挥作用的内容，而不是零星的知识；3）应选对学生起正面反拨作用的内容；4）要对英语学习持肯定态度、能促进学生自主学习的内容[9]。

4.2.3 树立评价目标与选择内容的方法

《英语教育课程》在高中部分对树立评价目标与选择评价内容的方法做了阐述：1）选取在教育课程中明示的学习范围里的内容；2）在相应的学习范围内把握好语言要素、交际要素以及文化要素以后，再选择教育课程里明示的相应基准；3）通过选择适当的话题测量学生的语言要素和交际要素。

总之，随着英语教育课程的不断推进，英语教育评价的内容更加细化，更加方便操作。评价的标准从此前的"准确性"改为"流畅性"[9]。这是因为从第六次教育课程时期开始，英语课程的目标强调英语的交际能力而非仅仅是语言技能，因此流畅性比准确性更重要。

4.3 评价的主体

前五次英语教育课程方案没有明确写出评价的主体，直到第六次英语教育课程方案才指出，通过观察学生的沟通积极性、参与度以及学习进步过程进行评价。据此可以推断，第六次及之前的英语课程改革的评价主体均为教师。从第七次英语教育课程方案起，评价主体开始发生较大的变化。第七次课程改革提出"使用档案袋评价（portfolio evaluation）、自我评价及相互评价的方法对学习过程进行评价"[11]。由此可见，第七次课程改革的评价主体，在原来教师的基础上增加了学生本人及其他同学。"档案袋评价"是在一个或一个以上的领域里,与学生的努力、进步、完成课题相关的,以学生持续的课题为根据的评价方法之一。此方法应用于学生的成长与完成课题的评价,也可用于教师的教授方案评价[12]。这种评价方法不是把重心放在学生不懂的内容上,而是放在学生个人是如何成长的,即重视过程的评价方法[17]。《2007年修订英语课程》中的评价主体与第七次教育课程方案的描述相同。

《2009年修订英语教育课程》和《2015年修订英语教育课程》指出,为了让学生充分发挥英语能力,要采用多样化的评价方法,教师评价、学生相互评价以及自我评价。评价主体维持教学过程已有的三个主体,没有变化。

4.4 评价的方式

韩国前五次的英语教育课程方案都采取目标指向性评价方式,重视最终成绩,忽视学生的整个学习过程。从第六次英语教育课程方案起,评价方式发生了重要的变化:首次提出过程指向性评价方式。过程指向性评价不仅重视学生的最终成绩,而且关注学习的整个过程,这样得出的评价结果更客观,也能够给予学生及时的反馈。《第七次英语教育课程》关于评价方式的叙述过于笼统,没有介绍具体的评价方法、评价实施,教师在执行起来较困难。因此,《2007年修订教育课程》在第七次的基础上进行细化,将评价方式分为评价指南和评价注意事项两部分。评价指南又进一步细化为评价方向、评价计划、评价类型、评价内容、评价方法及评价结果的运用;评价注意事项将小学和中学的评价区分开来,并给出了具体的评价实例。《2009年修订英语教育课程》在2007年的基础上,根据语言的功能又进一步细化评价类型,分为听力评价、口语评价、阅读评价、写作评价及语言功能统合评价五种类型。

《2015年修订英语教育课程》中的评价类型大致分为听、说、读、写单项评价与综合评价,方式为选择题、论述题等形式。小学、初中、高中阶段选定评价方法的方向相同。根据评价目的和种类,并依据学生的水平使用适当的评价方法。例如,在评价说与写成绩时尽可能使用表现评价方法,在评价听、说、读、写单项的基础上实行语言功能的综合评价。在教授和学习的过程中使用观察评价、自我评价、学生相互评价等多种方式。

《2015年修订英语教育课程》专门列出初中、高中阶段评价的方法。根据不同的评价主体,可分为三种:教师评价、同学评价、自我评价。根据评价的类型,可分为两种:笔试、表现评价——观察、口述、面试、表演等方法,可在考试现场直接评分或录音录像之后再评分。评价的形式有选择题或论述题等。

总之,韩国《第六次英语教育课程》确立了评价的类型和方向,以后的几次修订课程都是在此基础上进行具体的细化。其英语教育评价方式正在从"目标指向性"向"过程指向性"转变。

4.5 评价的标准

4.5.1 小学英语评价标准

小学英语教育课程评价标准初次出现于《第六次教育课程》。《第六次英语教育课程》指出,小学生应学习500个左右单词,包含基本词汇表中的400个单词(基本词汇表共有800个单词)。本次英语教育课程方案还列出了最基本的交流用语,涉及打招呼、表达自己的感觉、个人的想法、喜好等。这一时期主要评价有声语言,但高年级可以评价文字语言。这一时期的英语教育课程制定者明确指出了词汇量和学生需要掌握的最基本的句子,便于评价,具体内容如表6[8]所示:

表6　第六次英语教育课程方案中交流用语的部分示例

类　型	例　句
同意,反对	Right! That sounds OK. Me, too. I don't think so. Good idea!
比较	I'm taller than you. He's as tall as you.
传话	Mom said, "It's time to go to bed."

　　第七次教育课程方案仍以有声语言教育为主,评价有声语言的使用能力。除此之外,大纲也指出要均衡地评价听、说、读、写能力。本次方案列出了英语课程的17种素材,以日常生活中较熟悉的话题为中心,选择能引起学生兴趣的素材。交流用语的示例比前一次更加丰富,并举出了可配套使用的样例。它还将小学生应掌握的单词量减少到450个左右,建议使用基本词汇表中的350个单词,基本词汇表增加到2 067个单词。2006年韩国对英语教育课程进行修正,小学阶段需掌握的单词量重新回到第六次教育课程期的500个,素材增加到19种。从评价体系可看出,第七次英语教育课程也以单词为中心提出评价标准,但没有阐述关于听说读写的具体评价标准。《2007年修订英语教育课程》的出台与上一次相隔半年,基本沿用了上一次的评价标准,没有太大的变化。2008年12月再次对大纲进行调整,规定小学生应掌握的基本单词为520个,但是仍没有阐述听、说、读、写技能的具体标准。

　　《2009年修订教育课程》首次对小学英语的听、说、读、写的评价标准进行划分,并提出要求。评价分为语言技能单项评价与语言技能综合评价。例如,小学三、四年级英语"说"的评价标准如表7所示,小学五、六年级的标准比三、四年级的加大了难度要求。以"听"为例,本次英语教育课程提出了具体的要求:1)理解中心意思;2)理解详细内容;3)理解电话的通话内容;4)完成任务。语言技能综合评价是结合两种技能的评价方式,如听说、听写、读说、读写、说写、写说等,听说是指"听完跟读、听提问回答、听完简短而简单的内容再复述、回想表达、对听完的一段话表达自己的意见或感觉"[11]。总体来说,此次教育课程对小学生提出了日常生活中熟悉的单词、表达方式、对话、人物、事物、歌曲、电话、游戏等多方面的分项与综合要求。但对这些内容并没有提出具体的量化标准,没有明确提出一分钟要达到的语速是多少,如听力部分,韩国更喜欢用"语速根据被评价的对象要适当的调整,尽量用自然的语速进行评价"这种方式提出标准[8]。

表7 小学三、四年级英语"说"的单项评价内容

1）跟着说。	① 听完字母与单词跟着说；② 正确地跟着说英语的重音、抑扬、语调。
2）说单词或文章。	① 看实物或图画说出单词或一个句子；② 能用一两句文章表达周边的事物或人物；③ 用一两句话进行指示或命令；④ 能表达简单并且熟悉的日常生活（包括简单的日常生活和熟悉的日常生活）。
3）陈述或提问和回答。	① 用一两个句子做自我介绍；② 对于日常生活能够简单地提问和回答；③ 对过去的事情进行简单的陈述。
4）吟颂、唱歌和游戏。	① 参与简单的游戏活动并能表达；② 唱出简单歌曲，符合重音、抑扬、语调。

2015年9月颁布的《2015年修订英语教育课程》规定小学生应掌握500个单词，单个句子的长度为：小学三、四年级在7个单词以内，小学五、六年级在9个单词以内。值得关注的是，此次英语教育课程为方便教师理解，对于评价标准作出了解释。"说"部分的评价内容为："可以用一、两个句子作自我介绍"或"可以用一、两个句子指示或说明"[8]。解释部分对这两句的阐释是：学生的水平应达到能自然地用一、两句英语作简单的自我介绍，能说出指示或命令的句子。此外，该英语教育课程也对文化、素材、交流沟通用例等提出了具体要求。

4.5.2 初中英语评价标准

《第一次英语教育课程》规定初中生应掌握1 500个左右的单词。《第二次英语教育课程》规定初中学生应掌握1 050—1 450个新词，低年级要重视训练听说能力。《第三次英语教育课程》对初中每个年级的听说读写分别提出了相应的要求：如初一年级句子长度为10个单词以内，初二年级为15个单词以内，初三年级为20个单词以内；初一年级需掌握的单词量为300—350个，初二年级为350—400个，初三年级为400—450个，总量在1 050—1 200个。与前一次相比，单词量的上限有所减少。《第四次英语教育课程》对初中英语课程的词汇量和句子长度没有明示。《第五次英语教育课程》要求初中生理解简单的英语，培养正确表达自己的想法和感觉的基本能力，正确接受外国的文化并能介绍本国文化，并规定三年之内要掌握1 050个左右的单词。

《第六次英语教育课程》规定初中学生需掌握的单词量不变，仍为1 050个，单个句子的长度要求不变，初一年级为10个单词以内，初二年级为15个单词以内，初三年级为20个单词以内。本次英语教育课程方案还指出，评价应摒弃背诵为主的评价方式，要重视沟通能力。《第七次英语教育课程》规定的单词量有所减少，初一年级为200个，初二年级为250个，初三年级为350个，共800个单词。《2007年修订英语教育课程》对需掌握的单词总量做了调整，共840个，也对每个年级需掌握的单词量做了调整，减轻初中一年级学生的负担，增加了高年级的单词量。

《2009年修订版英语教育课程》指出，初中学英语课程的目标是以小学英语为基础，培养对一般主题的基本英语理解和表达的能力。初中学生应掌握750个左右的单词，这与第一次教育课程时期的单词量相比减少了一半。此次英语教育课程初中部分的评价方

式与小学部分相同，也分为单项评价与综合评价。

单项评价对初中生英语的听、说、读、写分别提出要求[9]。以初中英语听力为例，具体评价内容如下：

1）理解中心意思。具体包括：① 把握日常生活中熟悉的、一般主题对话的梗概；② 把握日常生活中熟悉的、一般主题对话的主题和要点；③ 把握日常生活中熟悉的、一般主题对话的意图或目的。

2）理解详细内容。具体包括：① 把握关于图画或图表的简短讲解或对话的详细内容；② 理解日常生活中熟悉的、一般主题对话的详细内容。

3）把握话题的来龙去脉。具体包括：① 把握日常生活中熟悉的、一般主题对话讲话者的心情或态度；② 把握日常生活中熟悉的、一般主题对话故事或事件的前后关系；③ 听完日常生活中熟悉的、一般主题对话的故事或事件，把握其原因与结果。

4）完成任务。具体包括：听完日常生活中熟悉的一般主题对话，并完成其任务。

综合评价部分与小学相同，由听说、听写、读说、读写、说写、写说构成。

这一时期的评价标准体系已经基本成熟，《2015年修订英语教育课程》初中阶段的评价标准部分与2009年基本相同。

4.5.3　高中英语评价标准

《第一次英语教育课程》规定高中学生应掌握使用频率较高的单词4 000个左右。

《第二次英语教育课程》规定高中生在初中学习内容的基础上，应掌握1 800—2 500个新词。1966年10月对大纲进行修订，应掌握的单词量减少到1 400—2 400个。1967年4月再次对大纲进行修改，把英语课程分为英语Ⅰ与英语Ⅱ。英语Ⅰ应掌握的单词量恢复到之前的1 800—2 500个，英语Ⅱ应掌握的单词量为2 300—2 900个。英语Ⅱ特别指出要培养学生能阅读通俗易懂的英语书籍的能力。1971年8月重新对大纲进行修改，高中阶段不再区分英语Ⅰ和英语Ⅱ，把英语作为一门课程，并将高中学生应掌握的单词量降低到1 000—1 800个新词。

《第三次英语教育课程》重新区分为英语Ⅰ与英语Ⅱ。英语Ⅰ的单词量（包括初中阶段所学的单词）共计2 000个左右。英语Ⅱ的单词量（包括英语Ⅰ在内）共3 200个左右。加上此前公布的初中生应掌握的单词量1 050—1 200个，由此可算出，高中生需掌握的单词量为2 000—2 150个新词。

《第四次英语教育课程》规定英语Ⅰ的单词量（包括初中阶段所学的单词）减少到1 700个左右，并规定要均衡地评价语言技能的四个方面。英语Ⅱ的单词量（包括英语Ⅰ在内）为3 000个。

《第五次英语教育课程》规定英语Ⅰ的单词量为1 600个左右，英语Ⅱ的单词量（包括英语Ⅰ在内）为3 000个左右。同时指出，英语评价的重点应放在语言使用能力上，还分别明确了四个技能评价的重点，如听力评价的重点应放在"意思的掌握、听力内容的记忆等"。

《第六次英语教育课程》将高中阶段的英语课程进一步细化为共通英语、英语Ⅰ、英语

Ⅱ、英语阅读、英语会话、实务英语6门课程。评价的要求也比前几次更加明确。以《共通英语》课程为例,需掌握的单词量为1 400个左右,单个句子的长度在25个单词以内。比起单纯背诵为主的评价,本次英语教育课程的评价标准更重视交流能力、口语流利度等。

《第七次英语教育课程》方案中,高中阶段英语课程有英语、英语Ⅰ、英语Ⅱ、英语阅读、英语会话5门。高一应掌握的单词量为450个左右。以英语Ⅰ的"说"为例,课程方案提出了具体的评价标准,即对一般主题能自然地对话,对于某件事情可以有条理地说明或报告;对听到或读到的内容说出自己的评价;可以自然地进行日常生活所需的电话对话;得到适当的帮助,对抽象的主题说出自己的想法与感觉等。

《2007年修订英语教育课程》将高中阶段英语课程设置为英语、英语Ⅰ、英语Ⅱ、实用英语会话、深化英语会话、英语阅读与作文、深化英语阅读与作文。课程方案阐述了每一门课程的特点、目标、内容、教授与学习方法以及评价。以"深化英语阅读与作文"为例,其评价部分的内容阐述为:评价关于概括内容、写信、介绍等课题,尽量通过读与写进行能力与速度评价等。

《2009年修订教育课程》对高中阶段英语课程再次细化,共分为15门课程。课程方案根据每个课程的不同要求提出应掌握的单词量,例如基础英语1 300个、实用英语Ⅰ 1 600个、实用英语会话1 200个、实用英语阅读与作文1 800个、实用英语Ⅱ 2 000个、英语Ⅰ 1 800个、英语会话1 500个、英语阅读与作文2 200个、英语Ⅱ 2 500个、深化英语2 800个、深化英语会话Ⅰ 1 800个、深化英语会话Ⅱ 2 000个、深化英语阅读Ⅰ 3 300个、深化英语阅读Ⅱ 3 500个、深化英语作文2 300个。结合课程本身的特点,每门课的评价标准都有侧重点,例如会话课以听说两个技能为主进行评价;阅读与作文课以读写两个技能为主进行评价。具体评价标准如表8所列[8]:

表8　《2009年修订教育课程》高中基础英语课程评价标准

技　能	详　细　内　容
听	1) 理解中心意思。把握日常生活中熟悉的、一般主题对话的主题及要点。 2) 理解详细内容。把握日常生活中熟悉的、一般主题对话的详细内容。 3) 把握逻辑关系。把握日常生活中熟悉的、一般主题对话的前后关系、原因与结果。 4) 把握脉络。听完日常生活中熟悉的、一般主题对话,把握说话者的意图或目的。
说	1) 说出中心内容。听或读关于日常生活的文章,说出中心内容。 2) 说出详细内容。听或读关于日常生活的文章,说出详细内容。 3) 说出意见或感觉。对日常生活说出自己的意见或感觉。 4) 交换信息。① 对日常惯用句型来提问或回答;② 能简单说明周边的人物、事物和事件。
读	1) 把握中心内容。阅读关于日常生活的文章,把握文章的主题及要点。 2) 把握详细内容。阅读关于日常生活的文章,把握文章的详细内容。 3) 把握逻辑关系。阅读关于日常生活的文章,把握文章的前后关系、原因及结果。 4) 把握脉络。阅读关于日常生活的文章,把握作者的意图或目的。
写	1) 写中心内容。听或阅读关于日常生活的话语或文章,写出要点。 2) 写详细内容。听或阅读关于日常生活的话语或文章,记录必要的信息。 3) 写意见或感觉。听或阅读关于日常生活的话语或文章,简单地写出自己的想法或感觉。 4) 写要符合情况和目的。① 写关于周边人、物或事件的话题;② 简单写出关于日常生活的信息。

《2015年修订教育课程》对高中阶段英语课程进行缩减,减少到9门。每门课程需掌握的单词量分别为英语1 800个左右、英语会话1 500个以内、英语Ⅰ 2 000个以内、英语读解和作文2 200个以内、英语Ⅱ 2 500个以内、实用英语2 000个以内、英语圈文化2 200个以内、专门英语2 500个以内、英美文化阅读3 000个以内。听、说、读、写四项技能的评价标准与前一次的基本相同。以英语"听"为例,学生的学习要素包括对象、主题、图画、照片、图表;语篇层面包括梗概、主题、要点;逻辑层面包括事件的顺序、前后关系、原因、结果、状况及与说话者的关系、说话者的意图、目的以及心情等[8]。

4.6　国家英语能力评价测试

目前,韩国国内最具代表性的英语能力评价测试主要有三种:TOEIC、TOEFL和大学学业能力考试。TOEIC(Test of English for International Communication)是针对在国际工作环境中使用英语的人而指定的英语能力测试,主要出于商业用途,由美国教育考试服务中心设计。现在,韩国许多大学把TOEIC成绩作为毕业考核项之一。TOEFL(Test of English as a Foreign Language)是美国教育考试服务中心主办的针对非英语母语者的英语能力考试。许多韩国学习者热衷于TOEFL的原因是为了到国外留学。TOEIC和TOEFL,都是美国设计的英语测试,并不适用于韩国的英语课程。大学学业能力考试是韩国高中生升入大学必须参加的考试,相当于中国的高考。目前,韩国的大学学业能力考试(英语)仍以阅读评价(占70%)和听力评价(占30%)为主,写作评价和口语评价很难执行[8]。《2009年修订英语教育课程》的评价目标是对学生的沟通能力即"听、说、读、写"四个技能的综合评价。而目前的大学修学能力考试仍以"听、读"两种技能的评价为主,显然不符合当前的英语课程评价目标。在这种情况下,2009年韩国开发了国家英语能力评价测试。

该国家英语能力评价测试是为了强化学生的英语沟通能力而设计开发的考试,考试内容包括听、说、读、写四部分,每个部分又分为A、B、C、D四个等级,实行机考。考试分为三个级别:1级的测试内容为必要的职场用语,适用于大学生和职场人员;2级的测试内容为基础学术英语,与现行的大学学业能力考试的难易程度一致,适用于大多数的高校专业招生;3级的测试内容为实用英语和生活英语,主要针对某些对实用英语能力要求较高的高校专业招生。2级和3级主要适用于高三学生,应试者可以根据自己的需要选择适合自己的级别参加考试。1级、2级、3级并不是代表不同的英语水平,而是代表三种不同需求的考试类型,如表9所示:

表9　国家英语能力评价测试的构成

级　　别	2级	3级
主要评价内容	与基础学术主题相关的信息理解及运用能力	与实用性主题相关的信息理解及运用能力;日常生活中符合情境的表达能力
词汇标准	英语教育课程包含的3 000多个词汇	英语教育课程包含的2 000多个词汇

(续表)

级别	2级	3级
素材	（听力）基础学术40%，实用60% （阅读）基础学术70%，实用30% （口语）学业相关70%，实用30% （写作）学业相关50%，实用50%	（听力）实用100% （阅读）基础学术30%，实用70% （口语）实用100% （写作）实用100%
难易度	60%（通过率）	70%（通过率）

韩国开发国家英语能力评价测试的初衷是为了替代现行的英语测试，用1级代替现行的TOEIC，用2级和3级代替现行的大学学业能力考试。因为现行的大学修学能力考试已经背离英语教育课程的评价目标，对学校的英语教学产生了不良的影响。现在韩国中学的英语教学不是围绕英语教育课程展开，而是围绕大学修学能力考试进行，考试考什么学校就教什么。国家英语能力评价测试正是为了配合英语教育课程的实施而开发的，目的就是为了恢复英语教育课程的正常化，培养学生的英语交际能力。

国家英语能力评价测试与大学学业能力考试相比，有以下几个不同点：① 大学学业能力考试只对听力和阅读进行评价，国家英语能力评价测试对听、说、读、写进行直接评价。② 大学学业能力考试是笔试，国家英语能力评价测试是机考。③ 大学学业能力考试是常模参考测试，即相对评价；国家英语能力评价测试是标准参考测试，即绝对评价。详见表10：

表10 国家英语能力评价测试和大学学业能力考试比较表

	国家英语能力评价测试	大学学业能力考试
评价领域	听、说、读、写	听、读、说（间接）、写（间接）
应答方式	听、读：多选型 说、写：修行型	多选型
考试方式	机考	笔试
考试次数	2次	1次
评价目的	绝对评价	相对评价
成绩提供	根据每个领域的标准，分别提供听、说、读、写的成绩（ABCD四个等级）	标准分数，百分比，等级

参考文献：

[1] 安炳浩，尚玉河.韩语发展史[M].北京：北京大学出版社，2009.
[2] 毕元辉.论美国对韩国开发援助政策的形成[J].辽宁大学学报（哲学社会科学版），2009（2）：78-84.

［3］［韩］李翊燮著；陈艳平等译.韩国语语言学通论［M］.北京：外文出版社，2010.

［4］韩国学中央研究院网站（한국학중앙연구원 한국민족문화대백과）：http://terms.naver.com/entry

［5］韩国教育史理解网站：https://terms.naver.com/list.nhn?cid=42129&categoryId=42129

［6］韩国教育部网站：http://www.moe.go.kr/main

［7］韩国国家教育课程信息中心：http://ncic.go.kr

［8］韩国教育课程评价院：http://www.kice.re.kr/main

［9］美国ETS网站：http://www.ets.org

［10］沈骑.当代东亚外语教育政策发展研究［M］.北京：北京大学出版社，2014.

［11］王克非，张贞爱.韩国外语教育国际化考察［J］.外语教学与研究，2010（5）：345-349.

［12］叶蜚声，徐通锵.语言学纲要［M］.北京：北京大学出版社，2013.

［13］张航.浅析韩国英语教育制度改革的启示［J］.湖北函授大学学报，2009（2）：127-128.

［14］曾达之.全球化背景下韩国的英语教育及其启示［J］.当代教育理论与实践，2015（11）：115-117.

［15］2008年，1月31日，时任韩国总统的李明博在接管委员会非公开座谈会上的发言

［16］Ryu, Ok Mi, *Kindergarten teachers' experience in portfolio assessment*［J］.韩国幼儿教育研究，2014, Vol.16(1), pp.287-306.

［17］Seong-Kyung Shim et al, *Teachers' Preception and Practice on Portfolio Assessment in the Field of Early Childhood Education*［C］. Vol.12(08), 2012.8, 449-460.

第六章
荷兰英语能力及评价

荷兰,又名尼德兰王国(Koninkrijk der Nederlanden),简称尼德兰。在欧洲,除了以英语为母语的国家外,荷兰的英语普及率最高。大约有95%的荷兰人会说一口流利的英语。荷兰也是欧洲国家中最早启用英语授课模式的非英语国家,英语授课课程超过2 200个,位居欧洲第一[1]。

一、英语在荷兰的生态状况

1.1 荷兰语言分布状况

荷兰的官方语言是荷兰语,荷兰语由原始的日耳曼语演变而来。从起源来看,荷兰语属于印欧语系的日耳曼语族。目前发现的最早荷兰语资料可以回溯到12世纪的弗兰德斯。荷兰语不仅是荷兰人的母语,同时也是比利时、苏里南以及荷属安地列斯群岛的官方语言。全世界范围内使用荷兰语的人数超过了2 000万[21]。荷兰语口语在各个地区有很多变体,在公众场合、官方发言、大学授课以及正式文件中等都使用标准荷兰语,而家庭生活和同乡交流等场合时常使用荷兰语方言。其中阿姆斯特丹、鹿特丹和海牙等地区的方言更加接近于标准荷兰语。

荷兰语的发展经历了三个时期,分别是1100年前的古荷兰语、1100至1500年间的中古荷兰语、以及1600年至今的近代荷兰语。古荷兰语的最显著特点是没有弱化元音a、o、i和u。中古荷兰语在当时的荷兰并没有完全普及,科学研究和教会使用的仍然是拉丁语。只是由于商业交流的关系,民间更加偏爱使用当时荷兰省的这一方言。中古荷兰语被称为Diets(意为民间语言),如今荷兰语在英语中被称为Dutch也是起源于此。近代荷兰语的形成得益于当时语言和文学的发展,它的元音经历了双元音化的过程,例如[i]变为了[ij][22]。

从方言角度来看,如今的荷兰语包括五种方言群体,第一种是中西部方言,包括南、北荷兰省、乌得勒支、西兰岛屿以及海尔德兰大部分地区使用的方言;第二种是东北方言,主要指格罗宁根、德伦特、海尔德兰东部以及上埃塞尔地区使用的方言；第三种是中南部方言，包括北玻拉班特及其附近的林堡地区、比利时的安特卫普、博拉班特以及东弗兰德斯地区的方言；第四种是西南部方言，主要是西弗兰德斯地区使用的方言；最后一种是东南部方言，使用这种方言的人主要位于荷兰林堡地区的大部分区域以及比利时的同名地区。此外，荷兰的弗里斯兰省使用的语言被单独列为弗里斯兰语[11]。

1.2 英语与荷兰民众的关系

在1625至1678年间，世界上的两大霸主荷兰和英国因为利益之争发生过三次大规模的海上战役。两国在各方面的实力接近，缠斗多年未分高下，但残酷的战争却给两国人民带来了沉重的负担，也让他们心中充满对对方的愤恨。语言是文化的载体，也是社会的产物，英国人对荷兰人的厌恶和轻视逐渐在英语中反映出来[2]。含有Dutch的英语固定短语如雨后春笋般涌现出来，这些短语一般都带有贬义色彩，例如：Dutch defense、Dutch courage、do a Dutch、in Dutch等等。时过境迁，荷兰人和英国人虽然已经化敌为友，但英语中包含Dutch的贬义短语却被保留了下来，直到今天仍然使用[8]。由于17世纪"海上马车夫"出色的航海能力，英国人也从荷兰借用大量的航海词语，并一直延续至近代，如bow（船头打桨人）、avast（停船）、boom（栏木）、taffrail（船尾栏杆）、cuddy（小舱）、sloop（单桅帆船）、yacht（快艇）、cruise（巡航）等都是从荷兰语借入英语的外来词，另如caboose（船上厨房）、companion（船上舱梯）、higger（四角帆小帆船）、smack（带帆小渔舟）、scow（头阔大平底船）等在17世纪成为英语的外来语。如此多的航海词语及表示船种类的名词进入英语，说明这个低海拔的国家在造船、航海方面的优势也给英语词汇带来很大的影响[18]。

语言是不同文化之间沟通的桥梁。时至今日，英语作为全球通用语言和国际化的交流工具，对于迫切希望与国际接轨的荷兰而言，重视英语不足为奇。英语并非荷兰的官方语言，但英语在荷兰的普及率却高达95%以上[6]。荷兰也是世界上最早在高校开设全英语授课课程的非英语国家之一，其研究型大学所提供的全英语授课课程比例由2009年的64%增长至2013年的80%[6]。高等学院的全英语授课课程也占全部课程的四分之一，且均呈逐年增长趋势[6]。

除此之外，荷兰大学生撰写毕业论文时一律要求使用英语。研究生的小型学术研讨会或专题研讨会也用英语交流。应邀到荷兰高校讲学的、无论是本国还是外国学者，一律要求用英语演讲。对于理工类学科，一些高等教育机构经常邀请企业界专家来校与师生进行技术交流，也几乎全程都用英语沟通。

1.3 荷兰人的英语能力状况

第一次去荷兰旅游的外国游客会惊奇地发现几乎每一个荷兰人都会说英语，英语在荷兰几乎如同"第二语言"，熟练度仅次于他们的母语。在超市购物、讲座交流、开幕典礼以及座谈会上，说话的一方有可能忘记有外国人在场而使用荷兰语对话,这时只要得到别人小声的提醒,他们就会很诚恳地道歉,然后立即换成英语侃侃而谈。

依据培训机构"英孚教育(Education First)"近期公布的"世界英语熟练度指标"(EPI)报告,在世界72个非英语国家中,荷兰的英语水平位居世界第一(成绩为72.16分),并且是唯一一个男女英语能力均等的高英语熟练度国家[23]。荷兰人之所以能够拥有如此高的英语水平,不可否认与其地处文化多元的欧洲大陆有密切关系,但荷兰政府在公民的英语教育方面也有很多自己的做法。

二、荷兰英语教育政策

荷兰国土面积较小,人口密度较高,宗教派别纷繁复杂,和周边国家也有或深或浅的关联。地域面积限制了荷兰的工业类型,由于缺乏原材料,大型工业很难在荷兰发展;农业发展也相对落后;但与众多国家接壤的地理优势使荷兰能够大力发展国际贸易。这一天然条件促使荷兰的国际贸易迅速发展,世界上第一家股票交易所就在荷兰诞生。国际贸易的发展使荷兰逐渐演变成为一个多语言共存、多文化交融的国家,人们需要掌握通用的语言才能与外界进行贸易,这就是荷兰人掌握英语的最初目的。荷兰政府为了提高公民的英语水平制定了多项重要的政策,推动英语教育的发展。研究荷兰的英语教育政策,能够让我们从中管窥这个国际化的发达国家是怎样制定英语教育政策,并保持英语教育水平持续领先世界上其他国家的。

2.1 荷兰外语教育简史

根据Frans Wilhelm对荷兰外语教育政策发展历程的分类[29],并在此基础上进一步细化,从18世纪末至今荷兰外语教育政策历史过程可划分为以下五个阶段。

(1)荷兰外语教育政策确立的萌芽时期

荷兰外语教育政策确立的萌芽时期是1796年到1857年这段时间。这一期间,荷兰政府的教育体系逐渐确立,人们已开始有在基础教育阶段设立外语教育的构思。这不仅是荷兰建立统一教育体制的开始,也是荷兰制定的第一个真正意义上的外语教育政策。换句话说,自荷兰建立统一的教育体制开始就有了相应的外语教育政策。但是由于资金匮乏,这些现代化的建议并未真正得到实施,外语教育政策最终没有出现在基础教育和高等教育的教学大纲中。真正体现外语教育在荷兰教育体系中地位的是1806年颁布的《1806教育法案》(*The Education Act of 1806*),这是荷兰历史上第一部顺利实施的外语教育政策,对后世影响很大[12]。在这一萌芽时期的学校教育中,外语教育一直处于不温不火的状态,人们认为外语是现实生活中的一项技能,并不能成为一门独立的学科,以至于外语教师的工资也是通过私下支付的方式发放的。

(2) 荷兰外语教育政策的基本立法阶段

在1857至1876年这二十年里,荷兰颁布了三个涉及外语教育的法案,分别为《1857年法案》《1863年法案》和《1876年法案》[29]。这二十年对于外语教育的意义重大,政府将外语教育从基础教育阶段一直拓展到中等和高等教育阶段,进一步巩固了外语教育的法定地位。虽然这一阶段的英语教育只为少数人服务,但却是英语进入中等教育系统的开始。

(3) 荷兰外语教育政策的实施和巩固阶段

《1876年高等教育法案》的颁布标志着这一阶段的开始,荷兰教育部在各个级别的学校推行一系列的外语教育政策,通过多次试验、法案修订,使得各项政策越来越好地适应社会发展的需求,且让法案的执行性大为改观,由此巩固了外语教育在整个教育体系中的地位。1870年,荷兰政府出台了第一个官方考试法案(The First Official Examination Program),之后在1901年和1917年分别对这一官方考试法案进行了修改[29]。修改之后的法案能够更好地体现荷兰教育部的要求,也与一线的英语教学实践更匹配。

(4) 荷兰外语教育政策的巩固和创新阶段

1920到1940年这二十一年是荷兰外语政策逐渐巩固的时期。通过分析各种实验结果得出合理可行的方案,之后再用以指导外语教学。有了这样的前提基础,1950年荷兰教育部开始整合中等教育领域的教学形式,目的是从整体上明确外语教育的定位。1968年教育部颁布《1968年大法案》(*The Mammoth Act of 1968*),这一法案的诞生在荷兰外语教育政策历史上具有里程碑式的意义[29]。在这一外语教育政策的影响下,中等教育阶段的全体学生都能接受至少一门外语教育,许多学生还可学习两到三门外语。根据新法案的规定,语言考核科目可由学生自己选择。尽管《1968年大法案》只是一个笼统的中等教育法案,但其已经开始关注外语教学中的方法和技巧。该法案着重强调学生对"接受性技能"(receptive skill)和"产出性技能"(productive skill)的掌握,弱化了翻译的地位[29]。总之,该法案在荷兰外语教育发展过程中的作用举足轻重,它的实施标志着荷兰中等外语教育进入了成熟阶段。

(5) 完善阶段

荷兰的外语教育在20世纪末出现了一次大踏步的发展,根本原因在于"荷兰国家行动计划"(The Dutch National Action Programme)的执行[27]。1988年施行的"荷兰国家行动计划"是外语教育界的一项重要举措。该计划的实施意味着荷兰将外语教育政策提升到"举全国之力"的高度,在世界外语教育政策制定的历史上创造了一个成功的案例。

综上所述,19世纪到20世纪末的荷兰外语教育政策历史揭示了由萌芽到成熟的发展轨迹。从最开始为了方便贸易而重视外语教育,到制定多种法案加强外语教育的地位,最后再将外语教育政策上升到国家行动的层面。荷兰外语教育已经形成了完备的体系,在教育系统的各个层面上都有所体现,包括小学到大学的英语教育、职业英语教育、外贸英语培训等等。荷兰政府在初期并没有对中等教育的英语教学内容进行过多的干预,只是设置了离校考试来保证教学质量。随着时间的推移，荷兰外语教育界逐渐意识到外语教育的重要性，1968年开始着力构建一个综合教育体系，并修改现有的课程大纲。1988年的国家行动计划标志着完善达到顶峰。

2.2 荷兰当前的英语教育政策

如前所述，为了建立一个统一的外语行动计划来满足荷兰社会对外语能力的需求，1988年研究者们在Van Els的主持下，制定了荷兰外语教育和外语应用的国家行动计划——"荷兰国家行动计划"[27]。这一计划具有跨时代的意义，现如今荷兰的外语教育政策仍然是基于此次行动计划制定的。因此有必要对这一计划进行详细的介绍。

"荷兰国家行动计划"的制定有预见性，不仅针对当时荷兰教育所存在的问题提出了解决办法，也为未来可能阻碍外语教育发展的问题提供了解决思路。该计划共包括34条详细政策，内容涉及8个不同领域，包括中等教育、高等教育、中等职业教育、非政府出资兴办的教育、教育理论和实践、政府贸易和工业等[5]。根据这一行动计划，学生在中等教育阶段应该学习更多种类的外语，并且针对不同外语水平要求可以使用部分测试的方式，例如单独测试听力或者阅读水平。学生在中等教育的首个阶段需要学习三种外语，即英语、德语以及法语。该阶段结束后，如果学生的语言水平达到预先设定的标准，他们就可以结束一种语言的学习。荷兰政府对于这次国家行动计划十分重视，为了保证该计划的顺利实施，他们先后组建了工作组（the Task Force）、国家语言局（the National Bureau for Languages）、国家课程开发研究中心（the National Institute for Curriculum Development）以及国家外语教育局（the National Bureau for Foreign Languages）等组织机构进行监管和协调[29]。

除此之外，"荷兰国家行动计划"还将重点放在倡导政府和各行业积极建立外语政策上。这是因为政府部门和各行业存在着因为外语能力欠缺而引起的外语教育成果消费障碍。正确的外语政策能够帮助他们解决在履行职能时碰到的各种问题。行动计划还鼓励人们重视中等职业英语教育以及少数民族语言的发展，提出要进行全方位的需求分析，尝试旁听等更灵活的语言学习方法，创建更积极有效的外语教育政策。很显然，这是一个十分完备的、有明确目标的外语教育行动计划，是外语教育政策在世界范围内的经典案例。保证这些计划顺利实施的组织机构功不可没。他们主要的工作方法就是将政策制定与具体的市场需求相结合，让政府机构和各行各业都能认识到外语能力在工作中的重要性，由此来提高和巩固外语教育在荷兰教育体系中的地位。

除了"荷兰国家行动计划"之外，与欧洲其他国家一样，荷兰在制定英语教育政策时也充分参考了《欧洲语言共同参考框架：学习、教学、评估》（*A Common European Framework of Reference for Languages: Learning, Teaching, Assessment*，简称CEFR，2001）[15]。这一文件对荷兰高中英语课程大纲的制定有着重要的影响，其中荷兰高中英语运用能力的目标分级标准就是在CEFR的基础上修改和扩展的。

三、荷兰英语教学体系

荷兰的教育与社会实际需求联系紧密,教育体系也充分显示出教育的职业性和开放性。荷兰的教育体制包括三个阶段,即初级、中级和高级教育[10]。其中初级教育适合4至12岁的少年人群,为期8年;12岁以上的学生进入中级教育阶段;而高级教育阶段包含高等职业教育和综合性大学教育。据统计,在18至27岁之间的人群中,受到全日制高级教育的比例为15.2%,受到非全日制高级教育的人员比例为6.8%[10]。荷兰教育法规定,学生进入小学五年级时要学习英语,进入中学阶段学生的外语科目会增加,因学校而异。虽然学校的英语课时不多,但是荷兰学生能够以多种方式获取英语知识。他们在生活中经常会遇到使用英语的情形,例如学生们从小就接触带有荷兰语字幕的英文原声动画片和电影、阅读英文书刊、玩英文版的电子游戏等。学生们在节假日经常去国外度假,与不同国家的孩子一起玩耍,使用简单的英语进行交流,这样的生活氛围也有助于他们提升英语水平。

在学校里,荷兰的英语教师主要负责引导学生们独立完成布置的任务并且激发学生的学习兴趣,让学生的学习方式从被动吸收知识转变为主动汲取知识,这也凸显了荷兰教育的导向,即提高学生的自学能力。此外,荷兰政府也很重视外语师资水平的提高,中小学外语教师在入职之后都有很多机会接受专业培训。为此,2013年荷兰政府宣布运作一项特殊的计划,即"欧洲伊拉斯谟"计划[17]。这一计划的内容包括在随后的七年内政府将为国内大、中、小学教师和中专以上的学生出资近5亿欧元,帮助他们走出国门,参与国际语言课程的学习和交流[7]。

荷兰教育的一大特点就是推崇国际化,目的就是让国人能够放眼全世界,培养适应全球化发展趋势的人才。下面将通过考察荷兰的英语教学要求、课程设置以及教师培养三个方面,来分析荷兰英语教学的成功做法。

3.1 荷兰英语教学要求

尽管荷兰非常重视母语教育,但随着全球经济一体化进程的不断提速,荷兰政府清楚地认识到英语在国际交往中的重要作用。为了进一步提高本国基础外语教育质量,早在20世纪70至90年代,荷兰教育部就修订了义务教育阶段的新外语教育目标。1986年荷兰教育部决定把英语作为义务教育阶段的首选外语后,就提出英语基础教育和中等教育的目标,即在不影响母语学习的前提下,完成中学教育的学生(平均年龄约为16岁)除了掌握听、说、读、写四种英语技能外,还应该掌握英美文化背景知识,具有跨文化交际能力[28]。在荷兰高中阶段英语课程标准中,英语划分为听力、口语、阅读、写作和社交五个方面,衡量英语能力的标准被分为六个层次,即 A1(high beginner)、A2(elementary)、B1(pre-intermediate)、B2(intermediate)、C1(upper-intermediate) 以 及 C2(advanced/near native)[3]。在荷兰,高中类别不同,相应的英语能力标准也不同,其中职业高中对英语的要求最低;普通高中稍高一些;大学预备高中对英语的要求最高,需要达到英语中级(B2)水平。此外,不同类别的高中对英语各项技能的要求也有所不同,其中对英语阅读能力都最为重视,大学预备高中要求学生的英语阅读水平要接近高级(B2/C1)水平,目的在于让高中毕业生在进入大学后能够自己阅读相关领域的文献资料[14]。表1列出了目前荷兰高中的英语教学目标要求。

表1 荷兰高中英语教学目标要求

学校 \ 技能	听力	社交	口语	写作	阅读
职业高中	A2/B1	A2	—	A2/B1	B1
普通高中	B1	B1	B1	B1	B1/B2
大学预备高中	B2	B2	B2	B2	B2/C1

3.2 荷兰的英语课程设置

3.2.1 英语课程安排

1986年开始,荷兰小学三年级正式开设英语课。几年后,荷兰教育部宣布英语是荷兰中学生(包括高中及中等职业教育)的必修课。荷兰中学生每周上三节英语课,每节课40—50分钟[12]。从小学到高中阶段,荷兰学生在校学习英语的时间与我国学生基本相同。

3.2.2 英语教材的编写和选择

荷兰高中阶段的英语教材通常由荷兰国家教育、文化和科技部下属的国家课程发展研究中心(简称SLO)主管和编写。各个学校和教师也可以根据学生的实际情况自行编写英语教材,还可以从SLO官网公布的教材中自由选择[24]。英语课程教材一般有纸质和多媒体等多种形式。

3.2.3 学习英语的其他途径

几年前,欧洲教育体制评估及制定组织(简称欧教组织)对欧盟成员国中非英语国家的中小学生校外英语学习环境做了一个调查,其中被调查的荷兰学生为1 292人。在被调查的学生中,约54%的荷兰学生认为学校是学习英语的主要场所。换而言之,46%的荷兰学生是从学校以外的其他途径学习英语。具体途径的调查结果如表2所示[18]。

表2 荷兰中学生校外接触英语的环境和途径

接触英语的途径	平均值
父母	2.82
兄弟姐妹	1.54
朋友	1.86
歌碟	1.64
电视	1.58

(续　表)

接触英语的途径	平均值
CD光盘	1.77
电影院	3.20
报纸	2.20
杂志	3.01
书籍	1.70
电脑游戏	2.78
英特网	2.98
国外旅游	2.54

分值说明：1=从不　2=有时　3=经常　4=频繁

3.3　荷兰的英语教师培养

历史上有很多关于荷兰人重视教育和教师的事例。1654年4月，战争使捷克大教育家夸美纽斯（Johann Amos Comenias）失去了住宅、图书馆，在其颠沛流离的绝望时期，荷兰阿姆斯特丹参议会向他发出了诚挚的邀请，欢迎他前往荷兰工作并定居。自1657年开始，夸美纽斯的教育著作、论文以及教科书等成果汇编成了《教育论著全集》，该书在阿姆斯特丹成功出版，这是他留给世界教育界的一份珍贵的遗产。正是荷兰对教育的重视让这一宝贵遗产能够顺利保留下来[4]。

荷兰人认为教师的培养是一种职业教育，师范教育人员不仅要注重当前的教学，更要关注教师的实际教学效果。因此，荷兰对从事师范教育的教师提出了很高的要求。由于师范教育的教师是学生专业发展的指引者，因此师范专业的教师应该做到以下几点：第一，有解决师范生所遇到具体问题的能力；第二，善于和学生交流沟通，并促进学生相互之间的交流；第三，具备将理论和实践、不同学科进行整合的能力；第四，具有多方面获取知识的能力[10]。荷兰的师范类课程包括八种类型，即理论性课程、书面性课程、解释性课程、准备性课程、实施性课程、经验性课程、测验性课程以及学术性课程[10]。荷兰教师资格包括三种基本类型：初等教育（含学前教育）资格；二级资格，证明可执教于大学前教育和普通高中的前三个年级、普通初中、职业高中、高级职业教育以及高等职业教育学校；一级资格，证明可执教于所有中等教育和高等职业教育学校。无论获取哪种级别的资格，都要进行相应的考核[10]。

四、荷兰英语教学评价

质量评估是高等教育质量的重要保证，在过去的二三十年间它已经成为很多国家高等教育改革的焦点问题。国家对质量评估政策的制定和修改以及在学校层面的实施都受到很多关注。荷兰高校将质量和创新作为自己的目标,而教学质量的评估几乎与教育的所有活动都相联系,因此教学质量的评估也成为提高学校竞争力的重要方式。

4.1　评价机构和理念

荷兰政府在提高公民英语语言交际能力的目标指引下,确立了中学教育阶段的英语考核标准。上文提到的著名的"荷兰国家行动计划"第34条就是对高中毕业考试的详细要求,包括高中阶段必须掌握的知识和具备的能力,这也成为很多学校和教师在设置课程和教学目标时的重要指导。英语在高校入学考试时分为学校考试和国家考试两个部分,分数各占一半,其中国家考试(National Examination)由荷兰国家教育评价院(简称CITO)举行,主要的考核题型为多项选择题和主观题,以此来测试考生的英语阅读水平。针对主观题,学生需要结合材料内容和自己的思考作答[25]。学校考试(Internal Examination)将主要考核点放在学生英语听力水平、口语水平以及写作能力这三个方面,一般在国家考试之前举行[26]。

20世纪80年代,欧洲各国兴起了高等教育改革运动。在这次运动中,荷兰也制定了相关的政策以引入问责制度,从而促进教学质量的评估。评估方包含三个,其中荷兰高校协会负责进行外部评估,高校本身负责进行内部评估,元评估工作则由政府下属的高等教育视导团负责。质量评估的任务范围既包括对高校教学和科研的监督,还包括为高校内部评估建言献策[13]。下面就简述荷兰教学质量评估的发展历程。

(1)以促进质量评估为主要目标(1981至1985年)

欧洲一体化进程让欧洲各国在政治和经济上受益良多,然而各国在高等教育改革中依然遇到不少问题,例如质量标准问题和学位体系问题等。这些问题一定程度上阻碍了高等教育改革的步伐,同时也凸显了质量评估的作用。荷兰政府意识到高等教育需要确立新的政策,现有的中央集权式的管理体制已经无法提高教育质量。因此,政府选择将权力下放,提高高等教育机构自身的权力,让政府控制变为监督,同时减少教育机构对政府的依赖性。1981年,荷兰正式颁布"大学教育行动"决议,提出内部评估和外部评估两种类型,目的就是用两种评估相结合的方式来解决当时高等教育中存在的质量标准问题。

(2)以增加高校自主权为主要目标(1985至2002年)

1985年,具有里程碑意义的荷兰高等教育政策白皮书《高等教育:自治与质量》问世,提出荷兰政府应该将高等教育机构的控制权下放,让高校本身拥有更多的自主权。与此同时,倡导高校进行内部评估,而政府负责监督整个工作的过程,评估成绩不达标将予以警告,根据情况减少乃至取消该校的经费。虽然这个法案一经颁布便受到较大争议,不少人认为这种权利的下放会一定程度上使教育机构的利益受到影响,但还是通过法律程序顺利地实施了。这一竞争机制的引入将高等教育的质量与投入直接联系起来,很大程度上促进了教育质量的提升。不仅如此,这一机制也让除了高校和政府之外的市场参与进来,形成了由三方主导的质量评估体系[17]。这一合理的改革举措,让荷兰的教育体制开始逐渐与欧美其他国家的教育体制同步,虽然会面临经费短缺以及高校如何行使自主权的问题,但总体上为荷兰今后的高等教育国际化铺平了道路。

(3) 以引入认证制度为主要目标(2002年至今)

1999年6月,欧洲多国教育部长联合签署了《博洛尼亚宣言》,呼吁欧洲进行高等教育一体化,目标是在2010年建成欧洲高等教育区。在这一宣言的影响下,荷兰出台了《高等教育与研究法案》。该法案指出,要分别认证研究型大学与应用型大学下设的本科和硕士学位课程。高校现有课程和新课程的认证标准将由荷兰和弗兰德地区认证组织(简称NVAO)负责制定,为期6年。这一认证制度开启之后,荷兰高校质量保障署(简称QANU)将接受研究型大学的申请,而荷兰质量局(简称NQA)对应接受应用型大学的申请。经过一系列的政策改革,荷兰高等教育质量得到了显著提升,但依然存在一些问题和质疑,因为社会对高等教育的期望值不断提高,大学教育的质量已经成为关注的焦点[8]。

4.2 评价内容、目标和方式

荷兰的大部分外语测试都是由任课教师出题和组织,根据各个学校和不同年级的教学目标、要求和学生水平,实行不同的考评方式,并且力求考核方式的生活化和多元化。荷兰非常重视学生的平时成绩,通常为每个学生都建立了个人档案,获取学生的信息并记录学生的平时表现和评价。教师通过这一档案从总体上掌握学生的学习过程,进而熟悉各个学生的学习特点和风格,合理且及时地调整教授方法,做到真正意义上的因材施教。另一方面,学生自己也能通过个人档案认识自身的发展进程。

在荷兰,全国性或区域性的大范围语言能力考试通常会在学生中学毕业的时候进行。这类考试主要由荷兰国家考试局(简称CITO)组织实施[9]。大约有30%的荷兰学生需要在十二年级(即18岁)时参加这一全国性统考。这些学生是即将进入大学预科学习的学生。统考一般包含三门外语考试,即英语(涉及听、说、读、写四个方面)、法语(阅读)以及德语(阅读)[9]。大约有40%的荷兰学生在十年级(即16岁)时参加另一场全国性的统考,这些学生是即将进入综合技术学院学习的学生,考试内容包含英语水平测试、法语或德语的听力和口语测试。考试成绩以50%的比重与学生的平时成绩进行最后汇总。这一模式与《欧洲共同语言参考框架》(CEFR)相符合,同时也保证了课程的连续性[9]。

参考文献:

[1] 方怡君,白舒元.荷兰留学:90%英语授课雅思成绩就可申请[J].留学.2015,20:42-45.

[2] 刘法公.试析带有Dutch的英语短语[J].山东外语教学.1990,2:29-32.

[3] 罗桂秀.语言教育规划视角下中国高中英语课程政策研究[D].南京航空航天大学.2013,13-15.

[4][捷]夸美纽斯著,傅任敢译.大教学论[M].人民教育出版社,1984.

[5]施健,余青兰.荷兰外语教育政策发展及启示[J].教学与管理.2008,21:158-160.

[6]宋秋英.荷兰强化高校英语授课水平[J].上海教育.2016,6:42-43.

[7]魏华,卢黎歌,李华.欧洲高等教育国际化:"伊拉斯谟世界计划"案例研究[J].西安交通大学学报(社会科学版).2013,2:104-108.

[8]谢晓宇.荷兰高校教学质量评估:政策与实践[J].外国教育研究.2013,11:116-125.

[9]姚丽娜,胡丹.浅谈国外外语教学改革现状及发展方向[J].九江学院学报.2006,3:95-98.

[10]张贵新.对荷兰教师教育的思考——荷兰教师教育考察见闻[J].中小学教师培训.2004,11:60-63.

[11]张和明.说说荷兰语的学习[J].成才与就业.2005,24:38-39.

[12]张小情.法国、荷兰、西班牙英语基础教育比较研究及启示[J].课程.教材.教法.2009,12:87-91.

[13] Boezerooy, P. *Higher Education in the Netherlands*[R]. CHEPS-Center for Higher Education Policy Studies. 2003.

[14] Brands, F. *Using the Target Language in the Foreign Language Classroom English as a foreign language (EFL) at Dutch Secondary Schools*[D]. Taal, Mens&Maatschappij: English Language & Culture Universiteit Utrecht, 2011.

[15] Council of Europe. *Common Framework of Reference for Languages: Learning, Teaching, Assessment*[M]. Cambridge: Cambridge University Press. 2001.

[16] Cowie, A. P. etc. *Oxford Dictionary of Current Idiomatic English*[M]. 1983.

[17] Gornitzka, A., Kogan, M. &Amaral, A. *Reform and Change in Higher Education*[M]. Higher Education Dynamics. 2005.

[18] Hill, L. T. *Longman Dictionary of English Idioms*[M]. 1979.

[19] http://data.worldbank.org.cn/country/netherlands?view=chart

[20] http://www.npc.gov.cn/npc/wbgwyz/wsgz/cfozsg/2012-05/15/content_1721946.htm

[21] http://baike.baidu.com/item/%E8%8D%B7%E5%85%B0%E8%

[22] http://www.baike.com/wiki/%E8%8D%B7%E5%85%B0%E8%AF%AD

[23] http://liuxue.ef.com.cn/epi/regions/europe/netherlands/

[24] http://prijzenmethodenvo.slo.nl/normbedragopbouw/

[25] http://www.doc-txt.com/Cito-NL.pdf

[26] Melse, L. Change Targets, Changing Tests[A], In Theo Bongaerts&Kees de Bot (eds.) *Perspectives on Foreign Language Policy*[C], Amsterdam: John Benjamins Publishing Company, 1997: 55-78.

[27] Tuin, D. &Westhoff, G. The task force of the Dutch National Action Programme as an Instrument for Developing and Implementing Foreign Language Policy[A], In Theo Bongaerts & Kees de Bots (eds.) *Perspectives on Foreign Language Policy*[C], Amsterdam: John Benjamins

Publishing Company, 1997: 21–34.

[28] The Assessment of Pupils' Skills in English in Eight European Countries 2002 [M]. A European Project Commissioned by the European Network of Policy Makers for the Evaluation of Education Systems.

[29] Wilhelm, F. Foreign Language Teaching Policy in the Netherlands 1800–1970: A Historical Outline [A]. In Theo Bongaerts & Kees de Bot (eds.) *Perspectives on Foreign Language Policy.* 1997: 1–20.

第七章
加拿大英语能力及评价

一、英语在加拿大的生态状况

1.1　英语在加拿大的地位

加拿大语言资源异常丰富,除了英法两种官方语言,同时还有土著诸民族语言以及300多年来从世界各地移居加拿大的不同民族居民的语言,且各省、各地区的语言情形略有不同。[5]

1.2　英语与民众生活的关系

尽管从1969年起加拿大开始实行双语制度,英语和法语被赋予同等地位,但在实际生活中两种语言的使用情况差别很大。几乎所有的法语使用者都生活在魁北克省及安大略省和新不伦瑞克省等周边地区,双语制度对于整个加拿大地区的实际影响十分有限。2011年加拿大普查数据[21]显示,魁北克省81.2%的人口在家中使用法语;而在魁北克省外这一数据仅为2.4%。在所有其他省,英语均为主要使用语言,84.2%的魁北克省以外人口在家中使用英语。在诸多非法语区,英语更是实际意义上的常用语言。

二、加拿大英语教育体系

2.1　英语教育体系概况

加拿大教育制度实施地方分权制,联邦政府不设教育部,也不负教育行政之责。1867年出台的《英属北美法》赋予加拿大各省管理教育的专属管理权,各省、特区政府和教育部门自己负责教育。加拿大共有十个省、三个地区,各地立法机构共制定出十三套教育制度。尽管如此,各省和地区教育制度的基本架构大致相同,均设小学、中学以及大学三级。除魁北克和纽芬兰地区实行十一年义务教育制度外,其他地区均实行十二年义务教育制度（6—18岁）。中小学一般为12年，小学8年，中学4年。全日制高等教育得到联邦政府的大量经费支持，教学与科研质量久负盛名。普通学士一般年制为3年，荣誉学士年制为4年。硕士学位一般在荣誉学士基础上继续学习两年，博士学位一般为三年制。

本文选取加拿大教育资源第一大省——安大略省作为主要考察对象。安大略省是加拿大的最大省份，也是最具多样性的省份。加拿大首都渥太华及最大城市多伦多市均位于安大略省，且世界著名大学云集于此，公立高中数远超教育第二大省，具备较为完善的教育体系。

2.2 英语教学目标与要求

加拿大是一个移民大国，尽管大部分人口以英语为母语，但仍有不少义务制教育阶段的学生使用其他语言。安大略省的课堂授课语言为英语，英语能力的限制会影响各门课程的学习效果。因此，在从小学一年级到中学十二年级的义务教育阶段，安大略省教育部门为这类学生开设英语作为第二语言（English as a Second Language, ESL）和英语读写发展（English Literacy Development, ELD）两个课程项目。ESL课程主要面向母语非英语的学生，包括来自加拿大非英语地区和其他非英语国家的学生，他们对英语的掌握十分有限。ELD课程主要面向第一语言读写能力发展有限的学生，以及官方语言为标准英语但日常用语为英语变体的学生，这类学生接受的第一语言教育也十分有限。两门课程均以培养学生的英语能力为首要目标，帮助学生跨越语言障碍，平等地参加各类学习活动，公平地接受安大略省课程标准的检测。

安大略省教育部门2007年出版的《九—十二年级ESL/ELD课程大纲（修订版）》明确提出，英语能力是学生社会和学术生活不可或缺的一项能力，也是日后在社会中承担相应责任，成为可靠公民以及充分参与社会生活的重要条件。ESL/ELD课程大纲的具体目标如下：1）在不同社交场合有效使用英语交流；2）在所有学科领域熟练地使用英语；3）无论是独立学习还是小组学习，学会对自己的学习负责；4）选择并有效地使用学习策略；5）自信地融入主流课程；6）在生活各个方面有效使用英语支持推广自己；7）顺利过渡到自己选择的高中后生涯（工作、实习、专科、大学）；8）有效适应日益信息化的社会；9）使用批判素养和批判思维来解读身边的世界；10）充分参与加拿大当地的社会、经济、政治和文化生活。

ESL和ELD课程不仅仅是单纯的语言课程，还注重全方位培养学生相应的认知能力。这是因为英语学习者在学习语言的同时，英语为母语的同龄学生同样在认识世界的道路上取得进步，因此ESL和ELD课程从一开始就强调融入主题知识和批判思维。

2.3 英语课程设置

在一至八年级阶段，由于学生的个体差异，融入主流课程所需要的时间和支持强度不同，因此这一阶段不另设课程，而是和英语为母语的同年级学生同堂学习，对英语学习者采取"综合化课堂"、"支持性辅导"和"强化帮助"等模式对学生进行个性化辅导。在"综合化课程"模式下,英语学习者被安排在与年龄相符的自然课堂中,并得到老师的单独帮助;在"支持性辅导"模式下,英语学习者在学习上取得一定的进步,但仍需要额外的帮助来巩固强化,老师对学生进行短期的一对一或小班辅导;"强化辅导"模式适合基础较薄弱的学生,他们从自然课堂中分离出来,进行单独的强化指导,但同时会保证每天至少部分时间与同龄学生一同上课。不同模式下的辅导时间并没有明确规定,而是强调学校、学生和家长之间的互动沟通,及时为学生调整针对性的指导。

另外,根据学生的具体情况采用适合的课堂教学方法,增强学生的归属感和自尊心。一至八年级ESL/ELD课程大纲介绍了诸多教学策略,从适当调整课程目标到强调不同语境中的用法,再到适当调整授课用语、经常使用具体和视觉辅助工具等,为学生营造一个易于理解的学习环境。此外,还为ESL和ELD课程的学生配备了学校专门设计的《欢迎手册》,介绍学校常用的基本词汇、用语和学校情况,并提供配套音频信息。为了帮助学生高效学习新词,还为学生提供双语或图解词典、涉及简单的数学运算、游戏的其他材料,或配有音频的图解或双语图书。

中学阶段,ESL/ELD开始另设课程,但同时依然确保这些学生每天有半天时间在自然课堂中学习。在这一阶段,学校根据学生的不同水平安排不同课程,以帮助学生顺利融入主流课程。具体课程进度如下:

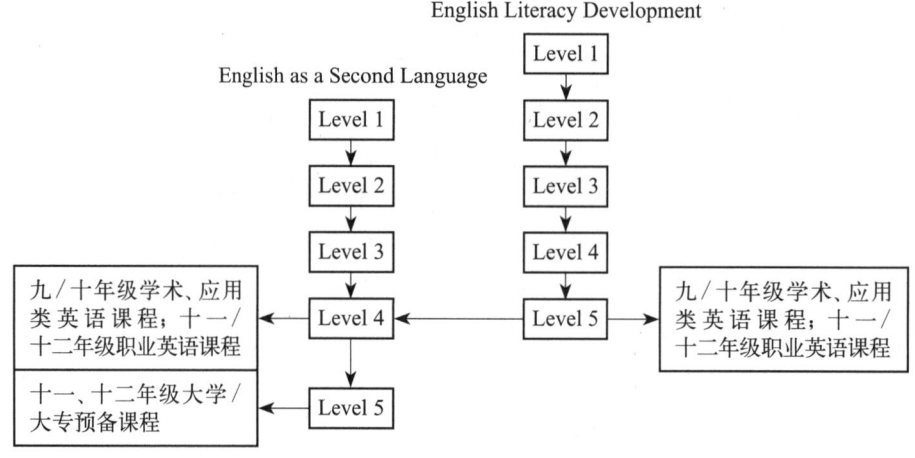

图1 加拿大ESL/ELD课程设置衔接图

这些课程均为完整学分课程,但根据学校的不同情况也可拆分为半个学分的课程,且应至少保证55课时。由于每个学校的学生数量不同,可以根据具体学生数考虑在本校或是他校学习,也可让学生和任课老师接受专业ESL/ELD教师的定期指导。无论采用何种办学模式,都应确保开设符合他们水平的其他学分课程,例如地理、历史、科学等。对于不同语言水平的学生,课程大纲还规定要予以不同程度的支持。对于初学者,可适当使用母语进行辅导帮助,通过一语习得的技能和知识也可以转移至二语的学习过程中,从而促进英语的习得;

对于语言水平较高的学生,可以在其完全融入普通学校后,继续为其提供少量的辅导,确保该生达到类似母语的水平。需要强调的是,当学生修完2—3年ESL/ELD课程后,需要达到一定的毕业标准,才可完全进入普通学校学习。在"毕业"后的普通课堂学习过程中,继续安排教师对其进行记录监控,直到该生的英语水平和以英语为母语的同龄人一致。

关于ESL/ELD课程的教学方式,课程大纲明确规定应遵循基于内容的主题式授课方式,教授语言的同时融入学科知识,帮助学生在特定学科领域既学到学科知识又掌握相关英语技能。因此,在设计英语课程时老师应考虑到其他课程的教学目标和高中整体课程目标,把它们有机融入到英语课堂中,例如有意识地补充特殊词汇,提高整体读写能力。此外,在讲解语法时,教师应强调用法的上下文,避免孤立的讲解。例如,在一节主题为"加拿大的不同地区"的英语课上,老师可准备一份加拿大各地区年降水量的柱状图,设计不同的课堂活动;认知活动可包括寻找信息和记忆图像信息;语言活动可包括使用所学词汇口头或笔头描述图表,在这一过程中学生可学会如何使用数量对比的相关表达。这一主题还可衍生至水循环,在巩固主谓一致和形容词比较级的同时,加强学生使用连词的表达。

对于二语学习者,教师应为学生提供足够的机会进行口语和书面语产出,并给学生提出建设性的反馈意见。对于低水平学生,应格外关注与他们的交流,及时回应学生想表达的内容。针对学生书面语或口语产出中的语言问题,教师应适当指出,这将对学生产生良好的长期效应,避免再次犯错。另外,安大略省的中学ESL/ELD课程大纲还格外强调互动式课堂活动,包括共同完成一项研究项目或新闻通讯刊的合作式学习、共同决策的信息交流、互相授课讲解、文学俱乐部、角色扮演等。课程大纲还提到了单词墙、自制双语文集、个性化词典等创意性学习方式,以及指导性阅读/写作、听写、完形填空等传统学习方式。

安大略省中学课程大纲对于英语课程的内容规定还有另外一大亮点,即在英语教学过程中十分重视整体读写能力、数学能力和探究能力的培养,因为这些是学生在各学科领域、生活各个方面获得成功的关键技能。就读写能力而言,课程大纲中列举了教育部颁布的一系列专为二语学习者使用的教科书;就数学能力而言,ESL/ELD课程应巩固部分数学课程的内容,清晰简明的沟通必须通过一些图表来进行,而英语课程的目的就是要帮助学生培养理解、解读、使用图表信息的能力;就探究能力而言,应在ESL/ELD课程中培养学生善于提问和通过资料搜寻、查阅文献解决问题的能力,学会在大量影印资料和电子资源中快速锁定有用信息。随着学业推进,学生应具备充分使用各类信息的能力,包括改写信息、避免抄袭、客观评价引用内容等。

三、加拿大英语能力评价体系

3.1 评价的理念

安大略省中小学课程大纲对于ESL/ELD课程有一套十分完备的考核体系,旨在真实反映学生学习过程中的强项和弱项,找到学生和课程目标之间的差距。每位学生必须从中获得教师清晰的指导意见,以便日后更有针对性的提高。对于教师来说,考核结果也可以用来指导任课教师依据学生需求对课程内容进行适度调整,寻找最有效的课程模式和课堂练习。

此外,安大略省学生参加 ESL/ELD 课程的目的是为了迅速融入当地学校和社会,早日回归普通课堂,语言并非最终学习目的,因此这套评价体系的主要目的更是为了提高学生的学习能力。学生应培养出正确评价自己学习效果的能力,并基于自测结果为自己定下明确具体的阶段性目标。

在安大略省,每年还会为各个关键年级的学生举办省级统一考试:三年级、六年级、九年级分别参加一次数学和读写评估。对于有特殊学习需要的学生,全省评估时可获准做出与平时课堂评估做法一致的些微调节,如果在做出调节的情况下学生仍无法完成部分或全部评估,这类学生可获得三年级与六年级的测试豁免权,唯有九年级的考试,是中学毕业的基本要求之一,因此不得豁免考试。根据《英语语言学习者 ESL 与 ELD 项目服务》(*English Language Learners ESL and ELD Programs and Services*)[29],所有 ESL/ELD 课程的学生若想获得安大略省中学毕业文凭,必须在中学期间和其他同龄学生一样,通过安大略省中等学校读写能力测试(Ontario Secondary School Literacy Test, OSSLT),不合格者可补考或参加十二年级开设的安大略省中等学校读写能力课程(Ontario Secondary School Literacy Course),以符合毕业要求。

OSSLT 测试是每年全省范围内举行的大规模测试,可以消除相关评价过程中的主观因素影响。该评估于中等教育的初期进行,以便向未达到最低读写程度要求的学生提供更多帮助。OSSLT 测试有助于指出学生需要注意的学习范畴,从而指导改进计划。这项测试也是唯一能在全省范围内进行横向比较的公开成绩证明。

3.2 评价的内容和目标

安大略省基础教育阶段对于英语学习人士单独开设了 ESL/ELD 英语学习课程,因此,教育部也相应配备了符合外语学习进度的评价体系。但在高年级阶段,英语学习人士必须通过全省 OSSLT 测试,才能和普通学生一起获得中学毕业文凭。本节按照学生学习进度,分别介绍课堂评估和 OSSLT 测试评估。

3.2.1 课堂评估(目标)
3.2.1.1 学习能力和习惯

面对日益全球化和现代化的社会,世界多样性、互联性日益加深,不少国家和国际组织对新时代所需要的必备技能做出了不同版本的解释。经济合作发展组织(OECD)将关键能力划分为三大类别:学会使用交互工具(语言、符号、文本、知识、信息、交互技术);学会在异质群体中协调沟通的能力(与人和谐相处、共同合作、管理和解决冲突);学会自主行动(顾全大局、制定并执行人生计划和个人事项、捍卫自己的权利和利益)。美国的一些教育研究者也提出了 16 项帮助学生获得成功的心智习惯(habits of mind),其中包括清晰准确地思考和表达、坚韧不拔、管理冲动、质疑并提出问题、思考思维本身、独立思考、灵活应用所学知识等。

在全新的时代背景下,各国教育者对于学习能力和学习习惯的定义有诸多共同之处。安大略省教育部也对省内中小学教育目标提出了一致要求,适用于一至十二年级所有学科。在《寻找共同点:安大略省中小学个性发展,K-12》(*Finding Common Ground: Character Development in Ontario Schools, K-12*)一书中,安大略省教育部指出:"我们希望我省中小学继续为学生提供安全的场所,为学生展现有效、健康的人际关系,在这里,学生应学会并践行尊重、公平、责任心、同理心,培养自制能力和个人管理能力,从而创造最佳的生活和工作环境。"[30] *Growing Success: Assessment, Evaluation and Reporting in Ontario Schools*[31]一书中也强调,应将课程目标的评估和学习能力与习惯的评估分开进行。学生与家长应当认识到这些软技能的重要性,并与教师一起,帮助学生培养良好的学习习惯。当然,教师也应当明确告知学生这些技能如何评估。安大略省教育部规定一至十二年级需培养的学习技能和习惯主要有六大方面:责任感、组织力、独立性、合作度、积极性、自我管理。这些能力在不同的年级会有不同的表现,*Growing Success*一书中就各个能力给出了具体行为表现,详见表1:

表1 安大略省一至十二年级需培养的学习技能和习惯表

学习技能和习惯	学生表现举例
责任感	在学习环境下,履行自己的职责和承诺; 完成并按时提交课堂作业、家庭作业和各项任务; 管理、并为自己的行为负责。
组织力	设计并执行计划,完成工作任务; 安排优先事项,合理安排时间完成任务,达成目标; 识别、收集、评估、使用各类信息、技术、资源来完成任务。
独立性	独立监控、评估、修改计划来完成任务和目标; 合理利用课堂时间完成任务; 听从指示,尽可能不依赖监督。
合作度	接受不同职能与平等分工; 积极回应他人的意见、观点和想法; 通过个人或媒体交互式互动,构建健康的伙伴关系; 与他人合作解决矛盾冲突,并建立共识完成小组目标; 分享信息、资源和专业知识,促进批判式思考以解决问题、作出决定。
积极性	寻找学习机遇,并积极落实新的学习想法; 展现创新能力和勇于冒险的精神; 展现对学习的好奇心和兴趣; 用积极的态度面对新任务; 认可且支持自己和他人的权利。
自我管理	设定个人目标并监督进度; 在需要时主动寻求帮助和说明; 自我评估并反思自己的优势、需求和兴趣; 寻找学习机会、制定学习策略来满足自己的个人需求,完成个人目标; 面对挑战时能坚韧不拔。

3.2.1.2 一至八年级课程目标

除了适用于所有年级和学科的学习能力和习惯外,安大略省教育部也规定每门课程应设定自己的课程目标,包括ESL和ELD课程。学生在学习外语时,经常会经历几个固定阶段,各个阶段的表现与年龄、年级无关。安大略省一至八年级ESL/ELD课程大纲将ESL和ELD分为四个阶段,并根据年级对每个阶段的具体表现进行了详细规定。ESL的四个阶段目标为:以生存为目的使用英语;熟悉场景下使用英语;多数场景下独立使用英语;接近母语使用者、熟练地使用英语。ELD的四个阶段目标为:合理使用标准加拿大英语;熟悉场景下使用标准加拿大英语;多数场景下准确使用加拿大英语;阅读与书写。

3.2.1.3 九至十二年级课程目标

根据课程大纲要求,ESL和ELD的课程目标应用于平时课程安排和日常考核,课程总目标应作为学生平时表现的评分依据。ESL和ELD课程将学生能力主要分为四个部分:听力与口语(listening and speaking)、阅读(reading)、写作(writing)和社会文化能力及媒体素养(socio-cultural competence and media literacy)。各项能力的分项总目标详见表2。

表2 加拿大课程大纲规定的ESL和ELD九至十二年级能力目标

分项能力	分项总目标
听力与口语	1. 展现理解、阐释、评估不同用途口语的能力 2. 运用口语技巧和策略在课堂和社交场合使用英语交流 3. 正确使用英语结构进行口语交流
阅读	1. 有能力阅读并理解不同用途的文本 2. 阅读过程中使用不同阅读策略从文本提取意义 3. 使用不同策略习得词汇 4. 根据不同目的,在书面和图表文本中定位并获取相关信息
写作	1. 根据不同目的、不同读者撰写不同形式的文本 2. 写作过程中有条理地组织观点 3. 正确合理地使用书面英语,包括语法、用法、拼写和标点 4. 分阶段完成写作任务
社会文化能力及媒体素养	1. 在不同社交场合合理使用英语和非言语策略 2. 理解加拿大公民的权利和责任,以及不同群体对加拿大社会的贡献 3. 理解并能适应安大略省的教育体系 4. 能理解、阐释、创建不同媒体作品

3.2.2 安大略省中等学校读写能力测试(OSSLT)

这项测试是安大略省中学毕业文凭的强制性要求之一,因此无论是否为ESL/ELD课程学生,均需通过该项测试。这项测试主要考查九年级学生是否达到该年级课程目标所规定的阅读与写作能力要求,即是否能够理解不同的篇章选段,并通过不同类型的文本形式进行沟通。因此,OSSLT考查的英语能力为阅读与写作两大部分。

OSSLT考查的所有内容均符合一至九年级课程目标。阅读部分的文章均为叙述类、新闻类以及图表类文本,主要考查学生三项阅读技能:理解文本明确表达的信息和观点;

理解文本蕴含的信息和观点（推断能力）；学会通过文本信息、观点与个人知识和经历建立联系（通过结合文本信息和个人知识解读文本选段）。写作部分要求学生能够以交流为目的进行创造性写作，题型包括选择题、两段短篇写作和两段长篇开放式写作任务，主要考查学生三项写作技能：通过充分支持性细节阐述一个主要观点；有条理地组织信息和观点；掌握写作规范（拼写、语法、标点），不影响清晰交流。

3.2.3 评价的主体

安大略省的教育质量与问责办公室（Education Quality and Accountability Office, EQAO）是一家独立机构，主要负责举办并管理安大略省的大规模测试，公平公正地测量关键阶段安大略省学生在阅读、写作和数学方面的表现，所有EQAO的测试均基于安大略省的课程标准。

此外，EQAO还将成绩汇报给学生父母、教育人士及政府。个性化的成绩报告单可以有效支持学生的学习。EQAO还会向学校和学校委员会提供有关学生表现的详细报告，以及问卷调查中获得的学生学习态度、行为等信息。这些数据可以用来改善学校的课程规划和课堂教学。EQAO还会公开省级测试的结果，确保公共教育体系对纳税人负责。

EQAO致力于通过论文、工作坊、校园故事和项目等多渠道提高其数据使用能力，同时还负责一些研究学生表现、学校能力影响因素和最佳评估实践的研究项目。

对于课堂评估来说，安大略省基础教育阶段的英语课程，无论是普通英语课程还是单独设立的ESL/ELD课程，均依靠学生、教师和家长三方的同时参与。平时的课堂评估主要在学生和教师之间完成，以多种课堂活动形式、观察记录为主要方法，即时为学生提出指导性意见。学期结束时，教师会基于课程大纲目标总结学生平时表现，并填写省级汇报卡（Provincial Report Card），正式向学生和家长汇报。

在学习过程中，家长的支持和鼓励起到不可忽视的作用。ESL/ELD课程大纲要求家长能够熟悉课程进度和内容，及时与学生和教师沟通。在必要情况下，安排翻译人员，确保与家长的沟通准确无误。此外，家长还可以通过定期与教师见面（parent-teacher interviews）、参加家长工作坊（parent workshop）等活动监督学生平时的学习。

3.2.4 评价的方式

课堂评估部分分为评价和评估两个部分。评价（assessment）注重平时，是指通过各类不同信息渠道收集学生的相关表现，以真实反映学生在该科目的表现情况，例如平时的家庭作业、课堂展示、项目及测试等，同时，教师还需要为学生提供描述性评价，为学生提供方向性意见，指出不足之处，帮助其进步。评估（evaluation）是指基于课程大纲既定标准，对学生的表现进行评分，直观地传达学生当前某科目的水平。

3.2.5 评价的标准

本节分为两小节：课堂评估与中学读写能力测试。该划分亦可看做形成性评价与终结性评价标准的划分。

3.2.5.1　课堂评估

3.2.5.1.1　一至八年级课堂评估

加拿大一至八年级课程大纲将ESL和ELD课程共分为三大年级阶段（一至三年级、四至六年级、七和八年级）和四个渐进阶段。ESL和ELD的分项能力划分有一定的区别，ESL英语语言能力划分方式更为传统，即听力、口语、阅读、写作及适应能力；ELD课程更重视读写能力和语言知识，分为口头表达和语言知识、阅读、写作和适应，但在适应能力项下，格外强调学术英语的能力[32]。在适应能力要求方面，ESL和ELD都提出了对于多元文化的态度意识问题，具体内容如表3和表4所示：

表3　加拿大一至八年级ESL课程分项能力表

	听力（Listening）	口语（Speaking）	阅读（Reading）	写作（Writing）	适应（Orientation）
第一阶段	理解基本英语口语	使用英语进行基本交流	阅读和理解简单的书面英语	开始使用简单英语结构写作	开始适应新的环境
第二阶段	理解不同场景下、语境提示丰富的口语关键信息	英语口语表达自发性、准确度提高	熟悉背景知识和词汇时，能阅读特定内容的文本	使用简单英语结构完成不同语境下的写作	理解并适应新的环境
第三阶段	理解社交英语，但需要语境提示来理解学术英语	使用不同策略发起对话、参与讨论与演讲	不同阅读任务中，独立理解能力逐渐提高	不同语境下创作时，独立性和准确性提高	加深对新环境的理解，且融入新环境
第四阶段	在多数场合都能理解英语口语	在多数场合都能准确使用英语口语	阅读与年级要求相符的文本时，能体现一定掌控能力	使用合适的写作规范进行不同目的的写作	提高意识、加深认识，认可自身文化和其他文化为加拿大文化的贡献

表4　加拿大一至八年级ELD课程分项能力表

	口头表达和语言知识（Oral Expression and Language Knowledge）	阅读（Reading）	写作（Writing）	适应（Orientation）
第一阶段	在适当场景下，使用标准加拿大英语	阅读并理解简单英语	开始使用基本结构写作	开始适应新环境，包括个人生活和学术环境
第二阶段	在适当场景下，使用越来越多的标准加拿大英语	熟悉背景知识和词汇时，能阅读特定内容的文本	在一定辅助下，完成特定目的写作	开始理解并融入新环境，包括个人生活和学术环境

（续 表）

	口头表达和语言知识 （Oral Expression and Language Knowledge）	阅 读 （Reading）	写 作 （Writing）	适 应 （Orientation）
第三阶段	在适当场景下，独立使用标准加拿大英语	完成阅读任务的独立性不断提高，但偶尔也需一定辅助	不同语境下写作时，独立性和准确性提高	对于新环境的认识和融入程度提高，包括个人生活与学术环境
第四阶段		阅读与年级要求相符的文本时，能体现一定掌控能力	合理应用书面英语写作规范，进行不同目的的写作	在加拿大的文化环境下提高自我意识和他人意识

3.2.5.1.2　九至十二年级课堂评估

中学阶段，学校需要严格要求课程目标，为学生进行平时成绩与期末成绩的评估，并给学生和家长寄送成绩报告单，即省级汇报卡，卡上的最终成绩为平时成绩与期末评估成绩的总和，平时成绩为整个学期该生一贯的表现，占70%，期末成绩占30%。中学阶段ESL和ELD课程的评估方式不再单纯以听、说、读、写的分项能力作为标准，而是分为知识与理解、思考能力、沟通能力和应用能力四大指标，着眼于英语知识的活学活用，而不再是机械式地考查学生对于英语语言知识本身的掌握，具体如表5[33]所示：

表5　中学阶段ESL和ELD课程的评估方式

	50—59分	60—69分	70—79分	80—100分
知识与理解——课程习得的学科相关内容（知识），并理解其含义与意义（理解）				
内容知识（如词汇、语法结构、标点、术语、文本和媒体形式）	仅掌握有限的知识	掌握一定的知识	掌握大部分知识	彻底掌握知识
内容理解（如信息与观点、小说与短篇小说主题、文学手法、语言变体）	内容理解程度有限	内容理解达到一定程度	内容理解程度较高	彻底理解内容
思考能力——批判性思维和创造性思维技能和/或过程				
规划技能的使用（如聚焦问题、搜集信息、组织项目）	使用规划技能，但效果有限	规划技能的使用有一定效果	规划技能的使用效果显著	规划技能的使用效果极好
加工技能的使用（如选择、分析、生成、结合、综合、评估、组织结论）	使用加工技能，但效果有限	加工技能的使用有一定效果	加工技能的使用效果显著	加工技能的使用效果极好

（续　表）

	50—59分	60—69分	70—79分	80—100分
批判思维/创造性思维过程（如阅读过程、写作过程、口语语篇、研究）	使用批判思维/创造性思维，但效果有限	批判思维/创造性思维的使用有一定效果	批判思维/创造性思维的使用效果显著	批判思维/创造性思维的使用效果极好
沟通——通过不同形式传递意义				
观点以及口头语视觉（如演示、对话、讨论、角色扮演、辩论、图形文本、媒体工作）、书面（如日记、笔记、叙事文、报告、简历、故事和诗歌）信息的表达与组织	表达与组织观点和信息，但效果有限	表达与组织观点和信息，有一定效果	表达与组织观点和信息，且效果显著	表达与组织观点和信息，且效果极好
以口语、视觉和书面形式，针对不同观众、不同目的进行沟通（如从社交和文化角度，合理使用英语）	针对不同观众、不同目的进行沟通，但效果有限	针对不同观众、不同目的进行沟通，有一定效果	针对不同观众、不同目的进行沟通，且效果显著	针对不同观众、不同目的进行沟通，且效果极好
口头、视觉和书面形式中规范（如语法结构、拼写、标点、文体、用法）、词汇、课程相关术语的应用	使用规范、词汇、课程相关术语，但效果有限	能一定程度上有效地使用规范、词汇、课程相关术语	规范、词汇、课程相关术语的使用，且效果显著	规范、词汇、课程相关术语的使用，且效果极好
应用——使用知识与技能在不同语境内或跨语境文本下构建关联				
在熟悉的语境下，应用知识和技能（如语言知识、语言学习策略、阅读策略、词汇构建策略）	在熟悉的语境下，应用知识和技能，但效果有限	在熟悉的语境下，应用知识和技能，有一定效果	在熟悉的语境下，应用知识和技能，且效果显著	在熟悉的语境下，应用知识和技能，且效果极好
将知识与技能转移至新环境（如语言知识、语言学习策略、阅读策略、词汇构建策略）	向新环境转移知识与技能，但效果有限	向新环境转移知识与技能，有一定效果	向新环境转移知识与技能，且效果显著	向新环境转移知识与技能，且效果极好
在不同语境内或跨语境文本下构建关联（如在语言与社会、文化环境间，包括学校；在学习英语和建立负责任公民意识、建立个人与职业目标、理解文学作品中的文化因素间）	能在不同语境内或跨语境文本下构建关联，但效果有限	能在不同语境内或跨语境文本下构建关联，且有一定效果	能在不同语境内或跨语境文本下构建关联，且效果显著	能在不同语境内或跨语境文本下构建关联，且效果极好

3.2.5.2 安大略省中等学校读写能力测试（OSSLT）

该测试主要考查学生的阅读与写作能力，阅读与写作部分均包含主观和客观题型。客观题由机器评分，主观题则根据OSSLT评分标准进行评分，评分标准根据题目要求分别设置，以写作能力为主。各类阅读与写作任务的具体评分标准如表6—表10所示：

表6　OSSLT阅读部分开放试题通用评分标准

得分	描述
0	空白：答题处无内容
	无法辨识/离题：回答内容无法辨认、离题、不切题或不正确
10	回答仅体现有限的阅读理解 回答几乎没有观点，或仅有与阅读文本没有关联的观点和信息
20	回答能体现一定程度的阅读理解 回答中有与阅读文本相关的部分模糊观点和信息；可能包含无关观点和信息
30	回答体现相当程度的阅读理解 回答中有准确、具体、与阅读文本直接相关的观点和信息

表7　OSSLT连续段落表达观点—话题发展试题评分标准

得分	描述
0	空白：答题处无内容
	无法辨识：回答内容无法辨认，或与题目要求无关
	离题：回答内容离题
10	回答内容与题目要求有关，但没有表达观点。／ 表达观点但缺乏支持性细节，或与所表达的观点无关。 没有语言组织能力。
20	回答内容与题目要求相关，但只有部分内容表达或支持某观点。／ 回答内容与题目要求相关，且表达并支持某观点，但观点不明确或不连贯。 支持性细节不充分：太少或重复。语言组织能力有限。
30	回答内容与题目要求相关，且观点表达清晰。 支持性细节不充分且/或支持性细节模糊，或细节与观点的联系不够清晰。 有一定语言组织能力，但仍存在不连贯之处，影响整体沟通。
40	回答内容与题目要求相关。 通过充分的支持性细节清晰、连贯地表达观点，但只有部分比较具体。 组织能力较为机械，不连贯之处不影响整体沟通。
50	回答内容与题目要求相关。 通过充分的支持性细节清晰、连贯地表达观点。 组织连贯有逻辑。
60	回答内容与题目布置的要求密切相关。 通过充分的支持性细节清晰、连贯地表达观点，且细节经思考后筛选。 组织连贯，观点铺陈循序渐进。

表8　OSSLT新闻报道—话题发展试题评分标准

得　分	描　述
0	空白：答题处无内容
	无法辨识：回答内容无法辨认，或与题目要求无关
	离题：回答内容离题
10	回答内容与标题及/或图片有关，但不属于新闻报道。/ 回答内容属于新闻报道，且与标题及/或图片有关，描述了一个事件，但缺乏支持性细节，或细节与事件无关。 没有语言组织能力。
20	回答内容与标题或图片有关，但仅部分属于新闻报道。/ 回答内容属于新闻报道，且与标题及/或图片有关，但事件焦点不明确或前后不连贯。 支持性细节不充分：太少或重复。 语言组织能力有限。
30	回答内容属于新闻报道，且与标题和图片相关，明确聚焦事件。 支持性细节不充分且/或模糊不清，或与事件的联系不明确。 有一定语言组织能力，但仍存在不连贯之处，影响整体沟通。
40	回答内容属于新闻报道，且与标题和图片相关，明确聚焦事件。 支持性细节充分，但只有部分较为具体。 组织能力较为机械，不连贯之处不影响整体沟通。
50	回答内容属于新闻报道，且与标题和图片相关，事件聚焦明确且连贯。 支持性细节具体且充分。 组织连贯有逻辑。
60	回答内容属于新闻报道，且与标题和图片相关，事件聚焦明确且连贯。 支持性细节经思考后筛选，具体且充分。 组织连贯，观点铺陈循序渐进。

表9　OSSLT新闻报道和连续段落表达观点使用规范通用评分标准

得　分	描　述
10	评估规范使用的依据不足。/ 使用错误干扰沟通。
20	使用错误影响沟通。
30	使用错误不影响沟通。
40	书面回答中体现明显的规范掌控。

表10　OSSLT短篇写作通用评分标准

得　分	话题发展
0	空白：答题处无内容
	无法辨识/离题：回答内容无法辨认、离题或与题目要求无关

（续　表）

得　　分	话　题　发　展
10	内容话题发展不到位，或铺陈信息与话题无关
20	铺陈信息与话题关系模糊；可能有无关观点和信息
30	铺陈信息清晰、明确，且与话题相关
得　　分	规　范　使　用
10	使用错误影响沟通
20	使用错误，但不影响沟通

参考文献：

[1] 百度百科.加拿大.https://baike.baidu.com/item/%E5%8A%A0%E6%8B%BF%E5%A4%A7/145973?fr=aladdin#reference-［1］-19554051-wrap

[2] 曹迪.加拿大多元文化主义语言教育政策研究［J］.《教育学术月刊》,2015(3)：55-60.

[3] 冯建军.多元文化主义公民身份与公民教育［J］.《比较教育研究》,2014(1)：45.

[4] 毛妙维.加拿大英语的形成和发展影响因素分析［J］.牡丹江师范学院学报（哲学社会科学版）,2013(02)：120-122.

[5] 阮西湖.加拿大语言政策考察报告［J］.世界民族,2001(03)：42-49.

[6] 施兴和.加拿大民族政策的嬗变［J］.《世界民族》,2002(1)：43-45.

[7] 张燕.加拿大双语制度的政治动因［J］.《长春师范大学学报（人文社会科学版）》,2015(2).

[8] 中华人民共和国外交部.加拿大国家概况.http://www.fmprc.gov.cn/web/gjhdq_676201/gj_676203/bmz_679954/1206_680426/1206x0_680428/

[9] 周庆生.语言和谐思想刍议［J］.《语言文字应用》,2005(3)：24-26.

[10] Allen, Patrick, & Swain, Merrill. Language in Education: The Canadian Context. In Patrick Allen & Merrill Swain (Eds.), *Language Issues and Education Policies: Exploring Canada's Multilingual Resources*［M］. Oxford: Pergamon Press, 1984: 3.

[11] Morris, M. A. "Introduction: Comparing perspectives on Canadian language policies."［J］ *Canadian Language Policies in Comparative Perspective*, 2010.

[12] Churchill, Stacy. *Official Languages in Canada: Changing the Language Landscape. New Canadian Perspectives*［Z］. Official Languages Support Programs, Department of Canadian Heritage, 15 Eddy, Ottawa, Ontario, Canada K1A−OM5 (Cat. no. CH3-2-7/1998), 1998.

[13] McRae, Kenneth. "Official bilingualism: from the 1960s to the 1990s."［J］ *Language in Canada* (1998): 61-83.

[14] Saouab, A. *Canadian multiculturalism*［Z］. Library of Parliament, Research Branch, Ottawa,

1989.

［15］Hamers, Josiane F., & Humel, Kirsten M. Language in Quebec. In John Edwards (Ed.), *Language in Canada*［M］. Cambridge: Cambridge University Press, 1998: 128-129.

［16］Hawkins, Freda. *Critical years in immigration: Canada and Australia compared*. Vol. 2［M］. McGill-Queen's Press-MQUP, 1991.

［17］Herriman, Michael L., and Barbara Burnaby, eds. *Language policies in English-dominant countries: Six case studies*. Vol. 10［M］. Multilingual Matters, 1996.

［18］Ashworth, M. *Blessed with bilingual brains: Education of immigrant children with English as a second language*［M］. Vancouver: Pacific Educational Press, 1988.

［19］Burnaby, B., et al. *The Settlement Language Training Program: An assessment (Report on behalf of the TESL Canada Federation*［M］. Ottawa: Employment and Immigration Canada, 1987.

［20］Immigration Canada. *Immigration Consultations 1993: The Federal Immigrant Integration Strategy in 1993: A Progress Report*［Z］. Ottawa: Employment and Immigration Canada, 1993.

［21］Hajer, A, Kaskens, A, & Stasiak, M. LINC 5-7 Curriculum Guidelines.［OL］. 2006. Retrieved Nov. 4, 2016, from http://atwork.settlement.org/downloads/linc/LINC_Curriculum_Guidelines_5-7.pdf

［22］Citizenship and Immigration Canada. *Overview of LINC Curriculum Guidelines*［OL］. 2002. Retrieved Nov. 4, 2016, from http://settlement.org/downloads/linc/LCG1to5/overview.pdf

［23］Toronto Catholic District School Board. *Keystone Concepts: Guiding Principles and Components of Program Planning*.［OL］. 2015. Retrieved Nov. 4, 2016, from http://www.quartzon.ca/documents/keystone Concepts-Nov27.pdf

［24］Singh, D., & Blakely, G. Federal and Provincial Policy Initiatives. *INSCAN-International Settlement Canada. Special Issue on Settlement Language Training*［J］, Spring 2012.

［25］Cheng, Liying, Don A. Klinger, and Ying Zheng. "The challenges of the Ontario Secondary School Literacy Test for second language students."［J］*Language Testing* 24.2 (2007): 185-208.

［26］Bachman, Lyle F. *Fundamental considerations in language testing*［M］. Oxford University Press, 1990.

［27］Bachman, Lyle F., and Adrian S. Palmer. *Language testing in practice: Designing and developing useful language tests*. Vol. 1［M］. Oxford University Press, 1996.

［28］Celce-Murcia, Marianne, Zoltan Dörnyei, and Sarah Thurrell. "Communicative competence: A pedagogically motivated model with content specifications."［J］*Issues in Applied linguistics* 6.2 (1995): 5-35.

［29］Ontario Ministry of Education. English Language Learners ESL and ELD Programs and Services.［OL］.2007a. Retrieved Nov. 4, 2016, from http://www.edu.gov.on.ca/eng/document/esleldprograms/esleldprograms.pdf

［30］Ontario Ministry of Education. Finding Common Ground: Character Development in Ontario

Schools, K-12. [OL]. 2006. Retrieved Nov. 4, 2016, from http://www.edu.gov.on.ca/eng/policyfunding/Paper.pdf

[31] Ontario Ministry of Education. Growing Success: Assessment, Evaluation and Reporting in Ontario Schools. [OL].2010. Retrieved Nov. 4, 2016, from http://www.edu.gov.on.ca/eng/policyfunding/growsuccess.pdf

[32] Ontario Ministry of Education. The Ontario Curriculum Grades 1-8 English As a Second Language and English Literacy Development. [OL]. 2001. Retrieved Nov. 4, 2016, from http://www.edu.gov.on.ca/eng/document/curricula/esl18.pdf

[33] Ontario Ministry of Education. The Ontario Curriculum Grades 9-12 English As a Second Language and English Literacy Development. [OL]. 2007b. Retrieved Nov. 4, 2016, from http://www.edu.gov.on.ca/eng/curriculum/secondary/esl912currb.pdf

[34] See, Scott W. *The History of Canada: Includes Primary Documents, Color Maps and Flags, Timeline, and Photos* [M]. Amenia, NY: Grey House Publishing, 2011: 70-80.

第八章
马来西亚英语能力及评价

一、英语在马来西亚的生态状况

1.1　马来西亚英语概况

马来西亚联邦,位于东南亚,简称马来西亚(Malaysia)。马来西亚的文化多样性影响语言的复杂性,国内主要有马来语、英语、华语、泰米尔语等。马来语是其国家语言和官方语言,英语是通用语,广泛应用于政治、经济、教育、科技、法律及媒体等领域[9]。在马来西亚,华人一般都能用马来语、华语和英语进行交流,而大部分马来人可以同时使用英语和马来语交流。交际过程中的语码转换现象非常普遍,在讲华语或马来语时,常常可以转换成英语交流。另外,居住在槟榔屿、马六甲海峡和吉隆坡地区的国民更加频繁地使用英语进行日常交流[5]。

1.2　英语与马来语的亲疏关系

马来西亚国民常常同时使用英语和马来语两种语言进行日常生活交流。国内讲英语的国民主要包括四类,一是之前接受英语或华语初等教育,后来到马来西亚接受英文中等教育的中国人;二是接受英语教育的马来人和印度族群;三是接受马来语或泰米尔语初等教育,之后又接受英语中等教育的人;四是完全接受马来语教育的马来人。总体而言,接受英语教育的华人和马来人会在工作场合、朋友交流甚至家庭背景下使用英语;而接受过英语教育的马来人常常只在工作场合使用英语,如果是家庭或朋友交流则较多地使用马来语。

此外,马来西亚英语具有不同的变体,折射出马来语对英语的正负迁移影响。研究发现,来自槟榔屿、马六甲海峡和吉隆坡的国民与来自马来西亚东部地区乡村的居民所讲的英语明显不同,两种变体与标准英国英语相比也有所不同。具体而言,来自东部地区乡村的民众在元音方面倾向于缩短元音发音,在重音变换上不规则,在词汇方面相对匮乏,在动词"to be"的位置上并非置于形容词前,不考虑名词复数变化,缺乏定冠词和不定冠词,常省略主语代词与宾语代词,在语序上常将宾语放在句子首位等。

这些现象表明,来自马来西亚东部地区乡村的居民所讲的英语是第二语言或外语,他们很少用英语进行口头交流,写作或阅读;而来自槟榔屿、马六甲海峡和吉隆坡的国民所讲的英语虽然是第二语言,但在很大程度上受标准英语的影响,常常用于日常交流[24]。

1.3 英语与马来西亚民众生活的关系

虽然英语并非马来西亚的官方语言,但马来西亚人频繁运用英语进行日常交流,主要用于家庭、朋友、交易、工作、教育、媒体、政府、法律和宗教等场合[23]。在家庭中使用英语的马来西亚人多数是城市居民;在较大的城镇中,儿童和父母都使用英语交流;但是在东部乡村地区,居民大多是马来西亚农民、渔民、泰米尔橡胶工人或华人园艺工,他们较少使用英语交流。在社交场合,受过完全英语教育的马来人比同时接受华语初等教育和英语中等教育的人更容易进行英语交流。在各种交易场合,马来人倾向用自己母语进行交流,但因在大型交易中心需要同旅游者或国外人士进行交流,所以英语的使用并没有减少。在工作场合,尤其是高端职位和私人部门,在社会和经济交流过程中英语的使用必不可少。在教育中,虽然马来西亚的教育政策不断提升马来语的地位,但是英语作为重要的交流工具,在多次教育政策转变中依然保持重要地位,依然是教师授课和学生学习知识的重要教学语言。

二、马来西亚英语教育政策

2.1 马来西亚英语教育简史

16世纪初,葡萄牙、荷兰相继入侵马来西亚。20世纪初,马来西亚沦为英国的殖民地。英国殖民马来西亚初期奉行英语至上并限制马来语发展的教育政策。英语在马来西亚的发展经历了一个过程:1951年的《巴恩报告书》提出以英语和马来语进行教学;1951年的《芬吴华文教育报告书》指出英语已经成为马来西亚的商业用语,也是华语学校的教学科目;《1952年的教育法令》规定英语是马来西亚国民学校的必修课;《1954年第67号白皮书》规定在马来西亚的学校实行英语和马来语两种语文教育。

从联邦政府执政至1971年,马来语在马来政府的支持下逐渐恢复强势地位,但是英语依然是学校教育的必修课[4]。《1956年拉萨报告书》提出所有学校必须教授马来语,但是英语也是小学的必修课。《1961年教育法令》督促华语和泰米尔语学校进行改制,用英语作为教学媒介语,并强化马来语的国语地位。1967年9月的《国家法案》规定马来语成为唯一的官方语文课程,并作为主要教学媒介语使用。1971至1990年的新经济政策时期,马来政府采取马来语至上而降低英语课程的政策,但预备班及初高中阶段的英语课程依然是必修课,只是课时量有所减少。1990至2002年新发展时期,马来西亚发布《1995年教育法令》,规定马来语为所有教育机构的主要教学语言;同时提出在私立教育中,如果教学媒介语非英语,则必须教授英语科目。

随着国际交流日益广泛,马来政府开始关注英语学习。1997年,马来西亚宣布将"1119英语考试"列为高等教育文凭考试的必考科目,并从2001开始,规定学生必须通过"马来西亚大学英语测验"才能申请当地的大学先修班、文凭课程及STPM考试资格[7]。2003年以来,马来政府意识到英语对于国家发展的重要性,提出用英语教授数理课程,以提高国民的英语及数理水平,并颁布现行的语言教育政策促进国民英语能力,提高国民英语水平,培养能够参与国际交流的人才[8]。

2.2　当前英语教育政策

2002年5月,马来政府通过有关加强学生英语教育的提案,建议教育部增加学校的英语课课时并用英语作为媒介语教授其他科目,以提高学生的英语水平。首相和教育部长还表示,若有需要则可以考虑重新设立英语学校,但因被认为不符合国家的教育政策而遭否决。2002年10月31日,马来西亚召开最高理事会议,颁布了"243方案",即在华语学校一年级设置2课时的英语课,4课时用英语教授数学课程和3课时用英语教授科学课程。

2003年,马来政府颁布现行的语言教育政策,包括2003至2005年的第一阶段用英语教授数理课程的政策。2003年开始,小学、中学和大学先修班全面实施。具体表现为,在小学阶段,国小的8课时英语课保持不变,7课时的数学课由马来语教学改为英语教学,新增设的3课时科学课全部以英语进行教学。泰米尔语小学新增2课时的英语课,而7节数学课全部从泰米尔语教学改成英语教学,新增的3课时科学课全部用英语教学。华语小学增开2课时的英语课,数学课增至10个课时,其中4个课时用英语教学,6个课时用华语教学;增开6课时科学课,其中3课时用英语教学,3课时用华语教学。中学阶段的国民中学全部采用英语教授数学和科学课程。大学先修班全部采用英语教授数理课程。第二阶段提出了小学教育的"422方案",即华语小学从小学四年级开始上4课时英语课、2课时用英语教的数学课及2课时用英语教的科学课。初、高中及大学先修班的英语教育政策保持不变[1]。

2.3　英语政策改革的方向

2003年至2005年第一阶段的英语教学政策在制定上不完善,执行仓促,因为它没有兼容各族文化,危及到母语在国内的地位,所以遭到各族人士的反对,主要是对其小学阶段英语教育的质疑。马来民族人士认为这项政策不但无法提升学生的英语水平,反而降低了学生的数理水平;印度民族人士认为此政策可能导致泰米尔语小学的变质;而华族人士认为此政策也可能导致华语小学的变质。另外,全国范围内的民间团体集体抗议用英语教授数理课程,并呼吁政府恢复母语的地位。至此,马来西亚政府采用有弹性的英语教育政策。之后在第二阶段提出的"422方案"以华语为主,英语为辅,被各界人士认为是最实际、最好的方案。而对于在初、高级中学及大学先修班进行英语教学没有过多异议,因为英语对于学生的未来发展非常重要,而此时学生已经具备了相应的基础。

用英语向初、高级中学和大学先修班教授数理课程十分必要,它不仅有利于学生掌握英语,而且能提高学生的数理水平,为日后大学期间使用英语学习数理知识打下坚实的基础[3]。

三、马来西亚英语教育体系

3.1 英语教育体系概括

马来西亚的英语教育由联邦政府管辖,包括3—4岁的非强制性托儿所英语教育、4—6岁的非强制性幼儿园英语教育、六年强制性小学英语教育(7岁一年级,8岁二年级,9岁三年级,10岁四年级,11岁五年级,12岁六年级)、五到七年的强制性中学英语教育(13岁隔离班级随学生成绩而定,13—14岁中学一年级,14—15岁中学二年级,15—16岁中学三年级,16—17岁中学四年级,17—18岁中学五年级、18—19岁中学六年级)和大学先修教育及之后的高等英语教育。小学包括国民小学与"国民型小学",国民小学除了英语、科学和数学采用英语教学外,其余所有科目使用马来语作为教学语言;"国民型小学"采用中文或泰米尔语作为教学语言。马来西亚的考试制度非常严格,采取多种统一考试来评定学生的英语及各种能力。学生平均每2或3个月就必须接受一次国立学校的考试,国立小学学生每年需接受4到7次考试,国立中学学生每年需接受4次以上的考试。在引进大学预科班之前,要进入政府公立大学的学生,必须完成额外18个月的中学六年级教育,并参加马来西亚高等教育文凭考试。1999年引进大学预科班课程后,学生可在大学预科班修完为期12个月的课程,然后报读本地大学,进入高等英语教育阶段[10]。

3.2 英语教学目标与要求

马来西亚的英语教学主要包括学前阶段的国际学校、小学教育和中等教育。学前教育阶段的国际学校采用完全浸入式教学,为孩子营造轻松的学习环境,达到培养孩子用英语时的自信心,发展英语阅读兴趣,提高英语写作技能目的。小学英语教育的目标是为中等阶段的英语教育做准备,依托基于标准的英语课程标准,培养学生在英语听说、阅读、写作和语言艺术等方面的能力,以达到在其完成6年初等教育后,能够用英语自信和准确地交流。中等英语教育的目标是为大学及以后的就业和生活做准备,依托中等教育综合课程标准,使学生能够做到以下四个方面:1)在学校和真正的生活场景中听懂并理解口头英语;2)用英语就各种话题进行有效交流;3)能够阅读和理解散文和诗歌并达到一定的鉴赏水平;4)根据不同的目的进行有效写作[6]。

3.3 英语课程设置

学前教育阶段的国际学校采用完全浸入式教学,课堂以学生为中心,主要是为孩子营造完全的英语环境,在课堂上用英语玩游戏、对话、背诵诗歌以及讲故事等,在课外,教师组织各种活动来练习和学习英语。自2003年新教育政策推广以来,中学阶段的英语课程大纲发生了改变,原来国民小学和国民型小学共用一套英语教学大纲,现改为国民小学和国民型小学使用不同的英语教学大纲。同时1—6年级的统一大纲在新大纲中分成不同年级的课程说明,针对不同年龄段的学生,对课时量提出相应的具体要求。

新英语课程大纲中的课程说明分为三大部分:一是对学生在态度和语言技能方面的教学成就提出具体要求;二是对学生的总体要求进行细化,列出各年级学生的学习内容和要达到的具体指标;三是对教师的参考栏目及教学范围提出要求。国民型小学的英语大纲及课程说明类似于与国民小学,但在某些技能及水平的要求上相对低一点。中等教育阶段的英语课程大纲,包括一份总纲和一份中学1—5年级的课程说明,规定了中学英语的学习目标、内容、要达到的水平等。英语教学主要采用以学生为中心的交际法,培养学生用英语进行听、说、读、写的能力[11]。另外,在英语教学方面,马来西亚还设置在线英语学习项目,称为"未来学校英语项目"(Future School English Programme)[12],主要培养学生的书面阅读、拼读、词汇运用发展、造句、以及写作等能力,同时丰富学生的语音、标点符号、修辞等知识,但在线英语教育不涉及诗歌、小说的阅读和英语口头表达能力培养。这一在线英语学习项目覆盖的学生面较广,包括幼儿园阶段学生、初等、中等、高等教育学生及成人等。

3.4 英语教学所取得的成就与面临的问题

在英语教学方面,马来西亚具有良好的教学体制和师资考评体制,取得了良好的成就。成就主要表现为:1)英语教学不仅包括英语课程本身的教学,也包括用英语教授数理课程,在初等教育和高等教育阶段分别设有明确的课程标准和国家性考试体系,保证英语教学质量的提高;2)完善的教师考评与培训体系保证英语教育的顺利实施;3)在教育中使用以英语为媒介语的信息交流技术(Information Communication Technology, ICT),增加学生的学习兴趣,提高学习的灵活性,也促进对英语的掌握。

同时,马来西亚的英语教育也存在一定的问题,主要表现为:1)国家语言教育政策经常发生变动,英语语言教育出现摇摆甚至断层的现象;2)虽然马拉西亚的英语教育政策使英语在其国内较为普及,但大多只停留在日常交流层面,学术英语能力还有较大的进步空间;3)在日常交际过程中,由于马来西亚是多语国家,常常出现大量的语码转换和语言混用现象,英语的规范性也受到冲击。

四、马来西亚英语能力评价体系

2012年9月,马来西亚发布"马来西亚教育蓝图2013—2025"[13]。该蓝图对其国内的英语教育提出全面的预期,不仅设计了学生英语能力的评价体系,同时也涉及教师英语能力的评价体系。

马来西亚的英语能力评价体系主要包括小学评价体系、中等评价体系以及教师评价体系。具体而言:小学教育英语能力评价体系,即《基于标准的英语语言课程标准》(*The Standards-Based English Language Curriculum*, SBELC)和小学教育评定考试(Ujian Penilaian Sekolah Rendah, UPSR; Primary School Assessment Test, PSAT);中等教育英语能力评价体系,即《中等教育综合课程标准》(*Integrated Curriculum for Secondary Schools*)与全国性教育资格考试SPM—1119(Sijil Pelajaran Malaysia, SPM);对于包括英语教师在内的各科教师进行的英语水平测试,教师需要参加剑桥职业英语测试(Cambridge Placement Test, CPT)来确定是否需要进行教师英语培训。

在评价方式上,马来西亚的英语能力评价主要采用形成性评价与终结性评价相结合的方式。"形成性评价是对学习过程的全过程评价,它通过多种评价手段和方法,对评价对象在教学过程中的兴趣、态度、参与程度等方面的发展进行评测,是一种非测试性评价。而终结性评价主要是对学生的学习结果进行评价,主要是通过口试或笔试来衡量学生在某一学习阶段的学习水平的测试性评价。"[2]

4.1 英语能力评价机构

马来西亚教育部负责英语课程标准和评价体系的制定与实施,主要职责部门为课程发展处(Curriculum Development Division, CDD)和能力发展与评估处(Competency Development and Assessment Division, CDAD)。

教育部课程发展处成立于1973年,最初是教育规划和研究部门的分支机构,随后发展成马来西亚教育部的一部分,其职责是发展综合性课程来开发学生的全部潜能,促进学生的全面发展以满足国家的发展需要。课程发展处的角色与功能为:1)设计和开发学校课程标准;2)传播和贯彻课程标准;3)监测课程标准的实施;4)准备课程标准的辅助教材;5)研究课程标准的开发与评估[14]。课程发展处的目标为:1)设计和开发适合各级学校的全方位课程标准;2)监督各级各类学校的课程标准实施;3)评估和提高课程标准质量,以满足当前的需求和未来发展趋势。

能力发展与评估处于2007年1月成立,由副秘书长负责,其主要职责是发展和监督透明有效的评估体系,旨在形成有能力和创新型的人力资源,主要是调控能力水平评估体系(Competency Level Assessment, CLA)。此评价体系主要为教师能力评价体系,可以进行以网络为基础的一般性评测与面对面的功能性评测[14],其功能主要为制定能力评估体系的相关政策;协调发展评价的政策引导;草拟为考试服务的大纲;实施质量控制监督等。能力发展与评估处的目标为:1)管理能力水平评估体系,有效服务于考试的有效性和责任制;2)提供能力水平评估大纲,并与评估工作保持一致;3)透明、公正、客观、有效并可靠地实施能力水平评估;4)确保教育部培训机构主办的课程能够符合能力水平评估标准;5)开发相关应用程序以满足能力水平评估和服务考试的需要。

4.2 小学教育英语能力评价体系——SBELC

马来西亚的小学教育为6年,为学生在英语阅读和写作方面做好准备。1982年,马来西亚《小学教育新课程标准》(New Primary School Curriculum)在305所学校开始实施,并于次年在全国范围内全面实施。它主要关注学生基本方面的能力,如英语阅读、写作和数理知识的评定,并关注学生自身的发展。新版《小学教育课程标准》可分为三个主要部分,即交流能力、人类与环境以及个人发展,而每一个部分又包括基本技能、精神素养、价值观和态度[15]。后来,新版《小学教育课程标准》被修订为《综合小学教育课程标准》(Integrated Primary School Curriculum)。修订后的标准被分为1—3年级和4—6年级两个阶段,主要评定学生的综合素质,同样包括交流能力、人类与环境以及个人发展三个部分,但三个部分包括六项内容,即基本技能、人类与环境、艺术与娱乐、精神、价值观与态度、生存技能以及共同课程标准[16]。

以上的小学教育课程标准并没有提出明确的英语能力评定标准,直到2011年,教育部再次修订并发布了《小学教育课程标准》,提出《基于标准的英语语言课程标准》评价体系(SBELC),于2016年在所有的小学教育学校全面实施[17]。它清晰地表明了语言学习预期、学生所学和能够掌握的内容,为英语学习、教学和评定提供了一套明确的标准。英语教学从死记硬背转向以标准为基础的教学。评价目标为使学生能够在日常生活中使用英语,为之后的学习与生活作准备。评价内容主要为学生的听说能力、阅读能力、写作能力和语言艺术能力,同时考查了学生的拼写能力、语法知识和标准发音。也就是说,学生在完成6年的小学教育后,能够用英语和成人及同龄人自信并准确地进行交流,不仅能够在正规和非正规场合有效获得和传递信息,还能够阅读和理解各种信息类和趣味性的作品,根据不同语体较准确地进行写作。英语语言能力需覆盖三个话题,即自我世界、家人和朋友、世界的故事和世界的知识。另外,英语的读写能力也是重点,主要关注学生的语音知识,包括音素、单词和发音的辨识能力。评价方式为形成性评价和终结性评价结合使用。在形成性评价方面,主要评价学生在日常生活中用英语进行交流的能力,所展示的批判性和逻辑性思维;在终结性评价方面,主要通过问答形式来考察学生对知识的掌握,并以此评定学生是否能够进入高年级的学习。

另外,在小学教育结束时,学生都必须参加统一的小学教育评定考试(Primary School Assessment Test, PSAT)。小学教育评定考试每年由教育部举行,主要测评的是公立和私立学校六年级学生的各项能力,其中也包括英语能力评定。如果学生想要进入中等教育就必须参加此项考试,考试目的为:1)评定学生对于小学教育的完成情况;2)指导学生进入中等教育时所需选择的课程;3)支持教师在相关学科进行培训并选择资料;4)监督教育水平与教育者的责任;5)提高学校的竞争力并制定教育政策改革方案[18]。该英语考试时间为50分钟,内容包括多项选择、开放式回答与写作,成绩被分为A、B、C、D、E五个等级,国家标准的最低通过等级为C级。

4.3 中等教育英语能力评价体系

1979年,《中等教育综合性课程标准》(Integrated Curriculum for Secondary Schools, ICSS)[19]发布之后,新的英语语言课程标准于1988年生效。1989年,马来西亚教育部提出了中等教育英语课程的指标,并提出了英语听、说、读、写能力的评价体系。同时,英语教学转向"以学生为中心"的交际法教学,注重评价学生用英语进行交际的能力,具体包括以话题为基础展开成对讨论和小组讨论、锻炼以英语为媒介的团队合作和解决问题的能力。换句话说,《中等教育综合性课程标准》的综合性主要体现在运用英语的综合能力上,特别是以不同的话题形式展开,在话题讨论过程中的综合技能。

按照马来西亚全国性教育资格考试(Sijil Pelajaran Malaysia, SPM)的规定,所有17—18岁第十五年级的中学生在中等教育结束后,若要进入大学或其他高等教育机构则必须参加此类考试[20]。它相当于美国K-12教育体系中的第十一年级,也是中等教育的最后一次公开性考试。考试成绩由马来西亚国家考试委员会和剑桥大学考试委员会共同评定,但资格证书上最终只显示国家考试委员会给出的成绩。考试在每年的9月份举行,为期3周左右,考试结果发布以信件的形式通知考生。如果考生对考试结果有所质疑可要求再次阅卷,媒体会报道考试成绩优秀的考生,政府官员也会在考试成绩揭晓前一天拜访成绩优秀者以示祝贺,而很多奖学金的发放也是基于此考试结果。SPM的英语考试编号为1119,也是唯一一个英语类考试。考试试卷分为三个部分:第一部分为文章阅读,主要测评学生的语言运用和语法知识以及语言的形式和功能;第二部分为写作技能,主要考察学生的总结性写作能力;第三部分为阅读和口语表达能力。从2009年开始,成绩划分从高到低分为10级,分别为A+,A,A-,B+,B,C+,C,D,E,G。

4.4 教师英语能力评价

马来西亚在英语教育政策上较特殊,采用马来语和英语作为课堂语言教授语言课程和数理课程,并相应地对教师进行英语能力评价。根据评价结果将教师划分为三个等级,包括熟练、需经过一年的兼职培训达到熟练程度以及需经过两年兼职培训达到熟练程度。根据英语教学的特点,成功的英语教师应能够在教学过程中组织课堂活动,以学生为中心培养学生的英语交际能力,如以话题为基础综合培养学生的听说读写能力。

正如Hanah & Sarah[22]所说,出色的综合性英语教师应该满足以下四个标准:1)能够设置连续性的英语教学活动,活动必须一个接着一个,从而达到目的性和连贯性;2)能够设置真实性的英语教学活动,活动能够反应真实生活;3)关注语言本身,英语教学活动能够确认并练习语言的综合运用;4)活动设计具有发展性,英语教学活动能够不断对学生提出要求以激励学生发展。所采用的教师英语评价体系为剑桥英语等级测试(Cambridge Placement Test, CPT),评价主体是马来西亚的教师群体,评价内容是教师的英语听力和阅读能力,评价方式是在线考试,评价标准为7个等级的考试成绩(0—100),即0—9、10—19、20—39、40—59、60—74、75—89、90—100[21]。

参考文献：

［1］孔颂华.当代马来西亚语言教育政策发展研究［D］.广州：华南师范大学,2007.

［2］刘道义.基础外语教育发展报告［M］.上海：上海外语教育出版社,2008：148.

［3］李洁麟,刘甜.新马英语政策的比较及其发展趋势［J］.汕头大学学报：人文社科版,2013(1)：27-32.

［4］莫顺生.马来西亚教育史［M］.吉隆坡：马来西亚华文教师会总会,2000.

［5］王波.马来西亚的英语教育与传播［J］.人文丛刊,2009：21.

［6］朱海玲.马来西亚英语教育探析［D］.桂林：广西师范大学.2011.

［7］Gill, Saran Kaur. *Language Policy in Malaysia: Reversing Direction*［J］. Language Policy, 2005(4): 241-260.

［8］Gill, Saran Kaur. *English Language Policy Changing in Malaysia: Demystifying the Diverse Demands of Nationalism and Modernization*［J］. Aisan Englishes, 2003(6): 10-22.

［9］https://zh.wikipedia.org/wiki/马来西亚

［10］https://zh.wikipedia.org/wiki/马来西亚教育

［11］Hardman J, A-Rahman N. *Teachers and the implementation of a new English curriculum in Malaysia*［J］. Language, Culture and Curriculum, 2014, 27(3): 260-277.

［12］https://www.futureschool.com/subjects/english/

［13］http://www.moe.gov.my/en/pelan-pembangunan-pendidikan-malaysia-2013-2025

［14］http://www.moe.gov.my/en/profil-jabatan

［15］https://zh.scribd.com/doc/74575186/Malaysian-Educational-Curriculum-Development

［16］http://www.teo-education.com

［17］https://www.futureschool.com/malaysia-curriculum

［18］http://www.ibe.unesco.org/Countries/WDE/2006/ASIA_and_the_PACIFIC/Malaysia/Malaysia.pdf

［19］http://www.seameo.org/index

［20］https://en.wikipedia.org/wiki/Sijil_Pelajaran_Malaysia

［21］http://www.cambridgeenglish.org/find-a-centre/exam-centres/support-for-centres/

［22］Pillay H, & North S. *Tied to the topic: Integrating grammar and skills in KBSM*［J］. The English Teacher, 1997, 26: 1-23.

［23］Platt J T, Weber H. *English in Singapore and Malaysia: Status, features, functions*［M］. Oxford University Press, 1980:167-173；153-166.

第九章
墨西哥英语能力及评价

一、英语在墨西哥的生态状况

墨西哥合众国(Los Estados Unidos Mexicanos),简称墨西哥,是北美洲总统共和制国家。墨西哥是一个多民族、多语言的国家,大量的少数民族分布在南方各州。根据墨西哥公共教育部2016年提出的"新教育模式"(Nuevo modelo educativo),国家在保障印第安人双语教学权利的同时,将致力于普及英语教学。英语教育将是未来几年内的重点改革对象。

墨西哥民族众多、语言丰富。殖民前的大量印第安语至今留存于印第安人社区。自西班牙征服者踏上这片土地之后,便开始了语言融合,同时也加速了部分印第安语的消亡。墨西哥先后还与法国、美国发生过战争,语言文化生态较为复杂。英语原本在墨西哥的地位并不高,但随着美国在拉美的影响力逐渐增大,墨西哥越来越关注英语教学问题。

1.1 墨西哥语言分布状况

西班牙语是墨西哥使用最广的国家语言(lengua nacional)。墨西哥讲西班牙语的人口居世界首位,根据塞万提斯网上中心(Centro Virtual Cervantes)2014年的统计,讲西班牙语的人口达到1亿1 763万193人[1]。1887年,墨西哥联邦议会成员胡斯托·希艾拉·门德斯曾在众议院会议上表示,要逐渐消除国内的多语现象,同时建立唯一的"国家语言"[1]。2003年,墨西哥颁布《印第安民族语言权利普通法》(Ley General de Derechos Lingüísticos de los Pueblos Indígenas),第四条规定,西班牙语同其他印第安语都是"国家语言",具有同等效力[1]。至今没有任何一条法律规定西班牙语是墨西哥的官方语言。西班牙语事实上是全国通用的语言。墨西哥语言学院(Academia Mexicana de laLengua)[5]主席海梅·拉巴斯提达于2014年10月在Crónica新闻网上表示,国内没有官方语言是一件很荒唐的事,墨西哥应有官方语言,而官方语言必须是西班牙语[5]。

根据墨西哥语言学家的分类,墨西哥国内有超过77种语言。这一数字随着分类标准的不同还会增加,如2008年,墨西哥国家印第安语中心发布统计结果,称墨西哥语言有68 364种语言变体(方言)。

英语在墨西哥并非国家语言,但是使用人数仅次于西班牙语、纳瓦特语、尤卡坦玛雅语。从地缘角度看,墨西哥与其北美最大的贸易伙伴美国接壤,美国综合国力远远强于墨西哥,所以墨西哥积极推广英语教学,对其政治经济和社会发展有重要意义。同时,在经济全球化的背景下,英语逐渐成为世界通用语,墨西哥为融入更大的经济体系中,有必要发展国民的英语能力。从文化角度看,墨西哥作为古文明大国,拥有丰富的文化遗产,为了更好地传播文化知识,选择英语是必然的途径。墨西哥也是旅游大国,每年赴墨的旅游者来源除了拉美国家外,主要是美国、加拿大和欧洲国家,为提供更好的旅游服务,推广英语教育势在必行。因此,推广英语教育在墨西哥具有重要的政治、经济和文化意义。

1.2　英语与墨西哥民众及当地语言的关系

英语对墨西哥语言最大的影响体现在墨西哥西班牙语中。墨西哥西班牙语是西班牙语的一个美洲变体。墨西哥每年有大量美国和加拿大游客到访,拥有最多的美国在外居民数量。同时,每年又有大批墨西哥人前往美国和加拿大经商、工作和学习。在频繁的人员交往过程中,语言交融也加快了速度。英语对墨西哥人的日常生活也产生了影响。在墨西哥,与人告别时说"Bye";表示认同时说"OK";要查证某事时用动词"checar";餐馆称作"lonchería";毛衣叫做"suéter";机会说成"chance"等等。在墨西哥的一些边境城市,英语对当地民众非常重要。英语与西班牙语在当地长期融合,使用者出现频繁的语码转换,于是就有了一种英语和西班牙语的混合变体,称为"西班牙式英语"(Spanglish)。此外,在墨西哥部分地区和城市,如南下加利福尼亚州(Baja California Sur)、圣米盖尔德阿连德(San Miguel de Allende)、查帕拉(Chapala)等,美国移民人口众多,当地的英语使用率也很高。

2017年,墨西哥公共教育部颁布"加强英语学习国家战略"(*Estrategia Nacional de Fortalecimiento para el Aprendizaje del Inglés*)[7],旨在20年内将墨西哥建成双语国家。公共教育部长奥雷里奥·梅耶强调,讲英语不是部分人的权利[7]。公共教育部不遗余力地推动英语教育,提高英语在墨西哥的地位,加强墨西哥民众的英语意识。

1.3　墨西哥的英语能力状况

依据2011年权威机构英孚教育(Education First)公布的"英语能力指标"(EPI),墨西哥的英语水平位居世界第18位,得分51.48,评价为"中等"。六年后,根据2017英孚教育公布的"英语能力指标"(EPI)文件,墨西哥的英语水平落到第44位,得分51.57,评价为"低"。从成绩看,六年间墨西哥人的英语水平几乎没有变化;从排名看,墨西哥在英语教育上也收效甚微。从整个拉美的英语教育来看,根据2017英孚"英语能力指标"(EPI)数据,墨西哥的英语能力位于阿根廷、多米尼加共和国、哥斯达黎加、巴西和乌拉圭之后,在拉美排名第六。从墨西哥国内各地英语水平来看，排名最高的分别是墨西哥城、圣路易斯波托希、瓜纳华托以及哈利斯科，评价都为"中等"；南部各州的英语水平普遍较低，其中瓦哈卡、格雷罗、塔巴斯科以及金塔纳罗等州的英语水平评价为"极低"。从性别来看，2017年墨西哥男性和女性的英语得分分别为51.27和51.99，女性略高，但总体仍低于全球平均水平[7]。因此，墨西哥在近两年开始大力推动教育改革，加强全国的英语教育。

二、墨西哥英语教育政策

墨西哥历届政府都非常关注教育。每届政府上任之前都制定一份详细的国家发展计划，其中包括教育发展计划。从每一届政府制定的发展计划来看，墨西哥的教育政策处于一个逐步细化和现代化的过程。从最初以保证教育机会平等和教育质量为目的，到新一届政府推出"新教育模式"，特别注重能力培养和侧重英语教育，体现出教育政策的传承与革新。

2.1 墨西哥英语教育简史

根据墨西哥《规划法》，每届政府在执政前需要制定一份国家发展计划（Plan Nacional de Desarrollo），要确定发展目标、策略和主要事务；分配资源、职责和执行时间；协调工作；评估结果[7]。由此，墨西哥的国家教育计划在每一届总统任前就确定下来，包括政策、机制和执行三方面。从1982年起，墨西哥历经六届政府，每一届对墨西哥教育都做出不同的贡献；但直到本届政府，墨西哥公共教育部才将英语教育作为规划的重点。我们先了解前五届政府对墨西哥教育政策的规划，尽管当时执政期间没有直接、明确的英语教育规划，但还是对目前的教育规划起着重要的铺垫作用。

（1）米盖尔·德·拉·马德里时期（1982—1988）

米盖尔·德·拉·马德里政府的"国家发展计划"提出了三点重要方针：推动墨西哥个人与社会的全面发展；加大文化、体育、创新和教育机会的覆盖面；提高这些领域的服务质量。该政府力求在中长期资源分配上发挥作用，试图去中央化，推动联邦、州、市三级政府的共同发展，在三者之间合理分配资源。

米盖尔·德·拉·马德里政府还制订了《1983—1988全国教育、文化、创新和体育规划》，将墨西哥教育落后的原因归结为：贫困地区教育服务不稳定，经济、社会边缘化，阅读与书写资料过时，过去缺乏教育服务，尤其是基础教育。米盖尔·德·拉·马德里政府的重点在于逐渐覆盖教育面，逐步更新教学资源以及从较长远的角度合理分配资源。这些工作为外语教育普及和教育资源再分配打下了基础。

（2）卡洛斯·萨利纳斯时期（1988—1994）

卡洛斯·萨利纳斯政府明确要推动现代化，引领墨西哥进入第一世界。也正是在本届政府任期内，签订了北美自由贸易协定，同时进入经济合作与发展组织（OCDE）。该政府提出了《1989—1994全国教育现代化规划》,诊断教育体制中的四大问题:① 教育未能全覆盖,教育质量不高;② 各阶段教育有脱节和重复现象;③ 过于行政化;④ 教师待遇较差。针对这些问题,卡洛斯·萨利纳斯政府在教育政策中提出了五项措施:① 扩大教育覆盖面,同时进行资源再分配;② 提升教育质量和关联度;③ 整合各个教育阶段;④ 行政去中心化;⑤ 提高教师待遇。

卡洛斯·萨利纳斯政府还签署了非常重要的"全国教育现代化协定"(*Programa Nacional para la Modernización Educativa 1989-1994*)。1993年通过的《教育总法》体现了教育改革的内容,确定联邦、州、市三级政府之间的关系、权力和义务,同时明确政府、教师和学生家长可参加"社会参与理事会"(Consejos de Participación Social)。同年颁布的《基础教育政体改革》(*Reforma Integral de Educación Básica*)政策规定,墨西哥实行英语义务教育,即在初中和高中阶段将英语作为必修课程。政策提出,英语作为外语可在学前阶段就开始教育,但不做硬性要求。新莱昂和莫雷罗斯两大州,在政策出台之前就已经开始了中学阶段的英语义务教育。此外,"墨西哥英语教师协会"以及多所墨西哥大学也为学生提供英语教育。墨西哥公共教育部联合"拉美教育交流中心"(ILCE)为成年人推出"了解英语"(SEPA-inglés)计划。

从这届政府的具体方针、政策和工作中可以看出英语教育开始进入教育的核心部分。卡洛斯·萨利纳斯政府提出的许多观点具有重要意义,比如增加教师福利、简政放权和成立教师、家长和政府三者之间的协商机制等。这些举措为加速教育改革、优化教育资源、改善英语教育都有很大的作用。

(3) 厄尔内斯托·赛迪约时期(1994—2000)

厄尔内斯托·赛迪约政府提出《1995—2000教育发展规划》,强调教育在国家发展中具有战略意义。教育这一战略核心要素决定高质量的生活方式,同时使受教育者能够把握科技和文化带来的机遇。规划的主要方针是平等、质量和教育的关联度,而关联度指的是因地制宜,根据教育环境提供相应的教学模式。旨在将教育服务全覆盖,不论地理上的远近和社会经济方面的条件如何,让每一个墨西哥人都能接受教育。厄尔内斯托·赛迪约政府意在将高质量的教育带给所有人,尤其是边缘人群,并且意识到为达到这一效果,需要在评估、执行和创新三个环节下功夫。另外,教师作为保障教学质量的核心要素,政府优先在教育体系建立了教师培训、实践和社会评价机制。

厄尔内斯托·赛迪约政府沿用前两届政府的核心思想,将教育质量和教育平等问题作为主要任务。此外,在前人基础上更好地树立教师观,即把教师培养提上议程,认为教师是教育进步、教育改革的核心力量。这为提升墨西哥英语教育起到推动作用,使缺少优秀英语教学师资的局限性得到改善。

(4) 比森特·福克斯时期(2000—2006)

比森特·福克斯来自国家行动党(Partido de Acción Nacional),他结束了长达70年的革命制度党的统治。在教育政策方面,本届政府指出现有的教育体制难以应对日益增长的人口以及在政治、经济、社会和文化发展方面出现的挑战。政府同时指出,墨西哥教育面临三大问题：平等覆盖、教育质量和教育体系的运作。比森特·福克斯在基础教育、中高等教育和高等教育方面较前几届政府，提出了更为详细的改革方案，如制定跨文化教育政策、关注印第安人教育问题、加强教学内容并在教学中使用信息技术、提倡教育创新和教育研究、支持教师职业发展等。

在比森特·福克斯政府制定的规划中，可以看到政府对于印第安人教育关注度的提高，同时在信息化社会背景下，强调运用信息科技技术提升教学质量，这为外语教学方法改革也带来了新模式。

（5）菲利佩·卡尔德隆时期（2007—2012）

卡尔德隆政府的国家发展计划在教育方面强调了如下六个方面：① 提高教育质量；② 减少由地区、性别和不同社会团体造成的教育机会不平等现象；③ 在教育体系中推动新兴科技的发展和利用，从而帮助学生融入知识型社会，同时拓展学生的生活能力；④ 推动教育体系中个人的全面发展；⑤ 推动中高等教育普及，提供以发展能力为导向的优质教育；⑥ 扩大高等教育覆盖面，提升高教质量，促进权力平等。

卡尔德隆政府继续强调教育平等与教育质量，大力推动信息技术的运用。本届政府教育计划的创新点在于培养学生的能力。从某种程度来说，能力观也启发了下一届政府，为提出以能力为导向的教育模式起了很好的铺垫作用。

2.2　墨西哥当前的英语教育政策

目前，墨西哥的英语教育政策正处于转型阶段。佩尼亚·涅托政府在公共教育部的全力策划下，提出了"新教育模式"（Nuevo Modelo Educativo）。该模式具有以下特点：① 群策观。墨西哥经济研究与教学中心做了大量的协商和调研之后推出该草案。期间参考了多方意见，包括政策制定者、政策执行者、政策接受者和政策评估者，真正做到了"群策群力"。② 平等观。男女学生受教育平等，不同少数民族受教育平等。不同民族受教育的机会相同，也体现了民族权力的平等。③ 创新观。"新教育模式"的创新点在于教育理念的根本转变，从学生"记忆式"，教师"灌输式"到学生"能动式"，教师"自由式"的转变。④ 全球观。"新教育模式"通过改善教学方式提高教育质量，从而提升国际地位，对接国际先进领域。在英语教育的要求上，也体现出全球观念。英语从原来的选修课转变为必修课。政府同时大力培养外语教师，体现出墨西哥政府为应对全球化及世界的挑战，在教育上实施改革的决心。

2017年6月，公共教育部发布《二十一世纪教育目标》（Los Fines de la Educación en el Siglo XXI），从学前到中高等教育，公共教育部对每个阶段的英语教育都提出要求。例如，在学前教育阶段，要求理解一些英语词汇和表达法；在基础教育阶段，要求用英语表达直接需求，并能描述过去和周围的环境；在中等教育阶段，要求能够用英语表达经历、事件、欲求、愿望、观点和计划；在中高等教育阶段，要求自然流利地运用英语交流。2017年6月11日，墨西哥公共教育部长奥雷里奥·努尼奥公布"国家英语战略"（Estrategia Nacional de Inglés），提出在20年后墨西哥要成为双语国家，将聘用超过一千名师范学校的毕业生做英语教师，为下一代培养英语人才，同时将设立专供基础教育的英语专业学位[7]。

2.3 墨西哥英语教育改革方向

根据墨西哥公共教育部网站,从2017年下半年开始墨西哥各地正在逐步推进教育改革。公共教育部长努尼奥十分关注教育改革情况,从政策发布会到地方新教材推出都会亲自出席,这体现出本届政府推行"新教育模式"的决心。在新模式推出不久,墨西哥公共教育部又出台了《"新教育模式"落实办法》(*Ruta de Implementación del Nuevo Modelo Educativo*),对"新教育模式"落实方案进行细致规划、具体布局。

英语教育是这次墨西哥教育改革的一部分,与其他方面的改革联通互动。结合本届政府提出的国家发展总战略:墨西哥要建设成为和平、包容和高教育质量国家,我们可以发现教育政策的制定是对国家总战略的延伸。尽管下一届政府的情况目前难以预测,但是从历届政府的国家发展规划来看,教育的公平、质量和普及问题将一直是焦点。英语教育在本届政府已经进入规划的核心部分,预测在未来也将保持这一状态;加强英语教学和加大信息技术的运用势必也将成为主流观念。

三、墨西哥英语教学体系

墨西哥英语教学体系正处于建设和完善过程中。由于过去在英语教学上缺少科学的认识,近六年来墨西哥国民英语能力没有得到很好的提升。在"新教育模式"的推动下,墨西哥政府正在全力完善英语教学体系,改变原有英语教学理念,更新原来英语教学素材,调整原先的课程设置方案,将英语水平低下的南部各州列为重要改革对象,从而真正加强墨西哥国民的英语能力。当然,在改革的同时,墨西哥政府也面临诸多挑战:缺少师资、经费和多级政府之间的协调等都将是必须克服的重点和难点。

3.1 墨西哥英语教学要求

由于墨西哥最新教育政策正在落实和推行阶段,这里介绍的墨西哥英语教学要求是"新教育模式"推出前的情况。根据墨西哥公共教育部要求[7],3至5岁儿童进行学前教育,2008年起实行义务教育,不设英语教学要求。6至12岁儿童参加基础教育,不设英语教学要求。12至16岁的孩子实施中等教育,初中三个年级均有外语要求,三年的总体课程设置如下表1:

表1 墨西哥初中课程设置

一 年 级	二 年 级	三 年 级
西班牙语Ⅰ	西班牙语Ⅱ	西班牙语Ⅲ
数学Ⅰ	数学Ⅱ	数学Ⅲ
科学Ⅰ(生物)	科学Ⅰ(物理)	科学Ⅰ(化学)
墨西哥及世界地理	历史Ⅰ	历史Ⅱ

（续 表）

一年级	二年级	三年级
外语Ⅰ	公民道德教育Ⅰ	公民道德教育Ⅱ
体育Ⅰ	外语Ⅱ	外语Ⅲ
科技Ⅰ	科技Ⅱ	科技Ⅲ
艺术	艺术	艺术
州自设课程	指导	指导
指导		

其中外语并不仅仅指英语，学生可以选择德语、法语等其他语言。在"新教育模式"推出前，学生没有全国统一的英语考查模式，所以出现各地英语教育质量不一，教学要求各不相同的局面。而根据《"新教育模式"落实办法》[7]，英语在学前教育三年级到小学教育三年级的规划于2017年5月已完成。同时将设计国家级别的分级英语考试，专供小学教育六年级到初中教育三年级的学生，该任务预计于2017年12月完成[8]。

3.2 墨西哥英语的课程设置

在"新教育模式"推出之前，墨西哥各个州、城市的英语基础教育和中等教育课程设置都不相同。"新教育模式"推出后，公共教育部发布了墨西哥城的《学前、基础和中等教育英语课程基础》(*Fundamentos currirulares del inglés: preescolar, primaria y secundaria*)，根据这一文件，学前教育三年、基础六年到中等教育三年，总共十个年级被分成四个阶段：学前教育三年级到基础教育二年级是第一阶段，基础教育三年级到四年级为第二阶段，基础教育五年级到六年级为第三阶段，中等教育三个年级为第四阶段。这四个阶段还被划入两个规划中，第一阶段单独归于一项规划，其目的在于接触和熟悉英语；第二项规划包括第二至第四阶段，其目的在于正式教授英语，发展学生的英语能力[6]，详见下图1：

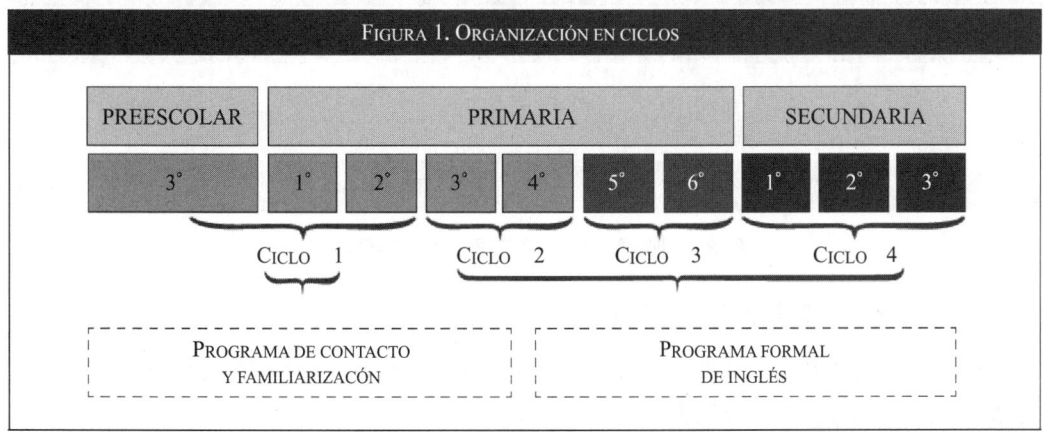

图1 墨西哥英语教育阶段分布图

关于英语教学的总课时量，墨西哥公共教育部参照了欧洲共同标准进行设计：基础教育阶段英语教学要达到欧洲共同标准A1水平需要至少161学时的学习时间，达到A2水平至少需要321学时，达到B1至少需要451学时，如下图2所示：

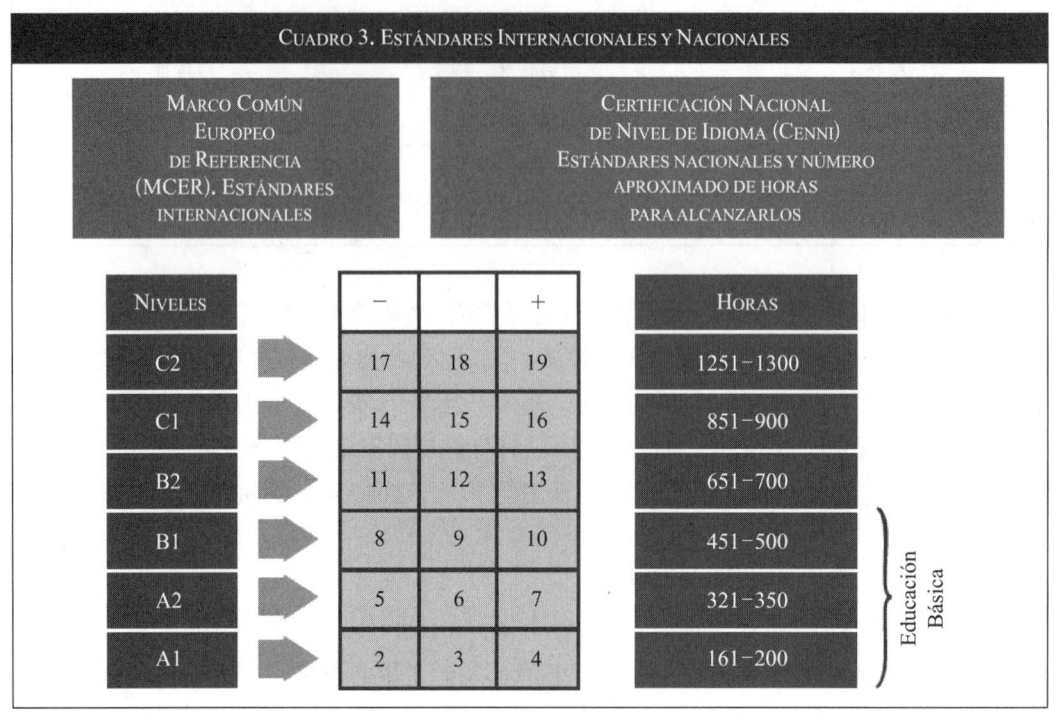

图2　墨西哥英语教学水平课时量对应分布图

英语教学周课时的设计主要分为两部分，从第一阶段到第三阶段每周授课一到三次，每次50分钟；第四阶段每周授课四次，每次40到45分钟，如下图3所示：

Ciclos 1 a 3	Ciclo 4
Preescolar y Primaria	Secundaria
Tres sesiones de 50 minutos	Tres sesiones de 40 a 45 minutos

图3　墨西哥不同阶段英语课堂学时分布图

3.3　墨西哥英语教学的困境

墨西哥提出"新教育模式"具有一定的历史背景，尽管历届政府在教育改革方面做了大量的工作，但是还遗留一些教育问题，主要包括以下几个方面：

第一，教育水平低。根据经济合作和发展组织（OECD）在学生能力方面的统计，墨西哥的学生在科学、阅读和数学方面的综合得分均低于OECD国家的平均水平,在所有领域内仅有不超过1%的墨西哥学生位列突出的行列。从2006年到2015年,墨西哥15岁的少年在科学能力方面的表现基本没有变化。从2009年至2015年,墨西哥15岁的少年在阅读能力方面基本没有变化;仅在数学方面,从2003年起,每三年有稍微的增长。

第二,教育经费不到位。墨西哥6至15岁的人均教学投入是OECD平均水平的31%,而其人均GDP却是OECD平均水平的44%。也就是说,墨西哥在教育上的投入相对较为薄弱,并且没有将经费用在重点上。

第三,男女不平等。墨西哥男生的平均入学水平高于女生,体现出教育的性别不平衡性。

第四,期望与表现不平衡。墨西哥有45%的男生和36%的女生对自己30岁时工作的期望是与科学相关联的。然而墨西哥学生对科学职业的高度期望与科学能力的较低表现之间不平衡,需要进一步克服基础科学能力不足的局限性。

第五,英语水平落后。根据权威英语机构英孚教育的统计数据,墨西哥英语水平在全球平均水平之下,甚至部分地区的英语水平极低。

在这样的背景下,墨西哥英语教学面临诸多挑战:首先,需要尽快建立一支优秀的英语教学师资队伍;其次,加快提高英语教师的待遇;再次,优先解决印第安人聚居区的双语教学问题,然后推广英语教学。最后,新英语教材需要尽早跟上改革步伐,推出优质新教材。

四、墨西哥英语教学评价

在"新教育模式"的总规划下,墨西哥的英语教学处于转型期,相应地英语教学评价也有待于完善。在新模式推出之前,各地政府没有统一的评价体系,这也是造成各地教育资源不均衡、教学质量不一致的重要原因。随着新模式的推广,在公共教育部的多方协调之下,墨西哥英语教学评价机制开始慢慢建成,新的教学理念也开始辐射至整个墨西哥。

4.1 评价机构和理念

墨西哥公共教育部曾完成一个关于在墨西哥建立一个语言评价和语言能力证明的全国性参照框架的项目,目的在于提高英语等外语的教学质量。通过该项目创设"全国语言水平证书"(CENNI),用来客观、可信地评价语言知识水平,全面而准确地测评语言能力。"全国语言水平证书"作为官方文件,为墨西哥"认证总局"(DGAIR)等机构提供证明来评价学生的外语能力。"全国语言水平证书"是自愿参与的,对于不同的地方当局、机构和国家教育机构而言,其使用是具有选择性的[8]。

除"全国语言水平证书"外,墨西哥还有待于建立更加完善的英语评价机构。就在墨西哥公共教育部长努尼奥提出大力推动英语教育,在20年内让所有墨西哥人都实现英语义务教育后,英国文化教育协会会长乔治·卡雷表示,要做到这一点需要更好的教育体系,需要联邦和州政府共同制定公共政策。事实上,在英语测评方面墨西哥至今还没有全国统一性的评价机构和体系。

4.2 评价内容、目标和方式

在推出"新教育模式"后,墨西哥英语教育评价内容发生了较大的变化。以墨西哥城的《学前、基础和中等教育英语课程基础》为例,学校对于学生英语学习应该达到的成效制定大纲,学生在四个阶段分别需要取得不同的成效,详见下表2[8]:

表2 墨西哥城地区基础阶段英语课程大纲(学前—初中)

第一阶段	第二阶段	第三阶段	第四阶段
意识到其他文化、语言的存在	在熟悉的语境中表达观点和需求	理解、表达日常信息并理解其大意	运用关于世界的知识,获取口头或书面短文的大意和部分细节
具备积极的英语学习动机	认识到基本的指示、信息和告知	运用语言或非语言形式进行对话	理解并运用多源文本信息
发展基础交流能力,以接受能力为主	学会日常生活中的词汇和发音的基础部分	分辨母语和英语在形式和社会使用中的异同点	以个人、创作、社会及学术目的写作短文
思考书写系统的功能	会描述人的外貌和需求	运用策略展现信息,理解学术文本,解决具体问题	在非预见交际需要中调节用语
熟悉各类文本	运用语言和非语言形式进行口头和笔头回复	表达看法,提供简要描述	认识并尊重自身文化和英语国家文化的差异
探索儿童文学	运用不同的策略解决生活中的问题,包括寻找特定主体的相关信息	运用恰当的语言形式和发音传达有效信息	针对关心的话题或与真实生活相关的话题表达观点和评价
运用语言和非语言素材介绍自己和周围的环境	分辨英语和西班牙语文化表达法的异同点	运用策略认识并理解简单的文学文本	运用恰当的言语进行特定场合交际
	运用语言知识储备建立起基础的社会关系	在口头和书面上进行特定目的的交流	运用语言资源来理解词句之间的关系
		运用日常表达法进行社交	修改自己和同学的写作
			会正确使用语法,正字法和标点
			参与正式交际场合
			具备维持交流的能力,知道对话何时停顿,运用策略再重新建立对话

这些目标是评价学生英语能力的重要指标。根据"新教育模式"的理念,培养能力是教学的根本目的,在以上的指标中,我们可以看到没有量化或形式化的要求,而是鼓励学生使用英语交流,最终落脚点还在于交流。"新教育模式"对于文化知识和交流策略也有具体的要求,与以往的灌输式教学方法灌输语言知识不同,新的模式要帮助学生更好地融入国际社会。

参考文献:

[1] http://cvc.cervantes.es/lengua/anuario/anuario_14/informes/p01.html 塞万提斯网上中心.

[2] https://data.worldbank.org/indicator/SP.POP.TOTL

[3] https://data.worldbank.org/indicator/NY.GDP.MKTP.CD

[4] http://noticierostelevisa.esmas.com/especiales/484628/solo-6.6-poblacion-habla-lengua-indigena-mexico

[5] http://www.cronica.com.mx/notas/2014/860067.html 墨西哥CRÓNICA新闻网.

[6] http://www.cenni.sep.gob.mx/es/cenni/Pregunta 墨西哥公共教育部网站.

[7] https://www.gob.mx/sep/prensa/comunicado 墨西哥公共教育部网站.

[8] http://www.mexterior.sep.gob.mx/sisedMEX.html 墨西哥公共教育部网站.

第十章
日本英语能力及评价

一、英语在日本的生态状况

1.1 英语在日本的地位

日本,全名日本国,位于亚洲的东部和太平洋的西北部,国土由北海道、本州、四国和九州四个主要的岛屿构成,另外还有7 200多个小岛,总人口大约为1.26亿。

"日本是个典型的单一民族、单一语言的国家"[2]。日本人主要为大和民族的成员,日本人主要讲日语,日本的外语教育主要是英语教育。"1986年,文部省颁布《寻常初中学科及程度》,明确了英语的地位,把英语列为第一外语,其次为德语或法语。……在当时日本学校教育课程中,英语居于第一位。"[2]目前在日本的很多小学和幼儿园也开设了英语课。

1.2 英语与日语的亲疏关系

蔡尚芝[3]指出,日本对待英语的感情是复杂的,日本既希望学习英语,加强英语教育,提高国民的英语能力,同时又希望增加自己国民的国语能力。这样的矛盾导致了外语学习和母语学习在理论上的正迁移和负迁移。正迁移指的是外语学习和母语学习之间由于民族文化的认同而带来的积极的正面迁移,负迁移则相反,是消极的。

日本人非常善于根据英语词汇创造日语词汇,日本语的词汇中充斥了大量的"和制英语"词汇,如啤酒、超市、工薪族等词汇。这些日语词汇即使是英语国家的人也很难分辨出来。日本人的英语发音本土化口音很重,原因在于日本人受到日语五十音的影响非常大,而英语里面有好几个元音在日语的五十音里面是找不到的。许多日本人在学习英语时,甚至使用片假名为英语注音,在日本有的英语老师甚至纵容和怂恿学生学习英语时采用片假名进行注音,这样致使很多日本人的英语发音让人感觉怪怪的。

1.3 英语与该国民众生活的关系

在最近一项针对日本国民的调查中,72%的人认为中文是未来日本人最应该学习的语言,英语以68%排名第二;其次是韩语、西班牙语。[31]

日本人善于借助英语自创"和制英语单词"。随着日本国际化程度的加速,很多日本人到海外旅游需要使用英语,学习英语的积极性比较高;日本政府还制定了旅游促进计划,欢迎外国人到日本来旅游,这在客观上给日本人学习英语提供了便利条件。

英语学习与日本人的生活息息相关。日本人的升学、就业等与英语的关系都是密不可分的。英语是日本中学生的必修课,占学业成绩非常大的一部分。日本是一个"文凭主义"的社会,全社会非常重视学历,如果一个学生学历高,就读的是名校,则能很容易地找到自己理想的工作,反之,则会在竞争激烈的社会处于下风,不利于个人的生存和发展。日本的学生要想升入高一级的名校,不学好占学业重要组成部分的英语是不可能的。

公司的招聘也非常重视员工的英语能力,随着日本经济的发展,尤其是20世纪的60和70年代,日本的经济进入了高速增长时期,很多驻日的外资企业和合资企业希望能够招收到英语优秀的员工,它们在招收员工时,主要参考日本英语检定协会(STEP)和托业(TOEIC)考试的成绩,这些成绩不仅决定了招聘录用的结果,还决定了员工将来在公司内的升职等状况。

随着国际业务的展开,日本部分大企业在两年前就开始将英语作为公司内部公用语。许多企业把英语能力与人事评定挂钩,把托业考试的分数作为人事评定和晋升标准,这样的日本企业在不断增加。对日本上班族来说,"英语影响个人前途"的时代已经来临。[32]

1.4 日本英语能力在世界的大致状况

日本是一个典型的学历社会,拥有高学历和良好教育会让一个人在社会上拥有更多的竞争优势,因此日本的英语教育一直围绕着考试竞争进行着应试教育。这种应试教育导致了日本的英语教育水平比较低下。

2002年,日本学生的IBT(Internet Based TOEFL)成绩为亚洲倒数第二[33]。根据《广州日报》报道,在2013年公布的托福考试成绩榜上,日本是成绩最差的亚洲国家之一,仅排在蒙古、柬埔寨、塔吉克斯坦、老挝和东帝汶之前。[31]2007年日本学生的IBT平均成绩为65分,而中国和韩国都为77分;2008年日本学生的IBT平均成绩为66分,中国和韩国则分别为76分和78分[34];在2010年的托福考试成绩中,日本在亚洲30个国家和地区中排第27名,比不丹(第8名)和朝鲜(第13名)还要低;在2012年的托福考试成绩中,日本与塔吉克斯坦的平均成绩并列亚洲倒数第二;2013年商务英语的满分指数为10分,世界平均水平为4.75分,日本仅为4.29分,低于世界平均水平。

从上述数据来看,日本的英语教育也存在着费时低效的情况,难以满足国际交流的需要。由于应试教育的缘故,再加上日本人天生性格比较内向、腼腆,多数日本人的英语口语状况不佳,在和外国人交流时存在着障碍,不能充分地表达自己的意思。

二、日本英语教育政策

2.1 日本英语教育简史

江户时代（1603—1867），"兰学"兴起，"所谓兰学，是指经由荷兰，通过荷兰语传到日本的所有西洋学术的总称。""18世纪末，日本幕府和地方，都提倡学习荷兰语，1811年还在首都成立了翻译局。"[14]官方和民间都提倡学习荷兰语。日本在对外开放方面比较主动，1720年，其第八代将军德川吉宗，解除了对洋书进口的禁令，只要不宣传宗教的洋书都在解禁之列。他还命令和号召日本人学习荷兰语。[2]可见日本在积极学习西方先进科学技术的同时，也在积极学习外语。当时，日本有些藩开设洋学校，学习荷兰语、英语和法语等。"外来语的本土化"在一定程度上体现了日本学习外语的积极态度，我们在今天的日语中，可以看到很多来自汉语、葡萄牙语、荷兰语的词汇。汉语对于日语的影响最为深远，构成日语的平假名和片假名就来自汉语；来自葡萄牙语的词汇有"香烟""面包""纽扣"等；来自荷兰语的词汇有"橡胶""杯子""咖啡"等；来自英语的词汇有"新闻""啤酒""街道""芭蕾"等。日本用片假名表示的外来语词汇已经占到日语全部词汇的40%，这些外来语词汇绝大多数来自英语[3]。

江户时代"兰学"兴盛，日本人大力学习荷兰语。"1853年7月8日，美国海军准将佩里率领四艘蒸汽艇，打开了日本封闭的国门。1854年3月31日，佩里返回日本，并代表美国强迫日本签订了《日美亲善条约》。这次入侵不仅对日本的经济和政治产生影响，也对日本的英语教学产生了深远影响。"自此之后，很多美国人来到日本，从事各种各样的社会活动，如经商、教学和行医等，日本的外语教育的重心也从荷兰语转为英语。英语学习越来越受到重视，但英语学习在日本并非一帆风顺，而是一波三折。李立柱[12]将日本的英语教育划分为四个阶段，即引入阶段、衰落阶段、复兴阶段和振兴阶段。

（1）引入阶段。日本的英语学习是迫于西方的坚船利炮而开始的。"1808年，随着英国军舰"法顿号"入侵，叩开了日本的大门，为了便于与英国交流，德川幕府从国防的角度下达了学习英语的命令。"在此期间的明治维新促成了日本英语教育的第一个兴盛期。日本在明治维新时期，派出使节团到欧美进行了两年的考察，这次考察让日本官员"很快摆脱了保守的倾向，对西方文化采取积极的态度……"。明治维新运动过程中，日本"积极地学习西方国家的语言文化，尤其重视学习英语文化，加强国家专门翻译机构和翻译队伍的建设"。

明治维新的"开明文化"运动主张向西方学习，尽快实现日本的现代化，英语自然而然地成为必要的学习课程，这一时期的英语教育也是日本真正意义上的英语教育。在此期间，中学学习的科目就有英语，并且英语被列为必修课，小学也被鼓励开设英语课。1860年，日本著名的教育家福泽谕吉将"兰学塾"改为"英学塾"，在庆应学塾开办了第一个英语培训班，拉开了英语教育的序幕，使学习英语成为时尚。在此期间，英语被定为第一外语，除此以外，日本人学习的语种还有法语、德语和俄语等。1872年，日本从西方请来3000多名教育专家、顾问到各高校传授西方的科学技术，英语成为当时部分高校的教学语言。在此阶段，日本教育的指导思想是"和魂洋才"，即既要具有西方的科学技术，还要保持日本人自己的民族精神。

（2）衰落阶段。二战期间，日本的经济和军事的扩张导致了日本与美国的敌对，太平洋战争爆发后，日本将英语视为"敌对国的语言"，再加上在这段时间里，日本逐渐强盛，四处扩张和侵略，开始大力推崇本民族语言日语的教学，英语教育跌入低谷，此阶段被称为日本英语教育的衰落阶段。

（3）复兴阶段。在二战后，由于占领国美国的影响，日本再次重视英语教育，英语教育之风渐渐恢复，甚至进入了一个高涨期，此阶段被称为英语教育的复兴阶段。在此阶段，日本步入了英语高普及率的国家，这个阶段也可称为日本英语教育的第二个兴盛期。

（4）振兴阶段。20世纪50年代后，日本的经济进入了高速发展时期，随着国际交流的发展，"日本的有识之士早在70年代初就提出要培养国际化的人才，教育应当国际化。"日本政府认识到要培养国际化的人才，就要有国际化意识，要有国际化意识，就要加强国际理解教育。"70年代几乎所有中学都开设英语课程，英语学习得到空前的重视"。[24]进入80年代后，随着日本经济的高速发展，日本国内进一步强调国际观，外语教育越来越重要。"日本早年曾提出"脱亚入欧"的口号，在这种思想的影响下，日本人在学习外语方面有一种自觉的意识。"在这一阶段，越来越多的日本学校开设英语课程，日本学生几乎都选修英语[25]。1986年，日本文部省把英语列为第一外语。"日本目前全国上下已经广泛地认识到要赶上当今信息技术革命和全球化的浪潮，就必须提高国民的英语水平。"[30]1996年7月19日《日本第15届中央教育审议会第一次咨询报告》中强调"培养拥有广阔的事业，在国际社会中能够与异文化的人们一起发展，共同为人类做出贡献的新一代，是至关重要的，为此，必须大力促进学校的国际理解教育。"

日本为了适应新经济和政治形势发展的需要，于2002年发表了《培养"能使用英语的日本人"的战略构想》，随后在2003年3月出台《培养"能使用英语的日本人"的行动计划》，明确了2002年至2008年间日本英语教育的改革目标和方向。日本政府认为英语能力关乎到日本在21世纪的竞争力和生存能力。随着邻国中国在国际上大国地位的逐渐确立，英语的重要性不但不能削弱，甚至还应该加强。日本对于英语教育呈逐渐加强的趋势，2002年英语成为日本中学必修课，2011年英语又成为日本小学的必修课。

2.2 当前英语教育政策

作为岛国，日本政府和国民的生存危机都比较强，这在他们的语言政策中也可以表现出来。2003年，文部科学省提出学校教育应与国家战略相结合，改变了以国际理解为中心的目标，提高儿童交际能力和生存能力是日本英语教育的最终目标和教育理念。

2.3 英语改革的方向

日本英语教育改革的方向总的说来是越来越重视实用型的英语能力。在增强英语实用型能力的同时,不削弱作为母语的日语能力的发展。

长期以来,日本人的英语成绩一直是日本教育界的心痛,日本学生的托福成绩一直远远落后于其近邻中国和韩国。2002年,日本学生的IBT(Internet Based TOEFL)成绩为亚洲倒数第二[33]。2007年日本学生的IBT平均成绩为65分,而中国和韩国都为77分;2008年日本学生的IBT平均成绩为66分,中国和韩国则分别为76分和78分[34]。

针对这样的现实,日本文部省相继于2002年7月和2003年3月推出了《培养"能使用英语的日本人"的战略构想》和《培养"能使用英语的日本人"的行动计划》,战略构想中英语能力的培养针对两类人,一类是全体日本公民,另一类是活跃于国际社会的人才。针对全体日本公民的英语培养目标主要确定了初高中阶段所要达到的目标,初中阶段的目标主要是要求公民能够用英语寒暄和应答即可,高中阶段的目标主要是要求能够用英语进行日常话题的对话。战略构想明确了英语改革的目标和方向,强调了英语的经济作用。

《培养"能使用英语的日本人"的行动计划》明确了2008年之前英语教育改革的目标和方向,即:第一,提高全体国民的英语能力,主要确定初高中要达到的目标,要求初中毕业生能够掌握寒暄以及应答等简单的对话;还要求初中毕业生"能够进行寒暄、应答和日常生活有关话题的'简单'讨论;要求所有高中毕业生在高中毕业时能进行与日常生活相关话题的'正常'讨论;第二,提高专业人士的英语能力和从事国际社会活动者的英语能力,这主要是确定大学阶段的教学目标,要求大学毕业生能在工作中使用英语,各个大学要为此设定具体的目标"(Hashimoto, 2009: 21-42)因此,现在日本的外语课程设置已向实用型发展,在各个教育阶段都增加了口语、口译等实用课程[27]。

牛道生[13]指出"日本在重视中小学英语教育改革方面一直走在亚洲各国前列。"并将日本中小学教育改革归结为六点:

(1)为中小学配备外籍英语教师。日本实施"JET计划"(The Japan Exchange and Teaching Program,日本交流与教学项目),大量吸引母语为英语的外国人到日本来作教学助手,他们辅助日本的英语教师开展教学活动。通过这个计划,日本保证了本国的英语教学质量。现在,日本每年要聘请6 000名以英语为母语的外国教师来进行课堂教学,投资巨大。

(2)加强中小学生的电脑网络英语教育。

(3)加强英语教育实验,提出在小学开设英语方案。

(4)创办英文版《每日小学生新闻》日报。

(5)海外留学生出现低龄化趋向。力争每年有10 000名高中生能赴海外留学,增加各种使用英语的机会。

(6)制定21世纪新的英语教育战略。

日本的英语改革较注重增加学生的英语应用能力,以往日本学校的英语学习过于注重语法和阅读教学,学生的听说能力普遍较差,不利于使用英语交流。日本改革后的评价体系重视对英语听说能力的测试,摒弃过去"聋哑英语"的培养模式。日本在对英语教育改革的同时,没有忽视对国语的教育,认为应当"通过国语教育来培养思考能力、语感和表达能力,认为这些是英语学习者的必备素质"[16]。

三、日本英语教育体系

3.1 英语教育体系概括

日本的小学英语没有全国统一的教学大纲和教材,各个学校可以根据自身的情况开设课程和选择教材,学校和教师有较高的自主权。可以说,日本小学生的英语教学不是采取上英语课的方式,而是采取玩的方式。玩的方式多种多样,有唱歌、讲故事、做游戏等方式,教师的讲授不得超过每节课三分之一的时间,其他的时间要留给学生进行练习。小学生也没有多少书面作业,作业大多是实践性的活动,如辅导外国人学习日语,和外国小朋友进行互联网通信,参加讲座和英语夏令营等活动。在日本,几乎每一所小学都有外教,外教可以帮助小学生更好地学习英语语音和西方文化,外教的优势显而易见。从2011年起,日本把英语活动课程作为小学五、六年级学生的必修课程,日本小学的英语教育重点在于培养学生学习英语的兴趣,增强学生的自信心,而不只是让学生多掌握几个单词和多说几句口语[18]。

张济华等[21]调查发现,日本在中学阶段已经完成基础英语的学习任务,大学非英语专业的学生主要是接受ESP(English for Specific Purposes,专门用途英语)教学。

1993年,日本新的中学英语教学大纲提出,全面培养学生的交际能力,强调培养听说能力的重要性。

日本高校的英语教育从20世纪50年代一直实行的是学分制,只要在校期间修满相应的学分,英语课程就可合格。英语教学一般采取的是读译法。1991年起,日本的高校英语教育进行改革,并于同年文部省发布了《大学学科设置标准新大纲》,各大学被允许可以根据自身情况灵活地设置自己的课程计划,英语课程设置逐渐从只注重读和译转为也重视听力、口语、讨论和辩论等。进入2000年后,随着经济全球化的发展,日本连续八次召开英语教学恳谈会,强调外语能力应该泛指全球化知识和信息的吸收、发表、对话乃至讨论方面的能力。允许各大学引进国外的英语水平考试,如托福、托业等,并允许与相应学分互相抵用[2]。

3.2 英语教学目标与要求

胡月[5]指出,教学目标是一门课程或一门学科的目标,教学目标既是教学活动的出发点,也对教学活动具有导向作用。

日本小学对学生的培养目标不是仅仅教会学生几个单词和几句对话,最重要的是要培养学生积极乐观的学习态度及信心。

2002年,日本提出《培养"能使用英语的日本人"的战略构想》,随后不久,在2003年3月又制定了《培养"能使用英语的日本人"的行动计划》,明确了2008年之前的英语教育改革的目标和方向,针对全体国民的英语能力,主要确定为达到初高中要达到的目标。针对专业人士的英语能力和从事国际社会活动者的英语能力,主要是确定大学阶段的教学目标。针对初中生,则要求其毕业生能够掌握简单的寒暄及对话,高中生则要求能够运用英语进行日常话题交流,并达到日本英语检定协会(Society for Testing English Proficiency)(以下简称STEP)主持的英语水平等级考试二级或准二级水平;针对大学生,则要求大学生能够在毕业后在工作中使用英语。原来日本的英语教学过分强调语法和语言知识的教学,现在则向实用型发展,在各个教育阶段都增加了口语和口译等实用课程[22]。

《培养"能使用英语的日本人"的战略构想》的第二部分是七项具体目标和措施,包括改善英语教学、加强师资培训、激发英语学习动机、改进评价方式、增加小学会话活动、提高学生本族语运用能力和开展英语教育实用性研究。这一行动计划指出,英语是高中必修课,使用英语授课,着重培养学生听说读写综合技能,英语高考中增加口语和听力测试。同时,政府拨款建立100所超级高中,每年资助10 000名高中生到海外进行国际交流和学习活动(MEXT,2003)。

《培养"能使用英语的日本人"的行动计划》注重培养学生的英语交际能力,是一项旨在提高日本国民英语水平的重要纲领性文件。在这一行动计划指导下,2003年日本文部科学省出台新高中学习指导要领。学习指导要领(The Course of Study)是日本公立学校英语教育的官方指导文件,明确各学段英语教育总目标并提供课程指导。2009年,高中学习指导要领再次修订,并于2013年全面实行。英语交际(English Communication)(Ⅰ、Ⅱ、Ⅲ)为必修课,而英语表达(English Expression)(Ⅰ、Ⅱ)为选修课,交际英语初级(Communication English-Basic)为初高中衔接课程。英语教学的主要目标是通过外语学习,加深对语言及其文化的理解,养成积极交流的态度,培养确切理解并传递信息的能力。其中,确切理解并能表达这一能力是核心目标[15][28]。新的高中学习指导要领提出,开设综合课程,采用交际法和英语授课,培养学生听说读写综合技能,通过语言学习促进文化理解,最终提高英语交际能力。

"日本的大学英语教学目标是以国内经济的发展、国民的学习就业情况为根本出发点的,展现了社会对优秀英语人才的全面要求。它为日本大学英语的课程设置指明了发展目标,在学生的培养上,较具社会实用性。"[2]"日本大学英语的教学目标更加强调学生将来能使用英语进行专业学习和工作的能力。"[2]为此,日本的英语教学进行的是专门用途英语(ESP)教学,且必修课程以学术英语为主[2]。

3.3 英语课程设置

英语课程的设置承载着英语教学的目标,是教育的重要组成部分。在日本,针对英语课程内容的设置,学校具有较高的自主性。

长期以来,日本的小学并不要求开设外语课。条件好些的学校会组织英语兴趣小组,请英美的教师来做相应的英语辅导[27]。中学(7至12年级)则全部开设英语课,每周6课时左右。一般的四年制大学都要求学生修两门外语,其中一门必然是英语[26]。

英语由于是日本的外语,日本为了取得教学上的理想效果,积极采取各种措施创造英语教学的语言环境,如积极引进母语为英语的外教授课,鼓励本国教师采取英语授课。在教学方法上,采用交际法教学,强调英语交际的重要性。

在日本的大学,针对英语课程设置,学校具有较高的自主性。如在日本的东京大学,学生可以在学校规定的范围内自由地选择任课教师和学习内容。理工科的学生还可以有针对性地学习用英语撰写论文和用英语汇报研究进度和研究内容。再如日本的千叶大学,针对大学生的英语水平和英语需求分别开设了基础英语、中级英语和高级英语等课程,充分体现了"人本主义教育观念"。

日本的大学在教材选用方面,一是授课老师可以自己选定教材,有较高的自主性和灵活性。二是专业的英语教学研究机构推荐的教材。教师在选用这些推荐教材后,可以直接向这些研究机构反映教材使用的情况。在教材的使用上,日本的名校如东京大学等比较注重教材的科学性和实用性,并力争教材与经济的发展要求相适应,比较注重培养学生的学术英语能力。而日本的一般大学则比较注重根据学生不同的英语学习情况和学习要求,编写符合学生实际能力和专业发展需求的教材。

教学方法是指在一定的教学模式中,为了帮助学生实现教学目标(包括总目标和课程的具体目标),教师所采取的措施和方法。近百年来,日本大学英语教育主要采用的是语法翻译法,即学生在老师的带领下,首先学习词法和句法,然后讲解语法的规则和应用,从而深化学生对英语的理解,进而发展自己的语言能力。随着语言教育研究的发展,日本的大学英语教育也采取了其他的教育方法,如音频输入法、交流探讨法和直接教育法等教学法。多种教育方法融合在一起,更好地促进了日本英语教育的发展。

3.4 英语教学所取得的成绩与面临的问题

在经济全球化发展的今天,各国都纷纷重视英语教育及英语教育的改革。日本的英语教学改革改变了日本以往的英语教学弱点,收到了巨大的成效,优势明显,如日本聘请的以英语为母语的语言助教在英语教学中发挥了重要的作用,学生学习英语的积极性明显提高,英语教育和教学质量明显得到改善。

日本的英语教育在取得较大成绩的同时,当然也存在着不可忽视的重要问题,那就是在日本虽然有数万名英语教师,但是缺乏高质量的英语教师,这些英语教师不能熟练地运用语言,口语水平和交际能力存在着很大的问题,他们只会教学生相关的语法知识,教师的英语实践技能依然有很大的提升空间。

四、日本英语能力评价体系

在日本,最有影响的英语评价体系当推"实用英语技能检定"(简称"英检"),该检定于1963年在文部省的帮助和支持下成立。其次,日本很多来自海外的考试,如托福、托业、雅思等考试成绩也被社会广泛承认,成为评价人才英语能力的标准。以托业考试为例,日本高校的学生毕业后一般都会参加该项考试,以此来证明自己的英语能力,很多公司和用人单位会把这个成绩作为衡量员工英语能力的标准、晋升的依据、招聘员工和向海外派驻工作人员的参考。

4.1 评价的理念

日本的英语能力评价在很长时间里以考试为中心,忽视了全球化背景下对英语能力的实际需求。但随着经济全球化的发展和世界经济交往的密切发展,日本的英语教学和能力评价都逐渐呈现出了"实用主义"的倾向。

日本的英语能力的评价理念注重学生的英语交际能力,注重学生听说方面的表现。2003年5月,日本公布了大学统一考试中听力考试的实施大纲,规定从2006年开始,在大学入学考试中增加英语听力测试,改变过去只侧重于语法和阅读测试的做法,以便提高学生对英语综合能力的重视[20]。从日本英语检定协会(STEP)主持的考试中,我们也可以看到听力和口语的分值明显增加。

另外,日本的英语能力评价的理念还鼓励学生扩大自己的学习空间,学生不仅在自己学校的英语学习成果可以得到承认,在别的学校或者学校以外的学习成果,如大学、高等专科学校或者社会终生学习机构举办的公开讲座等的英语单科学习成果,只要达到相应水平的均可承认其英语单科学分[23]。

4.2 评价的内容和目标

"日本的'英检'目的之一是,要使青少年与成人在学习英语上能有较明确的目标,并提高其学习的意愿。"[4]下表1是1997年日本制定的"英检"七个能力分级的说明。

表1 日本"英检"的能力分级说明一览表

分级 项目	1级	准1级	2级	准2级	3级	4级	5级
评量程度 词汇程度	大学毕业 10 000— 15 000词	大学二年 7 500词	高中毕业 5 100词	高中二年 3 600词	中学毕业 2 100词	中学二年 1 300词	中学一年 600词
审查程度	充分了解社会生活所需的英语,并能表达自己的意思	了解日常生活与社会生活所需的英语,并能以口语表达	了解日常生活或工作上所需的英语,并能以口语表达	了解日常生活所需一般性的英语,并能以口语表达	了解基本的英语,并能以口语表达	了解基础的英语,并能听说一般的英语	了解初步的英语,并能听说简单的英语
第一段 测验方式 (时间)	笔试 (100分钟) 听力 (30分钟)	笔试 (90分钟) 听力 (20分钟)	笔试 (75分钟) 听力 (15分钟)	笔试 (65分钟) 听力 (20分钟)	笔试 (45分钟) 听力 (20分钟)	笔试 (45分钟) 听力 (20分钟)	笔试 (30分钟) 听力 (20分钟)

（续　表）

项目＼分级	1级	准1级	2级	准2级	3级	4级	5级
第二段测验方式（时间）	个人面试（约10分钟）主题演讲并回答质询	个人面试（约8分钟）看图说话并回答问题	个人面试（约7分钟）日常会话后，考生念一段60词短文并回答问题	个人面试（约6分钟）日常会话后，考生念一段50词短文并回答问题	个人面试（约5分钟）日常会话后，考生念一段30词短文并回答问题	无	无
检定费（日元）	5 500	4 500	3 500	3 000	2 000	1 000	900

4.3　评价的主体

日本英语检定协会（Society for Testing English Proficiency），简称STEP。高中生要求通过该协会主持的英语水平等级考试二级或准二级水平[16]。该考试从1963年开始，全民皆可参加，认可程度最高。每年考试三次，共有七个级别，其中1级最高。

"实用英语技能检定"是日本使用规模最大的英语等级考试，由日本英语检定协会（STEP）主持，分成七级。该考试自1963年开始实行以来，已有7 000万考生参加，考点在全国已发展到14 000个。各级语言水平能力要求和目标均在EIKEN can-do lists中明确提出，同时日本高中毕业生要求参加准2级或2级考试。考试分为两个阶段，首先通过笔试才能参加第二阶段的口试。2级考试的试卷结构全部是标准化考试题型，从1、2、3、4四个选项中选择正确答案。第一部分考察词汇和句子，包括20题单项选择和5题组词成句。第二部分是两篇完形填空，共计8题。第三部分是三篇阅读理解，共计12题。听力测试共30题。[35]

4.4　评价的方式

日本的"实用英语技能检定"是日本文部省认定的一个大规模英语考试，它是社会水平考试。该测试共有七个级别。其中准1级和1级分别针对在读大学二年级学生和大学毕业生，类似于中国大学英语的四、六级考试[7]，以测试听说读写基本技能为目的，考试分为笔试、听力和口试三部分。试题接近社会需求，具有实用性，在口语方面要求范围广，在听力方面学生的初级阶段所占比重大。

自日本2003年制定《培养"能使用英语的日本人"的行动计划》之后，"英检"针对大学二年级学生的准1级和针对大学毕业生的1级考试的题型和比重发生了很大的变化。如下表2所示[1]。

表2 STEP笔试部分项目分值改革前后变化表

考试项目	听 力	词 汇	阅 读	写 作
STEP 1st Grade（改革后）	30%	22%	23%	25%
STEP 1st Grade（改革前）	26%	25%	41%	8%
STEP Pre 1st Grade（改革后）	35%	25%	26%	14%
STEP Pre 1st Grade（改革前）	25%	30%	40%	5%

通过分值改革前后的变化,我们可以看到改革的目的是:"(1)改革后的题型和比重能更准确地测量学生的英语交际能力;(2)能使日本学生努力提高用英语流利表达的能力;(3)对英语教学产生积极的反拨作用。"[30]

改革后,考试的效度得到极大的提高。从改革中我们可以看到,写作的比重得到了很大的提高,另外,口试在整个考试中占50%。从考试的比重调整中,我们可以看到考生的语言运用能力和交际能力都得到了测试,这无疑会促进考试者重视这些能力的学习和提高。

日本的"英检"不仅增大了听力的比重,还注重增加听力测试的信度,题型比较多样化,不仅有对话和短文,还有真实场景和面试场景等。真实场景和面试场景的录音来自实地录音,具有真实背景声音。

另外,雅思、托福和托业考试也是评价日本大学生英语能力的主要考试。雅思和托福考试主要面向外国留学生,托业主要是为大学生就业和进入社会工作的人准备的英语能力鉴定[10]。在日本,已有不少大学将国际英语等级考试与大学英语教学相结合。日本的许多企业还很看重应聘者的商科研究生入学考试(GMAT)和商务管理能力测试的水平,有的企业要求应聘者的托福英语水平不低于600分。

除此之外,日本对于英语能力的评价方式也逐渐迈向"世界标准",密切关注并尝试在一定范围内采用"欧洲语言共同框架(*Common European Framework of Reference*)",对日本而言,采用这一框架是其推进教育国际化并与国际接轨的一次新尝试。"欧洲语言共同框架"从低到高共分为A1、A2、B1、B2、C1、C2共六个等级,分别对应基础级、初级、中级、中高级、高级、专家级几种水平,欧盟成员国已经广泛采用这一标准,也被世界范围内成千上万的教育机构、企业和政府部门认可和使用。

参考文献：

[1] 蔡基刚.从日本STEP考试改革看中国CET考试改革[J].国外外语教学,2006,(1):40-50+56.
[2] 蔡基刚.从日本高校大学英语教学看我国外语教学目标调整[J].外语教学理论与实践,2012,

(3): 1-6.

[3] 蔡尚芝.《日本英语教育的一场争论》对中国英语教育的启示[J].考试研究,2013,(6): 77-81.

[4] 禅鹏.浅谈日本高校的国际化与英语教育[J].海外英语,2015,(9): 28-30.

[5] 胡月.中、日大学英语教学大纲比较研究[D].武汉工程大学,2014: 25.

[6] 黄慧.日本国际理解教育下的高中英语教学[J].外国中小学教育,1999(5): 48-49.

[7] 李立柱.日本英语教育的历史变革及其特点分析[J].吉林省教育学院学报,2012,(12): 129-131.

[8] 李姝毅.分析日本英语教学现状,总结中国英语教学瓶颈[J].辽宁行政学院学报,2008(5): 142+144.

[9] 刘钢.日本的实用英语技能检定简介[J].世界教育信息,1998,(4): 4-7.

[10] 刘天纯.日本现代化研究[M].北京:东方出版社,1996.

[11] 罗桂秀.语言教育规划视角下中国高中英语课程政策研究[D].南京:南京航天大学,2013: 16.

[12] 牛道生、程可拉、牛旭彤、孙卫东、牛旭东等.英语的全球化及其对世界的影响[M].北京:北京大学出版社,2013.

[13] 牛道生.英语对中国的历史性影响[M].北京:北京大学出版社,2013.

[14] 沈骑.当代东亚外语教育政策发展研究[M].北京:北京大学出版社,2012.

[15] 王克非.日本英语教育动向探知[J].中国英语教育,2010,(2): 23-34.

[16] 吴未未、陆薇薇.浅析全球化背景下日本英语教育政策改革[J].文教资料,2015,(4): 187-188+184.

[17] 徐静.韩国、日本英语教育的历史、现状与改革——基于OECD语言能力调查的分析[J].世界教育信息,2015(8): 11-16.

[18] 杨勇.日韩两国小学英语教育比较及启示[J].长春教育学院学报,2013,(9): 38-39.

[19] 尹康敏.日本英语学习和教育的历史进程及特点[J].郑州航空工业管理学院学报,2005(6): 76-78.

[20] 张航.21世纪日本英语考试新举措对中国的启示[J].湖北招生考试,2010(2): 39-42.

[21] 张济华.语料库与大学专门用途英语词汇教学探讨[J].外语界,2009,(3): 17-23.

[22] 张敏.中美日外语教学比较[J].玉溪师范学院学报,2006,(4): 96-98.

[23] 张文友.日本英语教育改革的行动计划[J].外国教育研究,2001,(5): 33-36.

[24] 张相明.从西方外语教育特色刊我国外语教育改革[J].江西教育学院学报,2011(4): 88-91.

[25] 朱银辉.一个中国教师眼中的日本英语教育[J].外国中小学教育,2007(5): 59-65.

[26] Butler, Y. G. and Lino, M. Current Japanese reforms in English language education: the 2003 "Action Plan"[J]. Language Policy, 2005, (4): 25-45.

[27] Hashimoto, K. Cultivating "Japanese Who Can Use English": Problems and Contradictions in Government Policy[J]. Asian Studies Review, 2009, (33): 21-42.

[28] Masumi Tahira, Behind MEXT's new Course of Study Guidelines[J].The Language Teacher, 2012, (7): 3-8.

[29] Sasajima, S. (2012). Language teacher cognition in the case of Japanese teachers of English at secondary school in Japan: an exploratory study [D]. Stirling: University of Stirling, 2012: 31.

[30] Shiozaki, S. & Y. Uno.2004. "Revisions to the STEP test: meeting the ever-changing needs of society" [C]. Presented in The 7th Academic Forum on English Language Testing in Asia.

[31] http://www.guancha.cn/Neighbors/2015_02_18_309906.shtml

[32] http://japan.people.com.cn/n/2013/1119/c35465-23587183-2.html

[33] Educational Testing Service (ETS). TOEFL Test and Score Data Summary for the Year 2001–2002 [Z]. Princeton, NJ: Educational Testing Service, 2002.

[34] Educational Testing Service (ETS). TOEFL Test and Score Data Summary for the Year 2007–2008 [Z]. Princeton, NJ: Educational Testing Service, 2008.

[35] http://stepeiken.org/downloads, 2012, 03–08.

第十一章
新加坡英语能力及评价

一、英语在新加坡的生态状况

1.1 英语在新加坡的现状

新加坡共和国（Republic of Singapore），简称新加坡，别称狮城，是位于东南亚的一个国家。新加坡现有人口400多万，其中华人比例最大，占77.4%；马来人次之，占14.2%；印度人占7.2%；其他种族占1.2%。根据1957年的人口普查，新加坡华、印等族内部大大小小的地域方言群体共有25个[5]。除众多方言以外，新加坡还有四种官方语言——马来语、汉语普通话、泰米尔语和英语，构成了新加坡多元的语言环境。

在殖民地时代，英语是上层社会和官方唯一的正式语言，民间则大都说各自的方言。新加坡建国时，因为英语的中立地位，国家宣布英语为官方语言之一，继续把它作为政府的工作语言，保留了英语的优势地位[1]。作为商务和官方语言，在新加坡英语的使用最为广泛。大多数新加坡人都是双语者，会讲自己的母语和英语。

Basant在《新加坡研究》中总结了英语对于新加坡的六大重要用途：（1）英语是新加坡四大官方语言之一；（2）英语是教育系统的行政和教学语言；（3）英语不仅是政府部门的工作语言，也是包括商业在内各行各业的工作语言；（4）英语是跨方言群、也是跨族群交流的共同语；（5）英语是新加坡国家认同的语言；（6）英语是国际语言，对于确保新加坡的商业竞争力非常重要[8]。

1.2 英语与新加坡本土语言的亲疏关系

在全球化时代，英语已经成为国际通用语言，而在一些国家和地区，英语也和当地语言和文化结合形成了各种不同的英语变体，如新加坡英语、印度英语等。针对此现象，1994年语言学家Braj Kachru提出了"三大同轴圈"理论[9]，根据历史、语言、文化、社会等因素，将世界各地的英语变体分成三大部分。首先，居于内圈的是传统的以英语为母语的国家，如英国、美国、澳大利亚、新西兰等；其次，居于外圈的是英美等国家曾经殖民统治的国家和地区，如印度、马来西亚、菲律宾等，英语是这些国家或地区的官方语言或主要语言,在政治、经济、文化、生活等领域都发挥着重要的作用,但英语并不是当地民众的母语;最后,位于最外层的是延伸圈,如中国、日本、德国等,英语在这些国家是外语,并未在政治和社会生活领域中广泛运用。

根据 Braj Kachru 的三大同轴圈理论,新加坡属于外圈地区。新加坡英语在词汇、语法、发音等方面,都形成了自己的特色。值得注意的是,新加坡英语并非是一种固定的形式,而是一个延续体:在这个延续体的一端是新加坡标准英语,另一端则是新加坡口头英语 Anthea Gupta 变体。新加坡标准英语非常接近英国标准英语,大多在正式场合使用,如在国会、最高法院、大学课堂等。新加坡口头英语主要在非正式场合使用,如酒吧、市场、亲朋好友聚会等。例如在酒吧里,随处可以听到类似 "Oh yeh, oh yeh, buy a drink lah." 的表达。这两种英语体现了新加坡英语的语体差异,可满足不同场合的交际需要[6]。由于新加坡是一个多民族多语言国家,英语作为通用语在与各种语言的接触中产生了很多融合现象,尤其是受汉语闽南语方言和马来语的影响较大,特别在词汇方面表现出较丰富的构词方式,如借词、译借词、杂交词、创新词和习语等。比如"红包"在新加坡英语中是"angpow",这个词就是来源于闽南方言。

1.3 英语与新加坡民众生活的关系

1826年新加坡正式沦为了英国的殖民地,1959年获得自治权,但是直到1965年才脱离马来西亚联邦,成为一个独立自主的国家。新加坡是一个多民族的国家,其人口主要由三大民族构成。其中,华人约占77.3%,是人口比例最高的民族;其次是马来人,占14.1%;印度人是第三大民族,占7.3%[3]。此外,还有其他少数民族,如欧洲后裔等。多民族的特征决定了新加坡是一个多语言的社会。在殖民地时期,英语是新加坡唯一的官方语言。新加坡独立以后,政府确定了四种官方语言,分别是英语、汉语普通话、马来语和泰米尔语。

英语是新加坡最主要的官方语言,在社会政治经济中有举足轻重的作用。新加坡英语具有以下三个特点:实用性、统一性、普遍性。

(1)实用性:英语是新加坡本地人之间以及与外国人进行交流的最主要工具。据统计,有28.1%的新加坡人把英语作为在家最常用的语言,并且该比例还有逐年增长的趋势。有研究表明英语作为家庭语言的比例在1990年仅为18.8%[4]。

(2)统一性:英语是新加坡不同民族之间进行交流的共同语言。这一点并不难理解,以中国为例,中国也是一个多民族国家,来自不同民族和地区的中国人进行相互交流的时候,所使用的共同语言是汉语普通话。在新加坡,充当共同语言的通常是英语,是共同的交际桥梁。朱雄认为,"从促进国家认同的角度来看,英语作为官方语言打破了各民族间的语言隔阂,使得语言与民族不再是一一对应关系,使得语言不再是强化民族差异的外在的明显标签,消融了民族间的截然区分,有利于各民族沟通融合。"[7]

(3)普遍性:英语广泛应用于新加坡社会生活的方方面面,包括各种正式和非正式场合,是新加坡应用最广泛的官方语言。新加坡政府推行"英语为主、母语为辅"的双语政策。从实用主义角度出发,强调学习英语能够增强新加坡的国际竞争力;新加坡作为一个高度国际化的大都市国家,政府推行"英语为主"的语言政策,鼓励人们学习和使用英语。在这样的语言政策形势下,新加坡人把英语作为日常生活的必备工具。虽然新加坡人的英语五花八门,但是许多新加坡人把讲一口新加坡口头英语(即Singlish)作为自己新加坡公民身份的象征,并引以为自豪[4]。

1.4 新加坡的英语能力

英孚教育集团此前发布《EF英语能力指标2015》数据显示,新加坡英语熟练水平全球排名第12,在亚洲排名第1。英孚英语熟练度报告(EF EPI)是全球规模最大、针对不同国家成年人英语水平进行排名的报告,测试数据涵盖70个母语非英语国家和地区的91万成年英语学习者,具有一定的权威性。英孚教育全球学术与研究合作总监陈彦铭(Minh Tran)表示,"今年的英孚英语熟练度指标报告已经开始采用来自英孚标准化英语测试的数据,该测试是世界上第一个免费的标准化英语测试工具,正在改变整个英语测试产业的格局。"[10]

二、新加坡英语教育政策

2.1 以英语为主导的多语政策

新加坡是一个典型的多语制国家。目前,新加坡有四种官方语言(Official languages):英语(English)、汉语普通话(Mandarin)、马来语(Malay)、泰米尔语(Tamil),其中马来语为国语(National language),英语为工作语言(Working language)。新加坡独立以后,政府开始大力推行以英语为主导的多语政策。英语之所以成为多语政策中的主导语言,有内外两方面的原因。就内因而言,首先新加坡族群众多,语言纷杂,华人、马来人、印度人三大族群的语言中,没有一种语言为其他族群所广泛使用。而各族群中均有大部分人懂英语,英语实际上是各族群之间交流沟通的主要语言,扮演着"族际共通语"和"国家共同语"的角色;其次,由于英国对新加坡长达140年的殖民统治,英语已经发展成为行政和法律领域内的主要语言,其社会主导地位很难动摇[12]。就外因而言:第一,英语在世界范围内是金融、贸易、商务领域内的国际通用语言。新加坡在建国之初,要凭借其区位优势大力发展经济、贸易,英语自然成为政府主导推广的语言。第二,英语也是现代科技的主要语言。新加坡不遗余力地追求新科技,使用英语有利于获取第一手科技信息,英语的推广使用不可或缺,从而提高国家的科技水平,增强竞争力。由此可见,英语成为新加坡的主导语言有着深刻的历史原因,也是新加坡谋求自身发展的必然选择[2]。

2.2 双语教育制度与英语地位的变迁

新加坡一向有英文、华文、马来文和泰米尔文四种不同语文源流的学校。为了积极贯彻以英语为主导的多语政策,新加坡政府大力推行双语教育模式。

新加坡的双语教育可划分为三个时期:初步发展时期(1945—1965)、成熟时期(1965—1985)、稳定时期(1986—至今)。每个时期的双语教育形式不同,属性也不同[2]。最初,二战前的殖民政府采取"分而治之"的政策,不同语文源流的学校只教授并采用本族语言进行教学,各民族只有少部分人兼通英语或其他民族语言。接近于费许曼(Fishman)所称的"多种语言,互不相通"的形态[5]。二战后,殖民地政府一方面继续之前的方言教育政策,另一方面又开始大力发展英语教育,采取了许多具体措施:(1)在政策上鼓励家长把子女送入英语学校就读;(2)在其他语文源流学校实施双语教育,推行英语教育,为这些学生以后顺利转入英语学校做准备。事实上,二战前后的语言教育政策,都是独尊英语并进一步强化英语的领先地位。二战以后,殖民地政府的根本目的在于以英语作为全体人民的共同语言乃至唯一语言,培养"共同公民",形成统一的英式价值观[1]。

新加坡获得自治后,李光耀为了融合多元民族,统一国家意识,决定推行"母语+英语"的双语教育政策[1]。1956年2月,新加坡政府公布了《各党派报告书》,其中提出明确建议:(1)平等对待各语文源流的学校,统一教材、课程标准和师资等;(2)小学实施双语教育,中学教授三种语文;(3)各个源流学校采用共同的课程标准;(4)建立混合学校。报告书肯定了母语教育和双语教育的重要性,但同时仍然明确指出,基于新加坡的现实社会环境,英语应该成为全民的共同语文。在双语教育成熟时期(1966—1986),新加坡政府进一步转向"英语为主,母语为辅"的强制性双语教育,对母语的要求由原来的听、说、读、写转向口头交际能力,并且华人社会的日常用语由方言向华语和英语过渡。同时,从这一阶段开始,母语学校也因为内外部的原因逐步转变为英语学校。在双语教育定型期,四大语文源流学校的教育最终合一,形成完全统一的教学源流,英语成为新加坡所有学校所有学生的主要媒介语[1]。

三、新加坡英语教育体系

3.1 英语教育体系概括

新加坡教育部明确提出"所渴望的教育结果(DOE)"这一概念,阐释了渴望每一个新加坡人在完成正规教育之时所能达到的目标。这些成果和目标推动着政策和方案的制定,以及教育系统的运行。"所渴望的教育结果(DOE)"明确提出期望受教育的新加坡公民具有:良好的自我意识,良好的道德,以及应对未来的挑战必要的技能和知识。他必须对他的家庭、社区和国家承担责任。他欣赏周围世界的美,拥有健康的身体和精神,对生活充满热情。总之,他是一个有自信的人,有强烈清晰的是非观念,有很强的适应性和弹性,了解自己,有敏锐的判断力,具有独立思考和批判能力,并能进行有效沟通。他必须是一个有自我学习能力的学习者,对自己的学习负责,并不断反思和坚持学习;他能够成为团队中的积极贡献者,体现主动性,敢于冒险,追求创新和卓越。新加坡政府强调新加坡公民扎根于新加坡,具有强烈的公民意识,知书明理,并积极改善他周围的人的生活。

在核心概念"所渴望的教育结果(DOE)"的引领下,2010年新加坡教育部颁布了最新版并沿用至今的英语教学大纲。新加坡教育部于2008年底起草了两个英语教学大纲,即《2010年新加坡中小学英语教学大纲(普通版)》(*English Language Syllabus 2010 Primary and Secondary (Express/Normal〔Academic〕)*);以及《2010年新加坡中小学英语教学大纲(职业技术版)》(*English Language Syllabus 2010 Primary (Foundation) and Secondary (Normal〔Technical〕)*),前者适用于普通学生,后者适用于英语学习较为后进的学生[11]。2013年新加坡教育部发布了《2013中学英语教学大纲》(*Literature in English Teaching Syllabus for 2013 Lower and Upper Secondary*)《大学预科生英语教学大纲》(*Literature in English Teaching Syllabus for Pre-university Students*),以及《大学预科生电影研究与戏剧教学大纲》(*Theater Studies and Drama Teaching Syllabus for Pre-university Students*)。由此可见,新加坡对于英语教学的功能和定位也是非常清晰的,英语学习分为英语语言技能和英语语言文学两大部分,并针对不同的英语熟练度和年龄分别进行学习。接下来重点讨论2010年新版英语教学大纲。

3.2 英语教学目标与要求

3.2.1 预期目标

新加坡2006年的英语课程与教学方法评估报告指出,通过英语教学,新加坡的学校应该提升所有学生的英语整体水平,并保证尽可能达到最高的国际水平。要达到以下预期目标:(1)所有的学生应能够流利地用英语进行表达;(2)所有学生应该具备基础英语能力,可以正确的运用语法、拼写和发音;(3)学生可以在日常情境中使用英语,包括指路,提供信息或指令,以及提出要求等;(4)大多数的学生应该具备良好的英语读写能力。这其中一部分学生将可以通过运用自己的英语能力在未来的前沿行业以及服务性行业中占据优势。至少20%的学生具备高水平的英语能力。他们将帮助新加坡保持未来的优势并从事教育与媒体相关行业,并希望其中小部分群体能够完全掌握英语,达到母语水平。

3.2.2 2010年新加坡英语教学大纲的语言观

2010年新加坡英语教学大纲是基于以下对于语言学习的假设及前提构建的:(1)语言是一种用于解释和沟通的手段;(2)语言是一种拥有自己规则的系统,它可以被用于不同的论述结构和文字中;(3)语言学习包括认知及情感的表达和交互;(4)语言使用受主观意图、受众、情境以及交流所处的文化环境等因素的影响;(5)在多语环境下学习英语与在单语环境下学习英语或将英语作为近乎母语的环境下学习都有不同的特点。

3.2.3 2010年新加坡英语教学大纲的传承与创新

2010年的英语教学大纲对2001年版本的英语教学大纲既有传承也有发展。2010年的英语教学大纲传承了2001年版大纲的要点,包括语言的运用、教学效果、课文类型以及语法等。2001年版大纲的教学目标以及语言教学的六项原则对2010版大纲继续起引导作用。2010年版大纲将继续保持其"语言运用大纲"的作用,因为"有效沟通"在当今依旧是新加坡英语教学的重要目标。新大纲将继续将重点放在教授国际认可的标准英语,与此同时它还将关注学生的差异性并致力于让课程能够适应不同学生的个性。六项教学原则,如以语境化、以学生为中心、以学习为中心的互动、整合、以过程为导向、螺旋式进步,将继续在学生课堂中践行[11]。

相比2001年版本,2010年英语教学大纲增加并强调了国家教育、思考技能以及信息交流技术的使用等素养的培养。同时,社会情绪学习、健康使用网络以及财经阅读素养也要求教师适时地穿插运用在英语课程中。

3.3 英语课程特点

基于上述目标与理念,2010版新加坡中小学英语教学大纲进一步细化了大纲的教学目的和教学方法,明确指出英语学习所包括的六个方面,并且强调六项教学原则以及六个教学过程。

3.3.1 大纲的教学目标与语言能力

2010版新加坡中小学英语教学大纲提出,在中等教育结束后,学生可以在以下方面有效地交流[11]:

(1)能够准确地听、读和观看纸质与非纸质的材料并提出自己的批判性意见。在听、读和视阅大量文字的课程中,学生将更好地理解文化价值和国家教育的精髓,并参与到社会和情感学习当中。

(2)使用国际接受的标准英语读、写和展示。确保语法的准确性、句子的流利性以及语用的准确性。学生将通过合理使用语言来读、写和展示,并运用不同的方式来表达自己的观点。对于我们最好的学生应该寄予更高的要求。

(3)准确、恰当地理解和运用国际接受的标准英语语法和词汇,并理解作者是如何运用语言来交流并达成目的的。学生将用一种清晰、有趣和有意义的方式来学习语法和词汇,在听、说、读、写中不断强化对标准英语语法和词汇的印象。

根据2010版中小学英语教学大纲,学生的语言能力是由以下六个方面达成的:(1)听力和视阅;(2)阅读和视阅;(3)口语和展示;(4)写作和展示;(5)语法;(6)词汇。

3.3.2 教师与教学原则

作为语言学习过程的领导者,教师需要灵活决定如何开发满足学生需求、能力和兴趣的语言课程。教师的语言课程首先要让学生学习语法和词汇,进而发展听、说、读、写能力,以及其他学习目标,如视阅和表达技巧等。

教师要设计和调整学习活动,有意识地整合系列语言课程。他们要根据学生的学习进度调整教学进度,以适应学生的需求和弥补差距。有经验的教师通过使用教学策略引导学生逐步提升,在学生目前的技能水平和进步之间搭建桥梁。学生随着能力的提升,能够独自完成任务,教师可以逐步撤去在学习过程的辅助,将学习的责任逐步移交给学生,从而发展学生的自主学习能力。2010版新加坡中小学英语教学大纲提出了推广的英语教学原则和教学过程。2010年大纲提出的六项教学原则是：

（1）语境化。所有学习任务必须在真实和有意义的语境下进行设计。课程会围绕一个目的、一个主题或者一种文体来展开并帮助学生实践学到的内容、语法、句式或词汇。知识点在之后的解释和训练中会进一步加强。

（2）以学生为中心。学生是教学过程的中心，教学应从学生的需要、能力与兴趣出发，使用有效的教学方法激发学生的学习能动性并帮助他们获得语言能力的发展。

（3）以学习为中心的互动。老师会为学生提供一个友好的环境来促进学生与老师的交流。与此同时，老师会通过鼓励的方式触动学生，以此来提升学生的自信并鼓励不同背景下学生之间的互动与合作。

（4）整合。语言学习的不同方面：接受能力、输出能力以及语法与词汇成为融合的整体。使用纸质和非纸质的材料帮助学生从不同的角度来看待问题并发现和建立联系。

（5）以过程为导向。语言能力和知识的开发与教学过程息息相关。老师要设计这个过程并全程带领学生完成学习任务。

（6）螺旋式进步。技能、语法项目、结构和各种类型的文本会不断出现在各个阶段的英语学习中，但其难度与内容复杂度将会逐渐增加，从而使学生的语言能力从基础到高级阶段有序螺旋式发展。

新加坡2010年中小学英语教学大纲提到的六个教学过程包括：

（1）唤起意识。激励学生关注他们所学的内容，帮助他们联系已学的知识点。

（2）巩固知识。温故知新，不断巩固。

（3）学习评估。诊断学生的需求、能力和兴趣。发现学习困难，监视学习动向并提供及时的反馈来改善学习过程。

（4）允许实践。教授真实语境下的语言运用，使学生可以与老师以及同伴进行合作式学习来获得进步。

（5）引导探索。在显性明晰的教学之前，通过启发式提问与帮助，引导学生学习技能、策略，体会学习过程。

（6）清晰讲解。除了通过富有情境化的场景进行教学外，教师必须清晰、直接和系统地讲解语言知识点。

教师在做教学决策时，如教什么、何时及为何教，必须遵循教学的六项原则并考虑教学过程。在不同层面的英语课程开发中，如部门层面（部门的年度计划和工作计划）和课堂层面（单元计划、课程计划和课堂教学），教师要运用这六项原则。教师也要在课程的任何阶段使用大纲推荐的这六个教学过程。

在实施的过程中，教师要注意以下事项：(1)六项教学原则和六个教学过程之间没有确定的一一对应关系。例如，在提升意识的过程中，教师可以在不同的点上应用以学习者为中心、以学习为中心的互动和情境化等原则。(2)六个教学过程没有任何特定或固定的执行顺序。例如，教师可以通过唤起意识和引导探索方式来开始课堂教学，灵活运用。

(3) 六个教学过程中的每一个组成部分不互相排斥。例如,提问题是引导探索的一部分,教师也可以在唤起意识和清晰讲解的过程中提出问题,可灵活整合应用。

英语教师可以在他们的教学计划和课堂教学中仔细和灵活地应用这些教学原则与教学过程,主要考虑因素是学生的需求、能力和兴趣,并不断反思其教学决策和行动是如何影响学生的学习的。

四、新加坡英语能力评价体系

4.1 评价的理念

2010版的新加坡英语教学大纲提出"为促进学习"的评估理念,指出评估应包含学生在语言学习各个领域的一切发展和表现的观察和评价。

为了确保教学和学习的有效性,教师将审视和监控学生不断变化的学习需求、能力和兴趣,以便于他们可修改或调整自己的教学方法来帮助学生提高学习。教师也要及时给予学生有效的反馈,并给学生机会基于反馈提高他们的学习。所以,诊断学生的需要、能力与兴趣,监测学生的学习过程,基于反馈的再提高,就构成为促进学习的评估(Assessment for Learning, AFL)要素。评估是教学过程的一个组成部分,应与教学计划和教学决策相一致。

4.2 评价的目标和内容

评价的目标在于:(1) 促进和提高学生的学习。(2) 根据教学大纲中的目标和学习结果确定学生作为英语学习者可以做什么。教师必须保持评估的内容与学习目标和成果的一致性,鼓励学生在听、读和看方面,能够准确并批判性地理解广泛的文学类、信息类和应用类的纸质与电子的文本;在说、写和表达方面,能使用国际认可的标准英语,语法准确,表达流利,相互理解,并能适合不同的用途、观众、背景和文化期待。(3) 准确、恰当地理解和使用国际标准英语,理解说话者或作者如何把单词放在一起,用语言来传达意义。新加坡教育部在2010版大纲中详细列出了具体评估的内容,如下表1:

表1 新加坡2010年中小学英语教学大纲的评估要求表

大纲的要求	评估的要求
教授学生以下几个方面的语言能力: 视听与阅读(输入性技能); 阅读、写作与展示(输出性技能); 语法与词汇(元语言知识)。	确保评估的任务与资源: 覆盖语言能力的各个方面; 包含各类文体(文学类、信息类与应用类); 使用纸质媒体与非纸质媒体; 学习目标必须可以指导学习与评估内容的选择。因为全国统考只能对一部分技能进行测试,所以完全以应试为导向的考试将不能保证学生全面的掌握知识和技能。

（续　表）

大纲的要求	评估的要求
教授学生以听、说、读、写和信息展示等方式来表现自己的语言能力。	通过各种任务和情境评估学生听、说、读、写和表达的能力，能够准确和流利地使用语言。通过观察和持续性记录评估语言学习的过程和结果，检查学生的掌握情况并及时提供反馈。
教学生如何有效地使用英语，使学生长久并轻松地获得在正式和非正式的情况下满足不同目的、观众、背景和文化的语言使用能力。	在真实且有意义的场景中设置评估任务，并且可以用纸媒和非纸媒形式完成。
教授学生关于语言的知识（元语言知识），以便他们能有效地运用语言达到创造、个人交际和学术应用等目的。	在单词、句子和文本各个层次设置评估任务，评估学生的语法和词汇的准确性。

4.3　评价的原则

新加坡教师对英语学习的评价遵循以下四项原则：(1) 确定学生的学习差距和需求，通过调整教学策略和教学活动，改善他们的学习；(2) 通过有意义和真实的任务或活动，为学生提供各种机会，使其充分展示英语技能和交际能力，以便于监测、报告学生的学习进展，并在恰当的时候将信息反馈给家长并进行沟通；(3) 提供丰富的、定性的和形成性的反馈，清晰反映学生可以做的事情以及需要做的事情，帮助他们确定接下来要采取的步骤，以改善他们的学习；(4) 让学生积极参与评估自己和同学（即自我和同伴评价），使用学生可以理解的、明确和清晰的评估标准。

4.4　评价方式

教师会使用不同的评估模式对学生做出正式和非正式的评估，频率由学校决定，以便学生掌握更广泛的技能和学习技巧，并提升态度和行为。评估任务需要考虑不同学生的优势和劣势，以获得不同的学习成果。教师可采用的具体评价方式主要包括以下六种：(1) 非正式测试和小测验，不定时实施，在几个学习单元结束时单独进行；(2) 表现评估，通过开展诸如角色扮演或口头演讲等活动来评估学生的英语技能；(3) 为学生建立学习档案袋，收集学生的书面作品、多媒体作品、学习日志等，记录学生每一年的学习成果、教师评价和学生反思；(4) 通过使用清单列表、教师课堂观察或学生的自我评估等形式，为学生建立学习档案；(5) 师生间就书面作业进行面对面的沟通，教师要给出系统的具体标准并给予针对性的评价，以帮助学生提高英语能力；(6) 正式测试试卷。因此，新加坡教师也是采用正式测试、非正式的试卷、行为表现、形成性和终结性评价相结合的综合手段进行评价的。

参考文献：

[1] 黄明.《新加坡双语教育与英汉语用环境变迁》[M].厦门：厦门大学出版社,2012.

［2］孙乃玲,张晖.新加坡英语教学的嬗变:多语政策和双语教育视角［J］.外国教育研究,2011, (11):47-51.

［3］颜治强.《世界英语概论》［M］.北京:外语教学与研究出版社,2002:154-157.

［4］于红霞、何志波.从新加坡"讲正确英语运动"看英语标准问题［J］.大连海事大学学报(社会科学版),2011(3):104.

［5］云惟利.《新加坡社会和语言》［M］.新加坡:南洋理工大学中华语言文化中心,1996.

［6］张妍岩.新加坡英语与香港英语词汇特点比较［J］.武汉大学学报(社会科学版),2014(3):109-114.

［7］朱雄.国家自主性与新加坡国家构建探析［J］.武汉大学学报(哲学社会科学版),2013(2):46.

［8］Basant K. Kapur. *Singapore Studies*［M］. Singapore: Singapore University Press, 1986.

［9］Braj B. Kachru. Englishization and Contact Linguistics: Dimensions of the Linguistic Hegemony of English, in Thiru Kandiah and John Kwan-Terry. *English and Language Planning: A Southeast Asian Contribution*［M］. Singapore: Times Academic Press,1994.

［10］http://bg.yjbys.com/diaochabaogao/22310.html 英孚:《EF英语能力指标2015》

［11］http://www. moe.gov.sg/education/syllabuses/languages-and-literature/files/english-primary-secondary-express-normal-academic.pdf 2001-08-15/2011-04-10.

［12］Kandish,T & J. Kwan-Terry (Eds). *English and Language Planning: A Southeast Asian Contribution*［M］. Singapore: Singapore University Press,1980. 24-25.

第十二章
以色列英语能力及评价

一、英语在以色列的生态状况

1.1　英语在以色列的地位

以色列位于亚、非、欧的结合处,地中海的东南方向,北靠黎巴嫩、东濒叙利亚和约旦、西南边则是埃及。英语最早于奥斯曼帝国统治时期(1518—1917)由少数的英国传教士和公使带入巴勒斯坦地区,他们是以色列最早的英语传播者。在英国委任统治时期(1920—1948),英国当局者规定英语、希伯来语和阿拉伯语是官方语言,极大提升了英语的地位,但其影响力并不大。以色列建国以后,英语不再是官方语言。建国初期,为了强化民族意识,以色列曾一度出现抵制英语的现象。但随着以色列和美国关系的日益紧密和英语作为国际通用语的现实,英语越来越受到以色列人的重视,英语当前是以色列的第一外语,其重要性不言而喻。

1.2　英语与以色列的本土语言的亲疏关系

英语和希伯来语属于不同语系的非亲属语言,希伯来语所使用的字母体系完全不同于英语所使用的拉丁字母体系。以色列人在学习英语时还需克服一些困难,但这些并没有影响以色列人的英语成绩。

1.3　英语与以色列民众生活的关系

在以色列所有的语言中,希伯来语占绝对主导地位,其次是英语和阿拉伯语。虽然在以色列独立后英语不再是以色列地区的官方语言,但是因为英语是不同文化背景人士沟通交流的重要工具,所以英语是以色列的第一大外语,受到以色列人的重视,以色列大街上随处可见的英文报纸和电视上众多的英语节目是英语受欢迎最好的佐证。因为阿拉伯人是以色列除了犹太人之外人口数量最多的民族,所以阿拉伯语在以色列使用范围较广,也是其官方语言。以色列是个名副其实的多语种国家,并且很多人会说三至四种外语[4],犹太人积极学外语的信念是:"会说几门外语,你就具有几个人的价值观"[11]。

在以色列,英语在生活中也是无处不在。以色列电影院放映的电影几乎全部是原声电影;电视台在播放欧美国家制作的电影电视节目时,也会使用原声,同时配有希伯来语字幕;在以色列的书店当中,英语书和希伯来语书的数量几乎可以做到平分秋色;而以色列的《耶路撒冷邮报》《国土报》等英文报纸也是在以色列国内和国际上都较有影响的重要媒体[3]。

1.4 以色列英语能力在世界的大致状况

TOEFL:据《托福考试及成绩数据汇总报告》[1],2015年以色列考生的平均成绩是92分,其中听力和口语水平(25分和24分)明显高于阅读和写作水平(均为22分)。以色列考生的平均成绩显著高于全球平均成绩81分,可见以色列学生的成绩在全球处于上等水平。

GRE:据《参加GRE改版后一般能力考试的人群情况的报告》数据显示[2],2011年8月到2014年6月,以色列学生语文平均分为151.8分,数学平均分为156.9分,写作平均分为3.4分。以色列学生的语文和数学平均分数稍高于全球平均分数(全球语文数学平均分数分别是150.2分和152.5分),写作平均分数略低于全球平均分数(全球写作平均分数是3.5分)。综合来看,以色列考生的分数稍高于全球平均水平。

根据近年TOEFL和GRE考试成绩报告,以色列考生的英语能力在全世界上处于高等水平,就技能来看,听说是强项,阅读和写作是弱项;就科目看,语文和数学是强项,而写作是弱项。可见,以色列的英语教育比较成功,学生的英语能力发展比较均衡,值得世界上很多国家学习。

二、以色列英语教育政策

2.1 历史上以色列英语教育政策

在奥斯曼帝国统治巴勒斯坦地区时期,英国在此设立了使馆,并派出了少量的大使和传教士传播基督教。他们在巴勒斯坦地区建立的第一个基督教堂实行的是双语制,由英国和德国的传教士共同管理,并且在教会学校教授英语,但学习的人数很少。当英国于1917年占领巴勒斯坦后,巴勒斯坦就成为了英国的殖民地,并被国际联盟授权委任统治巴勒斯坦地区,同时英语也被定为官方语言。

巴勒斯坦地区在受英国委任统治时期,英国的管理者确定英语、希伯来语和阿拉伯语为官方语言。国际联盟授权英国委任统治巴勒斯坦地区的第22条文件中,规定英语与阿拉伯语、希伯来语一起被用于邮票、钱币上。但英国同时下放了一些权力,第15条规定在基础教育阶段,每一个民族都有权利在它们各自的学校中保留和使用自己的民族语言。另外,委任统治当局允许犹太人与阿拉伯人管理他们自己的学校,在学校中使用他们自己的语言。这两个因素就在一定程度上阻碍和限制了英语在该地区的传播。事实上,除了少数私立学校,英语不是该地区的教学语言。

1948年以色列独立之后,以色列政府取消了英语作为官方语言的地位,规定其官方语言为希伯来语和阿拉伯语。希伯来语的成功复活代表犹太民族的振兴和犹太文化的复兴。希伯来语是《希伯来圣经》的语言,被犹太人奉为古老而神圣的语言,是犹太人独特的民族标志。所以1948年以色列建国后,希伯来语被给予至高的地位。

在1948年到1967年之间,为了表示对前殖民者的敌意,以色列还曾出现反英语的意识,例如反对将英语中的词汇吸收到希伯来语中,反对将英语用在公共标识中。但是政府和法院还可以继续使用英语,以色列从小学五年级开始将英语作为必修课,每周有4小时的学习时间。英语的教学还是沿用殖民时期的教学大纲,重视英语文学和文化,主要教学内容为英国经典作家的作品。因此,这种反英语的意识对英语作为第一外语的地位影响并不大。

从1967年开始,随着以色列和美国在政治经济等方面关系的日益紧密,以及国际旅游的发展和英语国家犹太人移民的增加,以色列人不再把英语看作殖民者的语言,反而认为学好英语是实现经济发展的重要因素。所以以色列从1968年开始大量引进美国电影、电视节目及英语书刊。随着全球化的深入,英语在以色列的经济、媒体、学术等各个领域应用很广,是名副其实的第一外语。

英语最早于奥斯曼帝国统治时期进入巴勒斯坦地区。在英国委任统治时期,英语是该地区的官方语言,但其影响力并不大。以色列建国以后,英语经历了从被抵制到受欢迎的大转变。目前,英语越来越受到以色列人的重视,是以色列的第一外语。虽然英语不是官方语言,但其重要性和受欢迎程度远远超过另外一官方语言阿拉伯语。

2.2 当前以色列英语教育政策

从1967年开始,以色列的英语教育政策发生重大变化,教学重点实现了从之前的重视文学文化到重视语言的交际功能的转变。英语课程增加了口语课程,并且平等对待英语的听、说、读、写四种技能。为了规范并促进以色列的英语教育,在政府的资助下,由Spolsky Bernard牵头的英语课程编写委员会于1998年夏制定了《以色列英语新课程标准》(以下简称《新课标》),2001年正式发布,2013年又出版了修订版。该课程标准的制定为教材编写者、学校和教师选择教学材料、内容和方法提供了非常好的参考。

2.3 以色列英语改革的方向

通过对比2001版《以色列英语新课程标准》和2013年的修订版,我们可以发现近年来以色列英语改革的方向[4]。

第一,英语教育的低龄化。2001版的《以色列英语新课程标准》只要求学生从三到四年级开始学习英语,并把小学阶段的英语水平归纳到基础水平阶段。但2013年修订版的《以色列英语新课程标准》第一次提出了"基础水平前"(pre-foundation)的概念,并将该水平段分成两个阶段,还规定了相应的教学要求。

第二,英语教育中包含思维能力训练。为了提高学生理解能力和批判性思维能力,2013修订版的《新课标》将高阶思维能力(Higher-order Thinking Skills)融入到英语教学的各个环节和阶段。美国教育家布鲁姆按照认知的复杂程度,将思维过程具体化为六个教学目标,即学习时需要掌握的六个类目的行为表现,由低到高包括记忆、理解、应用、分析、综合、评价。记忆、理解和应用,通常被称为低阶思维;分析、综合和评价,通常被称为高阶思维[5]。2013修订版的《新课标》规定基础水平需要掌握的高阶思维能力有:归类和分类、对比和比较、创新、推理、整合、建立联系、预示等能力。中等水平除了对基础水平的思维能力提出了更高的要求,还增加了新的高阶思维能力,具体有:区分不同视角、解释因果、辨析整体和局部的关系、论证、解决问题、排列方法和揭示动机等能力。熟练水平需要掌握的高阶思维能力有:评价、解释结构模式、劝说和整合等能力。

第三,英语教育中整合了信息交流技术训练。以色列2013修订版的《新课标》要求在英语教育的各个阶段和水平增加信息技术训练,目的是让学生更好地应对现代数字技术工具带来的挑战。修订版的《新课标》要求学生基础水平阶段学会使用在线词典、搜索引擎、简化电子书、网络视频等信息工具,还要学会使用电子邮件、博客、文字处理软件,如Word和PPT等;在中等水平阶段,要求学生会使用简化的Web 2.0工具、电脑辅助交流软件(如Skype)、网络论坛、维基百科等;在熟练阶段,学生除了熟练使用之前的信息工具,还要学会使用在线同义词词典和Web 2.0工具等。

三、以色列英语教育体系

3.1 英语教学目标与要求

自建国以来,以色列一直致力于建构自己独特的外语教育体系。目前,以色列的英语教育体系主要集中在基础教育和中等教育阶段。基础教育小学三年级(四年级)至六年级。中等教育阶段又可以分成两个阶段:初中阶段(一至三年级)和高中阶段(一至三年级)。

《以色列英语新课程标准(2013)》规定,各阶段毕业生应分别在社会交往能力领域、信息接收能力领域、表达能力领域以及语言、文学和文化欣赏能力领域能够达到以下目标。

目标＼阶段	基础阶段	初中阶段	高中阶段
社会交往能力领域目标	学生能互动并表达简单信息。	学生能在有限的社会环境下运用适当的语体进行流利地互动交流。	学生能在广泛的社会环境下运用适当的语体进行有效的交流活动。

（续　表）

阶段 目标	基础阶段	初中阶段	高中阶段
信息接收能力领域目标	学生能通过使用简单的语言（可能偶尔有不熟悉的语法结构和生词）从简短、熟悉话题的口语和书面的语篇中获取信息并使用信息。	学生能够通过使用更加复杂的语言，从不是熟悉话题的口语和书面的语篇中获取并使用信息。	学生能够从更真实的或改编较少的，话题更加广泛的口语和书面的语篇中获取并使用信息。
表达能力领域目标	学生能通过口语和书面语就个人话题组织语言，表达观点和信息。	学生能以适当交流目的和听众的语域和文体，通过口语和书面语就普通话题组织语言，表达观点和信息。	学生能以适当交流目的和听众的语域和文体，通过口语和书面语就广泛话题深入组织语言，表达观点和信息。
语言、文学和文化欣赏能力领域目标	学生能够阅读和听懂适合年龄和水平的文学体裁，例如简化的儿童故事、诗歌、童谣和分级泛读材料。	学生能够阅读和听懂适合年龄和水平的文学体裁，例如短故事、诗歌和分级泛读材料。	学生能够阅读和听懂适合年龄和水平的文学体裁，例如小说、戏剧和泛读书籍。

3.2　英语课程设置

政府规定小学从四年级开始把英语作为必修课，但有约40%的小学在三年级的时候就开设英语课，还有少数小学在一年级和二年级开设英语课。校内学习时间基本上是每周2至3小时[12]。教材一般由以色列教育电视台、以色列教育技术中心和政府规定的出版社编写出版。

四、以色列英语能力评价体系

4.1　评价的理念

以色列的英语能力评价理念基于近年来在外语教育、评估、认知心理学和课程大纲等各领域的发展成果，并借鉴高级教师的观点。这些理念的实施可以创造能促进语言发展的有效语言学习环境。这些理念具体包括语言教学原则，语言学习初始阶段教学原则，教学材料选择原则，教学任务选择原则，课堂评估原则和技术整合原则。

有意义的语言学习具有主动性、建设性、真实性和合作性的特点。当学生有机会参与他们认为对他们人生有意义的活动时，他们的动机最强。当学习任务有意义并有趣时，他们会在认知和情感方面深度参与活动。因此，教学过程不应该只关注教师的授课，更应该关注学生在"做中学"。能在学习活动中关联学生认知和情感的学习活动是英语学习的关键因素。教师必须给学生提供激发学生思维的学习机会，以促进有效学习。通过有意义的英语学习，学生不仅会在语言习得方面进步显著，在知识、批判性思维、以及情感态度价值观方面都会有长足进步。

4.1.1　教学材料选择原则

《以色列英语新课程标准（2013）》[7]规定，被以色列教育部批准的英语教材是首要教学材料。教学补充材料可以是纸质打印版或者电子版。选择材料时必须遵循以下原则：

（1）材料不歧视、不冒犯和不刻板化他人；
（2）材料包含《新课标》规定的语法和词汇；
（3）材料包含多样的文体和媒体；
（4）材料具有多样目标，并面向不同群体；
（5）提供适当场景便于进行使用交流；
（6）材料要适合学生的年龄特征和语言水平；
（7）尽量选择适合学生的社会背景、兴趣、经历和知识水平的材料；
（8）材料能丰富学生的百科知识并能让学生深入探索知识；
（9）材料能提供有意义的交流机会；
（10）材料能促进独立自主学习；
（11）材料能提高学生的阅读兴趣。

4.1.2 教学任务选择原则

设计教学任务原则如下：
（1）必须设计有意义的任务；
（2）学生应该清楚任务的目标、过程和结果；
（3）任务既要关注语言形式，又要关注语言意义；
（4）任务能促进聚合思维和发散思维。

4.1.3 课堂评估原则

评估是教学过程的必要环节，评估涉及在一段时间内，利用多种方法收集学习证据。评估工具包括传统的基于测试的评估工具和非传统的评估工具，如学习档案、项目任务和课堂表现。传统评估工具和非传统评估工具各有利弊，在评估过程中应该相互补充。评估包括形成性评估和总结性评估。

4.1.4 技术整合原则

技术进步改变了人与人和人与媒体互动的方式。为了保证学生在语言学习过程中能够有效利用数字工具，学生必须具有多种能力。另外，技术只是达到目的的手段，教学中的技术整合受制于教学法。语言教学中的信息和交流技术整合需遵循以下原则：
（1）鼓励学生和数字媒体进行互动；
（2）给学生提供工具评估网络信息的可信度；
（3）鼓励学生使用不同的信息交流模式和渠道，例如邮件、音频和视频聊天工具和Web 2.0工具；
（4）鼓励学生在网络上创造和分享原创的数字产品；
（5）学生了解可接受的网络规则（网络礼貌）；

（6）学生了解网络的潜在威胁；

（7）提供学生网络在线软件使其参与合作的语言学习活动，例如Google Docs，wikis等。

（8）鼓励学生获取适合他们能力水平的网络信息；

（9）提供学生在当地或者全球社区中进行合作交流的机会。

4.2 评价的内容和目标

以色列《新课标》的评价内容和英语教学目标一样，同样包括四个语言能力和知识的领域（domains），分别是社会交往能力领域（domain of social interaction），信息接收能力领域（domain of access to information），表达能力领域（domain of presentation）和语言、文学和文化欣赏能力领域（domain of appreciation of language, literature and culture）。

社会交往能力主要指学生能够用非正式的书面和口头英语，在不同的社会环境中同来自不同的语言文化背景的人士进行有效交流的能力。

信息接收能力主要指学生能够用英语从广泛的印刷和数字媒体中的口语和书面文本中获取信息，并因不同目的利用这些信息的能力。

表达能力主要指学生以有逻辑、有条理的方式，通过口语和书面语就广泛的话题，利用印刷和数字媒体表达自己的观点和信息的能力。

语言欣赏能力指学生欣赏语言特性和清楚意识到英语和其母语及其他语言之间的区别。文学和文化欣赏能力指学生能够欣赏英语文学的能力和通过英语加强对不同文化的敏感性能力。

4.3 评价的方式

从2013版《新课标》的评价理念可见，以色列的英语教学重视在一段时间内，利用多种方法收集学习证据。评估工具包括传统的基于测试的评估工具和非传统的评估工具，如学习档案、项目任务和课堂表现任务。传统评估工具和非传统评估工具各有利弊，在评估过程中应该相互补充。评估包括形成性评估和总结性评估。

4.4 评价的标准

4.4.1 评价水平

以色列语言评价水平分为三个水平阶段

水平阶段	达到该水平的时间
基础水平	一般在六年级结束
中等水平	一般在九年级结束
熟练水平	一般在十二年级结束

4.4.2 评价标准

《新课标》具体列出了每级水平学生应该达到的四种技能领域标准。

社会交往能力领域标准

进阶水平		
基础水平	中等水平	熟练水平
学生能互动并表达简单信息。	学生能在有限的社会环境下运用适合的语体进行流利互动交流。	学生能在广泛的社会环境下运用合适的语体进行有效的交流活动。
学生能用合适的词汇和可理解的语法进行互动。	学生能运用这一水平规定的合适的词汇和精确的语法。	
评价标准		
当学生具有以下能力就达到了社会交往能力领域标准:		
表达感情,喜好和厌恶。	表达,并能深入阐述个人愿望和观点。	表达思想观点,并能进行深度解释。
有限范围内进行互动,例如听从基本指示、问询信息、做出简单请求和满足请求。	互动范围扩大,例如同意和否定,给出指令并执行,提出建议、赞美。	互动范围更大,例如劝说、讨论和小组决策。
可以就熟悉话题和日常情景(如家庭、学校和个人喜好)通过问答的方式进行简短对话/讨论。	可以就普通话题(如时事和未来计划)以适合情景、听众和目的的语言进行对话。	可以就广泛的话题(如社会和全球问题)以适合情景、听众和目的的语言进行对话。
能够创造并回复有限范围的书面信息,如便条、电邮、博客、邀请函、私人信件和贺卡。	能够创造、合作和回复各种各样打印、手写或者电子媒体,例如基于网络的会议工具、网络论坛、各种网络2.0版工具,并有情景、读者和目的意识。	

信息接收能力领域标准

进阶水平		
基础水平	中等水平	熟练水平
学生能通过简单的语言(可能偶尔有不熟悉的语法结构和生词)从简短的、话题熟悉的口语和书面的语篇中获取并使用信息。	学生能够通过更加复杂的语言,从不熟悉话题的口语和书面的语篇中获取并使用信息。	学生能够从更真实的或较小改编的,话题更加广泛的口语和书面的语篇中获取并使用信息。
学生能够通过利用词汇、语法、标点、文章结构、数字媒体和常用的语篇标志知识获取并使用信息。	学生能够通过利用词汇、语法、标点、文章结构、数字媒体和常用的语篇标志知识获取并使用信息。	学生能够通过利用词汇、语法、标点、文章结构、数字媒体和常用的语篇标志知识获取并使用信息。
评价标准		
当学生具有以下能力就达到了社会交往能力领域标准:		
能够理解文章的大意、主要观点和事件顺序,并能够使用这些知识。	能够理解文章的大意、主要观点和细节信息,并能够使用这些知识。	能够理解不同种类文章中的行文逻辑,并能够使用这些知识。

（续　表）

评价标准		
识别不同文章类型，并能够使用这些知识。	识别不同文章类型的特征并能够使用这些知识。	
识别文章中的事实、感情和明显的观点。	为了识别文章的观点进行推理，区分事实和观点。	识别和推测作者或说话者的态度，并得出结论。
能在熟悉的语境中听从简短的系列指令。	能在各种各样的语境中听从复杂的系列指令。	
能从可视数据（如时间表和计划安排表）中提取信息。	能解释可视数据（如图表、简图和地图）中的信息。	能传递从可视数据（如图表）中提取的信息。
能就具体目标定位相关信息。	能就具体目标从有限资源中提取并整合相关信息。	能就具体目标从大量资源中独立寻找并整合信息。
能使用信息工具，如词汇表、简化学生词典、在线词典、目录、辅助搜索引擎、简化电子书或YouTube视频。	能使用信息工具，如词典或简化的Web 2.0工具。	能使用信息工具，如在线近义词词典、谷歌搜索引擎或Web 2.0工具。

表达能力主要指学生以有逻辑、有条理的方式，通过口语和书面语就广泛的话题，利用印刷和数字媒体表达自己的观点和信息的能力。

表达能力领域标准

进阶水平		
基础水平	**中等水平**	**熟练水平**
学生能通过口语和书面语就个人话题组织和表达观点和信息。	学生能以适合交流目的和听众的语域和文体，通过口语和书面语就普通话题组织和表达观点和信息。	学生能以适合交流目的和听众的语域和文体，通过口语和书面语就广泛话题深入组织和表达观点和信息。
学生能正确使用本水平的词汇和语法。	学生能正确使用本水平的词汇和语法，并能加入话语标记语，遵循韵律传统。	学生能正确使用本水平的词汇和语法，并能加入各种不同话语标记语，遵循韵律传统。
评价标准		
当学生具有以下能力就达到了社会交往能力领域标准：		
能就有限内容，在视觉辅助的条件下表达信息。	总结和表达来自有限渠道的信息。	深度整合和表达来自多种渠道的信息。
能够合理运用本水平的高阶思维能力，就所读、所听和所看到的内容做出个人反应。	能够合理运用本水平的高阶思维能力，就所读、所听和所看到的内容做出反应。	能够合理运用本水平的高阶思维能力，就所读、所听和所看到的内容做出深刻反应。
能就熟悉的情景描述人物、地点、事物、事件和个人经历。	能用主旨和论据就普通话题表达思想和观点。	就支持或反对某一观点进行议论。

（续　表）

评价标准	
设计收集信息的手段，如简单问卷和列举结果。	设计不同收集信息的手段，如问卷调查和访谈，使用适合本水平的高阶思维能力汇报结果和结论。
使用数字媒体工具，如在线文字处理器，展示创造工具和简单的Web 2.0工具。	使用数字媒体工具，如播客（Podcasts）和Web 2.0工具。
使用规定的标准（如清单和说明）准备课堂展示。	能基于同学和老师的反馈反思和修改课堂展示。

语言、文学和文化欣赏能力领域标准

进阶水平		
基础水平	中等水平	熟练水平
学生理解语言间的简单差异。	学生清楚英语和其母语的各种差异。	学生可以洞察语言的复杂性。
学生能够阅读或聆听适合年龄和水平的文学体裁，例如简化的儿童故事、诗歌、童谣和分级泛读材料。	学生能够阅读或聆听适合年龄和水平的文学体裁，例如短故事、诗歌和分级泛读材料。	学生能够阅读或聆听适合年龄和水平的文学体裁，例如小说、戏剧和泛读书籍。
学生清楚他们的文化不同于其他文化。	学生熟悉各种不同文化的习俗和习惯。	学生培养对不同的文化价值观和习惯的批判性视角。

语言欣赏能力评价标准		
当学生具有以下能力就达到了语言欣赏能力领域标准：		
能识别英语和其母语相同的词汇。	能够区分英语和母语音同意不同的词汇。	清楚单词和词组的微妙意义和引申意义，以及近义词、翻译和派生词之间的差异。
清楚构词法（形态学）		
了解英语词序、发音和书写体系的组织形式，并清楚这些因素和其母语的差异。	和其母语比较英语的不同语言要素，如时态和句法。	
清楚不是所有的词汇都有完全相对应的翻译。	清楚不同语言句法不同。	清楚不同语言使用不同的成语表达同样的观点。
	清楚英语和其母语的文化习俗差异，如问候差异。	清楚语言之间交流功能和使用的差异，以及语言演变的动态变化，例如词汇意义和引申意义的变化。

文学和文化欣赏能力评价标准		
当学生具有以下能力就达到了文学和文化欣赏能力领域标准：		
能够使用低阶思维能力识别和描述文学作品中的事件、背景和主要人物。		

（续　表）

文学和文化欣赏能力评价标准		
能够使用高阶思维能力分析和阐释文学作品。		
识别文学作品中的基本文学技巧，如重复、拟人、节奏和押韵。	识别和解释文学作品中的文学技巧，如意象、反语和隐喻。	
理解文学作品和其作者的历史、社会和文化环境。	理解文学作品和其作者的历史、社会和文化环境，并解释这些因素在文学作品中的反映，或者这些因素如何影响作品的创作。	
为文学作品做一个口头的、书面的或可视的汇报。		
反思文学作品。	反思文学作品和整合高阶思维能力的过程。	
从文学作品中熟悉不同的文化惯例和传统。	通过阅读文学作品对比不同文化惯例和传统。	清楚文化惯例、文学作品和各种不同文化产品的关系。

高阶思维能力可以帮助学生高效获取和运用知识，是学生的生存技能。高阶思维能力的应用可以使学生更好地应对21世纪的各种挑战。各水平层次的高阶思维能力如下。

高阶思维能力		
基础水平	中等水平	熟练水平
归类和分类（根据标准对信息进行分类。）	区分不同视角（在文章或互动中辨认不同的视角。）	评价（对文章的不同方面进行评价，证明观点，评价别人的观点。）
对比和比较（找到相似点和不同点并得出结论。）	解释因果（描述和解释行为或时间的因果关系。）	解释结构模式（识别并解释文章中的不同结构模式，并解释其功能。）
创新（基于文章或其他提示或刺激进行创新。）	辨析整体和部分关系（解释整篇文章中各部分的作用。）	劝说（能基于逻辑推理和相关证据呈现结构严谨的论证，目的是说服别人。）
推理（通过推敲字里行间的意思推测隐含意义。）	推理（通过推敲字里行间的意思推测隐含意义。）	转换信息（把信息从一个语境转换到另一个语境。）
整合（从文章的不同部分或不同渠道获取信息回答具体问题。）	整合（从文章的不同部分或不同渠道获取信息回答具体问题。思考如何整合观点或信息创造新的思想。）	整合（在文章中整合不同的观点和洞察力。）
建立联系（在学生的已学知识与先验知识之间建立联系。在不同观点与时间之间建立联系。）	建立联系（在学生的已学知识与先验知识之间建立联系。在具体方面和概念之间建立联系。）	
预示（基于已知信息预示内容和结果。）	预示（基于已知信息预示书面和口语材料的内容和结果。）	
	论证（证明一个观点被接受或拒绝的理由。）	
	解决问题（识别问题并提供解决方法。）	

(续 表)

高阶思维能力		
基础水平	中等水平	熟练水平
	排列方法（当文章中的逻辑或时间顺序不明确时，理解并识别文章的排列方法。）	
	揭示动机（识别能够解释行为的动机。）	

《新课标》还规定每级水平必须掌握的词汇，其中包括语块。《新课标》规定学生在十二年级毕业时，应该掌握约5 400个词汇，能够利用这些词汇理解不同的口语和书面文本，并且使用这些词汇创作文本。

	基础水平	中等水平	熟练水平
核心词汇	600	800	
扩展词汇	600	1 200	2 200
每级水平合计	1 200	2 000	2 200
总　　计	5 400		

《新课标》还列出每级水平应该学习的语法知识，把语法分成句法、动词、名词、形容词/副词和介词等几部分。

参考文献：

[1] ETS美国教育考试服务中心.《托福考试及成绩数据汇总报告》[R].2015.

[2] ETS美国教育考试服务中心.《参加GRE改版后一般能力考试的人群情况的报告》[R].2015.

[3] 孟博.在以色列英语是重要技能[EB/OL].[2016.06.15].http://world.cankaoxiaoxi.com/2013/1029/293105.shtml

[4] 瑞弗卡舒.以色列人使用八十六种语言[EB/OL].http://www.people.com.cn/GB/paper39/11423/1031292.html

[5] 王帅.国外高阶思维及其教学方式[J].上海教育科研,2011(9):31-34.

[6] 以色列简介[EB/OL].[2016.12.15].http://embassies.gov.il/beijing/AboutIsrael/Pages/AboutIsraelContent.aspx

[7] 以色列教育部.《色列英语新课程标准》[Z].2013.

［8］钟志清.希伯来语复兴与犹太民族国家建立［J］.历史研究,2010（2）: 116-126.

［9］Wikipedia. Languages of Israel［EB/OL］. https://en.wikipedia.org/wiki/Languages_of_Israel

［10］Zuckermann G, Walsh M. Stop, Revive, Survive: Lessons from the Hebrew Revival Applicable to the Reclamation, Maintenance and Empowerment of Aboriginal Languages and Cultures［J］. Australian Journal of Linguistics, 2011, 31(1): 111-127.

［11］Shohamy E. Issues of language planning in Israel: Language and ideology［J］. Language planning around the world: Contexts and systemic change, 1994: 131-142.

［12］Spolsky B, Shohamy E. The Languages of Israel: Policy, Ideology and Practice. Bilingual Education and Bilingualism 17.［M］. UTP Distribution, 2250 Military Rd., Tonawanda, NY 14150 (paperback: ISBN-1-85359-451-2, $39.95; hardback: ISBN-1-85359-452-0, $79). Tel: 800-565-9523 (Toll Free)., 1999.

第十三章
印度英语能力及评价

一、英语在印度的生态状况

1.1 英语在印度的地位

印度共和国(The Republic of India)是南亚次大陆最大的国家,世界四大文明古国之一。1950年1月,印度共和国成立,成为英联邦成员国。到20世纪60年代,官方法定语言几经变化,由英语改为本国母语印地语,后又两者并用,最后由印度政府颁布语言法令,确认印地语、英语和地方语言三种语言并存,作为印度官方语言。1965年1月26日是印度共和国成立纪念日,英语作为印度官方语言的地位被正式确定了下来。在印度全国十多亿人口中,使用印地语的人最多,约占总人口的30%,加上旁遮普语、乌尔都语等使用者,总数约占总人口的50%。但实际上,印地语只是在北方地区比较普及,英语才是真正的通用语[25][26][33]。

1.2 英语与印度本土语言的亲疏关系

印度的语言和方言同样多样化,多达1 652种[25]。其中日常使用的估计就有850种[33]。根据联合国教科文组织统计,世界上有一半的语言集中在八个国家,其中400多种在印度,因此印度是世界上语言最多的国家。在语言环境如此复杂的国家,英语作为一种联系语和通用语的价值是十分巨大的。印欧语系是欧洲占统治地位的语系,欧洲的语言大部分属于这个语系之内。

由于受印地语等语言和方言的影响,印度英语的发音[2]和标准与英语有很大不同。总的发音特点有:

(1) 发音奇特、语速非常快、没有重音、不讲快慢、节奏(每个音节的时长)一样[22];

(2) 强式元音(strong forms of vowels)和弱式元音(weak forms of vowels)不加区分,非重读元音被发成完全元音(full vowels);

(3) 独特的印度英语或南亚英语口音是由所谓卷舌音的发音定位(retroflex

articulatory setting)产生的,这就影响到所有语音,尤其是 /t,d,s,z,l,r,n/;

（4）辅音 /p,t,k/ 居于首位时发音不送气,所以发音时容易产生混淆不清的可能性;

（5）印度人或南亚人习惯把 /r/ 发成颤音（trill）或滚音（roll）;

（6）许多印度人或南亚人不分 /v/ 和 /w/ 或 /n/ 和 /ŋ/，/ð/ 和 /θ/ 倾向于读作 /t/ 和 /d/;

（7）像 gate，lay 和 low，show 中的双元音通常都被读成单元音;

（8）以 s 开头的词首子音丛（initial consonant clusters）的前面常常加一个 /i/ 音或在 s 之后插入;

（9）增添音素:有些印度人喜欢将音节后面的辅音 /g/ 读出来,增添音素 /g/ 多是受印地语的影响。

1.3 英语与印度民众生活的关系

从英国对印度进行殖民统治开始到新世纪的今天,英语从未中断过其官方语言的地位,并渗透到印度人日常生活的方方面面。英语在印度非常流行,特别是在南印,英语和印地语同为印度官方语言,但其地位甚至高于印地语。英语是印度各领域实际上的官方语言,是大学里考测学生的语言,是进行外交事务的语言和开辟通商之路的语言,从文官选拔、高校招生、国会辩论,到就餐、购物等社会生活的各方面,概莫能外。

1837 年英语成为印度的官方语言之后,哈丁总督又颁布一项决议:只要接受英语教育,印度人就能从事政府部门的工作;政府的公务员考试必考英语。这个决议使"英语与个人有了直接密切的关系,成为印度人参政议政、加官晋爵的手段"。1844 年,哈丁总督签署了一项决议,规定所有公务人员的聘用必须通过教育委员会举办的公共竞争考试,给受过英语教育的印度人以优先录取的机会。政府通过改变雇佣政策来促进和推广英语教育的做法,使得"英语教育由于生计的需要而开始受到重视"。[7]因此,全国每个邦的各级学校都把它作为第二语言来教授。

进入 21 世纪后,印度英语成为其经济腾飞的助推器。印度约有 5 000 万人能熟练运用英语,堪称"英语大国",这都归功于印度成功的英语教育。印度人进入欧美社会不需要跨越语言和文化门槛,自然接轨,在国际商务活动中轻车熟路,运用自如。摩根斯坦利全球首席经济师斯蒂芬·罗奇就曾断言,印度经济发展的三大优势即高学历劳动力、信息技术专长和流利的英语[16]。

二、印度英语教育政策[20]

2.1 印度英语教育简史

印度英语教育可追溯到 18 世纪中期欧洲殖民者进入印度从事经济活动开始,并于 19 世纪巩固殖民统治时期逐步发展起来。在英国殖民统治时期,曾有两项对印度英语教育发展起到过重要影响的举措:一项是 19 世纪 30 年代,英国决定在印度实行文官考试制度,规定凡公务人员的录用,都必须经过当局举办的公开竞争考试,英语成绩优秀者优先录用。这一规定对印度英语教育是一个巨大推动。另一项是19世纪中期,英国政府公布《伍德教育文告》,提出印度教育应以传播欧洲的知识为目标,并为印度确立了从小学到大学的现代教育制度。印度近代教育家罗姆·摩罕·罗易认为西方有先进的教育、科学技术和政治制度,主张在印度普及西方教育,并创办第一所现代类型的"印度学院",传授欧洲的语言和科学。这对英语教育在印度的普及与发展,都产生了深远的影响。此后,1857年印度第一所大学——加尔各答大学创立,随后一批大学也相继建立起来。同时中小学教育也得到充实和提高,英语教育逐步进入印度的初、中、高等教育课程。英国政府在孟买、加尔各答和马德拉斯办起了讲英语的大学。讲英语的行政官员、军官、教育工作者和传教士随之蜂拥而至,他们把英语散播到印度次大陆的每一个角落。英语在印度逐渐成了权力和地位的象征。

到了19世纪末,随着更多学院和大学的建立,英语彻底取代了与之竞争的波斯语和印度诸语言。19世纪初由印度人自己创办了第一所现代类型英语学院。这个学院不仅教授英语,还开设了一些科技知识方面的课程。在整个殖民教育时期,印度各级各类教育都有了很大的发展,尤其是英语教育成为印度教育的一个重要的方面,英语也成了普遍使用的教学媒介语言。1954年后成立的各省教育部推动了印度中等教育的发展,他们不仅自己创办中学,而且通过补助金制度大力促进私人办学。这些私立中学的另一个重要特点是英语不仅是一门科目,而且已成为教学语言,这种情况也主要受制于大学的入学考试,而其他一些因素如政府部门的雇佣政策又加强了英语在印度中等教育中的地位[17]。

印度教育的重点放在高等教育上,主要吸收社会上层的子弟入学,直接为殖民统治提供人才。一大批大学相继建立,教育的受益人群不断扩大。同时中小学教育也得到充实和提高,英语教育逐步进入印度的初、中、高等教育的课堂。这既为印度政治独立和后来的经济建设培养了大量的人才,也对印度文化和印度人的价值观产生了深远的影响。英语教学已在印度持续了几个世纪,无论小学、中学和大学都大力推行英语教学。印度英语教育经过200多年发展到今天,已建立起一个较为完善的教育体系,并得到印度社会的普遍认同和使用。在印度各级各类教育中,英语不仅是一门外语学科,更是一种学习科技知识和与西方发达国家交流的重要工具。

2.2 当前英语教育政策

印度政府为了推进传统教育制度向现代教育制度的根本转变,彻底摒弃殖民教育的一些弊端,更好地适应国家现代化建设对人才的迫切需求,于1968年制定了具有里程碑意义的《国家教育政策》。文件中明确规定,中学阶段应当严格地实施三种语言教育:印地语、英语和地方语言。在要求尽一切力量促进印地语发展的同时,还指出应当特别强调英语和其他国际语言的学习,因为世界的科学技术知识在飞速增长,印度不仅得赶上这种增长的步伐,而且还要做出自己的贡献[27]。在当今世界,知识的竞争日趋激烈,特别是自然科学和人文科学领域。印度不仅要保持自己的发展趋势,而且还要对此作出更大的努力,要加强英语的学习[18]。文件还提出,要在全国各地和学校教育各阶段实行公立教育的"共同教育制度"。这个文件对印度教育发展的总方针和总政策及统一全国教育模式等重大问题作了富有远见的规定,把英语教学放到了重要位置,特别强调学习英语和其他国际语言。同时,文件明确规定教学媒介采用三种语言,即印地语、英语和地方语言,并特别强调对国际语言——英语学习的重要意义。这个文件的实施,巩固了英语作为教学媒介语言的地位,推动了英语教育的发展。

1986年的《国家教育政策》中建议[19],在高中阶段实行职业化:到1990年要有10%的高中生修习职业课程,到1995年要有25%的学生修习职业课程。可见,印度将职业化作为印度中等教育的一个发展目标,将英语教育与职业教育相结合,为国家工业、农业、商业、公共保健等各领域的发展培养人才。《国家教育政策》中还提出,要在全国每个县各设立一所可以作为示范的新式学校,这类学校的总目标是在实现平等和社会公正的同时,实现英才教育。但实际上,这类学校只满足农村中富有家庭和特权阶层的需要,而出身贫苦的儿童被拒之门外。与1968年教育政策相比,1986年的教育政策没有多少创新,只是殖民主义教育体系的直线延长,仍然实行精英主义教育的措施。

1992年通过的《1992年行动纲领》,即1986年国家教育政策修正案中,分别对幼儿教育、中小学教育的情况作了描述,虽未对英语教育作特别说明,但对课程大纲的要旨作了阐述[12]。高等教育要特别重视语言能力,最重要的是必须加强教育金字塔的基础,保证在20世纪结束之前让10亿人受益。同样非常重要的是,要保证攀上金字塔顶的每个人都成为世界上最优秀的人才[13]。印度的各阶段英语教育犹如金字塔,基础扎实,为国家在各个领域储备人力资源,培养国际交流人才带来优势。

2005年印度的国家课程框架(National Curriculum Framework)中规定:应当通过将学校发展为社区学习中心,来丰富贫困学生的语言环境。2006年国家教育研究与培训委员会(National Council of Education Research and Training, NCERT)发布的英语课程大纲中,明确指出英语教育应当培养学习者具备熟练的语言能力,在不同情境中自然、恰当地运用英语的能力[28]。该大纲还对一到十二每个年级的英语教学内容以及具体教学目标分别作了详细的规定。从中可以看出,英语已经列入印度小学的必修课之中。

2.3 英语教育改革的方向[8]

印度一直将高等教育作为教育发展的龙头,高等教育经费在教育总经费中一直占较大份额,近几年才有所减少。由于社会生产力还不够发达,人口过快增长,国民平均生活水平普遍较低,教育总投入不足,基础教育发展相对缓慢。这些问题已引起印度政府的重视并努力进行教育改革,例如建立统一的学校制度,加大教育投入,提高英语教学的质量。印度的英语教育改革,要建立一个符合本国实际的、民主的、现代化的教育体系,还需要艰苦和长期的努力。

三、印度英语教育体系

3.1 英语教育体系概括

印度的中学和大学设置是这样的：一到五年级是小学（Primary School）；六到八年级是中学（Middle School）；九到十年级是高中（High School）；十一到十二年级则为高等中学（Higher Secondary School）。中学的种类比较多：有国有的中学（State Board）、大学预科中学（Matriculation）、中心控制中学（CBSE, Central Board Secondary Education）、国际学校（International School）、国际预科中学（IB, International Bacculeiate）、安格鲁印度中学（Anglo-Indian Board）等。大学的教育分为学院（College）和大学（University）。大学本科阶段的教育全部下放到学院。学生在学院里学习三年，完成了相应专业的学习要求后，就能拿到相应的学位。大学预科中学在印度的比例比较高，中学的质量较高，收费也不算高。中心控制中学这种中学是比较好的学校，在印度呈连锁学校的趋势，这种学校教学理念先进，孩子们的见识面较广，是较高收入的家庭才能进去的学校。国际学校则以国际学生为主，相应的国际预科中学则是较为高级的国际学校。

今天的印度已经建立了成熟的英语教育体系：教育体制实行"10+2+3"的结构，"10"代表初等教育和中等教育，分为小学八年（初小五年，高小三年）和初中两年，称为普通教育。"2"代表高中教育，称为分科教育。"3"代表高等教育。在小学和中学阶段，大力推行英语教学，部分学校采用英语教授学科，尤其是私立学校。在政府的印地语（地方语）学校，从一年级到十年级开设一门英语课，从十一年级到十二年级实行文理科班教学，理科班改用英语讲授各门学科。在大学阶段，除个别文科外，全部采用英语教学。从小学到中学的十二年间，大力推广英语教育，全部的私立学校和一半的政府学校采用全方位英语教学，培养学生广博的英语词汇量和听、说、读、写四会的扎实基础。印度的小学、中学和大学教育阶段的英语教学犹如金字塔，基础宽厚而扎实，从小学和中学阶段就接受良好的英语教育，到大学阶段通过进一步学习，已经具备运用英语进行国际交流的能力[20]。

3.2 英语教学目标与要求

印度政府教育机构制定了英语教学大纲，大多数邦直接采用英国有关院校的教学大纲[15]。在中学教育中，围绕听、说、读、写四项基本的语言技巧，制定了学生学习英语必须达到的基本目标：（1）能容易听懂一些对话；（2）能准确流利地说英语；（3）能以适当速度进行理解性阅读，并能通过整理信息，形成语言文库，促进阅读能力的提高；（4）能以正常速度准确、整齐地书写英文；（5）能用英语鉴赏简单的诗歌；（6）能掌握一些英语基础知识以达到掌握英语的实用性；（7）能翻译常见的单词、短语和句子；（8）培养对英语的兴趣。

印度中等教育委员会[23]所规定的语言课程目标有五项：（1）促使学习者在真实的生活情境中有效、恰当地交流；（2）在不同课程中有效地运用英语来学习；（3）培养与整合听、说、读、写四项语言技能的运用；（4）培养对文学的兴趣与理解能力；（5）复习并强化学过的结构。而在教学过程中，教师要尤为注意培养学生的创造力和自我管理能力，鼓励学生运用经验、知识与想象力来独立思考并表达自己的思想，而不是依赖课本或教师，从而培养他们的创造力；鼓励学生监督自己的进步、留出学习时间，使他们懂得语言不仅是有用的工具，而且是个人发展与价值观教育的重要组成部分，培养其自我管理能力。英语语言和文学课的主要目标在于帮助学生加强自信心，提高口语和书面交流的熟练程度；培养参与问答所需的能力，获得相关知识；能在各种社交场合恰当地使用英语；掌握提问及表达自己观点所需的重要语言技能等等。教学方法方面，给这门课建议的活动包括：角色扮演、真实生活情境模拟、编剧并表演、问题解决与作决策、解释表格中的信息、运用剪报、从周围世界及书本和其他学科中借鉴情境、语言游戏、猜谜、笑话、解释图片、素描、卡通片、讨论与辩论、描述并讨论、故事、诗歌背诵、小组合作、利用多媒体等[23]。各个年级的课程目标中也一再强调要培养学生在"真实情境中恰当地运用英语的能力"。英语核心课则应照顾到准备进入大学深造和高中毕业后即就业的两类群体的需要，提升学术学习及工作场合所需的语言技能。

3.3 英语课程设置

印度公立学校为6至14岁的儿童提供免费义务教育，一般以印地语或其他当地民族语言作为教学语言，而英语则作为一门必修课加以学习。公立中学多遵照印度中等教育中央委员会（Central Board of Secondary Education, CBSE）的标准来设置课程[24]。而在CBSE的大纲中，只有英语、印地语作为主要课程跟数学、科学等课程拥有同样重要的地位，而包括法语、德语、俄语、日语及各种印度地方语在内的32种语言的教学，则放在另一本"语言大纲"中加以规定。在主要学科的课程大纲中，第一个科目是印地语，第二个科目便是英语。初中（九到十年级）英语包括两门课：一门是英语交流，又叫作"交互英语"（Interact in English）"，另一门是英语语言和文学课。对学生来说，交互英语课的材料包括教科书、文学阅读本、作业本和长篇阅读课本。交互英语的设计以培养学生的英语交流能力为目的，依据学生当前和未来的学术、社会与职业需求来选择课程内容。英语作为一门学科，其他课程采用英语和印地语教材，绝大多数学生能用英语做笔记。不论是公立还是私立学校的学生，对学习英语都有着浓厚的兴趣和良好的自信心，而且已成为学生主要的思维方式和写作方式。高中年级课程大纲中，英语放在了更加重要的位置，不仅排在了第一个科目，而且包括三门课程：英语选修课、功能英语课和英语核心课。英语选修课主要是为准备在大学阶段选择英语文学及英语语言专业，以便将来成为英语教师的学生开设的。功能英语课则是改进后的课程，将职业英语也容纳了进来，在学术与专业背景下进行语言训练，包括阅读、写作、听力与口语、语法和词汇，并且会通过课程材料中提供的各种主题涵盖多个领域。课程开发者在分析工作任务和交流目标的基础上，将内容分解到各个单元中，设置了互动、研究性学习和集体学习活动，以便培养学生的听、说、读、写能力[24]。而英语核心课是针对即将进入大学学习和高中毕业后选择就业的学生，目的是提高他们使用英语进行学术学习和职业发展需要的语言技能。

印度由于长期在"英语教学"教材方面比较成熟[12]，绝大多数的教材都是印度本国出版社出版的,也有牛津等出版社的书,但这些国外出版社印的书也都是在印度本土印刷的,内容也有大量的印度本土内容,不是全盘西化的教材,这样的教材才是最合适的,适合本国国情的教材。学校不设置统一的教材,教师给学生布置课外的阅读任务,学生自行到图书馆借阅或书店购买。这些指定的专业阅读材料大都是英文原版的,阅读量大,内容新,需要学生大量时间的研读、分析和摘记。这是他们教育体系最大的一个特点。由于绝大数的学生在中学里就"浸泡"在英语教材和英语教学中,他们较少地使用本民族的语言来解释名词术语,甚至在印度的南方城市里当地语言的40%和英语是一样的,他们早已习惯了这种教材和教学方式,所以他们的进度和程度都比较快和深。因此,从这样的中学毕业的学生们英语水平就比较高。另外,他们的图书馆和书店里的书基本上都是英文版的,只有5%至10%左右是用当地语言写的。

印度英语教材的内容贴近生活,注重实用功能。由于几十年来印度中上阶层已经将会讲英语作为体面、尊贵的象征,许多人有着很高的英语语言素养,因而除了私立学校直接使用外版英语教材之外,印度本土的中小学英语教材编写也能做到既高度西方化,又高度生活化。首先,中小学英语教学内容十分强调与真实生活情境的联系。从交互英语、功能英语等课程名称中,便可见印度英语教育的实用性特征。其次,英语教学内容注意兼顾职业发展与学术学习的不同要求。尤其是高中阶段的英语课程中,功能英语的课程开发者在分析工作任务和交流目标的基础上选择教学内容;核心英语课也注重提升学生在学术学习及工作场所所需的语言技能。针对准备在大学阶段选修英语文学及英语语言专业,将来成为英语教师的学生,还专门开设了英语选修课,提高他们的英语文学素养。

印度中学英语教学方式多种多样。印度中等教育中央教育委员会制定的英语课程大纲中明确提到了角色扮演、真实生活情境模拟、编剧并表演、问题解决与作决策、讨论与辩论、描述并讨论故事、诗歌背诵、小组合作等多种教学方式,而像英式新德里学校等私立学校的英语课程大纲中也表明要采用独立研究、小组合作学习、戏剧表演、项目作业、小组讨论、运用多媒体和IT工具等教学方法。这些事例均说明,印度在中小学英语教育中十分重视采用灵活多样的教学方式来激发学生的学习兴趣,培养学生的独立学习与合作学习能力。相对于传统的背单词、读课文、讲语法的英语学习方式,这一系列寓教于乐的教学方式自然更能引起学生的兴趣,并且有利于让学生在用中学、在学中用,从而提高英语应用能力,尤其是口头表达能力。因而,印度学生学会的是鲜活、实用的英语,而不是书本上死板的英语,既能够在日常生活中运用,也能在工作场合与学术场合发挥作用。这样的中小学英语教学,为印度大学的全英语教学奠定了良好的基础。

3.4 英语教学所取得的成绩与面临的问题

3.4.1 取得的成绩

英语优势是印度人在国际上比较成功的一个重要因素,因为语言上的优势让他们更为熟悉西方的政治制度、法律制度、社会结构等等,而这些恰恰是创业以及进入西方主流社会最重要的要素。印度培养的国际化人才成果颇丰,主要得益于印度的英语教学。印度已经有6人获得诺贝尔奖,包括文学奖、物理学奖、医学奖、经济学奖等。独立前入选英国皇家学会的印度科学家有18人,独立后入选英国皇家学会的印度科学家有17人。在科技领域,自1947年独立以来,印度培养的科技人才有近350万之多,仅次于美国和俄罗斯,居世界第三位。特别是近些年仅信息技术专业一项,印度每年涌现出大约8万名信息技术人员。在联合国以及其他国际组织中,活跃着许多印度籍国际职员。他们中有的担任国际组织的高级官员,有的在各种会议上被推举为报告员、书记员。在文化领域,印度出现一批能融汇东西方文化精英的作家、诗人、记者。在教育、新闻、法律、影视、艺术等领域也是人才济济。这些领域的人才都具有很高的英语水平,英语听、说、读、写的能力相当强。能熟练地运用英语浏览报刊杂志、听广播、看电视、谈感想、发表演说、答记者问、做会议记录、写报告、著书立说等,应对自如,游刃有余。这使他们很容易融入国际社会,对外交流与合作极为便利[9]。

3.4.2 面临的问题

印度的许多学者和专家委员会都一再指出,在基础教育阶段和大学本科阶段,全部有效教学时间的相当大部分(约50%)都用于语言教学。同时,将英语作为教学媒介语言,使得学生们苦于应付,疲惫不堪。其结果是,部分学生并未在语言方面受到良好的训练,对用英语授课的其他学科不能用母语和英语充分理解并表达出基本的思想[1]。因此,这种纯粹扩大的英语教学模式,以及过分依赖英语作为教学用语的现象在一定程度上制约了印度教育质量的进一步提高。

印度英语教育还存在着一些需要解决的问题[10]。比如在中学英语教育中,教材中长篇文章和高密度生词的份量过重,影响了教学大纲的完成;学生学习英语的评价制度不够科学,尤其是口语还未纳入英语考试范围;英语教师的素质也需要适应形势发展的要求。

四、印度英语能力评价体系

评价体系是对英语教学质量的反映,也是对学生学习效果的真实反馈。虽然印度高校没有全国性的英语水平考试,但印度中等教育中央教育委员会制定的英语课程大纲中明确规定了多种教学方式相结合的教学理念。例如:角色扮演、真实生活情境模拟、编剧并表演、问题解决与作决策、讨论与辩论、描述并讨论故事、诗歌背诵、小组合作等。英语教学和其他学科教学紧密结合。而像英式新德里等私立学校的英语课程大纲中也指出要采用独立研究、小组合作学习、戏剧表演、项目作业、小组讨论、运用多媒体和IT工具等教学方法。如此灵活多样的教学方式重视培养学生在日常生活中运用英语的能力,让他们在用中学、在学中用。因此,相应的语言能力评价体系也应该是多元化的。对学生英语能力的评价应不仅限于一套英语试卷的成绩,应多方面、全方位地进行考核。CBSE还组织专门的听说技能评估(Assessment of Speaking and Listening Skills, ASL),用于教学质量控制和管理[24]。

参考文献:

[1] 安双宏,耿菲菲.印度高等院校中的双语教学问题及其启示[J].比较教育研究,2007(3): 67.

[2] 戴永明.印度英语的语音特征[J].解放军外国语学院学报,2000(6): 58-60.

[3] 丁学良.中印之争 成21世纪关键竞争.大洋网(2004-10-24)《21世纪》http://bbs.tzhl.com/redirect.php goto=lastpost&tid=28435

[4] 郝素珍.印度英语教育对我国的启示[J].教育研究,2003,(12).

[5] 江亚平:《英语在印度:谁的选择》,《21世纪》,2007年第3期.

[6] 李建忠,任春荣,徐晖.印度教育研究国家报告[EB/OL](http://www.jiaoshou.com.cn),2016-3-11.

[7] 潘倩,杨唯东.英语在印度社会发展中的影响[J].教育评论,2012,(3): 163.

[8] 乔德里,夏人青.印度国家教育政策之评价[J].外国教育动态.1990(5): 46-48.

[9] 齐红,林娜,彭春菊.21世纪我国英语教学研究的六大发展趋势[J].西北大学学报(哲学社会科学版)2006,36(4): 159-163.

[10] 宋爱红.印度英语教育之思考[J].青年时代,2017,(16).

[11] 唐承贤.第二语言习得研究的语言学视野[M].广州:世界图书出版公司,2014.

[12] 万大林,印度学校英语教学的启示[J].课程教材教法2001,(7).

[13] 文秋芳.二语习得重点问题研究[M].北京:外语教学与研究出版社,2010.

[14] 易红郡,王晨曦.印度高等教育发展中的问题、对策及启示[J].清华大学教育研究,2002(5): 71-76.

[15] 颜治强.世界英语概论[M].北京:外语教学与研究出版社,2002.

[16][17] 赵中建.殖民地印度东西方教育之争及教育西方化的形成[J].南亚研究,1992(2): 65-72.

[18][19] 张双鼓,薛克翘,张敏秋.印度科技与教育发展[M].北京:人民教育出版社,2003.

[20] 赵中建等:《印度基础教育》,广东教育出版社,2007.

[21] 张讴:《印度文化产业》,外语教学与研究出版社,2007年.

[22] Crystal, David. The English Language[M]. London: The Penguin Group. 1988: 258.

[23] Central Board of Secondary Education. Secondary Curriculum 2014-15, main subjects/Volume I, http://www.cbseacademic.in/web_material/Curriculum/Secondary/2014_15_ Secondary_ Curriculum_Volume_1.pdf, 2014-04-12: 72-100

[24] Central Board of Secondary Education. Senior School Curriculum 2014-15[EB/OL].main subjects/Volume I, http://www. cbseacademic.in/web_material/Curriculum/SrSecondary/2014_15_ Senior_Curriculum_ Volume_1.pdf, 2014-04-10: 42-70

[25] Dear, I.C.B. Oxford English-A Guide to the Language[M]. Oxford University Press. 1986: 277.

［26］McCrum, Robert et al. The Story of English［M］. London: Faber and Faber, BBC Books. 1987: 325.

［27］National Policy on Education［EB/OL］.http://mhrd.gov.in/sites/upload_files/mhrd/files/POA_1992.pdf 1968: 第三条第三款.

［28］National Council of Education Research and Training. syllabus,VolumeI,ElementaryLevel［EB/OL］.http://www.ncert.nic.in/rightside/links/pdf/syllabus/vol1/Preliams.pdf 2014-04-02.

［29］Pandey, P. K. (1980) . Stress in Hindustani English: a generative phonological study. Unpublished Mlitt. Dissertation, Central Institute of English and Foreign Language, The Cambridge History of the English Language (Volume V) , Peking University Press, Cambridge University Press, 2001/2002.

［30］Robert Burchfield. (1981) . The Cambridge History of the English Language (Volume V), Peking University Press, Cambridge University Press, 2001/2002.

［31］R.K. Kochhar. English Education in India: Hindu Anamnesis versus Muslim Torpor［J］. Economic & Political Weekly, 1992(48): 2609-2616.

［32］Timothy J. Scrase. Globalisation and the Cultural Politics of Educational Change: The Controversy over the Teaching of English in West Bengal, India［J］. International Review of Education, 2002(5): 361-375.

［33］Todd, Loreto & Ian Hancock. International English Usage［M］. Kent: Croom Helm. 1986: 184.

第十四章
英国英语能力及评价

一、英语在英国的生态状况

1.1 英语——"隐形"的中心地位

英国全称为"大不列颠和北爱尔兰联合王国",由英格兰、苏格兰、威尔士和北爱尔兰四个地区组成,首都伦敦位于英格兰,联合王国亦称"英国"。虽然英语为英国指定官方语言,但英国拥有丰富的语言生态。除使用人口最广泛的英语、威尔士语和苏格兰盖尔语外,还有爱尔兰语、乌克兰语、波兰语、汉语、意第绪语、旁遮普语、乌尔都语、孟加拉语、阿拉伯语、法语等大量移民带入的外族语言。英国学校学生人数中,这些人口占据了不小的比例[10]。根据少数族群语言项目(Linguistic Minorities Project)调查显示,仅伦敦小学中就存在至少154种语言。尽管在20世纪七八十年代,英国社会出现了推广多语言(英国方言及其他语种)的政策和思潮,却依然无法撼动中央政府捍卫英语中心主义的立场。[47]

1.2 英语——英国屹立世界的筹码

英语对于英国来说,好比血管中流淌的血液,在日益全球化的今天来说尤为如此,在文化、外交、商业、媒体、学术、IT等众多领域,给英国带来了众多竞争优势,因此也将英国置于世界中心的地位。

在21世纪,以英语为表达媒介的大量信息广泛传播至世界各地。在艺术文化领域,英国已成为了世界文化强国。在经贸领域,同一种语言的作用如同贸易协定和同种货币,发挥着不可估量的作用。英语作为通用语,直接加深世界各族人民的互相理解和信任,促进了国际交流与合作。根据英国品牌价值咨询公司(Brand Finance)预测,英语给英国带来的长期经济效益总量,包括与英语国家的国际贸易及国内贸易在内,可达4 050亿英镑。知识产权资产价值可达1 010亿英镑[11]。

英语对英国最直观的影响体现在英国在留学生群体中的受欢迎度。瞬息万变的时代对人才提出了新的技术要求,而英国作为英语的发源地和历史文化中心,无疑是莘莘学子的最佳选择。每年,来自200多个国家和地区的60万留学生选择英国,还有60万选择英国的短期英语课程。2011年,留学生为在英国175亿英镑的教育产业做出极大贡献。一家欧洲高级经济咨询公司(London Economics)预测,该部分市场将于2020年达215亿英镑,2025年达266亿英镑[11]。

二、英国语言教育政策

2.1 英语教育简史

从英语学科的沿革发展可以看出官方始终坚持英语中心主义的立场。早在16世纪,英语已作为一门科目出现在一些初级学校及女子学校。然而,即便到20世纪初,英语课程地位仍然低下,授课目的仅为传授学生最基本的阅读能力;在一些公立学校及文法学校,英语并无一席之地,古典文学课程承担文化传承的重任。

直到1921年,国内将英语列为主要课程的呼声达到高潮。当时英国教育部(Board of Education)[9]出版的《英格兰英语教学》(*The Teaching of English in England*),亦称纽波特报告(Newbolt Report)明确指出:"英语知识应优先于其他一切形式的知识,英国文学应优先于其他一切形式的文学"。教育部官员乔治·桑普森(George Sampson)同年出版的《英格兰人之英语》(*English for English*)及另两份相关文件,被视为确立英语课程地位之路的重要里程碑[46]。

纽波特报告及桑普森的文件和书籍为国民教育带来了全新的革命性理念,指出人文与创新教育的要义在于为"生活"而非"生计"做准备。桑普森认为当时的课程对拉丁语法过度关注,学习方法机械守旧,应多强调阅读和写作的积极教育方式。纽波特报告也提出"每一位英国教师首先必须是一位英语教师"的说法,这一提法也在55年后推行国家课程语言政策时被再次提及。

桑普森的思想在当时产生极大反响,英语开始被视为后工业革命时代呼唤人性和人道主义精神的强大力量。英语不应仅仅局限于对文学文本的深入解读或文本风格、语气、结构等元素的分析,更应置于历史、社会、文化背景下,进行宏观全面的分析。

2.2 国家课程系统及其发展机制

2.2.1 《1988年教育改革法》时代背景

20世纪80年代以来,全球化和信息化进程不断加快,世界各国的经济、社会、文化等各个方面均经历着日新月异的变化。为避免被飞速发展的时代所淘汰,争取在日趋激烈的国际竞争中脱颖而出,世界各国纷纷进行各项改革,提升综合国力。经济实力需要科技实力的推动,而科技实力更需要国民教育的支持。

英国率先完成了第一次工业革命,最早实现了工业化,建立了资本主义制度,在世界近代史上,向来是各国学习的标杆。然而,英国在19世纪末20世纪初开始走向衰落,到

20世纪70年代末撒切尔夫人步入政坛时,英国经济正处于严重滞涨期,国际竞争力严重下滑。另外,20世纪80年代以来,英国学生的学习质量也出现了大规模下滑的现象,同等级别考试中,英国学生通过的人数与德国相比存在巨大差距。正是在这样的时代背景下,撒切尔政府配合经济领域改革,对英国的教育体制进行了一场大刀阔斧的改革。

1988年英国政府推出国家课程,英语的地位再一次得到重申。负责国家课程设计的考克斯委员会(Cox Committee)提出,"(英语课程的)框架必须确保所有应届生,无论英语是否为其第一语言,都成为英文书写和交流的合格使用者"[23]。对于学校及社会中民族多样化的人口,也需要始终遵循"英语首位"的要求,使用英语作为所有英格兰学生的教学语言(DES, June 1989: Para 10.1),尽管没有出台官方语言政策,但英语作为教学主要语言的规定已经表明了英国政府的立场。法语、西班牙语等语言虽在高中开设课程,但均归为现代欧洲语言课程。委员会还指出,要确保社会成员人人机会平等、积极参与社会的关键就是掌握英语[22]。教改其中一项明文指出的目标就是为学生的成年生活做好充分准备,不仅为他们今后的工作生活扫除语言障碍,更应努力促使他们成为一名合格积极的社会公民。

1988年的教育改革法集中体现了英国政府教育改革的思路和理念,在英国教育史上具有里程碑式的重大意义和影响,是英国政府借以重振雄风、恢复资本主义领先地位的重要举措。20世纪80年代以来,一些教育领导者的观点和政府文件的颁布促进了《1988年教育改革法》的实施。1985年3月,英国教育和科学部、威尔士事务部向议会提交的《把学校办得更好》的白皮书指出:"现在我国的学生取得的平均成绩,既没有达到应当达到的标准,也不能适应面对21世纪世界的需要。"[3]这份白皮书直截了当地指出了当时英国教育质量存在的问题,并提出了政府整体教育目标和责任:学生离校时,他们应该获得远远超过目前水平,并且适应技术时代工作要求的素质与技能。此外,白皮书还对课程设置、考试制度、教师、家长以及企业人士在教育中的作用等方面提出改革意见,提出中小学课程改革的基本原则,为日后课程的统一奠定了基础[3]。

2.2.2 《1988年教育改革法》意义

1944年教育法颁布以来,英国实施中央和地方共同合作的教育体制管理模式。然而实践过程中,地方教育当局掌握实际管理权和决定权,中央政府权利极为有限。这就导致中央的方针政策往往无法顺利得到实施,中央与地方摩擦不断。此外,地方教育自治,导致英国经济发展水平不同的地区出现了教育质量相差悬殊的现象,这种状况引起许多地区的学生和家长的担忧和不满。老旧的教育管理体制暴露出很多弊端,因此当撒切尔政府实施本次教改的首要目的就是要加强中央集权,打破地方教育当局对教育的垄断。

1988年教改实施后,英国的教育体制经历了前所未有的变革,在全国统一课程和统一考试方面取得了巨大成效,反响良好,并且延续至今。自1989年起,全国所有公立中小学开始实行统一课程,这一举措不但解决了之前不同地区之间的教学质量差异,也增强了学校和教师的责任感,真正实现了教育平等。普通中等证书考试(GCSE)的统一考试也在全国范围内给出了统一且更具参考价值的衡量标准。在统考实施后,英国教学质量得到明显提高。1988年教改可谓英国课程发展史上具有划时代意义的重大变革。

2.3 外语教育政策

虽然英语的重要地位已得到全世界的认可,但英语的全球性也同时削弱了英语的独特性,世界范围内,掌握英语的非母语人士越来越多,使得仅掌握英语的母语人士逐渐在国际舞台上失去了竞争优势。

20世纪90年代末,英国政府开始重视英国公民的语言教育水平,包括母语教育及外语教育,并颁布了《英格兰英语教学大纲》(*The National Curriculum for England*)和《英格兰外语教学大纲》(*The National Curriculum for England: Modern Foreign Languages*)[13],但是收效甚微。2002年,英国教育技能部(Department for Education and Skills)[24]颁发了"语言学习"(Language Learning)的文件,旨在为2002至2012年间提高国民外语素养提出战略性规划。由教育技能部成立的全国语言教育指导小组(Language National Steering Group)出台了《全民的语言:生活的语言——英格兰语言教育发展战略》(*Languages for All: Languages for Life — A Strategy for England*,以下简称《语言教育发展战略》)。其核心目标就是要提高语言教学和学习的质量,提高语言学习者人数。具体实施方案主要包括:(1)大力发展语言助教项目(language assistant program);(2)借鉴和推广现有的专业语言学院的成功经验,建立更多的专业语言学院;(3)改革中小学外语课程计划;(4)建立一个新的全国语言能力认证体系,调动外语学习的积极性;(5)采取多渠道,解决师资和其他教学问题;(6)提高计算机网络资源的利用效率。

值得注意的是,《语言教育发展战略》并未规定小学阶段外语类课程为必修课程;中学阶段,学习外语有困难的学生也可以选择放弃外语学习。全国语言能力认证体系为自愿认证体系,为保证其信度,评价标准与国家教育阶段性资格考试、《欧洲语言共同参考框架》(*Common European Framework of Reference for Languages*)一致,为校内外语学习学生及社会自学人士提供统一衡量标准[17]。

2.4 英语作为附加语言(EAL)政策

在英国将英语作为附加语言(English as an Additional Language)的学生数量已达100万,比2009年人数增长20%,成为近年来在校学生人口的重大变化之一。英国文化教育协会(British Council)推出了一项辅助性教育项目EAL Nexus,承担帮助EAL学生获取知识、积极融入主流学校、社区和社会的重要角色,以促进文化间的对话,提高社会凝聚力。

早在1966年,EAL的课程就已出现。当时,英国颁布的地方政府法第11条规定,可用指定基金满足不说当地社区语言的公民的语言需求,主要以独立语言中心或其他分班制教学的方法进行。但在1986年,一项种族平等报告认为这种教育形式存在种族歧视,且导致了不同语言社区间的交流闭塞。此后,该笔语言支持基金开始服务主流教学环境下专业教师的辅助工作。1999年,少数族群成就资助(Ethnic Minority Achievement Grant)

代替了之前的基金,开始根据地方EAL学生数量、学习欠佳的少数族群人数按比例向地方政府拨款。这一举措旨在缩小少数族群在语言方面和本族人群的差距,满足EAL学生的具体需求。

在英国,所有教师都需要为EAL学生在主课堂内准备合适的教学资源。地方资助可以为教师提供培训及支持,或直接为学生及家庭提供帮助,扫除融入主流课堂道路上的障碍。英格兰2014国家课程标准、苏格兰卓越课程和英格兰教育标准办公室Ofsted(Office for Standards in Education in England)指导明确提出[25],所有教师都有责任确保EAL学生,在相关政府机构和社区支持下,与其他学生共同进步。

就当地政府而言,主要存在如下七种支持模型:

(1)政府官员与EAL合作。该模式重点为教师提供培训与指导,找出学习表现欠佳的少数族群或语言族群,并共同制定提升目标,确保执行。

(2)巡回EAL专家团队。小型团队在某地巡回,为当地学校提供建议和帮助。有时在某所学校为教师提供培训课程。这些团队由顾问、教师或教学助理组成。

(3)专家中心。在一些拥有广大EAL学生的农村地区,可以在一所学校成立EAL专家团队,照顾周边的数所学校。

(4)双语支持人员。政府雇佣熟悉当地社区语言的双语人员,为刚入学的新生及家长提供交流上的便利。这一模式广泛应用于语言人才丰富的大城市。

(5)EAL或弱势群体独立顾问。一位专业EAL顾问与其他特殊教育需求同事一起为学生单独提供建议和帮助。这一模式更适用于EAL学生人数较少的农村地区。

(6)口笔译服务。有些地区提供口笔译服务,帮助学生家长与新社区间的沟通,但对于教学并没有显著影响。

(7)资源提供方。在某些EAL工作人员稀缺的地区,有时高质量的网站或手册可以为教师与校方领导提供有效的支持途径。

英国的EAL作为一种主流课堂外的辅助性支持体系,已发展得较为成熟。审查机构Ofsted近年来的调查显示[26],大部分EAL学生都能迅速融入到新的社区,且低龄学生学习英语的进步更快,体现了当地对于新移民家庭有效的关怀和支持,但EAL学生的主体课程学习依然遵循国家课程标准。

2.5 语言教育改革的方向

由于英语在英国不可撼动的中心地位,尽管英国政府在提高外语能力方面做出了一定努力,但外语类课程的地位在整个国家课程体系中始终不高,英格兰中小学校对于语言教育重视程度较低。英国文化协会(British Council)和慈善组织教育信托(CfBT Education Trust)2015年的一项研究显示,尽管企业部门对毕业生提出了语言技能的要求,但在英格兰高中,数学与科学的学科地位依然普遍高于语言课程,由此导致GCSE和A-Level选修外语的学生人数很少,情形不容乐观。教师也表示,让学生在16岁以后继续选修外语非常困难(Howse, 2015)[31]。2013年,一项对14个欧洲国家青少年的第一外语阅读、写作和听力进行了测试发现,英国青少年的外语能力在14个欧洲国家中排名最后,陷入"单一语言主义的恶性循环"。结果显示,法语为第一外语的英国青少年中只有11%能够用法语写作,在欧洲各国中排名最后;而在法语阅读能力排名靠前的青少年中,英国只占9.2%,依然排在最后(Marszal,2013)[32]。

语言能力同样是国际竞争力的重要组成部分,为改善英国学生的语言能力,自《外语教育发展战略》后,英国教育部进一步规定,2014年起,外语课程为中小学必修课程(Henry,2012)[30]。然而,国家层面的政策导向是否能够真正提高外语在英国社会中的地位,从而改善英国学生的外语能力,还有待时间的检验。

总而言之,国家课程改革并非完美,教育政策依然处于转型过渡期,阵痛在所难免。若要将英国打造成为反对民族歧视的真正多民族国家,国家的教育政策就必须提高外语课程的地位,否则将最终损害英国社会不同群体的价值和地位。只有通过精确描绘英国的语言地图,彻底摒除学生与中小学"英语至上"的态度,才能真正改善英国的外语教育现状。

因此,为能够获取更多借鉴价值,本章重点探讨英国教育体系内颇受重视的英语教育体系部分,以期为我国英语教育提供更有价值的参考标准。

三、英国英语教育体系

3.1 英国教育体系概括

英国实行十一年制义务教育制度,共划分为四个关键阶段(Key Stage 1-4)。义务教育结束后,希望进入高校学习的学生继续参加延续教育(Key Stage 5)。

关键阶段1和2共六年,可大致对应我国的小学阶段;英国中学阶段年制五年,涵盖关键阶段3和4,并在第四阶段末,即义务教育阶段结束时,参加普通中等证书(General Certificate of Secondary Education,简称GCSE)考试;延续教育阶段年制两年,大致对应我国高中阶段,涵盖关键阶段5,学生学习A-Level课程,并在课程结束后参加普通教育证书高级水平(General Certificate of Education Advanced Level,简称A-Level)考试。

表1 英国义务教育阶段分类[20]

关键阶段	年级		年龄
关键阶段1	1—2年级	小学	5—7岁
关键阶段2[15]	3—6年级		7—11岁
关键阶段3[16]	7—9年级	初中	11—14岁
关键阶段4[17]	10—11年级 GCSE课程		14—16岁
关键阶段5	12—13年级 A-Level课程	高中	16—19岁

3.2 2015年课程大纲改革背景与内容

2010年,保守党领袖卡梅伦内阁执政以后,面对英国教育遭遇激烈的国际挑战和内在发展失衡的严峻形势,开始将教育改革作为其执政期间各项改革的切入点,从而拉开了教育新政的序幕。本次教育改革的国内外背景和缘由主要如下:

(1) 基础教育质量下滑

英国向来重视基础教育质量,但近十年来,英国教育的全球竞争力持续下降,突出表现为英国学生参加重大国际性学业成就教育评估考试时的成绩与排名不断下降。根据经济合作与发展组织(OECD)发布的PISA 2015年测试报告,英国学生在阅读、数学和科学三项科目中表现平凡,且与2006年、2009年、2012年相比,鲜有进步(见下表2和3)。而韩国、新加坡、中国台湾、中国香港、日本等亚洲国家和地区全部位列前十。英国的经济发展水平及政府在基础教育领域的大量投入似乎并未在国际评估中得到体现。如若英国各界尚不警觉,恐怕英国与亚洲国家和地区的距离会越来越大。英国政府教育大臣迈克尔·戈夫(Michael Gove)表示他推行GCSE改革是为了"帮助英国的学生与世界上最优秀的对手竞争",他还指出"能在中学考试拿到'A'的优秀学生,却无法适应大学专业课程。英国学校必须对考试做出改革,重新设计成绩的评级体系,并加大对数学等基础学科教育的重视程度。"[27]

表2 英国历次PISA测评中的国际排名[40]

年 份	数 学	阅 读	科 学
2006	24	17	14
2009	28	25	16
2012	26	23	20
2015	27	22	15

表3 2015年英国PISA测评表现

	英 国	国际均分
数 学	492	490
阅 读	498	493
科 学	509	493

(2) 与职场需求脱轨

GCSE的成绩不仅代表着基础教育阶段学生的学习水平,也代表着未来劳动力的基本素养。通过GCSE的学生,一部分进入大学预科班学习两年进入高校,一部分则直接毕业后进入就业市场。信度降低、基础教育质量下降、学生教师追求分数而忽视学科知识的理解,导致学生在英语与数学等基础学科方面的基本能力欠缺,直接削弱了学生在就业市场上的竞争力。一家大型公司的主管曾警告说,上百万中学或大学毕业生空有一张"无用"文凭,因为缺乏基本的技能,无法被企业雇佣。英国工业联合会调查显示,有将近40%的雇主认为离开学校后的年轻人并不具备读、写、算三种最基本的能力。"总体来说,这些年轻人缺乏运算能力、研究能力、阅读能力,无法集中注意力,英文写作能力也欠佳。"[8]2005年2月,英国教育与技能部公布了《14—19岁教育和技能白皮书》(14-19 Education and Skills White Paper),白皮书要求提高GCSE的国家标准,考试要着重提高学生对英语与数学基础运用能力的要求[12]。

因此,2011年1月20日,教育大臣迈克尔·戈夫(Michael Gove)宣布进行国家课程改革,改革过程历经四个阶段:国家课程改革的提出、国家课程改革的专家咨询、国家课程改革的社会咨询以及国家课程文件的出台。本次课改实行了政府部门主导、社会各界广泛参与集思广益的团队决策模式。教育部专门成立了咨询委员会与专家小组,由中小学校长、大学专家学者与知名教授、教育行政领导组成,为课改提供框架性建议,并草拟编制新课程的建议与内容,同时,通过社会辩论征集社会各界对于此次国家课程改革的意见和建议。

经过全面的意见征询和探讨后,教育部于2013年9月首次公布了国家课程框架——《英格兰国家课程:框架文件》[13],经过文件的陆续补充与完善,最终规定义务教育阶段的英语、数学和科学科目课程框架于2015年9月起生效。

本次改革的主要目的在于为英国中小学生打造世界级的领先课程,突出基础学科的最基本知识或核心概念的掌握,明确儿童各个年龄段适合学习的科目,同时规定在每一门科目的教学当中,教师都应当注重发展学生的口语、阅读与写作能力,因为英语语言的流利运用是所有科目学习成功的基础。

此外,本次课改的另一大特色就是将教学自主权归还学校。新国家课程的框架文件较之以往更加简洁清晰,仅对学生的学习目标、学习内容等方面做了概括性规定,强调国家课程实施的灵活性,赋予学校和教师更多的课程与教学自主权[2]。

3.3 英语教学目标与要求

英语作为英国享有中心地位的主流语言,英语课程贯穿十一年制义务教育始终,在基础教育、中等教育与延续教育阶段,课程大纲注重英语技能全面、渐进式的培养,从拼写、音标、书写到最终的文学批判与欣赏能力,将学生打造成拥有求知欲、鉴赏力、沟通力及创造力的英语使用者。

3.3.1 义务教育阶段英语教育
3.3.1.1 总体培养目标

教育部公布的第一至四关键阶段国家课程大纲[18]中明确指出了义务教育阶段的目标:培养学生掌握口头语与书面语,通过广泛、愉悦的阅读,培养其对文学的热爱,以提高识字能力与语言能力。

课程大纲对语言基础能力培养提出了一定要求,其中包括词汇储备、语法结构等语言知识、熟练流利的阅读理解能力、清晰连贯的写作能力。此外,英国课纲尤其强调了阅读的重要性,认为阅读应成为学生的良好生活习惯[15],而阅读的意义也不仅仅满足于学生对文本内容的理解,而应培养学生文学鉴赏能力,尤其学会鉴赏英国丰富多样的文学遗产。对于语言的产出,课纲提出学生应掌握不同场合、不同目的的语言文字表达能力,掌握"正式演讲、陈述论点、参与辩论的艺术"[15],全面培养语言展示技能。

义务教育11年间,国家课程中对于英语的培养重点主要分为阅读、写作与口语三大类。小学基础教育阶段,更加重视语言的基本元素,例如书写、拼写、标点;中学阶段的教学在小学基础之上,展开广泛阅读,同时扩大学生词汇量与语法基础。阅读、写作、口语三项技能的培养并不孤立,而是相辅相成,互促共进。

3.3.1.2 阅读能力

纵观英国整个义务教育阶段的英语课程,阅读能力都是教学的重中之重,被视为学生英语能力的核心和基础,遵循由点及面、由表及里、由浅入深的培养途径。低年级学生首先应掌握单词理解与拼读法,并逐渐了解语言及世界知识,最终实现课纲整体培养目标。

英国英语阅读能力培养要求的最大亮点就在于文学鉴赏与批判式阅读能力。低年级打下字词拼读基础后,学生开始接触难度逐年加深的各类文本,从初步阶段的小故事与诗歌到中高阶段的短篇小说与诗歌戏剧,同时要求学生在阅读过程中思考作品的"写作目的、受众情况、写作历史背景"[16]等知识,锻炼自上而下的阅读理解模式,锻炼主动思考的能力;学会带着不同目的和角度来阅读,联系作者用意、受众和时代背景评价作品质量[16];学会分析作品情节、人物刻画方式、事件和环境描写,以及与文本最终效果的联系,分析作者的选词、语法及文本结构,同时帮助提高自身写作能力。

课纲中还提及,应鼓励学生广泛阅读,每年至少精读两位作家的作品[16],涉及多种体裁、主题和文学风格,包括高品质、高难度的经典文学作品以及散文、评论、新闻报道在内的非虚构作品,在广泛阅读过程中增加词汇量,接触日常语言中不常出现的词汇,激发学生的创造力和想象力。

3.3.1.3 写作能力

英国国家课程大纲中写作能力的培养模式并没有特别不同之处。除日常实用写作外,课纲还强调了通过阅读借鉴文学作品中修辞、文学等写作手段的文学创意写作。对于英国学生来说,写作能力可以看作对阅读能力的检验和文学鉴赏力的外化。

类似阅读能力的培养方式,写作课纲规定拼写与书写能力,例如发音与字母的关系、单词结构与拼写结构,都是写作技能的基础。在此基础上,学生学习书面语和口头语的观点陈述与表达。中高级阶段,学生应学会不同文体的写作,学会引用事实论据、细节,选择精妙的词汇和语法结构,来体现文本的受众特征、意图和背景,完成说明文、叙事散文、故事、剧本、诗歌等其他创造性写作[16],以及议论文、个人或正式书信实用写作等。课纲还要求培养学生规划、草拟、编辑和审读[16]的能力,以培养学生精确、流畅地进行长篇作品创作的能力。

3.3.1.4 口语能力

国家课程英语课纲指出，英语口语有助于学生从认知、社会、语言角度全面掌握英语课程所培养的能力，而且是学生锻炼阅读、写作技能的重要基础技能。学生日常生活中所听、说的语言对于学生词汇的积累、语法的掌握具有不可忽视的作用。英国课程标准中对于"口语"这项能力的认识十分广泛，不仅包括学生日常、学术的沟通交流能力，还包括正式演讲、辩论、戏剧表演的能力，后者也是英国英语教育的特色之处。

低年级阶段，学生应锻炼独立整理思路并向他人阐释观点的能力；中高年级阶段，学生需学会区分正式与非正式场景的不同用语，学会进行简短的演讲和展示，了解正式辩论和结构化讨论，进行观点的总结和延伸、反驳与质疑[17]。在此过程中，学生们往往需要以团队形式合作，通过合作，学生可学会如何引导和控制讨论、引导他人积极参与、回顾和总结等[17]，从而培养学生的组织领导能力。

戏剧表演也是义务教育每个阶段的重点内容之一。对角色的塑造和演绎，首先可以激发学生的学习兴趣和创造热情，学生可以根据不同观众即兴创作或设计自己的戏剧剧本[12]。其次，通过表演的形式，学生可以体会不同语境、不同人物个性、不同表达目的影响下的语言特色，对培养学生的英语发音、语音语调、语句重音、句子节奏等韵律语感起到一定作用。另外，通过表演形式，学生还可掌握音量与情绪的变化、静止或其他肢体语言来增强表达效果[17]。

3.3.2 延续教育阶段英语教育（高中 A-Level 课程）

A-Level 考试的作用决定了 A-Level 课程专业性较强，需要学生选择感兴趣的方向和课程。在这一阶段的所有科目中，共有三门与英语相关的课程：《英语语言》《英语文学》《英语语言文学》，均不是必考科目。顾名思义，《英语语言》课程偏重语言本身的研究，类似于语言学专业；《英语文学》课程则偏重文学作品的研究，类似文学专业。

3.3.2.1 总体培养目标

根据 A-Level 英语语言文学课程大纲[19]来看，培养重点在于知识理解与技能两大部分，主要鼓励学生培养对英语本身的兴趣，而不仅仅停留在语言识字水平或学习工作等实用能力。具体目标如下：

（1）拓展并学会应用文学分析及评估的知识。
（2）语言分析与研究中，拓展并应用合适的概念与方法。
（3）在阅读、解释文本时，使用语言与文学方法，体现两类学科间的相互作用。
（4）以创造性、批判性的态度对待处理各类文本。
（5）探究不同文本间的互联性，以及创作和理解过程中语境的作用。
（6）培养创作语言、解读语言的各项技能以及独立研究语言的能力。

3.3.2.2 知识与理解能力

该部分能力要求培养学生能以创造性、批判式的独立眼光来理解、分析不同的文本类型。培养目的远远超过了义务教育阶段的文学鉴赏能力培养目标。A-Level课纲要求学生能够从语言学以及文学的角度,理解来自不同时期的口语文本及书面文本;理解语言的不同层次,包括语音、音系、音韵、词汇、语法、语用、语篇,以及不同层面的语言特点如何影响意义的构建和文本的效果;理解不同文本之间的区别和联系。课程通常会涉及非虚构类文学、诗歌、戏剧等多种体裁文学。

这一阶段的英语语言文学课程不再以提高学生英语语言能力为目标,可看作是义务教育阶段,阅读能力之文学鉴赏和批判思维能力的延伸与扩展。

3.3.2.3 技能

技能部分可对应国家课程内容中的写作能力培养,但同样,A-Level阶段的培养目标也定位于义务教育阶段的培养目标之上,开始着重培养学生的批判思维、文学评价与比较的能力。这部分也同样可看作是对知识与理解能力的检验与外化。

课纲规定,学生应学会利用语言学与文学领域的相关方法分析文本;根据文本类型与研究目的,运用恰当的阅读与听力策略;识别并分析意义与效果是如何在文中塑造并传递的;探究众多文本间的联系;得体、准确、有创意地使用英语;根据不同受众和目的,使用不同手法来塑造、评价文本的作用与效果;准确引用文本;培养独立探究和判断的能力[17]。

3.4 英语课程设置

国家课程大纲作为一个纲领性文件,未对英国中小学英语课程的具体设置作出强制性规定。各所学校只有一份同样的教学大纲和教学目标,既没有统一教材或教学参考书,也没有强制性的教学计划。

方秋萍[1]在曼彻斯特市小学的访问考察中发现,学校所需要的教学资料,都由学校自己准备。学校和任课教师自己根据教学大纲制订教学计划,老师与学生一起选择教学内容,收集教学所需资料,设计教学所需方案。学校可充分发挥主观能动性。

就课时数来看,教育部给出了参考意见:关键阶段1,建议英语课程课时量达到每周5—7.5小时(180—270小时/年),整体课时数比重为24%—36%;关键阶段2,仍建议课时数为每周5—7.5小时,但整体课时数的比重有所下降,为21%—32%[44];关键阶段3,建议继续降低英语课时量,每周仅为3小时(108小时/年),整体课时数比重仅为12%[45]。但课纲并未作强制要求,学校、特别是任课老师可以根据不同课程标准,结合每一类学生的情况灵活安排教学时间。同时,也可以更灵活地进行校本课程的开发与实施。

英国的教学方法也历经了几百年的演化,发展得较为成熟和完善,并致力于培养自信独立、善于思考的学生。曼彻斯特市教育局长认为,教育不仅要让孩子们变得优秀,而且要让孩子们体验到快乐[1]。做了35年校长的Graham Fraser先生也表示,最好的教育,就是要让学生把学习当成人生的享受[1]。英国学生在学习过程中自始至终获得老师的支持指导,受益于多种多样的教学形式和方法,例如小组讨论、游戏、解决问题、项目、动手实践、同伴指导、计算机辅助学习与模拟教学等等。英国英语教学特点可归纳为以下三点：

（1）教学活动以学生为中心。英国教师在课堂上的作用仅仅为引导者，很少会将知识、概念直接传授给学生，而是通过各种问题、游戏、活动，让学生在过程中自己去感悟、理解知识要点和技能。通过这种问题解决式的学习方法，可以培养学生对于学习的积极主动性及创造力。关键阶段的课纲[18]中也提及，在培养学生阅读能力时，也应鼓励学生以课堂讨论的形式表达、阐释自己的观点。

（2）注重实践出真知。英国的英语学习场地，不仅包括教室，还包括学校图书馆、计算机房，以及校外常年对学校开放的博物馆、图书馆及其他特色设施。教师根据不同教学内容，选择特定主题的地点进行英语教学。即便在课堂内，课桌椅也可根据不同教学形式来安排，通过丰富多彩的活动培养学生积极思考、独立研究的能力和团队合作的精神。

（3）注重学生差异，因材施教。英国教师十分强调学生个体的智力特点、性格特征和个人学习方式，拒绝千篇一律的教学方式。对于不愿回答问题、不愿完成任务的学生，教师同样会给予一定程度的积极评价，不打压学生学习热情。课堂活动中，学生也可根据自己的兴趣和性格选择题目。此外，教师还会与学生进行定期一对一封闭式谈话，了解学生学习遇到的困难，给予个性化指导，并了解学生对教学过程的反馈和建议。

综合来看，英国学校仅需遵循课程大纲的标准和内容，在教学实施过程中享有较高自由度，教学形式多样，贴近学生，以期培养出适合高校、未来全球化职场与社会的合格毕业生。

四、英国英语能力评价体系

4.1　GCSE 与 A-Level 考试与改革背景

英国历史悠久，教育体系经过长期沿革，目前已较为成熟和完善。比照中国的教育体制，大致可将英国16岁学生义务教育阶段结束后参加的普通中等证书（General Certificate of Secondary Education，简称GCSE）考试等同于国内初中毕业和高中阶段招生考试（中考），18岁学生参加的普通教育证书高级水平（General Certificate of Education Advanced Level，简称A-Level）考试等同于国内普通高等学校招生全国统一考试（高考）。具体见下表4。

表4　英国考试阶段分类

英国			中国	
KS 1	1—2年级	小学	1—6年级	小学
KS 2	3—6年级			
KS 3	7—9年级	中学	7—9年级	初中（中考）

（续　表）

英　国				中　国	
KS 4	10—11年级	GCSE课程结束后参加考试		10—12年级	高中（高考）
KS 5	12年级	Sixth Form A-Level课程	AS-Level考试		
	13年级		A-Level考试		

*灰色表示义务教育

　　自《1988年教育改革法》实施后，GCSE考试成为义务教育结束时必须参加的考试。A-Level体制于20世纪50年代初创后，也历经多次变革。近年来，作为卡梅伦政府教育改革的一部分，英国教育部同样对GCSE与A-Level考试进行了全面彻底的改革。

　　引发本次大改革的原因，除配合课程改革以外，另一重要原因就是GCSE和A-Level考试信度降低。自实施以来，GCSE考试中学生的等级越来越高，C级以上的学生比例甚至在2010年创造历史新高，达到70%，比1988年首场考试高出近30%[5]。同样，A-Level考试的平均级别连续30多年稳步攀升。作为英国高校入学的重要参考标准，高校也表示A-Level考试中A等级人数的增加降低了学生区分度。不少教育家和评论家表示，这是由于评级贬值和考试难度降低导致。尤其当对比英国学生在IPSA测试中的表现，不难发现，这些考试均未能体现学生的真实水平，反起误导作用。现行的GCSE与A-Level考试由多个考试机构组织和实施，各个机构的考试标准和难度不一，评级标准越来越宽松。政府和学校对低标准的考试也很感兴趣，希望通过低标准来提高及格率，从而取悦众多的学生家长。加之社会出现大量教科书出版业务，无形中降低了考试难度，使得GCSE和A-Level考试的等级含金量直线下降[4]。

　　2015年12月15日，经过向专家、学者、师生等利益相关方进行深入广泛的意见征询及讨论后，英国教育部与英格兰资格及考试监督办公室（Office of the Qualifications and Examinations Regulation，简称Ofqual）公布了最新版GCSE和A-Level的考试内容和大纲改革。

4.2　GCSE英语语言科目

4.2.1　评价理念

　　本次GCSE改革，提高了GCSE的考试难度，取消了学习过程中的模块化考试（Modular Examinations），实行两年课程结束后的统一考试，以线性模式（Linear Series）推进各科学习，避免出现考前突击式应试培训。教育部及英格兰资格及考试监督办公室出台的考纲对于考试内容进行了细致规划，相关的扩展式问答题也对学生读写技能提出了更高的标准，要求学生综合运用GSCE两年学习过程中掌握的不同领域知识、技能与理解答题，要求体现学生广泛、流畅的阅读能力，对文本外显、内在意义与作者写作技巧的深入理解，以及分析、评价与批判思维的能力。

4.2.2 评价主体

在英国,GCSE、A-Level、职业资格考试等均由全国五大考试委员会(Examination Board)组织、命题和判卷,英格兰地区的三大考试委员会分别为评估与资格联合会(Assessment and Qualifications Alliance, AQA)[6]、牛津剑桥与RSA考试(Oxford, Cambridge and RSA Examinations, OCR)、爱德思(Edexcel),主要负责设置高中教育毕业资格考试并颁发证书。三大委员会在每年举办相关考试并颁发证书,且必须紧跟教育部与英格兰资格及考试监督办公室的教育政策,及时调整课程及考试内容,但各机构对于授课与试题的具体内容各不相同。

AQA是一家注册教育慈善机构,独立于政府,但其资格考试和考试大纲仍然需要受到英国政府的监管。AQA也是英格兰举行GCSE和A-Level考试的最大考试委员会。除了组织全国范围内的考试外,AQA还为其他国家的国际学校提供一系列国际GCSE与A-Level课程。其下设机构教育研究和实践(Centre for Education Research and Practice)还对GCSE和A-Level考试进行研究,研究课题包括教育、评估和资格的现实实践,且定期将结果发表于学术期刊和著作,中心研究员会经常参与英国与国际会议和学术研讨,以保证学术活力。

OCR也是英国非营利性的证书颁发机构,提供40个学科的GCSE与A-Level以及450份职业资格。该机构是遍布150多个国家、欧洲最大的评估机构剑桥评估集团(Cambridge Assessment Group)的一部分,拥有评估与考试领域得天独厚的专业人员和科研能力。除了在国内举办考试外,OCR还会定期举办咨询论坛,与相关学科从业人员、社团、学校、学院、培训供应方、教师等切磋交流;与教育创新机构合作,提升资质与评估质量;与教育相关出版方、技术供应方进行正式合作,支持并改善教学实践。

Edexcel是一家由慈善机构与企业公司合并的考试委员会,除了举行相关考试外,该机构还在进行教育相关工作,如制定效力框架衡量学习过程中的阶段性进步,并定期发布教育界最新发展的总结报告等。

4.2.3 评价方式

GCSE考试的形式与改革前大抵相同,分为外部评估与内部非考试评估两部分。外部评估以笔试考试形式进行,由考试机构出卷评分,主要考察学生阅读与写作能力。三大考试机构通常将该部分设计成两套试题,每套试题涵盖阅读问答与写作要求,答题时间为每套试题不超过2小时。

通过改革前政府与师生、课程专家、教育者的广泛咨询讨论,修订后的GCSE英语语言课程的评价目标规定,阅读与写作的地位同等重要,因此GCSE试题中,阅读和写作的各项目标在考题中的分值比重完全相同。此外,商讨过程中还提出了对文本类型的质疑——内容与时代脱轨,文本内容不涉及电子文本。因此英国教育部对此明确规定,学生应涉猎各种高质量、高难度的文本,不受文本媒介的影响[18]。英格兰资格及考试监督办公室[36]出台的 *GCSE Subject Level Conditions and Requirements for English Language and*

Certificate Requirements[14]对考试文本的选取作出如下三点要求：(1)至少选择三篇学生课堂中没有接触过的文本；(2)所选文本分别来自19、20、21世纪；(3)必须包含虚构文学、非虚构文学和其他类型的文本(例如散文、评论或新闻)。各考试机构命题时须严格遵守上述规定。

内部非考试评估，亦称控制评估(Controlled Assessment)，是由学校根据教育部及英格兰资格及考试监督办公室的规定，进行内部自主命题、考核的评估形式，用以评估难以依靠笔试考试衡量的学生技能。本次改革商讨过程中，通过对于教师专家的意见征询，教育部发现控制评估未能发挥当初设计此类评估的作用。不少学校反映，制定控制评估的政策指导不够明确，可行性不强，且因各校评分标准的不统一难以确保公平，导致信度降低。因此，新GCSE调整了之前控制评估内容的比重(见下表5)。改革前，英语语言控制评估的比重占到GCSE总成绩的40%；改革后，GCSE考试的控制评估内容不占总分比重，且考试内容缩减为口语和听力。口语考试要求学生就指定话题在一定数量的听众面前进行观点的陈述，并与听众互动，由现场老师打分，并做好录影工作，考试机构对最终评分做好外部监督工作[37]。

表5　GCSE英语语言课程改革前后外部、内部评价内容所占总分的比例

	外部评价	内部评价		
改革前	阅读(40—60%) 写作(40—60%)	阅读+写作(30%)	口语研究(10%)	听力(0%) 口语(0%)
比重	60%	40%		
改革后	阅读(50%) 写作(50%)	听力(0%) 口语(0%)		
比重	100%	0%		

4.2.4　评价目标和内容

英国教育部与英格兰资格及考试监督办公室出台了最新英语语言评价标准。本次改革前，考纲仅有阅读、写作、口语三项评价目标。改革后，考纲对阅读、写作和口语的评价目标进行分点罗列，细化了各能力中的子目标[14]。三大考试机构已根据这份新出炉的评价目标(见下表6)，重新设计了考卷题型。

表6　新版GCSE英语语言课程评价目标

阅读(50%)	
目标1	识别、解读外显、内在信息与思想。 从不同文本中选择、综合有利论证。
目标2	解释、评论、分析文本作者如何运用语言、结构渲染烘托文本效果、影响读者，如何使用相关主题术语支持作者的观点。

(续 表)

阅读（50%）	
目标3	对比两篇或两篇以上文本的作者想法与角度，并对比不同作者的观点传达方式。
目标4	以批判的眼光评价文本内容，并引用文本内容进行论证。
写作（50%）	
目标5	清晰、高效、创造性地交流，根据文本形式、目的与受众的不同，选择、调整语气、文体、语域。使用结构及语法工具组织信息和思想，体现语篇衔接与连贯。
目标6	应试者应使用一系列广泛的词汇与句型结构，清晰表达，体现文本目的与文本效果，拼写、标点使用正确。（该目标需占整体评分标准的20%）
口语（0%）	
目标7	在正式场合展示表达技巧。
目标8	听取并得体回答口语形式的反馈，包括听众对于表达内容的提问及意见。
目标9	在演讲与陈述中有效使用标准英语口语。

通过对比三所考试机构试题设计与比重，可归纳出英国GCSE英语语言测试的四点特征：

（1）阅读技能的评估更重视学生分析解读作者的语言运用、文本主旨的铺陈和渲染能力，以及批判性阅读能力。三所考试机构不约而同将阅读部分的重点放在了评价目标2与4上。[28]这意味着，阅读的目的对于学生来说不只是单纯的理解，还需要了解作者的写作手法与技巧，为写作服务。这点同样契合了国家课程大纲中对于阅读在培养语言能力中的基础性作用的规定。题型包含简答与论述。

（2）写作能力既包含文学创作类型的创意写作，也包含日常的实用性写作。在GCSE考试中，写作试题与阅读试题主题紧密关联，要求学生运用与阅读选段类似的写作技巧与手法进行相关主题的仿写。

（3）口语考试时侧重实际运用。考试过程中最大程度模仿真实场景，以个人观点展示互动的形式展开。考察要点集中在演讲的说服力、信息组织能力、与听众交互的得体性以及标准英语的使用能力。从课纲到考纲，英国的英语教育将听说能力视为不可分割的整体，因此考察的重点也自然放在学生实际运用过程中的口语和听力能力，在使用和互动过程中展现学生的真实听说水平。

（4）考试题型全部采用以简答、论述为主的主观开放题。鼓励学生畅所欲言，表达自己的看法和观点，不采用任何选择题等客观题限制学生想法。

4.2.5 评价标准

本次GCSE考试改革的一大举措之一就是改革评分制度：从最低到最高的1—9级取代现行的A*-G的等级评分。U为"Unclassified"缩写，表示不予评级，成绩0分。改革后的及格分为4分，对应改革前的C级[38]。具体对应关系如下表7：

表7　GCSE改革前后评分等级制度

改革后	改革前
9 8 7	A* A
6 5 4	B C
3 2 1	D E F G
U	U

从表格中可以看出,对于原先A与A*级别的优秀考生以及B-C级别的中等水平考生,新的GCSE开始实行更为细致的划分,以示区分度,以解决之前GCSE考试人人及格、考试信度降低的问题。

2015年夏季开始,学校进行新的GCSE课纲,首次改革后的GCSE考试于2017年进行。教育部与英格兰资格及考试监督办公室目前还未出台完整的笔试部分评分标准,仅提供三个级别的参考标准,见下表8。

表8　新GCSE评分标准(笔试部分)[41]

级　别	批判式阅读与理解	写　作
8	1. 根据细致的理解感知进行总结与批判性评价。 2. 理解并能有见地地回应外显及内在的意义与观点。 3. 有见地地分析、评判式地评价文本语言、语法与结构的细节。 4. 巧妙引用文本或上下文中的内容来论证学生的理解及观点。 5. 在多篇文本间进行有力的连接与对比。	1. 表达极富影响力与感染力。 2. 文章构思精心,写作技能娴熟,结构到位。 3. 句型结构精雕细琢,用词精准,丰富多样。 4. 拼写、标点、语法准确,几乎未出现错误。
5	1. 理解清晰,能够精准地总结与评价。 2. 理解并合理回应外显及内在的意义与观点。 3. 分析并评价语言、语法与结构的相关方面。 4. 通过整体阅读感知,能够通过恰当的文本引用支持自己的理解与观点。 5. 对比文本时能找到可靠的关联并作出对比。	1. 有效表达,能够保持读者兴趣。 2. 文章连贯,结构到位,目的明确。 3. 根据写作目的与效果,选择多样化的句型与词汇。 4. 拼写、标点、语法基本正确,偶有错误。

(续表)

级别	批判式阅读与理解	写作
2	1. 描述并总结文本，呈现出一定的准确度与理解力。 2. 以简单直观的方式回应文本中的外显信息与观点。 3. 对于文本的语言、结构作出一定程度的评论。 4. 通过一些概括性的引用论证支持自己的评论及观点。 5. 以简单直接的方式进行文本间对比。	1. 表达简单，清晰度一般。 2. 文章结构较为简化，目的不够明确。 3. 句型结构掌控能力一般，会使用一些常用词汇，表达效果有限。 4. 拼写、标点、语法准确度一般。

针对不计入总分的口语部分，教育部与英格兰资格及考试监督办公室规定以级别而非分数进行评价，并于2015年出台了评价标准[39]。根据不同表现，口语部分共分三级：优秀(Distinction)、良好(Merit)、合格(Pass)。除一般标准外，学生表现还需符合各等级的具体标准[39]。具体见下表9。

表9　新GCSE评分标准（口语部分）

一般标准：
所有等级需要首先符合如下标准： 1. 达到一定音量。 2. 依据口语测试的场景，合理使用标准英语： 　a. 易于理解； 　b. 使用适合正式场合的语言。

合　格	良　好	优　秀
1. 以直接的方式表达思想、信息、感受。 2. 组织结构能力稍有欠缺。 3. 尝试满足听众需求。 4. 听取听众的问题、反馈，以简略直接的方式回应。	1. 表达有难度的思想、信息、感受，能使用大量词汇。 2. 清晰得体地组织架构其陈述内容，以满足听众需要。 3. 可完成其表达目的。 4. 听取听众问题、反馈，并详细、正式地作出回应。	1. 表达有深度的思想、信息、感受，能使用一系列复杂的词汇。 2. 使用一系列有效的策略组织架构其陈述内容，始终吸引听众的兴趣。 3. 可完成其表达目的。 4. 听取听众问题、反馈，并作出敏锐、有见地的回应，必要时还能补充信息及要点。

4.3　A-Level英语语言文学科目

4.3.1　评价理念

A-Level的英语语言文学科目本身的目标正是在义务教育基础上进一步培养学生的英语语言与文化素养，为进入高校专业学习打下扎实基础。因此，A-Level考试的目的之一就是考察学生的语言及文学知识，尤其是语言、文学知识的应用能力。

改革后的A-Level考试将与GCSE一样，取消模块化考试，采用两年后统一测试的线性(Linear)推进方式，鼓励学生积累知识、发展技能，为进入高等教育做好充分准备。

英格兰资格及考试监督办公室在2014年4月出版的GCE英语学科水平条件与要求（*GCE Subject Level Conditions and Requirements for English Language*）[34]中明确提出，A-Level考试的目标和意义包括：

（1）考察学生的知识、技能、认知是否满足英国高校的要求，尤其是否满足申请专业的要求；

（2）为英国高校提供准确的学生能力参考依据；

（3）为中学与院校提供18岁学生能力的可靠评价基础；

（4）为未来雇主提供学生学术能力的参考依据。

A-Level考试应清晰体现上述意义，平衡好学科知识与应用之间的关系，体现相应学科对科研、分析、解读与评估能力的要求。

4.3.2 评价主体

与GCSE考试相同，英国A-Level考试由全国五大考试机构（Exam Board）组织、命题和判卷，英格兰地区的三大考试机构分别为评估与资格联合会（Assessment and Qualifications Alliance, AQA）、牛津剑桥与RSA考试（Oxford, Cambridge and RSA Examinations, OCR）和爱德思（Edexcel）。三大机构每年举办A-Level考试并颁发证书，且必须紧跟教育部与英格兰资格及考试监督办公室的教育政策，及时调整A-Level课程及考试内容，但各机构对于授课与试题的具体内容各不相同。

4.3.3 评价方式

考试形式同样与GCSE类似，包括外部考试评估与内部非考试评估两大部分。外部评估由考试机构出卷并评分，侧重考察学生对于不同体裁文本的分析评价。考试机构通常将该部分设计成2到3套题，每套试题考察一类文体分析，每套试题考试时间最多不超过3小时，占A-Level总分的80%。内部考试由学生所在学校进行内部评分，且考试选题由师生共同决定，但需事先交由考试机构审核，评分过程由考试机构监督。侧重考察学生对于专业知识的应用能力，通常以2 500至3 000词的小论文形式提交。该部分占A-Level总成绩的20%。

A-Level的考试内容由于综合性更高，教育部没有出台类似GCSE考试一样清晰具体的考核内容划分，但通过对比英格兰三所考试机构的试卷设计，可对考试形式与内容归纳出如下三点特征：

（1）试题选段的文学体裁必须包含诗歌、戏剧、散文三种类型。

（2）从文学与语言学角度对两段文本进行对比分析与批判式评论。

（3）模仿式写作，要求考生将自己掌握的知识和理解转化成技能，做到学以致用。

4.3.4 评价的目标和内容

本次A-Level改革听取了高校的建议，对课程与考试增加了一部分新内容。从评价目标来看，考察要点并未发生大的改动，但是原先的目标3被拆分为目前的目标3与4，并分别作出进一步解释[35]。具体目标见下表10：

表10　新版A-Level英语语言文学评价标准

目标项	比　重	内　　容
目标1	20—30%	恰当地应用从语言与文学的综合研究中所获得的概念方法，能够使用相关术语与连贯的书面表达。
目标2	20—30%	分析文本中意义的塑造方式。
目标3	20—30%	理解语境在文本创作与传达过程中的意义与影响。
目标4	10—15%	探究文本间的联系，学会使用语言与文学的概念与方法。
目标5	10—15%	掌握多途径、创造性使用英语的技能。

所有考试机构都必须根据新版评价标准调整试题设计，但在目标比重、具体题型、文章选择方面享有自决权。

通过对比三所考试机构试题设计与比重，可以归纳出英国A-Level英语语言文学考试的三点特征：

（1）尽管教育部考纲未对每项评价目标作出精确的比重规定，仅规定前三项目标所占比大于后两项目标，但其中两所考试机构[7,29]不约而同地突出了目标1和2的重要性。大量考题均设计成针对不同学段的对比分析试题，要求考生展现从语言学与文学角度的分析能力，以及对意义塑造的解读能力。

（2）针对不同文学体裁，考生不仅需要完成内容的理解，还需要能够对作品的写作手法和语言技巧进行深入解读与批判式评论，将学习所获服务于自己的创意写作，并对自己的写作作品进行自我评价。

（3）与GCSE相同，A-Level考试题型全部采用简答或论述等主观开放题型，鼓励学生畅所欲言，表达自己的看法和观点，不使用选择题等客观题限制学生想法。

4.3.5　评价标准

新的A-Level英语语言文学科目考试依然保持改革前的评价标准与评分制度，采用A*–E等级评分，U为"Unclassified"缩写，表示不予评级，成绩为0分。新版评价标准基于旧版A-Level标准，提供两档参考标准[33]，具体见下表11：

表11　新版A-Level英语语言文学科目评价标准与评分制度

级别	目标1	目标2	目标3	目标4	目标5
A/B	1. 会沟通大量信息，理解语言与文学文本。 2. 有效论证组织能力，逻辑连	1. 能理解口头语、书面语中相关的语言学方法、结构、形式及语言。	1. 对比文本间语境的构建方式。 2. 对同一文本的不同解读能有敏锐的认识与	1. 分析评估多篇文本间的联系与要点。 2. 基于文本语言的使用方式表	1. 能根据指定文体、受众和目的，有效地写作。 2. 以创造性的方式整合复杂信息。

（续　表）

级别	目标1	目标2	目标3	目标4	目标5
A/B	贯，会使用术语支持观点。 3. 使用恰当的语域建构、组织自己的回答。 4. 通过具有表现力、精确的内容，传达意义。	2. 通过细节分析探究作者如何在上述方面构建意义。 3. 能够前后一致连贯地引用文本内容支持自己的观点。	理解。	达自己对于文本内容与概念的理解。	3. 能够认识并解释自己如何在写作中运用语言学与文学技巧。
E/U	1. 能沟通一定信息，理解部分语言与文学文本。 2. 能使用部分术语和例证支持观点。 3. 能准确简单地传达意义。	1. 能理解口头语、书面语中的部分语言学方法、结构、形式及语言。 2. 能引用部分细节信息，论证如何塑造意义。 3. 能引用一些经典信息、文本来支持自己的观点。	1. 能够理解文本与语境间的关系。 2. 能理解对同一文本的不同解读。	能就语言使用问题表达自己的观点和理解。	1. 能根据指定文体、受众和目的写作。 2. 以创造性的方式整合信息。 3. 能够认识自己如何在写作中运用语言学与文学技巧。

对于内部评价的非测试部分，AQA[7]与OCR[43]在英格兰资格及考试监督办公室监督下各自制定了一套评价标准，评价等级分为6级，整理总结如下表12：

表12　新版A-Level英语语言文学科目内部评价非测试部分评价标准

级别	目标1	目标2	目标3	目标4	目标5
6	1. 对文本能进行透彻、深刻的分析。 2. 恰当地使用相关术语与方法。 3. 写作清晰连贯。	能够对意义的塑造进行透彻、细致的批判式分析，理解意义不是固定的，而是多种因素配合协作塑造的。	对于文本语境间的关系能有深入的见解。涉及语境的各个角度，例如时间、地点、意象、模式等。	使用语言学及文学概念与方法深入分析不同文本间的联系及影响。	展示出在多种不同情况下对英语的掌控力、才华和创意。
3	1. 对文本能进行一定程度的分析。 2. 一定程度上能使用相关术语与方法，但与文本关联不大，或使用错误。 3. 基本组织能力，写作过程中偶有矛盾。	作品分析片面，且偏离重点。无法准确识别作品某些特色。回答偏题。	语境意识较为薄弱。能从个别角度分析语境。	能进行一定程度宏观角度的文本对比，结论突兀或偏离原目标。	在多种不同情况下使用英语时，能体现出一定的准确度，创造一定效果。

（续　表）

级别	目标1	目标2	目标3	目标4	目标5
1	1. 几乎无法运用语言学或文学研究对文本进行分析。 2. 几乎无法恰当使用相关术语。 3. 写作不连贯。	无法分析或表达意义的塑造过程。	几乎无法分析语境现象。	几乎无法进行文本对比。	在多种不同情况下使用英语时，几乎不能体现出准确度，无法创造一定效果。

英国的GCSE与A-Level考纲与国家课程大纲相同，仅起到宏观指导的纲领性作用，具体的考试题型和内容，由各考试机构自行安排。考评内容除了课程结束后的统一笔试外，还包括学生选定题目后平时在老师协助下完成的项目，从而避免了"一考定终身"的情况。综合来看，英国对于英语能力的评估，不拘泥于一词一句，而更希望学生掌握文字构建意义的精髓，真正达到灵活运用语言的目的，以"不变"应对未来学习工作生活中的"万变"。

参考文献：

[1] 方秋萍.一个都不落下——英国的小学教育[J].《生活教育》,2010(6),88-93.

[2] 黄志生,冯加渔.稳中求变：英国新一轮国家课程改革述评[J].《当代教育科学》,2014(1),40-43.

[3] 吕达,周满生.当代外国教育改革著名文献(英国卷·第一册)[M].北京：人民教育出版社,2004.

[4] 乔辉.A-Level考试改革及其对我国教育考试的启示[J].《考试研究》.2015,48(1),92-96.

[5] 王璐,王向旭.英国普通中等教育证书(GCSE)考试现状与改革趋势研究[J].《外国中小学教育》,2014(4),60-64.

[6] Assessment and Qualifications Alliance(a). GCSE English language ［OL］http://filestore.aqa.org.uk/resources/english/specifications/AQA-8700-SP-2015-V1-2.PDF, 2014.

[7] Assessment and Qualifications Alliance(b). AS and A-Level English Language and Literature ［OL］. http://filestore.aqa.org.uk/resources/english/specifications/AQA-7706-7707-SP-2015-V1-0.PDF, 2014.

[8] Barrow, B. Bosses condemn "useless" degrees which leave graduates unemployable because they lack basic skill. *Mailonline*［OL］. http://www.dailymail.co.uk/news/article-2026858/Bosses-condemn-useless-degrees-leave-graduates-lacking-basic-skills.html, 2011.

[9] Board of Education. The Teaching of English in England (The Newbolt Report)［Z］. London: HMSO, 1921.

[10] Bourne, Jill. *Moving into the mainstream: LEA provision for bilingual pupils*[M]. Nfer-Nelson, 1989.

[11] British Council (BC). The English Effect[OL]. https://www.britishcouncil.org/sites/default/files/english-effect-report-v2.pdf, 2013.

[12] Department for Education. 14-19 Education and Skills White Paper[OL]. http://www.educationengland.org.uk/documents/pdfs/2005-white-paper-14-19-education-and-skills.pdf, 2005.

[13] Department for Education (a). National curriculum in England: framework for key stages 1 to 4 [OL]. https://www.gov.uk/government/publications/national-curriculum-in-england-framework-for-key-stages-1-to-4, 2013.

[14] Department for Education. English language: GCSE subject content and assessment objectives [OL]. https://www.gov.uk/government/uploads/system/uploads/attachment_data/file/254497/GCSE_English_language.pdf, 2013.

[15] Department for Education. English programmes of study: key stages 1 and 2[OL]. https://www.gov.uk/government/uploads/system/uploads/attachment_data/file/335186/PRIMARY_national_curriculum_-_English_220714.pdf, 2013.

[16] Department for Education. English programmes of study: key stage 3[OL]. https://www.gov.uk/government/uploads/system/uploads/attachment_data/file/244215/SECONDARY_national_curriculum_-_English2.pdf, 2013

[17] Department for Education. English programmes of study: key stage 4[OL]. https://www.gov.uk/government/uploads/system/uploads/attachment_data/file/331877/KS4_English_PoS_FINAL_170714.pdf, 2013.

[18] Department for Education. Reformed GCSE subject content consultation Government response [OL]. https://www.gov.uk/government/uploads/system/uploads/attachment_data/file/254513/GCSE_consultation_-_government_s_response.pdf, 2013.

[19] Department for Education. GCE AS and A-Level subject content for English language and literature[OL]. https://www.gov.uk/government/uploads/system/uploads/attachment_data/file/302108/A_level_English_language_and_literature_content.pdf, 2014.

[20] Department for Education. Education System in the UK.[OL] https://www.gov.uk/government/uploads/system/uploads/attachment_data/file/219167/v01-2012ukes.pdf

[21] Department of Education and Science. A Language for Life (The Bullock Report)[Z]. London: HMSO, 1975.

[22] Department of Education and Science. Education for all (The Swann Report)[Z]. London: HMSO, 1985.

[23] Department of Education and Science. English for Ages 5-16 (June, 1989)[Z]. London: HMSO, 1989.

[24] Department for Education and Skills. Languages for All: Languages for Life A Strategy for

England [OL]. http://webarchive.nationalarchives.gov.uk/20130401151715/http://www.education. gov.uk/publications/eOrderingDownload/DfESLanguagesStrategy.pdf, 2002.

[25] EAL Nexus. EAL Provision [OL]. https://ealresources.bell-foundation.org.uk/eal-specialists/eal-provision

[26] EAL Nexus. Inspection Bodies [OL]. https://ealresources.bell-foundation.org.uk/eal-specialists/inspection-bodies

[27] Eccles, L. Far Eastern schools shame our education system, claims Gove. *Daily Mail* [OL]. http://www.dailymail.co.uk/news/article-1342117/Far-Eastern-schools-shame-education-claims-Gove.html, 2010.

[28] Edexcel. GCSE (9-1) English Language [OL]. https://qualifications.pearson.com/content/dam/pdf/GCSE/English%20Language/2015/specification-and-sample-assesment/9781446932414_GCSE_2015_L12_EngLang_Issue-2.pdf, 2016.

[29] Edexcel. A-Level English Language and Literature [OL]. https://qualifications.pearson.com/content/dam/pdf/A%20Level/English%20Language%20and%20Literature/2015/Specification%20and%20sample%20assessments/A-Level-EnglishLangLit-Spec.pdf, 2016.

[30] Henry, J. Foreign languages to be compulsory from age seven. *The Telegraph* [OL]. http://www.telegraph.co.uk/education/primaryeducation/9321651/Foreign-languages-to-be-compulsory-from-age-seven.html, 2012.

[31] Howse, P. 'Difficult climate' for language teaching, study finds. *BBC* [OL]. http://www.bbc.com/news/education-31921979, 2015.

[32] Marszal, A. English teenagers 'worst in Europe' at languages. *The Telegraph* [OL]. http://www.telegraph.co.uk/education/educationnews/9873479/English-teenagers-worst-in-Europe-at-languages.html, 2013.

[33] Office of the Qualifications and Examinations Regulation. GCE AS and A-Level Subject Criteria for English Language and Literature [OL]. https://www.gov.uk/government/uploads/system/uploads/attachment_data/file/371169/11-10-18-gce-eng-language-and-literature.pdf, 2011.

[34] Office of the Qualifications and Examinations Regulation. GCE Subject Level Conditions and Requirements for English Language [OL]. https://www.gov.uk/government/uploads/system/uploads/attachment_data/file/371200/2014-04-09-gce-subject-level-conditions-and-requirements-for-english-language.pdf, 2014.

[35] Office of the Qualifications and Examinations Regulation. GCE Subject Level Conditions and Requirements [OL]. https://www.gov.uk/government/uploads/system/uploads/attachment_data/file/371200/2014-04-09-gce-subject-level-conditions-and-requirements-for-english-language.pdf, 2014.

[36] Office of the Qualifications and Examinations Regulation. GCSE Subject Level Conditions and Requirements for English Language and Certificate Requirements [OL]. https://www.gov.uk/

government/uploads/system/uploads/attachment_data/file/448507/2015-07-27-gcse-subject-level-conditions-and-requirements-for-english-language-and-certificate-requirements.pdf, 2015.

[37] Office of the Qualifications and Examinations Regulation. GCSE English Language: Decisions on Requirements and Guidance [OL]. https://www.gov.uk/government/uploads/system/uploads/attachment_data/file/446408/2015-07-17-gcse-english-language-decisions-on-requirements-and-guidance.pdf, 2015.

[38] Office of the Qualifications and Examinations Regulation.Your qualification Our regulation: GCSE, AS and A-Level reforms in England [OL]. https://www.gov.uk/government/uploads/system/uploads/attachment_data/file/465873/your_qualification_our_regulation.pdf, 2015.

[39] Office of the Qualifications and Examinations Regulation. GCSE Subject Level Conditions and Reruirements for English Language and Certificate Requirement [OL]. https://www.gov.uk/government/uploads/system/uploads/attachment_data/file/448507/2015-07-27-gcse-subject-level-conditions-and-requirements-for-english-language-and-certificate-requirements.pdf, 2015.

[40] Organization for Economic Co-operation and Development [OL]. http://www.oecd.org/pisa/keyfindings/

[41] Ofqual. English language: grade descriptors for GCSEs graded 9 to 1 [OL]. https://www.gov.uk/government/publications/grade-descriptors-for-gcses-graded-9-to-1/grade-descriptors-for-gcses-graded-9-to-1-english-language. 2017.

[42] Oxford, Cambridge and RSA Examinations. GCSE (9–1): English Language [OL]. http://www.ocr.org.uk/Images/168996-specification-accredited-gcse-english-language-j351.pdf, 2014.

[43] Oxford, Cambridge and RSA Examinations. A-Level: English Language and Literature(EMC) [OL]. http://www.ocr.org.uk/Images/171202-specification-accredited-a-level-gce-english-language-and-literature-h474.pdf, 2014.

[44] Qualifications and Curriculum Authority. Designing and timetabling the primary curriculum. 2002.

[45] Qualifications and Curriculum Authority. Designing the Key Stage 3 curriculum. 2002.

[46] Sampson, G. English for the English [M]. Cambridge: Cambridge University Press, 1921.

[47] Thompson, L., Fleming, M., & Byram, M. Languages and Language Policy in Britain. In M. Herriman & B. Burnaby(Eds.), Language policies in English dominant countries: Six case studies [M]. Clevedon, UK: Multilingual Matters.

第十五章
澳大利亚外语能力及评价

一、澳大利亚外语生态状况

英语是澳大利亚的官方语言,从第一代英国移民开始就是澳大利亚使用最普遍的语言,2011年的人口普查显示,澳大利亚居民使用的语言依次为英语(80.7%)、汉语普通话(1.7%)、意大利语(1.5%)、阿拉伯语(1.4%)、汉语广东话(1.3%)、希腊语(1.3%)、越南语(1.2%)、西班牙语(0.6%)、北印度语(0.5%)和塔加拉族语(0.4%)。澳大利亚的地域特征和移民历史决定了多种语言的共存[21]。另外,澳大利亚英语的一个显著特点是"均一性",即没有地域方言,只有民族标准语,包括三种口音:土音、通音和雅音,而讲这三种口音的人既无地域之分也无阶级之分,这在世界上较为罕见[16]。

二、澳大利亚外语教育政策

2.1 澳大利亚外语教育简史

澳大利亚是一个多民族多语言的国家,其外语教育主要经历了三个阶段:20世纪70年代左右的单一语言时期,20世纪80年代以后的多元外语教育时期,20世纪90年代以后的外语教育深入发展时期。

澳大利亚参议院于1984年公布了参议院报告,首次提出了"非英语"(languages other than English, LOTE)[12]的概念,用来指除英语之外的其他通用语言。从1985年开始在昆士兰州施行双语教育政策,昆士兰州的贝诺瓦州立中学是实施双语教育最早的学校之一,也是最成功的典范,被誉为"贝诺瓦模式"[9]。1986年7月,联邦政府委任墨尔本大学语言教育学教授约瑟夫·罗·比安科(Joseph Lo Bianco)制定国家语言政策。1987年4月,《国家语言政策》(*National Policy on Language*, NPL)[3]制定并成为澳大利亚第一部官方语言政策文件。根据文件内容,全民在掌握母语的基础上学习第二外语,并提出了九种应用广泛的语言,即阿拉伯语、汉语、法语、德语、希腊语、印尼语、意大利语、日语和西班牙语。多元外语教育政策在公立学校和私立学校都获得了成功,学生的双语选择从最初的英法双语扩展到英语—德语、英语—印度尼西亚、英语—日语、英语—意大利语、英语—汉语、英语—希腊语等多种语言之间的双语教育[12]。1988年颁布的《澳大利亚语言水平计划》(The Australian Language Levels Project)[36],提供了一个多语种课程开发的通用框架,旨在指导全国范围内的高中外语教学。

1990年,澳大利业语言与多元文化教育顾问委员会(AACLAME)制定了《澳大利亚语言和读写能力政策》(The Australian Language and Literacy Policy, ALLP)[17],确立了更加明确的语言政策目标,被称为"1990年绿皮书"。1991年,经过国家劳动就业教育和培训部再次修订,被称为"白皮书",两次文件修改是国家语言政策的延续。根据政策目标,澳大利亚国民应发展相当的英语口语和写作水平,解决不同的学习需求;非英语语言的学习应加以改进,以提高语言教育的效果。1991年7月,昆士兰州教育部长明确指出:"外语教材和教法的多样性是非常必要的,双语教育就是多种教法中的一种,其目的是提高学生非英语语言的交际能力。"[18]1991年9月,联邦政府发布了《澳大利亚的语言和读写能力政策》白皮书,再次强调除英语外其他语言能力发展的重要性,并确定增加《国家语言政策》中9种语言之外的土著语、韩语、俄语、泰语和越南语为第二外语,共14种语言,各省可根据具体情况选出其中的8种作为本省的优势语言[13]。1994年,政府发布了《亚洲语言和澳大利亚未来经济发展》[6]的报告,强调学习亚洲语言与文化的重要性。从1995年开始,提倡从幼儿园到12年级开展10种优先语言的外语教学,具体包括土著语、阿拉伯语、法语、德语、意大利语、现代希腊语、俄语、西班牙语、泰语和越南语,并在各州得到了相应的资金支持。

2.2 当前外语教育政策

《国家语言政策》是澳大利亚第一部较为完整的语言政策文件,更是当前外语教育政策的基础。它符合澳大利亚国情,旨在实现社会公平,满足经济需求,丰富教育文化并促进对外关系发展。《国家语言政策》制定时坚持了四大原则:1)确保英语的支配地位;2)维持和发展除英语以外的其他语言;3)为国民提供各项语言服务;4)为国民提供学习第二语言的机会。[15]它提出语言教育的功能是语言维持和新语言学习,体现了澳洲外语教育的双重目标,即保持和丰富澳大利亚现有双语资源与增强全体国民的双语能力。文件提出,"最好的开端就是让所有的澳大利亚居民有机会学习至少两种以上的语言,英语和另外一种语言。同时提供英语以外的语言服务,保证这些语言的使用。"[12]《国家语言政策》指出"任何关于语言的立法都是不适当的,也不需要。从长远来说,虽然我们希望所有的学生都应有相当好的英语能力或至少学习一种语言,但绝不强迫学生学习语言。"[12]各省可在政府允许的范围内根据需要做出最佳选择,这体现了政策的指导性,而非强制性。

进入21世纪后,澳大利亚教育、就业、培训和青年事务部长委员会(Ministerial

Council on Education, Employment, Training and Youth Affairs, MCEETYA）对学校的语言教育进行了调查,结果显示,教学最广泛的六种外语为日语、意大利语、印尼语、法语、德语和汉语,约90%的学习者在这六种外语中选择了一种。2005至2008年,澳洲政府拨款约11 200万美元资助主流学校学习亚洲语言、欧洲语言和澳洲土语。2009年1月1日,政府制定了重要的语言教育政策《澳大利亚亚洲语言与研究国家学校战略》(*The National Asian Languages and Studies in Australian Schools Strategies*, NALSAS)[7],旨在增强学生对于亚洲语言,即汉语、日语、印尼语和韩语的重视,提高学生对亚洲邻国中国、日本、印度尼西亚和韩国的语言与文化的理解。2008—2009年及2011—2012年,澳洲政府拨款约6 240万美元资助"全国性亚洲语言与研究学校项目",其目标为"到2020年,至少有12%的12年级毕业生将具备说一种流利的亚洲语言(汉语、印度尼西亚语、日语和韩语)的能力,能够从事与亚洲相关的贸易商务活动;增加亚洲语言教师人数,在高中开设亚洲语言班,给予教师培训支持,为高水平的学生制定亚洲语言和研究方案高级课程。"[6]

2.3 外语教育政策改革方向

《国家语言政策》公布后,约90%的小学开设了外语课程。从1994年至今,澳大利亚出台的相关文件表明,英语教育政策不再是外语教育的主流,开始由注重英语教育发展为多种语言教育政策。据2002年的《澳大利亚非英语语言课程回顾》显示,七年级的亚洲语言学习人数达到41%,但在十一年级和十二年级出现大幅下降,仅占4.4%。2009年,政府提出了"国家亚洲语言与研究计划",反映出澳大利亚语言政策的战略调整,体现了政府对亚洲经济地位的认同[15]。澳大利亚外语教育政策的转变是由其特殊国情所决定的,原因主要体现在两个方面:其一是受"语言就是经济资源"观念的影响,澳大利亚对国际贸易的依赖性较强,为了提升国家的经济综合实力,语言被看成是经济资源,是促进经济发展的工具。亚洲语言具有重要的经济地位,同时具有较大的经济价值,学习亚洲语言意味着可以促进国际贸易。由于政府资金投入的大幅减少,教育资源主要用于亚洲语言的学习上,表现为日语、汉语、印尼语为第一等级的外语学习科目。其二是受"语言与就业紧密结合"观念的影响,"白皮书(下篇)"提出,"语言知识与其他职业技能结合能提高就业能力,但是将语言学习与其他职业培训相结合,或者开发与职业相关的语言课程方面的尝试还很少。语言与职业的相关性对于语言学习正变成一种越来越重要的动机"[10],这清楚地表明了将外语学习与就业紧密结合的倾向。

近几年,澳大利亚的经贸关系以面向亚洲为主,尤其重视与日本、中国及东盟国家的经济往来,对亚洲的融入和认同在语言政策上体现为向亚洲语言的倾斜。正如基廷总理所说,"我们在地区自由贸易、多元化文化教育及培训方面所作的努力都应该是面向亚洲战略的一部分"。总而言之,从"白皮书"到《澳大利亚亚洲语言与研究国家学校战略》[6]再到陆克文政府支持亚洲语言的计划,都反映出澳大利亚在外语教育政策上开始从以英语为主转向对亚洲语言的倾斜[10]。

三、澳大利亚外语教育体系

3.1 外语教育体系概述

澳大利亚外语教育由各个州政府独立负责。根据2010年的统计,约有66%的学生就读于公立学校,20%的学生就读于天主教学校,14%的学生就读于独立学校。公立学校提供公民与永久居民免费就读,而天主教及独立学校通常会收取学费。外语教育阶段大致包括小学外语教育、初高中时期的中学外语教育及大学和职业学院的高等外语教育。根据法律规定,在一定年龄之前必须接受国民义务教育,法定年龄因州别而有所不同,约在5—6岁之间开始一直到15—17岁之间结束,法定年龄之后的教育纳入澳大利亚职业暨资格体系。小学外语教育分为八个年级,具体包括3—6岁的幼儿园外语教育或学前外语教育;6—7岁的一年级;7—8岁的二年级;8—9岁的三年级;9—10岁的四年级;10—11岁的五年级;11—12岁的六年级;12—13岁的七年级。中学外语教育分为4个或6个年级,具体包括12—13岁的七年级;13—14岁的八年级;14—15岁的九年级;15—16岁的十年级;另外,新南威尔士、北领地、维多利亚和西澳大利亚将16—17岁的十一年级与17—20岁的十二年级划分为中等外语教育,而澳大利亚首都领地和塔斯马尼亚地区将16—17岁的十一年级与17—20岁的十二年级划分为大学外语教育。[22]

3.2 外语教学要求

澳大利业制定的《澳大利亚学校语言教育国家声明:2005—2008澳大利亚学校语言教育国家计划》(*National Statement for Languages Education in Australian Schools: National Plan for Languages Education in Australian Schools 2005-2008*)[23]明确提出,全国外语教育发展目标包括六个方面,即外语教学和学习、外语师资、外语教师的专业学习、课程开发、外语教学质量保证及外语学习宣传,并为每一个环节设计了一个总体目标。总体目标指出,学生是民族的未来,发展学生的外语能力和跨文化交流能力是对国家能力宝贵资源的投资;外语教学的宗旨是让学生能够应对全球化与国际化的挑战,学生能够通过外语学习从多元化角度看待世界,成功参与到全球化的社会活动中;在外语学习方面,要保证所有学生从小学阶段到中学阶段都有机会学习一门或多门外语;在外语师资方面,要保证优秀教师在整个职业生涯中获得专业发展的机会,必须确保其具有充足的外语教学时间和连续性;在语种选择上,所坚持的原则是所有语言都同等有效;在课程开发方面,联邦政府主导全国的外语教学理念,并参与制定全国的课程;在外语教学质量保证方面,《澳大利亚语言水平计划》提出外语学习的五个主要目标和八项最佳条件,为外语教学质量的提高打下基础;在外语学习宣传方面,联邦政府一直致力于外语教学,制定一系列的外语教育政策,保障外语教学要求的实现。

3.3 外语课程设置

2014年,澳大利亚课程、评价与报告管理局(The Australian Curriculum, Assessment and Reporting Authority, ACARA)[24]发布了全国统一的课程标准,规定了语言学习分为两个阶段,包括从幼儿园到十年级的初级课程评价标准和高级评价标准。虽然提出了幼儿园到十年级的统一外语课程标准,但在外语课程设置上,澳大利亚各省和地区拥有自己的方案。具体而言:

1)澳大利亚首都地区的外语课非必须课,根据《1994—2006年非英语语言教育行动指南》,小学阶段的外语课时每周不低于60分钟,高中阶段每周不低于90分钟。据新南威尔士学术理事会的要求,学生必须在七至十年级完成100个小时的外语学习,是目前所有管辖区的最低要求。

2)澳大利亚北部领地在2004年以前规定外语教学的强制性与时间限制,如外语总学时应在八至十年级达到280个小时,但在2004年以后外语强制性及教学时间分配取消了。

3)昆士兰州在外语教学课程设置上保持了较大的灵活性,从强调学生的参与到强调学生的学习成果,并向所有学生提供外语课程直至十二年级。

4)塔斯马尼亚州同样坚持外语课程设置的灵活性,并在每年得到政府的资金支持,重点突出法语、德语、日语和印度尼西亚语四种外语的学习。

5)维多利亚州要求所有公立学校的学生在外语水平上达到适当级别。从2008年开始,义务教育阶段的外语课程至少保持150分钟。

6)西澳大利亚州的外语学习是强制性的,虽然在外语课程上没有课时要求,但九年级的学生要达到3级水平。

7)南澳大利亚州在课程设置上体现灵活性,主要是为了保持课程的持续性,提高课程的选择方案,保证外语学习结果。

虽然各州在课程设置上不具有统一性,但外语学习的重要性与外语能力的培养都被各州政府提上了日程[12]。

3.4 外语教学取得的成绩

澳大利亚由唯英语教学到多元语言教学,反映出对国家经济文化发展的积极响应。允许各州根据具体情况在英语之外选择适当的语言进行外语教学,说明政府对所有语言持一律平等的态度,同时有利于学生获得社会、语言、文化等方面的知识和技能,充分体现了尊重个性发展的人本主义精神,也实现了人文发展与社会发展的结合。澳大利亚的语言政策有效地促进了外语教学的发展,主要体现在以下几个方面:其一,澳大利亚根据政治、经济与教育发展的需要,注重外语教育规划的强制性与长远性;其二,澳大利亚建立了完整而明确的课程教学评价标准,促进外语教育发展的规范统一;其三,澳大利亚外语教学策略丰富有效,提出了双语教学,并注重培养学生的自主学习能力与跨文化交际能力;其四,在外语教师的培训方面,要求较高、投入较大、形式多样;其五,澳大利亚重视现代科学技术在教学过程中的运用[2]。

四、澳大利亚外语能力评价体系

4.1 评价机构与理念

澳大利亚课程、评价与报告管理局(ACARA)是独立的权威机构。它负责开发国家课程标准,发展国家评估体系,搜集全国性数据和形成独立报告,为21世纪澳大利亚学生的学习提供支持。管理局的工作协同了广泛的利益相关者,包括教师、校长、政府、州和地区教育主管部门、专业教育协会、社会团体和广大市民。2008年,由澳大利亚联邦议会法案提议成立,并负责国内评价体系建构和网站运作[25]管理局主要负责五个方面的工作,包括制定从幼儿园到十二年级专门学习领域的国家课程;制定与国家课程标准一致的国家评估方案以测评学生的发展和进步;搜集国家范围内的数据并形成报告,一方面支持分析、评价、研究和资源分配,另一方面对学校和更广泛的国家成就进行问责并形成报告等。管理局通过教育委员会和《澳大利亚课程、评价与报告管理局宪章》接受来自澳大利亚政府、各州和各地区部门的指导[26]。

2014年,澳大利亚课程、评价与报告管理局(ACARA)发布了全国统一的课程标准,包括内容标准和评价标准。首先,统一标准要求学生了解语言的多样性,对较复杂的文本进行语言分析,探索口语和书面语之间的差异,并根据主题、说话者之间的关系进行选择与运用语言。其次,统一标准要求学生能够鉴赏文学作品并从中获得审美体验,这些文学作品具有持久的社会价值与艺术价值,包括以口头或书面形式出现的小说、诗歌、散文、戏剧、电影及多模态文本等。第三,综合素养是对英语的实际运用,统一标准重视英语的实用功能,要求把青少年培养成为有信心的交流者、富有想象力的思想者和合格的公民,帮助青少年储备在教育、培训和工作方面所需的知识和技能,培养学生的个人与社会能力,使他们适应时代发展和国际社会竞争。对学前至十年级的学生,"培养学生听说读写等方面的知识、理解与技能,为公民的终身发展做准备。"[14]外语能力评价体系旨在提高学生英语之外的外语能力,主要外语包括阿拉伯语、汉语、土著语言和托雷斯海峡岛民语言、法语、德语、印度尼西亚语、印地语、日语、意大利语、韩语、现代希腊语、西班牙语、土耳其语和越南语。评价体系兼顾各种语言的特色与共性,涉及各语言的不同结构、语言系统、运用规则、文化因素、在澳大利亚和国际关系中的地位以及在澳大利亚教育中的历史地位。

4.2 评价内容、目标与方式

外语评价标准包括澳大利亚课程、评价与报告管理局制定的《F-10年级的初级外语评价标准》[27]《外语合作性课程标准与语言评价框架》(*Collaborative Curriculum and Assessment Framework for Language*, CCAFL)[28]所提出的高中阶段评价标准及外语教师评价。《F-10年级的初级外语评价标准》是澳大利亚制定的统一评价标准,对其国内外语教育具有极其重要的指导作用。其目标是通过提高学习者的语言及相关能力,发挥对社会、经济和国际发展的作用,主要包括六个方面:拓展交流能力与语言读写能力;加强对语言本质、文化特征和沟通过程的理解力;发展跨文化能力;发展对多样性和差异性的理解和尊重,并保持对差异性和多样性的接受能力;形成文化塑造世界的观点并拓展学习者对自身传统、价值观、文化和身份的认同力;增强分析和反思能力,提高创造性和批判性思维能力。总体而言,外语评价的总目标是发展学生用外语进行沟通的能力、跨文化交流能力以及了解自身作为交流者身份的认同力,核心内容为语言与文化的关系,体现在学习者要能进行跨语言和跨文化的有意义沟通。这不仅需要提高学习者的反思和分析能力,也需要促进学习者对母语和外语间关系的理解,换句话说,语言和文化的交流是一个互动过程,不是两种语言和文化之间"一加一"的简单运算,而是观察、质疑和发展语言与文化的外语学习和运用过程。

总而言之,学习者通过外语学习能够发展用外语进行交流的能力,理解跨文化交流中语言和文化角色的能力及反思语言运用和语言学习的能力。"外语合作性课程标准与语言评价框架"是由新南威尔士州、南澳大利亚州和维多利亚州共同制定的评价标准。它是课程、评价与报告管理局制定的一个国家范围内的合作评价项目,旨在评价中学阶段的外语水平[28],评价对象包括没有目标语知识的初学者、已经学习目标语400至500小时或拥有同等水平的持续学习者,以及至少在目标语国家学习超过一年、有背景知识的学习者。评价目标是开发学生对目标语的知识、意识和理解力并能在目标语文化中认识自身,全面考察学生的听说读写语言能力,以及交流、社会认同、个人发展、工作与学习认知五个方面的能力[29]。

另外,澳大利亚现代语言教师协会制订了《澳大利亚优秀语言文化教师标准》,对优秀教师提出了具体的要求。在评价方式上,"形成性评价是对学习过程的全程评价,它通过多种评价手段和方法,对评价对象在教学过程中的兴趣、态度、参与程度等方面的发展进行测评,是一种非测试性评价。而终结性评价是对学生的学习结果进行评价,主要通过口试或笔试来衡量学生某一学习阶段学习水平的测试性评价。"[5]小学与中学阶段的统一性标准主要是全国性的形成性评价,各州在统一标准下同时进行灵活的测试性评价,旨在实现全国范围内的宏观形成性评价与各州范围内的终结性评价相结合,如维多利亚州的中学生在最后两个学期参加全州统一的"共同考核任务"[6],毕业时配发一个"证书包"[14],对学生的学习成绩和平时行为都有详细记录,体现形成性评价方式。

4.3 F-10年级外语评价标准

4.3.1 总体评价标准

基础阶段到十年级(F-10)的外语评价标准主要评价用外语进行交际和理解的能力。在交际方面主要为诠释意义、创造意义和沟通意义的能力;在理解能力方面主要为分析语言和文化、作为诠释和创造意义来源的能力。同时,两方面能力的评价又细化为具体的细则,详见表1:

表1 澳大利亚外语交际和理解能力评价表

1. 交际能力（诠释、创造和沟通意义的能力）	1.1 社交能力	能够进行思维、观点、经验、思想与感情的口语或书面语交流，并能参与到计划、协商、做决定及采取行动等各种活动中；
	1.2 获取信息能力	能够运用口语、书面语或多模态语言来获取、加工、诠释和传递信息，并能进一步发展和运用知识；
	1.3 创造意义能力	能够创作各种具有想象力的文本并能对其做出回应，如小说文本，喜剧剧作作品，音乐歌曲等；
	1.4 翻译能力	能够在不同的语言和文化中进行语言的转换和意义的传达；
	1.5 反思能力	能够参与到跨文化交际中，不仅能提出质疑与假设，而且能作出反应，并进而反思沟通过程在塑造交际能力和文化身份中的作用；
2. 理解能力（分析语言和文化作为诠释和创造意义来源的能力）	2.1 语言体系理解力	理解语言系统的语音、写作、语法与篇章规则知识；
	2.2 语言变体理解力	理解语言在不同变体之间的运用，包括语域、风格、标准及非标准变体，同时理解语言在不同时间和地点的变化；
	2.3 语言与文化角色理解力	分析、理解语言和文化在交流意义过程中的作用。

同时，外语能力评价体系也包括七种基本能力的评价标准：即读写能力、数字能力、信息科技交流能力、批判性和创造性思维能力、个人和社会能力、民族理解力与跨文化理解力的评价，从而为21世纪的学习者提供全面的评价标准。

具体而言，第一，学习外语要发展语言整体读写能力，外语学习作为语言能力的"增值"方式，不仅加强学习者母语和外语之间的跨语言转移能力，也增强不同应用领域的跨语言运用能力，如学术领域、家庭领域和学习领域。读写能力培养涉及有意识学习和集中学习，需要指导、时间和支持性发展技能和知识。这些技能包括解码与编码口语和书面语言，学习语法、拼写和篇章规则，发展语义、语用和解释能力，并培养思辨性读写能力，满足二语学习者在认知上的需求。第二，外语学习要提高学习者运用外语进行计算的能力，包括不同语境下理解、分析、范畴化及进行数学运算的能力，也包括理解和运用不同语言和文化中的数字、空间和时间的能力。第三，外语学习要能够通过数字化环境与技术等多模态资源得以增强，通过数字媒体接触目标语，不仅能够促进信息技术的发展，也能促进语言和文化能力的提高。第四，外语学习要能够促进具有多种文化背景与多视角的交际者的成功交际，不但增强批判性和反思性思维能力，也提高学习者的创造性和联想性能力，进一步发展学习者分析和解决问题的能力。第五，外语学习要能够促进交际双方在不同的社会文化背景下进行协商和意义诠释，提高跨文化交际能力，发展对不同文化背景交际一方的认同及交际双方的合作。第六，外语学习要能够加强学习者对不同价值观的认同，发展对不同行为方式的尊重，调整自己的民族观念。第七，外语学习要发展跨文化理解能力，发展不同文化背景下的全球公民意识和终身学习理念，培养在不同语言和文化之间进行交流和转换的能力，发展比较和反思能力并认识到语言、社会和文化之间的复杂性、多变性和紧密联系。

4.3.2 汉语评价体系

根据澳大利亚政府2011年对澳大利亚居民在家中使用最普遍的语言的调查，按人数多少排序，依次是英语、汉语普通话、意大利语、阿拉伯语、汉语广东话、希腊语、越南语、西班牙语、北印度语和塔加拉族语，因此汉语是除英语外在澳大利亚使用最广泛的外语。21世纪伊始，中国已成为澳大利亚华裔移民的主要来源地。根据2006年的统计，在澳大利亚六个州的语言学校中，四个州学习汉语的学生人数排名第一，另外两个州分别占第二、第三[34]。另外，中小学生学习人数最多的六种外语由多到少依次为日语、意大利语、印尼语、法语、德语和汉语，占外语学习总人数的91%。学习印尼语和意大利语的人数急剧下降，学西班牙语和汉语的人数不断上升[1]。根据White & Baldauf的研究，澳大利亚大学的汉语学习人数从1990年起稳步增长，2001至2005年增长幅度为61%[37]。据McLaren的研究，20所澳大利亚大学学习汉语的学生人数从2001年至2009年增长幅度为35%[35]。汉语评价体系旨在评价学生的交际能力和理解能力，以及外语能力评价框架下的七种基本能力；同时根据评价对象，即二语习得者、具有外语背景的学习者与具有外语初等教育的母语学习者三类对象，将其成就评价划分为五类评价细则，具体如表2至表6所示[35]：

表2　二语习得者（幼儿园阶段入学者）的汉语成就评价

幼儿园—二年级	学生意识到汉语是澳大利亚使用的一种重要语言；找出独特的写作和话语体系；认识到汉语是声调语言并了解汉字笔画；区分熟悉物体与该物体在拼音和汉字语境下的关联；认识到拼音声调标记的使用；了解简单的句子语序；认识到和家人、朋友和老师沟通过程中汉语的使用规则；认识到自己是语言学习者的身份。
三年级—四年级	学生能够解释为什么汉语是全球重要的语言；明白拼音对汉语口语的作用；识别中文写作系统的特点；深知词素可用来创造词意；了解常见汉语句子的语序；注意到汉语、英语和其他语言模式的异同；认识到语言随着时间的推移、全球化和科技影响而发生变化；认识到上下文和交流影响意义，并将这些知识应用到自己的交际过程中；注意到文化差异可能会影响人与人之间的理解。
五年级—六年级	学生认识到汉语书写系统的特点；认识到参与者的关系和语境影响交流；确定熟悉的文本类型来帮助解释意义；认识到汉语书面语和口语的变化；确认并描写汉语在交流中的特点，并将其运用到与中国人的交流中。
七年级—八年级	学生能够用元语言描述汉语独特的语言文字系统；意识到汉字有助于声音和意义的形成；确定文本类型，如信件、电子邮件、描写和记叙文；识别信息在文本中的结构，并了解文化和语境在解释意义方面的重要性；解释文化特征对交流的重要作用；并反思自己与母语为汉语的人的交流活动。
九年级—十年级	学生认识到作者和说话者，包括他们自己在语言特征和文本结构方面的选择；认识到语言是动态的，受时间、地点、场所、参与者和环境的影响；能够确认受众并以塑造自己和他人为目的的语言选择；解释汉语文化和语言能够影响自己和他人的交际过程；并反思文化能够影响自己与母语为汉语的人的交流活动。

表3　二语习得者（七年级入学）的汉语成就评价

七年级—八年级	学生能够意识到汉语书写系统的主要特征及其与英文书写系统的差异；解释汉语句子的语序和简单汉语句子的整体结构；认识到汉语书面语和口语的多样性，并能够描述口语和书面语的多样性；意识到翻译和口译受语境和文化的影响，语言之间的直译并非总是可能的。

(续 表)

九年级—十年级	学生能够在不同的语境下针对不同的受众辨别声音和声调的差异;运用词素和字体知识来理解新词语;分析语法规则并使用适当语言进行沟通、形成语篇特色;认识到语法和句子结构的典型特点并在新语境下使用;意识到某些概念在英汉翻译过程中是无法实现的;意识到语言的使用可根据不同背景、目的和方式而发生变化;解释与反思语言和文化能够影响自己与母语为汉语的人的交流活动。

表4　具有外语背景的学习者(幼儿园阶段入学者)的汉语成就评价

幼儿园—二年级	学生能够识别汉语四种声调的功能;了解汉语能够用元语言来描述汉语的文字和语音系统;能够比较英语和汉语的辅音和元音;能够复制汉字并确认熟悉汉字的重要组成成分;在与熟悉的成人和同龄人交流时,能够确认中国人的角色在影响语言选择方面的作用。
三年级—四年级	学生能够知道拼音代表口语,并能将拼音与话语进行对应;区分有无语境条件下的语气差异;确认汉语书写系统的特点;确认声和意义之间的关系;确认句子中的结构性观点;描述汉语和文化等特征,并比较跨语言和跨文化条件下意义的表达方式。
五年级—六年级	学生能够解释拼音的本质并运用到自己的话语当中;能够根据意义、发音和功能将汉字归类,并将特点运用到新汉字中;比较英汉的语序差异,并确认英语知识对汉语表达的影响;描述汉语与英语特点对意义表达方式的影响。
七年级—八年级	学生能够解释语气和音调组合变化对意义的影响;描述特定文化的手势和行为;确定汉语口语和书面语的多样性,并解释跨语言书面语的差异;能够找到汉语语法特征和复杂观点的联系,并解释文章结构对受众的影响;解释汉语文化特征对交际及跨语言交流的影响。
九年级—十年级	学生能够解释汉语繁体和简体书写体系在传递意义方面的作用;解释表意文字线索在扩展意义方面的作用;分析汉语语法和句子结构的主要特点,并比较不同语境和模式下的语言运用;解释文化特征在影响跨语言交际行为方面的作用,并运用这些知识与其他人进行交流。

表5　具有外语背景的学习者(七年级入学)的汉语成就评价

七年级—八年级	学生能解释汉语口语和书面语的多样性在影响理解和交流过程中的作用;确认简体和繁体字,并解释标准汉语和方言之间的差异;通过运用数字化资源写作更复杂和更长的文章;描述汉语语法和文本特点在实现特定效果和用途方面的作用;表达自己对中国文化价值观的理解及其对自己交际行为的影响。
九年级—十年级	学生能够把熟悉的汉字对应到熟悉的发音上,并运用汉字知识和功能来预测不熟悉的汉字的意义;运用数字化资源进行交流,并利用在线和印刷字典来辅助阅读;能够确认文化对交流参与者的影响并确认理解能够增强交流;反思汉语和澳大利亚文化对于交际的作用,并提高自我对汉语的运用能力。

表6　具有外语初等教育水平的母语学习者(七年级入学)的汉语成就评价

七年级—八年级	学生能够与熟悉的受众进行口语和书面的交流;能够获得汉语的信息并进行汉英翻译;能够将语法和篇章结构知识与词汇选择运用到交流过程中,并影响有效交流;识别文本所传达的主要观点;在文化语境下对比价值观和行为;确认作者的文化背景能够影响价值观的传递。
九年级—十年级	学生能够与不同的受众全体进行口语和书面的交流;能够根据不同的受众选择不同的语言、风格、语域和篇章结构;识别汉语和英语结构的异同;能够分析不同语言特点实现不同目的;能够解释语言随着情景和语境而变化;确认作者的文化背景与不同视角能够影响价值观的传递。

4.4 高中阶段外语能力评价标准

4.4.1 总体评价标准

外语合作性课程标准与语言评价框架(CCAFL)所提出的高中阶段评价标准,以南澳大利亚州为例,在高中阶段的外语总体评价为:学生能够进行有意义的跨文化交际;有机会发展知识、开发自我意识与理解其他语言和文化;能够反思自己的态度、信仰和价值观;并能够理解文化和身份如何通过语言得以表达,在此过程中学生的语言能力、跨文化知识和理解技能得到发展,表现为交际、社会认同、个人发展、工作和学习五个方面的能力。同时学生的语言能力和与语言相关的数字能力也得到提高。具体要求如下:

1)交际能力指学生在多种语境下的跨语言、跨文化交流,并实现有效得体的交流;通过与他人交换信息、观点、意见和经验,培养学生理解和诠释不同个人之间的交流能力;开发语言和跨文化知识、理解能力和技巧;在一系列书面、口头、视觉和多模态文本中分析和诠释意义;培养学生分析语言、文化与身份之间的关系,并反映文化对交流的影响。

2)培养学生在本地和全球社区背景下的跨文化交际能力,帮助学生认识和了解自己、他人和周围的世界;学生通过分析语言和文化的异同,发展自己与其他民族和文化的有意义交际;学生通过不同的人和团体探索主题和话题;培养学生从各种文本解释意义的能力,并培养对思想、价值观与信仰的敏感性。

3)学生的个人、语言和文化身份通过语言学习得以加强;发展对语言和文化的理解能力;培养学生对语言和文化多样性的反应能力;学生的学习经验能够拓展学生的人际交往能力和自我表达能力;学生的语言和文化能够发展对行为、思想、态度、观念、身份的塑造能力。

4)通过语言学习有助于学生成功地生活和工作;培养学生在工作过程中的跨文化和人际交往能力。

5)通过语言学习发展学生的分析能力、批判性思维、创造性能力和反思性能力;语言学习使学生理解语言的动态性质,以及语言表现身份的作用;发展学生在既有知识和新知识之间的关联,并运用到跨语言、跨文化交际过程中。

6)语言学习加深了学生对语言功能的理解;深入了解语言的性质、风格和用途;识别语言间的异同;针对不同目的和受众进行有效得体的交流;发展并提高听、说、读、写语言的能力。

7)学生能够使用和理解模式、顺序和关系,并理解不同文化中的时间、数量和空间概念;熟悉数字、日期及数学运算术语;能够使用表格或图形进行分析,以支持观点和立场。

4.4.2 具体评价标准

高中阶段评价标准的设计旨在反映学生的学习过程,并帮助教师了解学生所需的学习内容,主要包括观点、语言表达及诠释和反思三方面标准。

第一,在观点方面:1)观点要具有关联性,具体指学生的语言能够与语境、目的、受众和话题相关;观点要能表达合适的思想、信息和细节;观点要与受众相关;2)观点要具有思想和信息的深度,具体指内容的深度;观点的阐述和支持性细节具有深度;观点的设计具有深度。

第二，在语言表达方面：1）表达能够准确合适地传达信息，具体指使用准确的语言结构和语法；使用连接词；语言表达在文化上得体；在流畅性、发音和音调上清晰；2）语言结构具有连贯性，具体指信息和观点组织有序，使用符合文本类型的语言规则；3）能够进行持续性会话交流，具体指能够根据话题，利用适当的交际策略进行顺畅的交际。

第三，诠释和反思方面：1）能够诠释文本的意义（包括一般意义和具体意义、文本的目的、概念、视角和观点）；2）能够分析文本的语言、文化及语域风格特点等；3）反思文本的文化、价值观、信仰，并反思自我学习等。

学生的外语能力在三个标准的基础上，被设定为终结性评价的A—E五个等级。汉语评价基于现代标准普通话，结合以上三个标准，根据与个人、汉语团体和外在世界相关的三类话题对汉语水平进行评价。个人话题往往涉及个人身份、教育与抱负、娱乐、旅游经验；汉语团体话题涉及历史和文化、学校生活、生活方式与地理特点；外在世界话题则涉及青春问题、工作环境与旅游文化等。总之，在外语评价总体标准和具体细则的结合下，高中学生的观点、语言、文化等各方面能力得到了全面测量。

4.5 外语教师评价体系

4.5.1 外语教师总体评价

2005年，澳大利亚现代语言教师协会联盟（Australian Federation of Modern Language Teachers Associations, AFMLTA）制订了《澳大利亚语言与文化优秀教师职业标准》(*Professional Standards for Accomplished Teaching of Languages and Cultures*)[31]，具体包括教育理论和实践、语言和文化知识、语言教学法、职业道德和责任心、专业关系、国际视野与参与、立场倾向和个人特征八个方面，如表7所列：

表7 澳大利亚语言与文化优秀教师职业标准

教育理论与实践	优秀教师能够致力于当前的教育理论发展，并能够将理论运用于教学实践中。
语言与文化	优秀教师能够具有连贯的语言和文化知识进行跨文化交流，并能意识到文化与语言之间的关系。
语言教学法	优秀教师能够在不同的语境下，进行教学设计、教学实践、评估语言项目并发展语言文化学习模式。
职业道德与责任心	优秀教师能够在教学实践与专业化社团中践行职业道德与责任。
专业关系	优秀教师能够利用自己的知识和视野参与到学校内外的专业化发展过程中，并支持同事的专业化发展，以此发展整个教育事业。
国际视野与参与	优秀教师能够发现语言和全球化世界的关系，并意识到语言和文化对全球化环境的影响等。
立场倾向	优秀教师能够发起行动来宣传语言学习、推广跨文化交流，并发展学生对语言及文化多样性的感知能力。
个人特征	优秀教师能够与他人合作，致力于发展教学实践和理论；能够支持他人选择合适的方法进行教学，以帮助学生学习语言和文化。

4.5.2 汉语评价模式

在《澳大利亚语言与文化优秀教师职业标准》框架下,优秀汉语教师的评价主要从七个方面进行具体描述[32]:了解学生及学生的学习方式;了解教学内容和教学方式;实施教学计划与有效教学;创造和维持支持性和安全的学习环境;评估学生的学习并给予反馈;专业性学习;与同事及家长合作规划事业发展的专业化。详见表8:

表8 澳大利亚优秀汉语教师评价描述

了解学生及学生的学习方式	优秀教师可以根据学生的需求运用合适的普通话;了解与教学法相关的语言和文化;能够让学生置身于真实的汉语环境中;能够控制澳大利亚背景下的汉语课堂等。
了解教学内容和教学方式	能够运用多媒体手段创造更丰富的语言文化学习环境;能够运用普通话来指导课堂并创造学生需求的学习环境;能够举出实例来提高学生对语言文化多样性的意识等。
实施教学计划与有效教学	能够具有普通话的语言知识,并应用到教学实践中;能够调整汉语教学策略;能够在书面语和口语之间进行平衡;并鼓励二语学习者达到高水平的语言学习等。
创造和维持支持性和安全的学习环境	能够运用普通话来控制、组织、指导课堂,并创造适合于学生需求的课堂环境等。
评估学生的学习并给予反馈	能够评估学校的评价政策与策略,并运用相关数据来诊断适合于课堂标准的学生需求;能够利用学生的评估数据来提高汉语教学实践等。
专业性学习	能够利用全面的澳大利亚专业教师标准来指导专业性汉语教学政策和项目制定,以此解决教师的专业发展需求等。
与同事及家长合作规划事业发展的专业化	能够在汉语语境下鼓励二语学习者持续学习达到更高水平,并致力于融入到亚洲区域的经济和社会发展中。

参考文献:

[1] 陈平.政治,经济,社会与海外汉语教学——以澳大利亚为例[J].世界汉语教学,2013,27(3):400-412.

[2] 高战荣,曲铁华.澳大利亚外语教育的特征及启示[J].外国教育研究,2008,35(5):92-96.

[3] 楼必安可.澳大利亚的国家语言政策[J].语文建设,1988,5:019.

[4] 廖洪跃.澳大利亚双语教育的探究及其对我国高校双语教育的启示[J].科教文汇,2012(28):38-41.

[5] 刘道义.基础外语教育发展报告[M].上海:上海外语教育出版社,2008:148.

[6] 罗爱梅.二十世纪八十年代末以来澳大利亚外语教育政策研究[D].广州:华南师范大学,2005.

[7] 孙燕.澳大利亚外语教育政策的演变发展及其启示[J].教育教学论坛,2013(22):128-130.

［8］唐承贤.第二语言习得研究的语言学视野［M］.广州：世界图书出版公司,2014.

［9］王斌华.澳大利亚双语教育［J］.教育理论研究,2004,6：7-9.

［10］王辉.近20年澳大利亚外语教育政策演变的启示［J］.北华大学学报：社会科学版,2010,6：28-32.

［11］王文斌.论英语的时间性特质与汉语的空间性特质［J］.外语教学与研究（外国语文双月刊）,2013（3）.

［12］谢倩.外语教育政策的国际比较研究［D］.上海：华东师范大学,2011：174-178.

［13］杨德祥.外语教育规划与外语教育的定位［J］.兰州交通大学学报,2005,2.

［14］尹芳.澳大利亚高中英语课程标准评介［J］.中学语文教学,2014（12）：80-82.

［15］张沉香.澳大利亚伍伦冈大学"学术英语"课程教学模式［J］.解放军外国语学院学报,2006,29（4）：48-51.

［16］张煤.独具特色的澳大利亚英语［J］.外语与外语教学,1995（3）：26-29.

［17］Australia. Department of Employment, Education and Training, Dawkins J. *Australia's Language: The Australian Language and Literacy Policy: Companion Volume to the Policy Information Paper*, August 1991［M］. Australian Government Publishing Service, 1991.

［18］Berthold M. *Rising to the Bilingual Challenge: Ten Years of Queensland Secondary School Immersion*［M］. Canberra: National Languages and Literacy Institute of Australia, 1995.

［19］https://zh.wikipedia.org/wiki/澳大利亚

［20］https://zh.wikipedia.org/wiki/澳大利亚移民史

［21］http://www.abs.gov.au/ausstats/abs@.nsf/Lookup/2071.0main+features902012-2013

［22］https://en.wikipedia.org/wiki/Education_in_Australia

［23］http://www.curriculum.edu.au/verve/_resources/languageeducation_file.pdf

［24］http://www.acara.edu.au/

［25］https://en.wikipedia.org/wiki/Australian_Curriculum,_Assessment_and_Reporting_Authority

［26］http://www.acara.edu.au/about_us/about_us.html

［27］http://www.australiancurriculum.edu.au/languages/introduction

［28］https://www.sace.sa.edu.au/web/languages-national-continuers/stage-2/assessment

［29］https://www.sace.sa.edu.au/documents/

［30］http://www.australiancurriculum.edu.au/languages/chinese/pdf-documents

［31］http://pspl.afmlta.asn.au/doclib/Professional-Standards-for-Accomplished-Teaching-of-Languages-and-Cultures.pdf

［32］http://www.lls.edu.au/teacherspace/assets/uploadResources/tm12a/3_FINAL.pdf

［33］Liddicoat, A. J., & Scarino, A. (Eds.). *Languages in Australian Education: Problems, Prospects and Future Directions*［M］. Cambridge Scholars Publishing, 2009.

［34］Lo Bianco, J. *Second Languages and Australian Schooling*［M］. Camberwill, Victoria: Australian Council for Educational Research Press, 2009: 55.

[35] McLaren, Anne. *Asian Languages Enrollments in Australian Higher Education*[J]. Asian Studies Association of Australia, 2011: 5.

[36] Scarino, A., Vale, D., McKay, P. & Clark, J. *The Australian Language Levels Guidelines*[Z]. Canberra, Australia: Curriculum Development Centre, 1988.

[37] White, P., & Baldauf Jr, R. B. *Re-examining Australia's Tertiary Language Programs*[J]. Arts/Social and Behavioural Sciences, 2006: 12−14.

第十六章
美国外语能力及评价

一、美国外语生态状况

美国,全称为美利坚合众国(United States of America),领土广阔、三面环水、生物多样、资源丰富。美国分为四大地区九个分区,由50个州、华盛顿哥伦比亚特区以及关岛等众多海外领土组成的联邦共和立宪制国家。国土面积约983.4万平方公里,人口3.2亿,通用英语,是一个移民国家。

美国的居民以白人为主,同时拥有来自世界各地的移民,是个多元文化交融与多元民族共存的国家[16]。美国各州及地区广泛使用英语。虽然美国国会未将英语定为全国范围内的官方语言,但英语是事实上的官方语言。

二、美国外语教育政策

2.1 美国外语教育简史

美国的外语教育主要经历了惟英语阶段和双语教育阶段。众所周知,英语一直是美国的通用语言,然而却一直未从法律上被确立为全国范围内的官方语言。随着非英语移民的增加,英语的地位被认为受到其他语言的威胁,于是有人提出限制其他语言的使用,希望从法律上将英语定为官方语言,这就掀起了"惟英语运动",也被称为"英语官方化运动"[7]。惟英语运动的原因最早来自于美国前总统西奥多·罗斯福,他曾提出:"在这个国家,我们只有容纳一种语言的空间,这就是英语;因为我们将会看到这个熔炉把我们的人民变成美国人,变成具有美国国民性的美国人,而不是成为在讲多种语言的寄宿处的居民。"[7]他认为,"让美国每个民族都说自己的语言,绝对是让美国解体毁灭的最佳途径","我们只有一面国旗,只能学一种语言,那就是英语"[7]。

20世纪的40—60年代,美国倡导多元文化与语言的共存,反对"惟英语"政策,开始实行双语教育。1958年颁布的美国《国防教育法》提出,必须加强学生的数学、科学和外语的教学,首次通过法律文件将外语教学提高到与数学和科学同等重要的位置[7]。该法案第六条规定:"授权专员与高等学校签订合同,在1958年7月1日至1962年6月3日之间,建立任何一门现代外语的教学中心。……中心除了进行这门现代外语的教学外,还要提供诸如历史、政治学、语言学、经济学、社会学、地质学和人类学等必要学科的教学,使学生全面了解使用该语言的地区和国家。"[7]1961年《共同教育和文化交流法》(又称《富布赖特-海斯法》)颁布,鼓励1965年美国颁布的《初等和中等教育法案》将外语列为核心课程。同年颁布的《高等教育法》提出,为外语教师培训、外语研究、外语教材开发、海外交流等提供资金支持,以提高美国的外语教学水平。

20世纪80—90年代,冷战结束后美国成为全球唯一的超级大国。政府不断调整国内各项政策,包括外语教育政策。1984年,《经济安全教育法》授权联邦政府为提高外语教学及改善教学设施拨款。1986年,《高等教育法案》提出设立语言资源中心以提高外语教学效果。1988年,美国国会颁布《小学和中学教育法》的外语援助计划(Foreign Language Assistance Program, FLAP)和外语激励计划(Foreign Language Incentive Program, FLIP),用于创建外语课程,扩大小学和初中阶段的外语教育。1993年,美国外语教师协会、法语教师协会、德语教师协会、西班牙语和葡萄牙语教师协会开始制定全美幼儿园至十二(K-12)年级外语教育标准。1994年,《美国2000年教育目标》确立具体外语教育目标,明确提出外语学习是公民权利的一部分。该法案还明确提出,到2000年,所有完成四年级、八年级和十二年级学习的学生应该对挑战性的学科,包括英语、数学、科学、外语、公民权和政府、经济、艺术、历史和地理等学科具有相当的知识理解能力[11]。

2.2 当前外语教育政策

21世纪以来,特别是美国遭受"9·11"恐怖袭击之后,美国学校的外语教育政策受到国际和国内环境的影响。2002年,美国提出的"不让一个孩子掉队"政策,使外语成为教育的核心课程。2003年,参众两院通过《国家安全语言议案》,明确提出外语教育的三个目标,即开展早期的外语教育,推广先进的外语教育和重视外语市场推广计划[11]。2004年6月,美国国防部在马里兰大学召开由美国政府、企业、学术界和语言协会领导人参加的全国语言大会,会议发布《国家外语能力行动倡议书》,提出向所有学生提供学习对国家最重要外语的机会,通过提高外语能力增进对世界文化的了解和尊重,改善美国在全球的领导地位。2005年1月,美国外语教学协会(ACTFL)在北卡罗林纳大学举行了"美国行动计划"[6]国家政策峰会,确定了从幼儿园到十六年级的汉语学习计划及之后的阿拉伯语学习计划。同年,美国参议院和众议院通过决议确定2005年为语言年,提出每一个美国人不但应该提高英语运用水平,而且要发展其他语言能力[11]。2006年,布什总统在美国大学校长峰会上提出了由国务院、教育部、国防部、中情局联合发起的"国家安全语言计划"[29],鼓励美国公民学习阿拉伯语、汉语、朝鲜语、俄语、印地语、日语、波斯语、土耳其语这8种关键语言[6]。2007年和2008年分别批准1.14亿美元和2.66亿美元的财政拨款,旨在提高美国学生的外语能力[12]。2011年,美国国防部颁布《国防部语言技能、区域知识、文化能力战略规划:2011—2016》,对军队外语能力提出了明确的要求。

2.3　外语教育政策的改革方向

新世纪的美国外语教育政策面临巨大的挑战,存在的问题主要体现在:1)外语教育目标是为了维护世界霸权地位,但个人目标为是了解世界语言与文化,两个目标在教育政策上表现出不一致性;2)由于英语和西班牙语在美国的地位并不明确,所以外语教育政策缺乏一定的连贯性;3)美国缺乏高水平的外语专业人士,无法满足国家需求[13]。因此,美国教育部、国务院、国防部、情报局与各州教育管理部门通力合作,从多个层面加快外语改革步伐,改变外语教育现状,完善外语教育政策。改革方向表现在:1)政府出台一系列政策,强化以国家安全为取向的外语教育;2)倡导学生从幼儿阶段学习外语,有效推进美国的外语教育;3)把外语作为核心课程,巩固与加强外语教育的地位[4];4)强调语言教育与国际教育结合在一起,注重培养学生的国际能力,发展学生用外语探究世界的能力,关注学生与不同民族交流并能改变自我境遇的能力[6]。

三、美国外语教育体系

3.1　外语教育体系概括

美国外语教育体系包括学前、小学、中学和大学阶段。在美国,3—5岁属于幼儿园外语教育阶段,包括托儿所和幼儿园(4—5岁)的学前教育;6—18岁属于中小学义务教育阶段,小学外语教育包括一至五年级(6—7岁为一年级,7—8岁为二年级,8—9岁为三年级,9—10岁为四年级,10—11岁为五年级),初中外语教育包括六年级到八年级(11—12岁为六年级,12—13岁为七年级,13—14岁为八年级),高中外语教育包括九年级至十二年级(14—15岁为九年级,15—16岁为十年级,16—17岁为十一年级,17—18岁为十二年级)。

美国学制没有大学联考,学生中学毕业后可自行申请大学。大学外语教育从19岁至22岁,一般分为四年制大学和两年制社区大学外语教育。四年制大学完成后,学生可以拿到学士学位,而两年制社区大学结束后可以拿到副学士学位。研究型教育阶段的外语学习一般从22岁或23岁开始,包括学院、大学或研究所,毕业后可获得硕士学位、博士学位或专业学位[19]。

3.2　外语教学目标与要求

1999年,美国颁布的《21世纪外语学习标准》,以"学生应该知道如何、何时、为什么、要对谁说什么"为外语教学目标,简称为"5C"标准[30],具体包括:发展学生用外语进行沟通的交际(Communication)标准;增强学生对各国文化理解和认识的文化(Cultures)标准；通过外语学习而获得更多知识的联结（Connections）标准；发展学生对文化和语言比较和理解的比较（Comparisons）标准；与发展学生用外语参与到不同群体活动中的社区（Communities）标准。"5C"标准出台后，美国各州参照该标准制订了全国性的教学方案，得到了社会各界的支持与认可，被誉为21世纪美国外语课程改革的"灯塔"和"指导方针"[8]。"5C"标准的总体目标为以培养交际能力为核心，构建一个综合全面的外语教学目标体系。在总目标之下，又提出了三项阶段性目标：一是在教学内容、测试设计等方面都具备可行性的基本框架；二是提出了四、八、十二三个年级的教学进程样本，既具有规范性，又有适应性；三是提出了类似教案的学习方案。

"5C"体现了美国外语教学的具体要求：1）培养学生的外语交际能力是外语教学的核心目标，美国教育必须开发学生的语言能力，培养学生的文化能力，以促进多元文化背景下的成功交际；2）培养学生的多元文化意识，提高学生的外语水平，促进文化理解力和跨文化交际能力；3）教学活动关注学生参与课堂的口语交际能力培养，以交际能力为目标的交互式教学活动是教学的主要方法；4）外语教学要以学生为中心，在课程实施中培养学生学习与生活的基本能力，体现人本关怀的要求；5）外语教学标准强调外语学习与其他学科知识的整合，不仅体现在学生外语水平和其它学科知识的整合，也体现在教材编写方面多学科的整合。教学标准涉及交际、文化、联结、比较、社区五个领域，并细化为11条标准，是制定教学大纲和开展教学实践的依据，根本目标是把学生培养成具有国际思维和跨文化交际能力的美国公民[1]。

3.3　外语课程设置

美国的外语课程设置是以《21世纪外语学习标准》为基础的。该标准提出了34个学习方案供教师们参考。每一个方案都由学习标准、课堂方案和对照标准三部分组成，往往围绕与外语文化相关的主题展开，涉及科学、艺术、生活等方面，目的是指导教师更好地将"5C"标准融入到外语课堂教学。

外语课程教学普遍采用交际教学法，注重对学生外语交际能力的培养。教师和学生在教学过程中主要运用外语进行交流，课堂形式多为小组讨论。外语课堂主要的教学模式主要有四种：1）传统模式主要用于小学外语教育，使学生能够在课堂上了解美国文化，同时发展听、说、读、写能力；2）探索模式旨在发展学生对外语及其文化的理解力，而非仅仅是某种外语语言能力；3）沉浸模式分为完全沉浸和部分沉浸，完全沉浸模式培养学生用外语学习所有科目的能力，部分沉浸模式则发展学生用外语学习部分科目的能力；4）双向沉浸模式把母语为英语的学生和母语为外语的学生同时编在一个班内，用两种语言进行教学活动，两种语言各占一半时间[2]。

3.4　外语教学所取得的成绩与面临的问题

美国外语教师理事会的拉斐特称《21世纪外语学习标准》为"改革的催化剂"，该标准的宗旨为："美国必须教育学生从语言和文化上武装起来，以便能够在21世纪多元化的国际社会进行成功的交流"[28]。

在此标准的指导下,美国外语教学取得了显著的成绩,具体表现为三个方面。第一,采用浸入式课堂教学模式,强调语言与文化的共同培养,教师和学生在外语课堂上大量使用外语进行交流,用目的语表达思想、阐述观点并展开讨论,通过真实自然的教学情境,提高学生在目的语环境下学习语言和文化的能力。第二,外语课堂教学提供多语种选择。学生可以在基础教育阶段选择西班牙语、法语、德语、拉丁语、汉语、韩语、印度语、阿拉伯语等十多种选修语种。同时,外语语种的设置还随着时代的发展而调整,近年来美国开设汉语、韩语、日语课程以适应亚太地区国家经济的快速发展。中小学生还可以根据个人兴趣自由选修任何一门外语,中学阶段还可以选择第二甚至第三门外语。第三,外语教学注重多媒体手段的利用,丰富外语语言资源。大多数学校设立网站为学生提供良好的外语学习条件,学生可以阅览电子期刊、查看电子邮件、撰写或阅读博客、使用网上各类数据库,以此来获取外语学习资料[14]。但同时,美国外语教学方面也面临一些问题,如美国人一直以来以美国式的教育为自豪,不太乐意学习他国经验,态度较保守。

四、美国外语能力评价体系

4.1 评价机构简介

美国外语教学委员会(American Council on the Teaching of Foreign Languages, ACTFL)是国家级组织机构,致力于提高美国国家范围内的外语教学水平和扩大外语学习[20]。自1967年成立以来,它已成为创新、高质量和可信的代名词。1986年,ACTFL形成了一套全面的、描述外语听、说、读、写能力的语言纲领,目标是满足外语教育工作者和外语学习者的需求。美国外语教学委员会的主要工作是关注标准实施,促进语言学习;运用评价指导教学并促进多种项目的发展;发展评价课程标准;运用标准有效的教学策略;将技术应用到21世纪的学习过程中;将标准整合到教学过程中等。该委员会还组织多种形式的网上评价论坛,包括口语水平面试(Oral Proficiency Interview, OPI)和听力、阅读与写作水平测试评价(Proficiency Tests for Writing, Reading, or Listening)等。另外,作为教育者预备鉴定委员会(Council for the Accreditation of Educator Preparation, CAEP)的一员,美国外语教学委员会也邀请个人参与多种项目评价,以促进外语教师项目的发展。

国家教育发展评价体系(National Assessment of Educational Progress, NAEP)[21]是美国最大的国家级测评体系,由美国国家教育统计中心(National Center for Education Statistics, NCES)全面负责实施。国家教育发展评价体系由国家评价委员会制定相关政策、发展评价体系框架和评价细则,并构建评价蓝图。该委员会的成员包括州长、州议员、地方和国家的学校官员、教育工作者、企业代表及普通市民。美国国家教育统计中心根据国会的授权,收集、整理与分析教育各方面的完全统计并提交报告,由评估部门创建、设计、开发和实施国家级的教育发展评估报告,部门工作人员开展其他各种相关的教育评估研究。

国家教育发展评价体系一使用全国范围内的测试档案袋,其评价结果为各州和选定区域提供通用指标,其评估程序基本保持每年相同,并记录细节性变化,为学生的学业进步提供清晰的评价标准。该评价体系旨在评价美国学生在各个学科所学到的知识与技能,兼顾国家、各州、各地区的特点并考虑评价体系的长期性。目前的评价测试以考试为主,每年的1月到3月,国家、各州、各地区及长期性评价开始在各个学科全面展开。国家教育发展评价体系以计算机平台为基础进行评估,不为单独个体或个别学校提供评估结果,而以团体为对象提供评价结果,例如为四年级、八年级和十二年级提供代表性评估结果,为九年级、十三年级或十七年级的学生提供长期趋势评估。这些等级和年龄被选中是因为它们代表学术成果的关键时刻。目前美国有两个国家教育发展评价体系网站,一个处理国家教育发展评价的不同评估内容,另一个呈现评估结果,两个网站生成出评价结果报告,即全国成绩单。国家评估遵循国家评估理事会制定的框架,使用最新的评估手段进行评估。每个受试者分别在四年级、八年级和十二年级参加评估,州公立学校和私立学校同时进行评估。但是国家层面的评估只在公立学校实施,长期趋势评估也只是在国家范围内实施,地区性评价以"不让一个学生掉队"政策为导向实施,获得联邦政府的支持[22]。

4.2 评价体系的理念与方式

1993年,为了提高学生在全球化背景下的外语交际能力,美国外语教育委员会在教育部和国家人文科学捐赠基金会的资助下,成立了"全国外语教育目标课题组",着手编制外语学习标准。历经三年,1996年制定了《外语学习标准:为21世纪做准备》(*Standards for Foreign Language Learning: Preparing for the 21st Century*)。后来通用的外语标准逐步发展到针对具体语种的外语标准,新增加了汉语、古典语言、法语、德语、意大利语、日语、葡萄牙语、俄语、西班牙语,并制定了具体的学习标准[30]。1999年,《21世纪外语学习标准》(*Standards for Foreign Language Learning in the 21st Century*)颁布,评价对象从原来的幼儿园到十二年级(K-12)发展至大学,实现对大、中、小、幼"一条龙"式的外语教育评价。

《21世纪外语学习标准》的宗旨是:"语言和交流是人类经验的核心。美国政府必须培养学生,使他们在语言和文化方面均能胜任多元文化的美国和国际社会的交流。未来的紧迫任务是让全体学生能够娴熟地掌握英语和至少一门外语,无论是现代还是古典语言。来自非英语背景的学生能够有机会充分发展他们的母语语言能力"。[15]"5C"标准体现出对外语语言知识的要求,如词汇、语法、发音和拼写等语言知识;对社会语言学知识的要求,如对社会背景的敏感与交际目标的认知;以及对文本和口语知识组织能力的要求。同时,标准要求运用特定的交际策略达到成功的交际,如合适的话语交流策略、重述策略、推理与预测策略及总结策略等。

总之,"5C"标准的五项内容相互依赖、相互促进,体现出外语评价的新理念,即运用外语促进不同文化之间的交流,并为外语教学提供明确的指导。美国的外语评价体系主要包括大中小阶段的"5C"标准、教师评价体系与国内的统一性评价。在评价方式上,则是形成性评价与终结性评价相结合,"形成性评价是对学习过程的全程评价,它通过多种评价手段和方法,对评价对象在教学过程中的兴趣、态度、参与程度等方面的发展进行评测,是一种非测试性评价。而终结性评价主要是对学生的学习结果进行评价,主要通过口试或笔试来衡量学生某一阶段学习水平的测试性评价"[5]。美国提出的"5C"标准主要为全国性的形成性评价提供依据,各州在统一标准下同时进行灵活的测试性评价,旨在实现全国范围内的宏观形成性评价与各州范围内的终结性评价相结合。同时,个别学校采用"档案袋"形式对学生的外语学习进行过程评估,系统地选择学生的学业作品,展示学习进步,属于形成性评价。最初用于初中阶段,之后应用于高中阶段的外语评价;而外语教师的评价以形成性评价为主,国内的统一性评价则以终结性评价为主[3]。

4.3 评价内容与目标

《21世纪外语学习标准》的目标为交际(Communication)、文化(Cultures)、联系(Connections)、比较(Comparisons)和社区(Communities),简称为"5C"标准[23]。它既是重要的教学标准也是评价学生外语水平的评价体系,涵盖的基本内容包括语言系统、交际策略、文化内容、学习策略、其他学科知识、思考能力与科技能力七个方面。语言系统提出传统语言教学项目,如词语和语法在表达意义方面的重要作用;交际策略提出学生学会运用各种策略,如迂回表达和通过语境推测达成交际等;文化内容提出学习者要关注对语言交际起作用的文化因素;学习策略提出各种学习方法,如预习与复习教学计划与提问的重要性;其他学科知识主张让学生用外语进行阅读和讨论等活动,以拓展学生的知识面;思考能力的培养至关重要,从低层次的识别能力到高层次的批判性思维,始终贯穿外语学习的全过程,以提高学生的跨文化交际能力;科技能力提出从计算机辅助教学、交互式录像与因特网等多媒体技术的使用,帮助学生了解目的语国家的现代文化特色与语言知识。

评价目标具体体现在五个方面:第一,交际标准。它强调语言在现实生活中的交流运用,要求学生运用口头语和书面语进行沟通,核心是衡量学生用外语进行交流沟通的能力。从本质上讲,交际能力是交换和传递信息的能力,这些信息以不同类型不同方式进行交际。交际方式可分为人际交流、理解诠释和表达演示三个模式。人际交流模式涉及双向交互交流,如面对面交谈或通过电子邮件进行交流。它的特征在于人与人之间的直接交流有利于信息的清晰传达,从而减少误解的发生。这种模式需要产出性的说写能力和接受性的听读能力,同时需要诠释语言信息和非语言信息,参与者可得到语言和非语言的信息反馈,确保信息的成功传递。理解诠释模式涉及口头或书面语的理解,如收听广播或看杂志,理解口头或书面信息的文化内涵。此模式通过印刷品和视觉图像传递信息,交际一方不需要澄清误解,同时这种模式需要接受性的听读能力和使用视觉图像帮助理解的能力。表达演示模式涉及面向观众进行口头或书面消息的传达,如发表演讲或写故事,与观众没有直接的个人接触,当误解出现时也无法澄清,所以交流双方必须具备文化差异意识,也需要口语、写作能力和利用视觉图像的能力。第二，文化标准。它是语言教育的重要组成部分，显示出学生对本土文化的理解和对其他文化的体验，以能够更好地理解交流双方的观点、生活方式等。文化的哲学解读包括文化意义、文化态度、文化价值观与文化观点，以此形成交际双方的文化行为与文化产物。其中，文化行为是社会交流的固定模式，如打招呼的方式、交流双方的社会地位等；文化产物可以是可见的书本、绘画和建筑物，也可以是不可见的法律或教育体系等。第三，联系标准。它是指学生通过学习外语能够与其他学科知识进行连接，并通过学习外语建立与其它文化的联系，找出信息之间的连接点，为运用外语建立清晰的交流目标，或获得文化信息或识别特定文化的观点。第四，比较标准。它旨在鼓励学生比较、对比语言和文化，分析语言和文化的异同并作出预测，以此加深了解自己的母语和文化。第五，社区标准。它旨在促使学生能够用外语参与到多文化的社区活动中，包括实地考察、使用电子邮件和互联网、俱乐部、交流项目和文化活动等。

4.4 外语评价标准

西班牙语是美国的第一大外语。美国外语教学委员会制定了《21世纪外语学习标准》。国家教育发展评价体系基于《21世纪外语学习标准》的框架模式，形成了完善的评价标准和体系。

具体而言，西班牙语的评价对象为幼儿园至十二（K-12）年级的学生，以交际、文化、联系、比较和社区五个方面的标准为依据，主要评价听、说、读、写四个方面的能力。在具体的评价过程中，交流方面的评价发生在真实的日常生活、学校和工作场景中；评价任务主要涉及四个方面，即获得其他文化的知识、联系其他主题获得知识、通过比较发展语言和文化知识与参与国内外的多语言文化交流。同时，学生的理解力和被理解力也得到测评，主要包括语言知识的掌握、交流策略的合理运用及掌握文化知识以促进交流。而评价体系以交际标准为目标导向，从三种模式四个方面展开，即以阅读任务为基础的理解诠释模式、以听力任务为基础的理解诠释模式、以写作任务为基础的表达演示模式以及以口语交流任务为基础的人际交流模式，并基于不同模式，在文化、联系、比较和社区四个方面实施可操作的具体评价。西班牙语的评价在四个方面的成就被分为初级、熟练和高级三等，具体评价标准如表1—4所示[24]：

表1 以阅读任务为基础的理解诠释模式评价

成就等级		
初 级	熟 练	高 级
学生能够部分掌握知识和技能，理解书面西班牙语的观点	学生能够掌握扎实的知识和技能，理解书面西班牙语的观点	学生能够表现出精湛的表现力，诠释书面西班牙语的观点
初级的学生应该能够	熟练等级的学生应该能够	高级的学生应该能够
识别文本的基本主题	识别主要思想和一些熟悉话题的具体细节	描述更抽象的主题和文本的总体思想

（续　表）

成就等级		
初级的学生应该能够	熟练等级的学生应该能够	高级的学生应该能够
显示作出推断和预测的一些证据	进行推论和逻辑预测，并确认作者的目的	评估文本表达作者目的的有效性
得出结论并偶尔用文本信息支持结论	得出结论并用文本信息支持结论	分析并用文本的例子支持分析
用自己的文化理解文本	使用自己的文化和西班牙裔美国人的文化知识来解释文本	使用自己的文化和西班牙裔美国人的文化知识来发展文本的观点
识别西班牙裔美国人的文化产品和行为	识别西班牙裔美国人文化的观点、行为和产品及他们之间的关系	解释西班牙裔美国人文化的观点、行为和产品及他们之间的关系
认识到西班牙裔美国人文化的产品和行为与自我文化的差异	认识到西班牙裔美国人与自身看待文化的异同	类比和比较西班牙裔美国人与自身看待文化的异同

表2　以听力任务为基础的理解诠释模式评价

成就等级		
初　级	熟　练	高　级
学生能够部分掌握知识和技能，理解书面西班牙语的观点	学生能够掌握扎实的知识和技能，理解书面西班牙语的观点	学生能够表现出精湛的表现力，诠释书面西班牙语的观点
初级的学生应该能够	熟练等级的学生应该能够	高级的学生应该能够
理解简短的对话和叙述，以及熟悉场景下的录音资料	理解长篇的对话和叙述，以及熟悉场景下的录音资料	理解长篇的对话和叙述，以及各种场境中的录音资料
识别多媒体中熟悉话题的主要思想，包括电视、广播、视频、或现场生成和计算机生成的演示文稿	识别多媒体中熟悉话题的主要思想和重要细节，包括电视、广播、视频、或现场生成和计算机生成的演示文稿	识别多媒体中多种话题的主要思想和具体信息，包括电视、广播、视频、或现场生成和计算机生成的演示文稿
理解日常生活中使用的基本习惯用语	理解上下文中的高频惯用语	理解习惯用语
认识到熟悉话题的相关词汇	理解熟悉话题的各种词汇和表达	理解各种词汇并基于篇章解释作出适当的推论
理解一系列简单的方向指示	理解一系列的方向指示	理解一系列的详细步骤以完成一项任务
认识到正式和非正式语言间的差异	认识到正式和非正式语言的差异，以及特定场景下的固定表达	运用文化语境来推断陌生词汇的意义

表3　写作任务为基础的表达演示模式评价

成就等级		
初　级	熟　练	高　级
学生能够部分掌握知识和技能，理解书面西班牙语的观点	学生能够掌握扎实的知识和技能，理解书面西班牙语的观点	学生能够表现出精湛的表现力，诠释书面西班牙语的观点

（续　表）

成就等级		
初级的学生应该能够	熟练等级的学生应该能够	高级的学生应该能够
使用熟悉话题的单词及简短、易记的短语和句子	使用简单的句子和较长的相关句子	写作一个或多个连贯的段落，包含主题句、支持性句子、句式和结构多变的句子
能够被读者理解，并习惯于与语言学习者互动	用充分的准确性写作熟悉的话题，以便有语言学习经验的读者能够理解消息	写作较高水平的文章，以便讲母语的读者能够理解
虽然有频繁的母语干扰，依然能够遵循大小写和标点符号规则	能够准确地使用大小写和标点符号	使用适当的大小写和标点符号
使用常用物体和基本动作的词汇来表达思想	选择使用适合于各种任务的词汇和习惯用语	使用丰富的词汇，包括大量使用正确的习语
能够在特定条件下运用动词形式	准确地写作现在时态	没有错误地使用动词的时态和语态
	偶尔使用过渡词	用于连接词/过渡词连接句子
	重述以避免难度较大的句式或陌生词汇	充分地表达清晰的观点，以致没有必要重述
	使用一些文化上适当的写作规范	能够使用文化上真实的表达与写作规范
	能够在某种程度上意识到目标读者的视角和行为	能够意识到目标读者的视角和行为

表4　以口语交流任务为基础的人际交流模式评价

成就等级		
初　级	熟　练	高　级
学生能够部分掌握知识和技能，理解书面西班牙语的观点	学生能够掌握扎实的知识和技能，理解书面西班牙语的观点	学生能够表现出精湛的表现力，诠释书面西班牙语的观点
初级的学生应该能够	熟练等级的学生应该能够	高级的学生应该能够
理解熟悉话题的简单句子和评论，也可能需要重述来理解信息	理解和回应熟悉话题，如有必要能够要求澄清	理解和回应各种话题
用单个词汇、简单短语和句子表达个人观点	用连续的句子表达个人观点	清晰得体地表达自己的观点，若有必要则需点出主旨
使用面试类单词和短语来表达自己的想法	努力运用不熟悉的词汇或/和结构描述事物	成功地描述不熟悉的话题并表现出内容的丰富性
	运用适合于主题和会话场景的词、短语和结构	能够准确、流利地使用现在时叙事和描述，并能准确地用过去时和将来时

(续 表)

成就等级		
初级的学生应该能够	熟练等级的学生应该能够	高级的学生应该能够
	当被要求澄清话语时,可以换一种方式表达观点	当被要求澄清话语时,可以容易地表达清晰的观点
	询问以获得信息	询问以获得信息并能够澄清未被清晰理解的事物

4.5 外语教师评价标准

2002年,美国外语教学委员会(ACTFL)制定了全美教师教育认证委员会[25](National Council for Accreditation of Teacher Education, NCATE)认可的预备外语教师评价标准(Program Standards for the Preparation of Foreign Language Teachers)。该标准主要包括六个方面:1)语言熟练度:人际交往能力、理解诠释能力和表达演示能力;2)文化、语言学、文学与其他学科的概念;3)语言习得理论和对学生需求的认识;4)教学计划、课堂实践与指导性资源的整合;5)评价语言和文化对学生学习的影响;6)专业发展、宣传和伦理。这六条标准又包括许多细节性组成成分,共同构成了具体的教师评价标准体系,如表5所示[26]:

表5　美国外语教师评价标准

语言熟练度:人际交往能力、理解诠释能力和表达演示能力	1)人际交流:说; 2)理解诠释:听和读; 3)表达演示:说; 4)人际交流与表达演示:写。
文化、语言学、文学与其他学科的概念	1)文化知识; 2)文化经验; 3)语言知识:语音学、形态学、句法学和语义学; 4)句子构成规则、话语交流知识、社会语言学和语用学知识; 5)描述语言变化; 6)文学和文本文化知识; 7)跨领域知识。
语言习得理论和对学生需求的认识	1)拥有语言习得理论; 2)进行外语语言输入; 3)进行意义调节; 4)进行有意义的课堂交流; 5)拥有学习者发展和指导理论; 6)能够理解语言输出模式间的关系; 7)能够调整指导策略来解决学生的语言水平、语言背景知识与语言学习模式的关系; 8)能够调整指导策略来解决学生的多种学习方法; 9)能够调整策略来满足学生的特别需求; 10)能够拥有批判性思维和解决问题; 11)具有组织能力; 12)能够运用问题和任务指导教学。

（续　表）

教学计划、课堂实践与指导性资源的整合	1）能够将各种标准整合到教学计划中； 2）能够将各种标准整合到教学指导中； 3）能够将整合人际交际能力、理解诠释能力和表达演示能力； 4）能够整合文化产品、行为和视角； 5）能够联系到其它领域； 6）能够联系到外语社区； 7）能够选择和整合真实的材料和科技； 8）能够调整和创造材料。
评价语言和文化对学生学习的影响	1）评价计划； 2）形成性和总结性评价模式； 3）理解诠释交流； 4）人际交流； 5）表达演示交流； 6）文化视角； 7）交流性评价的整合； 8）评价能反映多种模式以满足不同学习者的需求； 9）反应能力； 10）调整指导； 11）整合评价结果并反映在指导过程中； 12）诠释和报道学生的进步； 13）与学生及学生家长进行交流。
专业发展、宣传和伦理	1）具有专业性学习团体的意识； 2）终身致力于专业发展； 3）探索并反思专业性发展； 4）寻求专业性发展的机会； 5）发展语言学习的宣传理念； 6）获得、分析并运用数据来支持语言学习； 7）能够意识到合作与联盟的重要性来支持从初级阶段到12年级的学习； 8）成为专业性团体的一员； 9）在专业性背景下成功交流。

4.6　多语种统一性测试评价体系

美国外语教学委员会（ACTFL）制定了面向多语种的评价体系，旨在评价听、说、读、写四个方面的能力。该评价体系主要包括口语水平访谈评价（Oral Proficiency Interview, OPI）和基于网络的口语水平访谈评价（Oral Proficiency Interview—Computer, OPIC）[27]。口语水平访谈评价体系通过20—40分钟的电话会谈，测评学生运用语言进行交流的能力，并通过外语教学委员会的口语测评标准进行评级。口语水平访谈评价广泛应用于政府和大型公司。基于网络的口语水平访谈评价体系主要通过与电脑的交流对话进行测评，被学术机构、大型公司和政府机构广泛采纳。所评测的语言包括荷兰语、阿尔巴尼亚语、阿姆哈拉语、阿拉伯语、亚美尼亚语、阿塞拜疆语、俾路支语、孟加拉语、波斯尼亚语、保加利亚语、缅甸语、柬埔寨语、粤语、捷克语、达里语、法语、格鲁吉亚语、德语、豪萨语、希伯来语、印地语、匈牙利语、伊博语、印尼语、意大利语、日语、爪哇语、朝鲜语、马来语、马拉雅拉姆语、挪威语、普什图语、波兰语、葡萄牙语、俄语、西班牙语、斯瓦希里语、瑞典语、他加禄语、泰卢固语、泰语、格里尼亚语等。

写作评价体系包括商务写作测试评价体系（The Business Writing Test, BWT）和一般写作水平测试评价体系（The Writing Proficiency Test, WPT），评价主体为学术机构、政府与商业机构，可用来评价外语的应用写作能力[27]。该体系主要是评价一个人在无法获得语法辞典等参考资料的情况下自发进行的写作，然后比较其特定任务的写作表现与写作大纲标准，旨在发展学生的写作兴趣与写作体验，其官方评价标准受到广泛好评。美国教育委员会采纳此评价体系评价大学生的成绩，主要用来评价阿尔巴尼亚语、阿拉伯语、法语、德语、意大利语、日语、俄语和西班牙语。

听力水平测试体系（The Listening Proficiency Test, LPT）[27]和阅读水平测试体系（The Reading Proficiency Test, RPT）都是基于电脑操作的标准测评系统。听、说、读、写四个方面的评价体系是一种全球性的评价标准，分为11个等级，具体如表6所示：

表6 美国外语评价体系等级划分（面向多语种）

	杰 出	杰 出
	超高级	超高级
听、说、读、写	高 级	高级高等
		高级中等
		高级低等
	中 级	中级高等
		中级中等
		中级低等
	初 级	初级高等
		初级中等
		初级低等

参考文献：

[1] 陈荣.美国外语课程标准对我国外语教育的启示[J].贵阳学院学报：社会科学版,2010,5(2)：77-82.

[2] 陈玉.中美外语教学模式差异之比较[J].郑州航空工业管理学院学报：社会科学版,2008,27(6)：156-157.

[3] 龚献静.二战后美国高等院校外语教育发展研究[D].华中科技大学,2012：194-202.

[4] 梁中贤.美国外语教育的改革[J].外语界,2002,2：61-64.

［5］刘道义.基础外语教育发展报告［M］.上海：上海外语教育出版社，2008：148.

［6］刘美兰.新世纪美国外语教育改革动向及其对中国的启示［J］.教学月刊：中学版（教学管理），2012（10）：12-16.

［7］刘艳芬，周玉忠.美国20世纪双语教育发展状况解析［J］.外语学刊，2011（4）：117-120.

［8］陆效用.美国21世纪的"5C"外语教育［J］.外语界，2001，（5）：22-27,72.

［9］罗丹婷.当代美国语言教育政策的发展预测和政策走向［J］.西昌学院学报：社会科学版，2015，27（2）：154-157.

［10］唐承贤.第二语言习得研究的语言学视野［M］.广州：世界图书出版公司，2014：49

［11］谢倩.外语教育政策的国际比较研究［D］.上海：华东师范大学，2011：115,136,138,139.

［12］张桂菊.美国语言教育政策研究：50年回顾与思考［J］.中国外语教育，2012（3）：38-47.

［13］张蔚磊.美国21世纪初外语教育政策述评［J］.外语界，2014（2）：90-96.

［14］周侠，谢利民.美国中小学外语课程改革经验及其启示［J］.外国中小学教育，2011,1：008.

［15］American Council on the Teaching of Foreign Languages (ACTFL). *Standards for Foreign Language Learning: Preparing for the 21st Century*［Z］. Yonkers, NY: American Council on the Teaching of Foreign Languages, Inc., 1996.

［16］https://zh.wikipedia.org/wiki/美国

［17］http://www.china.com.cn/chinese/kuaixun/121299.html

［18］https://zh.wikipedia.org/wiki/美国文化

［19］https://zh.wikipedia.org/wiki/美国教育

［20］https://www.actfl.org/about-the-american-council-the-teaching-foreign-languages

［21］https://en.wikipedia.org/wiki/National_Center_for_Education_Statistics

［22］http://nces.ed.gov/nationsreportcard/about

［23］http://globalteachinglearning.com/standards/5cs.shtml

［24］http://nces.ed.gov/nationsreportcard/foreignlanguage

［25］http://www.ncate.org

［26］https://www.actfl.org/sites/default/files/pdfs/ACTFL-Standards20Aug2013.pdf

［27］https://www.actfl.org/professional-development/assessments-the-actfl-testing-office

［28］Lafayette R. (ed.) *National standards: A catalyst for reform*［M］. Lincolnwood, IL: National Textbook, 1996: 97-117.

［29］Spellings, M. & Oldham, C. A. Enhancing Foreign Language Proficiency in the United States: Preliminary Results of the National Security Language Initiative［OL］. http://www.ed.gov/about/inits/ed/competitiveness.html. 2008

［30］Standards for Foreign Languages Learning: Preparing for the 21st Century［EB/OL］. http://www.actfl.org/files/public/execsumm.pdf

第十七章
欧盟英语能力及评价

一、英语在欧盟的生态状况

欧洲联盟(简称欧盟,European Union),其前身是欧洲共同体,目前是一个在世界范围内具有重要影响的,集政治实体和经济实体于一身的区域一体化组织,它已成为当今世界上经济实力最强、一体化程度最高的国家联合体。[26]

1.1 英语在欧盟的地位

20世纪后期,英语不仅成为全球通用语和欧洲的通用语,而且也是欧盟所有工作语言中使用最多的语言。根据欧盟民意调查局2006年2月发表的《欧洲人和他们的语言》和欧盟统计局2009年9月发表的《2007欧洲语言数据》来看,欧盟范围内,德语的使用者约为9 000万人,占欧盟人口的18%,为使用最广泛的语种;其次,英语、意大利语和法语的使用者分别占欧盟人口的12%到13%。在外语使用方面,25岁至64岁的人口中,28%的人能用两种或两种以上的外语交流,36%的人能讲一种外语,36%的人不会讲外语。按照外语使用人口比例进行计算,约38%的欧盟公民使用英语作为第一外语;之后依次为德语(14%)、法语(14%)、西班牙语(6%)和俄语(6%)。总体上看,英语是欧盟大多数国家25岁至64岁人口中使用最普遍的外语。[5]但是,欧盟成员国的民众意识到母语和他们独特的文化是紧密联系在一起,和他们的民族归属感是息息相关的。因此,基于保护母语和本国文化,以及增强国家认同感,许多欧盟国家,例如法国、瑞典采取了相关措施,甚至通过立法的方式来减少英语对本国语的影响和冲击,抵制英语的传播。[2]这使得许多欧盟国家语言出现了以英语为主导,多种语言共同存在和发展的局面。

1.2 英语与欧盟各国的本土语言的亲属关系

目前欧盟有27个成员国,公民来自不同的国家和种族。英语通常是欧盟成员国的第一外语,其次为法语、德语和西班牙语。欧盟各国能形成整体统一的社会语言状况,与英语的主导地位有紧密的关联。这种状况有三个主要特征,第一点是英语在欧共体各国公民中扮演多种角色——母语、外语和国际语。尤其在爱尔兰,英语既是母语又是第二语言,而且在其他成员国中英语已被认为是一种居于其他语言之上的主要语言,例如在卢森堡,英语被认为是与法语和德语一样的首要语言。在德国,德国人更多地使用英语以至于使人觉得他们已把英语定为第二语言。[2]印欧语系下包含罗曼语族(英语、意大利语、法语、西班牙语、葡萄牙语)、日耳曼语族(德语、荷兰语、丹麦语、瑞典语)、斯拉夫语族(波兰语、斯洛伐克语、斯洛文尼亚语、捷克语)、克尔特语族、波罗的海语族(拉脱维亚语、立陶宛语)、希腊语族(希腊语)、阿尔巴尼亚语族及印度语族;乌拉尔语系包括芬兰语族(芬兰语、爱沙尼亚语)和乌戈尔语族(马扎尔语或称匈牙利语);闪含语系下只有马耳他语。[16]

1957年Lado在《跨文化语言学》中提出了"语言迁移"的概念。[8]语言习得过程中,当目标语规则和母语规则一致时,常常会出现"正迁移"的现象,这样的迁移是积极的,可以促进和推动新知识的学习;当目标语规则和母语规则出现差异的时候,往往会出现"负迁移"的现象,负迁移多是消极的,造成学习者的语法错误和学习困难,妨碍新知识的学习。英语和欧盟境内居民使用的语言同属于印欧语系,虽然在语言知识方面有差异,但是从客观上来讲,还是具有共同之处的。

1.3 英语与欧盟民众生活的关系

英语不仅是欧盟的工作语言,同时在跨文化交际、高等教育、新闻出版、赛事转播等领域也有着广泛的应用。欧盟是全球著名的旅游目的地,游客常用英语进行交流;在教育领域,英语是欧盟许多高等学校的教学用语;在新闻出版界,许多重要的科技图书和学术期刊选择用英语出版;许多重要的国际体育赛事也使用英语对外转播。[17]英语是世界通用语言,英国文化外交"第一且是最重要的一点就是英语的广泛影响,以教育交流、发放奖学金、文艺演出和展览等形式为推广英语奠定了文化基础。[18]"英联邦英语国家联盟""英联邦大学联盟""联邦教育联合会"等机构也是英语教学和文化交流中的重要力量,极大推动了英语的普及和推广。2010—2011年度,英国文化协会在世界各地设立109个英语教学中心,为29.4万人提供英语学习课程,为全球英语学习者提供130万课时的培训。[21]

在德国,由于欧盟内部根据有关协议的交换学生无法听懂所在高校国家母语开设的课程,很多高校选择用英语开课,学生毕业时英语基本上都达到了一定的熟练程度。尽管很多欧盟国家反对将英语作为一种通用语,但实际上英语已经成为欧盟国家之间最常用的交际语言。[10]英语的传播对芬兰的语言和文化造成了较大的冲击。长期的语言接触使得英语开始侵入芬兰语的词汇系统,大量借用英语词汇减弱了芬兰语的造词(特别是科技语)能力。[19]英语的扩散给法语带来了挑战。英语在欧盟机构中逐步取代法语成为最重要的工作语言。为了抵制英语的影响,法国开始在国内的中小学增设外语语种,鼓励学生学习阿拉伯语、汉语和俄语等。[24]

1.4 欧盟英语能力在世界的大致状况

在欧盟国家内部,英语、德语、法语、意大利语和西班牙语的使用总人口比例分别达到或超过了15%，遥遥领先于欧盟其他语言，在欧盟占据着主导地位。英语在欧盟国家的普及率相当高，平均达38%，其中在瑞典、丹麦和芬兰分别为70%、66%和47%，可以说在欧盟占主导地位。[2]具体分布见下表1。

表1　欧盟11种语言的分布状况

母　语	母语人口在欧盟内所占比例	非母语人口在欧盟内所占比例	使用该语言人口的总比例
德　语	18%	14%	32%
法　语	12%	14%	26%
英　语	13%	38%	51%
意大利语	13%	3%	16%
西班牙语	9%	6%	15%
荷　兰　语	6%	1%	7%
希　腊　语	3%	0	3%
葡萄牙语	3%	0	3%
瑞　典　语	2%	1%	3%
丹　麦　语	1%	1%	2%
芬　兰　语	1%	0%	1%

雅思是英国文化协会、剑桥大学考试委员会和澳大利亚教育国际开发署共同举办的国际英语水平测试。此项考试是为申请赴英语国家（美国、英国、澳大利亚、加拿大、新西兰等）留学、移民的非英语国家学生而设，用来评定考生运用英语的能力。同样是"英语作为外语学习"（EFL1）的德国，这里的日常交流在当地人之间也全部都是用德语进行的。雅思考试官方网站显示：2012年雅思学术类（A类）考试德国考生的平均分为7.2，各分项均分在6.5—7.5之间；培训类（G类）考试德国考生的平均分为7.0，各分项均分在6.5—7.3之间，2011年的成绩也大体类似。[27]

二、欧盟英语教育政策

2.1　欧盟英语教育政策发展

语言多样化是欧洲各国几百年或几千年历史的文化积淀，也是欧洲各民族特点的重要组成部分，来自不同种族和文化背景的约5亿居民共有60多种不同的语言。欧盟都非常珍视这些多样化的语言和文化资源，要求各国推行多语教育以保护和传承这些宝贵的语言文化财富。其中,推行外语教育便是对语言的保护和传承的最有效的手段和方法。根据2005年对欧盟27国语言使用的调查,英语列在常用外语的首位,其适用人口比例为34%,其次为德语12%,法语11%,西班牙语及俄语各占5%。[30]2006年针对欧盟成员国小学教育中第一外语语种选择的数据显示:英语作为常用外语占到了59%,成为欧盟语言教育的第一外语。[12]

1957年通过的《罗马条约》第149条确定,共同体在教育发展方面支持成员国的活动,高度重视"它们的文化和语言的多样性",促进"成员国语言的学习和推广"。条约第151条强调,共同体将为发展成员国文化作出贡献,"保持其国家和区域的多样性",特别要"保持并促进其文化的多样性"。这些声明为欧盟在处理语言问题方面定下了基调。这表明,欧盟从成立之初就已经达成了基本共识,即使用自己的母语是欧盟各成员国和公民积极参与欧盟的政治决议。为适应欧洲一体化进程,欧洲理事会一直推动有关研究机构探索标准化和规范化的外语教育模式,试图在欧洲建立一个统一的、可以互相补充并且认同的外语教学及评估体系。其中比较有影响力的政策文件包括:(1)1975年的《欧洲语言学习基本标准》;(2)1996年欧洲语言政策委员会出台的《欧洲共同课程指南框架》与《现代外语:学习、教学、评价——欧洲共同课种指南框架》。[2]这两个文件提出了外语教学的共同目标,它不但有助于各国制定具体教学目标和评价标准等,同时对大纲设计、教师培训、教材、考试等也产生了影响。为使该指南框架得以落实,欧委会还编制了辅助文件《使用手册》和《一般指南》,供课程开发人员、教材编写者、教师、学生、考试委员等参考。2007年1月,欧盟多种语言事务委员会成立,它主要负责在各国宣传多语言教育,强调外语学习的必要性。法国的外语教育经历了早期、独尊法语、排挤外语的三个阶段。20世纪80年代末以来,法国极力提倡语言的多元性,朝多元化方向发展。[6]2005年4月,法国将外语教育的要求明确写入颁布的《教育法典》,2006年5月法国教育部发布《关于中小学外语教学改革的通报》来执行《教育法典》所规定的内容。此外,外语教学的每个阶段都有教学大纲来指导教学。

2.2 当前英语教育政策

2.2.1 英语教育政策

欧盟十分重视语言政策的制定与发展,在语言方面实行多元语言文化政策,把促进所有成员国之间的理解和团结定为自己发展的总目标。欧盟多元语言文化政策必然会影响到英语教育政策。自上世纪80年代末开始,欧共体国家除英国和北爱尔兰外,都规定英语是中学生的必修课程。2001年欧盟颁布了《欧洲语言共同参考框架:学习、教学、评估》来统一欧盟各成员国的英语教学标准;[5]欧盟理事会于2002年2月通过有关推进语言多样性的决议。同时,欧盟采取各种项目和计划来为多语教育的开展提供资金和政策上的支持,如"多语言计划""苏格拉底项目""外语教师流动性行动计划",2003年颁布的"促进语言学习和语言多样性:2004—2006年行动计划",2007—2013年欧洲理事会推出终生学习项目等。除此以外,还成立了专门负责多语教育的部门。[15]这些政策和举措表明欧盟在积极推动语言多样性政策,并把英语教育视为建设民主开放的欧洲的重要措施。学生学会外语不仅仅是开设几门课程的简单问题,而是在英语学习过程中培养学生综合语言交际能力,也是培养学生文化素质的重要措施。

在欧洲一体化和全球国际化趋势日益加剧的形势下,瑞典政府一方面采取得力措施大力保护本民族语言;另一方面,长期不懈地普及英语,提高公民的国际化水平。瑞典政府采取了下列政策措施保护瑞典语。第一,建立语言机构和组织并各司其职。目前瑞典政府已建立了三个不同的组织和机构分别对保护和发展瑞典语各负其责:其一是瑞典语言委员会(Swedish Language Council),主要负责瑞典语的研究与开发;其二是瑞典技术术语中心(Swedish Center for Technical Terminology),主要是针对各个专业技术领域开发和规范瑞典语专用术语;其三是瑞典科学院(Swedish Academy),主要任务之一是通过不断出版和更新权威性瑞典语字典,统一全国的单词拼写及词形变化等语法规则,将瑞典语开发成为一种"纯洁、高雅而有活力的语言"。第二,营造良好的瑞典语环境。第三,利用专家咨询和培训等手段,规范公共部门用语。第四,进一步加强全民语言的规范性和修养。第五,开展广泛的国际交流与合作。[9]

2.2.2 语言政策产生的原因

欧盟国家语言的多样性是语言多元化政策产生的根本原因,既包括内在动因(欧洲社会的历史和现实),也包括外在动因(欧盟成员国对本族语言文化的维护)。内在动因方面,欧洲联盟实行语言多元化政策与欧洲的社会历史密切相关。近半个世纪以来,欧盟及其前身的一系列法律性文件都尊重和维护这一语言现实。因此,在欧盟范围内,英语已经成为小学生的必修课程,有近1/2的初中生会讲两门以上欧洲语言。而外在动因方面,各民族对母语的保护也始终是各国政策制定者所关注的问题。他们警惕"语言帝国主义"的语言推行或渗透,反对同一的语言应用,认为丧失语言文化的多样性,世界将是贫乏的和危险的。[3]

三、欧盟英语教育体系

3.1 英语教育体系概括

欧盟范围内,德国的英语教学算是比较成功的。因此,德国的教育体系是非常有代表性的。根据德国国家统计局官方的统计数据,2002—2003学年,在9 780 300所普通学校中,约有6 755 400位学生,即69.1%的学生学习英语。在职业学校,英语也很受学生欢迎。尽管2002—2003学年,学生学习英语的比例只有42.1%,但是仍然超过学习法语人数的10倍。到了2004—2005学年,约77.7%的德国中小学生学习英语,17.7%的学生学习法语。德国共16个州,各州的文化部或教育部负责教育政策的制定。在德国小学,英语课程每周只有两节课,而且具体的上课时间可以由老师根据需要调整,主要目的是让学生逐渐对学习另外一门语言产生兴趣。外语教育主要在中学进行，中学毕业生的英语基本过关。所以，大学生在入学时英语基础大多数已经打好。换而言之，德国英语教育的重心是在中学阶段完成的。德国每个大学都有语言中心，在语言中心开设有几到几十门不同语种的外语课程，当然其中面向各种不同需求层次的英语和德语的课程最为常见。如法兰克福大学的语言中心就开设有英语从B1到C12的各级课程，此外还有外语口语会话、学术英语口语与写作、英语写作研讨课、在线英语写作等各种课程。[11]

法国于1980年末制定英语教育政策，从小学四年级起开始学习英语。1995年，教育部实施"现代语入门"的改革，强调培养学生的英语知识和运用能力。1999年，法国实行"现代语教学"改革。2000年，法国规定："掌握法语和熟悉另外两门语言是教学的基本目标之一"。2013年，《重建共和国方向和规范法》规定，"学生小学毕业后，应至少达到《欧洲语言共同参考框架》A1的水平，初中毕业达到A2水平。"在公立教育体系内，从小学一年级开设LV1，初一开设LV2，高一开设LV3。高中毕业会考时，学生可自助选择一门语言参加会考。根据2005年的统计数据，法国公立学校中，中学教育中97%的学生选择英语。为了提高英语学习效率和口语水平，法国教育部推出了教育信息通讯科技，鼓励学生在课堂以外的时间锻炼口语和听力。2011年，法国教育部提出做好小学和初中外语学习的衔接，加强初中四个年级的英语教学，并在初中一年级阶段将英语设定为必修课；强调高中阶段学生的英语运用能力。开设免费的英语学习网，方便儿童和成人自己学习英语。[7]

3.2 英语教学目标与要求

1996年，《欧洲语言教学与评估共同纲领》(英文简称CEFR)草案正式刊印(Council of Europe, 2007)。[29]《共同纲领》采用以行动为指导的研究方法，把语言学习者看作是社会个体，这一社会个体需要在特定的社会环境下完成特定的任务。《共同纲领》中没有明确指出具体的语言教学目标，而是通过分析学习者的能力，让教师按照学习者的各项能力指标，去思考自己的教学能否提高学生的一般能力，能否促进其语言能力的发展。同样，它也没有规定具体的所学内容和教学方法，只是针对某一个问题，列出各种解决方法，让教师在实践中进行比较分析，进而做出最佳选择。它提醒语言教师应该根据教学目标决定他们要教什么，并反思为什么要教和应该交给学生什么。[4]

《共同纲领》提出了一套适用于14种欧洲语言的能力指标，描述了语言使用者应该知道什么，应该如何有效地交流，以及在不同的级别中期望学习者做什么。这套指标在纵向上将语言能力分六级：基础使用者：A1，A2；独立使用者：B1，B2；熟练使用者：C1，C2。在两个级别之间，《共同纲领》建议各国语言教育部门可以根据课程或学习者需要再细分。为了指导学习者和教师达到实际的教学目的，又根据语言应用能力的主要分类，把每一项分类分为六级进行详细的描述。芬兰、剑桥ESOL等针对《共同纲领》各个等级指标描述进行了研究论证，从而证实了语言指标描述的有效性。[4]以法国外语教学为例。2005年8月22日法国发布的关于外语教学组织的法令第1条(《教育法典》第(D312-16)条)规定,公立或同国家签约的私立小学、初中和高中学生的外语水平标准为:在小学毕业时,外语要达到《共同纲领》A1标准;在义务教育阶段结束时,第一外语应达到B1标准,第二外语达到A2标准;中学毕业时,第一外语应该达到B2标准,第二外语达到B1标准。外语教学大纲和教学方法依据以上目标制定[1]。从小学到高中,法国外语教学的重点是口头实践能力。

现代社会要求个体进行终身学习,《共同纲领》为终身语言学习提供了丰富的资源和空间。《共同纲领》在对语言指标的描述中,不仅列出了听、说、读、写四项基本语言能力标准,而且对不同领域中不同情境对所要求的语言能力给予分类,如对个人领域、公众领域、职业领域与教育领域语言情境的分类,这些语言情境的语言能力指标有利于个人根据自身情况设定具体的学习目标。终身语言学习的前提是学习者要具有一定的自主学习能力。《共同纲领》认为培养学习者的自主学习能力,一定要关注学习者元认知能力的发展,元认知能力即学习者要对自己认知能力的认识。培养元认知能力强调学习者要了解自己的学习风格,选择适合自己的学习方法,通过自我评估改进学习。[4]

3.3 英语课程设置

3.3.1 德国的课程设置

德国的外语教育从小学就开始,但课时很少。在德国,3到6岁儿童可以选择上幼儿园。6到10岁儿童一般上小学(Grundschule)。德国的中学根据学生的学习能力分为三类:职业预科学校(Hauptschule)、实科学校(Realschule)和综合文理中学(Gymnasium)。职业预科学校和实科学校实行双轨制:一部分课程为传统的学校课程,另外一部分课程是某一行业(主要针对职业预科学校)或商务(主要针对实科学校)方面的训练。综合文理(普通)中学主要为高校输送人才。各州学生学习时间每年从188天到208天不等。小学阶段,学生每周上17到23小时课程。中学每周增加到28到30小时。第一门外语的教学基本上是在五年级(中学第一年)开始。显然,中学阶段相比大学阶段在学习外语及年龄上的优势更为明显。大学生接触英语主要是阅读本专业文献、选修英语授课的专业课程、阅读英文小说及看英文电影电视、浏览因特网、旅游,以及与使用英语为主的国际留学生交流"。[23]

德国不同的出版社出版了适应各州教学要求的英语教材。因为各州都对英语教学有不同的要求,各个学校可以自由选择教材。德国的英语教材编得很有特色。以Klett出版社出版的Straight On(Englisch Klasse 11/12/13)为例。11册为11年级准备,12、13册为高中最后两年,也就是考大学之前使用。教材由以下几个部分组成:Topics(其中包括Spot on language, Spot on jobs, Hot spot和Self-assessment), Everyday English, Film Analysis, Skills, Grammar, Vocabulary, Dictionary和Appendix。在"话题"(Topics)部分,有课文、听说译写练习。在Spot on language部分,有如何避免语言错误,提高语言技能。在Spot on jobs部分,学习如何在工作场所使用英语。在Hot spot部分,通过某些项目,提供进一步提高运用所学英语知识的机会。以教材话题为例,在Straight On第11册有四个话题:

(1) South Africa—the Rainbow Nation
(2) Living Today—Chances and Perspectives
(3) Our Changing Environment
(4) Media and the Press

可以看出,这些话题的选择与所学语言的国家和文化有关,不仅可以帮助学生加深对这个国家政治、经济、文化的了解,又可以帮助学生系统地学习和了解某一领域的知识。除此以外,这些话题还与现实生活有着密切的关系,能够提高学生对社会的适应力和生存能力。所以,从教材的结构上来讲,不仅有语言知识和专业知识的传授,同时还有技能的训练,甚至还提供了学生自我评估的资源。

除教材本身以外,教师和学生还有很多补充材料[11]:
(1) 教师手册中的 CD 和 CD-ROM
(2) 学生练习册(Workbook with Audio-CD)
(3) 词汇手册(专门的词汇训练)
(4) Online-Link

3.3.2 法国的课程设置

法国是欧洲国家乃至世界国家中在中小学教育中设置语种最多的国家之一。法国小学设置八种外语,包括德语、英语、阿拉伯语、汉语、西班牙语、意大利语、葡萄牙语和俄语。[22] 当然,在实际教学中,八种语言的分布是很不平衡的。从下表2可以看出,英语是绝对的第一外语;德语排名第二,所占比例比上不足,比下有余;排名第三的西班牙语仅占1%—2%;其他语种则基本可以忽略不计。

表2 2012—2013学年法国小学外语教学

语言	公立学校	私立学校
英语	92.83%	96.54%
德语	6.16%	3.38%
西班牙语	1.23%	1.78%
意大利语	0.62%	0.21%
葡萄牙语	0.11%	0.02%

法国中学阶段教授的外语有18种。2011—2012学年,初中阶段按照学习人数排名前12位的语种为:英语、西班牙语、德语、意大利语、葡萄牙语、汉语、俄语、阿拉伯语、希伯来语、荷兰语、日语和波兰语。法国的高中毕业会考既是高中毕业考试,也是综合大学的资格考试,通过者获得"业士"学位。其必考科目中的现代语言语种选择多达30种,选修科目达58种(《法语使用报告》2012:90)。[22] 对于涉及学生人数较少的小语种的考试,相关

学校同法国国立东方语言文化学院（Inalco）合作进行。一般来说，第一外语在小学一年级启蒙，二年级开始正式教授。第二外语一般在初中三年级开始教授。但是，由于专家普遍认为越早接触外语学习效果越好，欧盟越来越重视从"娃娃"抓起。因此，第一外语的启蒙在有的学区会提前至幼儿学校，而越来越多的学校把第二外语提前到初中一年级开设（《法语使用报告》2012：86）。[22]在高中阶段，学生可以选修第三外语。文科学生甚至可以选择要求更高的"深入学习第一外语"和"深入学习第二外语"。不同类别的外语课要求达到的语言程度也有所不同。从小学到高中，法国外语教学的重点是口头实践能力（《法语使用报告》）。[22]为此，从2006年开始，外语口语已成为外语教师资格考试的必考项目。从2008年开始，所有外语教师均须达到《共同纲领》C1水平。法国外语教学的目标就是达到交际的目的。

为了提高教学水平，尤其是给予学生课堂练习口语的机会，高中外语实行"能力组"教学，也就是根据学生语言水平进行分层、分组教学。有些学科可以部分地使用外语进行教学。另外，国家鼓励学生千方百计地接触所学的外语，如为学校配备数码、网络设备，鼓励从互联网上下载外语节目，重复收听。这不仅使学生在外语学习中更自主，也更有效。法国从其他48个国家聘请5 600多名助教在高中教学；鼓励所有高中同国外学校建立联系，组织视频对话，鼓励学生交流和交换。[22]

3.4　英语教学所取得的成绩与面临的问题

在欧盟范围内，德国的英语教学算是比较成功的。在德国，无论是在学校、政府机构、其他公共场所，还是在商场，绝大部分人都能使用英语交流。德国许多高校教师英语水平都不错。此外，德国大学有部分专业课是直接用英语开设的，有些是英语授课的国际项目的一部分，学生在这里有自主选课的权利。在课堂教学之外，学生可以通过交流项目接触到真实的社会生活情境去培养学生使用英语交际的能力。这种方式能够让学生更好地了解目标语国家的人文文化，掌握地道的发音和习语，更有效地提高外语的学习效率。而大学生对英语的需求，也正从通用语言（English for General Purpose）向专门用途英语（English for Specific Purpose）或学术英语（English for Academic Purpose）转变。相当一部分可以直接用英语开设专业课。据欧盟其他国家在德国高校留学的学生反映，尽管学习外语的年限差不多，但他们发现德国同学的英语能力要比他们强。根据欧盟颁布的《欧洲语言教学与评估共同纲领》，大部分德国中学生毕业时英语水平基本达到B2，好的学生能够达到C1。学生从五年级开始一直到高中毕业十三年级都学习英语。根据各个学校的不同安排，每周有3到5节课。有的学校甚至同时教授两种外语。以海德堡Kurfuers-Fridrich Gymnasium为例。作为一所比较传统的普通中学，学校从五年级开始开设拉丁语、英语和法语等外语。拉丁语为必修课，英语、法语任选。由于同时学习两门外语，拉丁语每周有3节课，英语或法语每周也有3节课。[11]

欧盟一体化进程背景下的英语教学日益得到重视，英语为大多数国家小学阶段的必修课,也是欧洲学生学习人数最多的外语,成为欧洲最重要的教学媒介语言(授课语言)。面对英语的发展和扩张,Huber认为,应该心平气和地接受英语为全球通用语言和欧洲基本的交际用语的现实,让人们在跨文化交流和交际中自由地学习和使用其他语言。[25] 欧盟实施的英语教育政策,充分考虑到英语在多民族多文化中的积极语言工具作用,促进了语言教育多元化、多样性和统一性协调发展。[14]

四、欧盟英语能力评价体系

4.1 评价的理念

欧洲理事会颁布的《欧洲语言教学与评估共同纲领》,对欧洲百年的的语言教学理论和实践进行了系统总结,其中详细描述了语言交际能力,交际的相关知识技能以及语言交际的环境和领域。《共参框架》中提出的以Can Do的方式来描述学习者的语言能力,体现了"以行动为导向"(Action-oriented Approach)的外语教学理念。该框架提出:"语言使用包括语言学习,构成了作为个体和作为社会成员所采取的行动。他们在行动过程中,发展了综合能力,特别是交际语言能力"。这种"以行动为导向"的外语教学理念,有着深厚的语言学理论基础。1973年,Halliday提出了语言行为潜势和实际语言行为的概念,认为人们通过语言系统进行交际是社会行为;语言作为社会人的有意义的活动,不是"知识"方式(A form of 'knowing'),而是"做事情"的方式(A form of 'doing'),是说话人"能做"什么(can do),是使用语言进行交际所能做事情的范围,是语言行为潜势;言语是说话人"实际做"什么,是根据交际需要对语言系统所做的选择,是实际语言行为。[8]

对学习者语言能力的评价直接影响到设置教学内容,选择教学方法以及激励学生的学习动机。《共同纲领》的核心是描述交际语言能力,强调语言在实际运用中的教学理念,对英语能力评价等级产生了直接影响,为欧盟乃至全欧洲的语言教育提供了统一的英语学习、教学以及评价的标准,为制定教学大纲、编写教材、研制测试等提供了参考依据。这个文件创建了共同的语言教学与评估体系,为欧盟各国外语教学提供了指导性建议。[8]

4.2 评价的内容和目标

对语言能力的评价要做到全面化,不仅要关注语言者的语言知识,也要考察其在真实情境中对语言的使用能力。既要尊重学习者的个体差异,也要找寻学习者学习的共同规律。CEFR量表采用多维度、多范畴、多等级的语言能力量表,包含了外语学习者进行有效交流时所必须掌握的知识、技能以及达到的标准。

Bachman(1990)认为,交际语言能力除了包含一般语言能力外,还包括社会语言能力和语用能力。[20]在《共同纲领》的第五章《语言学习者/使用者的能力》中,交际语言能力作为评价对象,其具体内容包括以下几点:

（1）一般语言能力，是指语言使用者所具有的语言知识和技能，CEFR首先对语言能力设置一个总体量表，然后将其再细分为词汇能力量表、词汇掌握程度量表、语法能力量表、语音能力和拼写能力量表。

（2）社会语言能力，是指语言使用者运用语言过程中表现出来的对社会文化条件的掌握和适应能力。CEFR对其所包含具体内容分为掌握成语俗语的表达法、了解目的语国家的风俗情况、语言的得体性等方面。

（3）语用能力，总体分为话语能力、功能能力和构思能力，其中话语能力是指语言使用者组织句子、表达完整意义的能力，在CEFR的评价体系中表述为语言灵活性、主题陈述、话语的协调性等方面。功能能力是指为了实现某些目标而运用口语或书面语进行交际的能力，即口语表达的自如度和语言表达的精确度。另外，构思能力是指语言使用者按照交际和交互安排的顺序进行表达的能力。

CEFR将所有外语学习者的语言能力纵向分为三等六级，分别为：A等为初学阶段，包含A1、A2两级；B等为独立阶段，包含B1、B2两级；C等为精通阶段，包含C1、C2两级。以上分级覆盖外语学习者所有的语言能力水平，低于A1和高于C2阶段将不被评估。CEFR的语言能力评价体系包含自我评价，而且自我评价表同样也分为六个等级，目的是帮助学习者对自己的语言技能做出评价，确定其语言水平，进而为下一步的学习制定相应计划。

4.3　评价的主体

学习者语言能力是一个复杂的系统，单一的评价主体对于评价结果是不全面也不够完善的。因此，老师不能成为单一的评价主体。所有与语言学习、语言教学有关的人员都能成为评价主体，为学习评价提供语言学习、教学、评价的指导性意见。评价主体应该多元化，要将与教学有关的人员纳入到评价主体中来，包括教育行政机构、家长、行业、社区、老师等。同时，《共同纲领》中明确提出学习者对自己的语言技能做出评价，所以学习者也应该成为评价主体中的一员。没有学生的参与或者说参与程度低，那么其评价是不足以信赖的。

4.4　评价的方式

《共同纲领》中采用面向行为的方法来描述语言能力。通过"能做"描述（Can-Do Statements），对语言使用者的语言能力进行分等级评价。CEFR采用"能做"描述评价语言能力，在纵向等级和横向范围明确的前提下，通过肯定描述来直观说明具有某种语言能力的语言学习者能用语言完成怎样的交际任务。这些"能做"描述一方面对语言学习者在实际交际过程中的语言运用能力进行了测评，另一方面选取了典型的语言交际活动和场景，具有明确、灵活和全面的特点。

CEFR量表不是单一的、平面的，而是多层次的、立体的。其优势在于，既有总体的标准以区分作为整体的综合语言能力，又有针对某项能力或语言活动的具体标准，为语言学习、教学和评测提供详细的参照。CEFR量表可谓粗细皆宜、详略皆顾。这一评级标准增加了外语能力的可比性,为测评机构提供了便利。

4.5 评价的标准

由于不同对象对语言能力评价的要求各不相同,《共同纲领》根据语言使用者、语言评价者和测试设计者三种不同的对象,提出了不同的评价标准。例如,针对语言使用者的评价标准需要明确各等级的语言使用者能够做什么,这种能力评价描述一般用"能做"肯定语气,语言比较概括;针对语言评价者的评价体系描述也具有概括性,但常带有一定的分析判断语气,比较注重学习者在知识面、语言准确性、流利度等方面的能力;针对测试设计者所需的评价体系从外语学习者"应该能做……"的角度提出要求,也可以按实际情况细分成比较具体的内容,比如应该能打电话,应该能介绍家庭情况,应该能听懂一个小时以上的讲座等。

表3　CEFR总体语言能力评量表

阶段	等级	描述
精通阶段	C2	能够轻松理解几乎所有读和听的内容。能连贯地概述各类口、笔头信息,不漏内容及其论据。表达自如、精确,很流畅。能够把握复杂主题中细微的含意差别。
	C1	能理解广泛领域的高难度长篇文章,并能抓住文中的隐含之意。表达自如、流畅,几乎无需费心遣词造句。在其社会、职业或学术生活中,能有效、灵活地应用语言。对复杂主题表述清楚,结构合理,表现出对篇章的组织、衔接和逻辑用词方面的驾驭能力。
独立阶段	B2	能够理解一篇复杂文章中具体或抽象主题的基本内容,包括学习者专业领域的技术性讨论课题。能比较流利地跟讲本族语的人进行交际,双方都不感到紧张。能清楚、详细地谈论广泛领域的话题,能就时事发表自己的观点,并能对各种可能性陈述其利弊。
	B1	对工作中,学校里和休闲时遇到的熟悉事物,能理解别人用清楚和标准的语言讲话的要点。在目的语国家和地区旅游时,能用所学的语言应对遇到的大部分情况。能就一些熟悉的主题和自己感兴趣的领域发表简单而又有逻辑的看法。能叙述一起事件、一次经历或者一个梦。会介绍自己的期待和目的,并能够对计划和想法做简单的解释和说明。
初学阶段	A2	能够理解最切身相关领域的单独句子和常用词语,如简单的个人与家庭信息、购物、四周环境、工作等。能够就自己熟悉或惯常的生活话题完成简单而直接的交流。能用简单的词语讲述自己的教育经历、周边环境,以及切身的需求。
	A1	能理解并使用熟悉的日常表达法和一些非常简单的句子满足具体的需求。会自我介绍和介绍他人,并能向他人提问,例如住在哪里、认识什么人、有些什么东西等等,也能就同样的问题作答。在对话人语速慢、口齿清楚并且愿意合作的情况下,能与之进行简单的交谈。

《共同纲领》提出的语言评价标准改变了以教师为评价主体的单一评价方式,扩大了评价主体的范围,特别是强调学生作为评价主体的重要性。《共同纲领》根据学习者的学习目标和水平对学习内容进行相应的调整,其最终目的还是以学习者的自身发展为目标。[13]

参考文献:

[1] 戴冬梅.法国外语教育政策与教学体系考察[J].外语教学与研究,2010,(1): 24-29.

[2] 傅荣,王克非.欧盟语言多元化政策及相关外语教育政策分析[J].外语教学与研究,2008,40(1): 14-19.

[3] 傅荣,《欧洲语言共同参考框架:学习、教学、评估》[J],外语教学与研究,2008,(4): 17-28.

[4] 何艳铭,冯增俊.走向新世纪的欧洲语言教学——《欧洲语言教学与评估共同纲领》述评[J],比较教育研究,2005.

[5] 柯常青.新世纪欧盟语言政策透视[J].语言教育,2011,(02): 73-77.

[6] 李娅玲.当代法国外语教育政策的发展特征与趋势探析[J].比较教育研究,2011,(9): 60-63.

[7] 刘娅玲.法国语言政策研究——单语制与多样性悖论[D].上海外国语大学,2018.

[8] 刘壮.《欧洲语言共同参考框架》的交际语言能力框架和外语教学理念[J].外语教学与研究,2012,(4): 616-623.

[9] 瑞典使馆教育处.瑞典政府的语言政策分析[J].世界教育信息,2002(10): 31-35.44

[10] 束定芳.高等教育国际化与大学英语教学的目标和定位[J].外语教学与研究,2011,(1): 137-144.

[11] 束定芳,德国的英语教学及其对我国外语教学的启发[J].中国外语,2011(1): 4-10.

[12] 田鹏.认同视角下的欧盟语言政策研究[D].上海外国语大学,2010.

[13] 翁震华,欧洲外语能力评价体系及其我国外语教学的启示[J],当代教育与文化,2016(3): 106-109.

[14] 徐雪林."英语唯一"在欧盟的境遇探析[D].重庆师范大学,2009.

[15] 熊杰.欧盟多语教育政策指导下的外语教育实践[J],海外英语,2016,(8): 85-87.

[16] 杨德友.印欧语系与欧洲诸语言[J].山西大学学报(哲学社会科学版),1978(1): 73-81.

[17] 尹洪山.欧盟一体化进程中的语言问题[J].青岛科技大学学报(社会科学版),2013,(3): 112-115.

[18] 杨娜,英国文化外交评析[J].南开学报(哲学社会科学版),2013,(5): 17-23.

[19] 左秀兰.面对英语渗透的语言规划[J].语言文字应用,2006(5): 29-35.

[20] Bachman, L. Fundamental Considerations in Language Testing[M]: Oxford: Oxford University Press, 1990.

[21] British Council, "annual report 2010/11, [EB/OL],http://www.britishcouncil,org/new/PageFiles/13001/2010-11%20AnnuaReport2.pdf,p.7,2011-12-14"

[22] Délégationgénéraleà la langue Française et aux langues de France du Ministère de la Culture et de la Communication, Rapport au Parlement sur l'emploi de la langue Française (法国文化与传媒部法语与法国(境内)语言司《法语使用报告》), 2012, 2013[R/OL].[2014-03-25]. http://www.dglflf.culture.gouv.fr/.

[23] Erling, E. J. Local identities, global connections: affinities to English among students at the FreieUniversitat Berlin[J]. World Englishes, 2007 (2): 111-130.

[24] Helot C. Language policy and the ideology of bilingual education in France[J]. Language Policy, 2003(2): 255-277.

[25] Huber, L. Lingua Franca und Gemeinsprache.Gehört zur Allgemeinen Bildung eine gemeinsame Sprache? In I. Gogolin, M. Krüger-Potratz and M. Meyer (eds.). Pluralität und Bildung. Opladen: Leske und Budrich, 1998.193-211.

[26] https://baike.baidu.com/item/欧洲联盟/786749?fromtitle=欧盟&fromid=383198&fr=aladdin)

[27] http://www.360doc.com/content/16/0630/09/33601841_571852412.shtml.

[28] Robert Lado, Linguistics across Cultures[M]. The University of Michigan Press, 1957.

[29] The Common European Framework of Reference for Language and the Development of Language Policies: Challenges and Responsibilities[Z]. Strasbourg: Council of Europe, 2007.

[30] Europeans and languages. Special Eurobarometer 237-Wave 63.4-TNS Opinion & Social. European Commission: Directorate-General Press and Communication. September 2005: 4-5.

第十八章
经合组织语言能力及评价
——以PISA语言能力测试为例

一、PISA 简 介

1.1 PISA的背景

国际学生评估项目(Program for International Student Assessment, PISA)是经济合作与发展组织(Organization for Economic Co-operation and Development, OECD)开发的,目前世界上最具影响力、涉及范围最广的国际学生学习评估项目之一。PISA主要对即将完成义务教育的15岁学生进行评估,测试学生是否具有现实生活和终身学习所必需的知识、技能等基本素养,并由此分析学生成绩与教育背景、学校因素以及情感态度价值观之间的关系,其评估结果对多国的教育改革产生了深远的影响。[20]

第一次PISA评估是在2000年,有43个国家和地区参与(其中14个是非OECD成员),此后每隔三年举行一次,参加的国家和地区也不断增加。截至2015年,有超过70个OECD成员国与伙伴国(地区)参与测评,约略涵盖了87%的世界经济体,有超过一百万名学生接受评估。PISA主要测评内容包括三个方面:阅读素养、数学素养和科学素养,每次将其中一个方面作为主项进行深入评估,其他两个方面则进行综合测评,2003年还增加了对问题解决能力的评估,2012年增加了财经素养评估。PISA 2000的主项是阅读,PISA 2003是数学,PISA 2006是科学,2009的主项又回到阅读,九年形成一个大循环。目前最新一轮的PISA测试是在2015年举行的,除了纸笔测验外,PISA 2015还首次提供计算机在线评估系统。

表1 PISA历年评估内容和评估重点领域一览表

PISA 评估年份	评估内容	评估重点	参与国家的数量
PISA 2000	阅读素养,数学素养,科学素养	阅读素养	43个
PISA 2003	数学素养,阅读素养,科学素养,合作问题解决能力	数学素养	41个
PISA 2006	科学素养,数学素养,阅读素养	科学素养	58个

（续　表）

PISA评估年份	评估内容	评估重点	参与国家的数量
PISA 2009	阅读素养,数学素养,科学素养	阅读素养	65个
PISA 2012	数学素养,阅读素养,科学素养,合作问题解决能力,财经素养	数学素养	65个
PISA 2015	科学素养,阅读素养,数学素养,合作问题解决能力,财经素养	科学素养	72个
PISA 2018（草案）	阅读素养,数学素养,科学素养,合作问题解决能力,财经素养,全球胜任力	阅读素养	更多

1.2　PISA评价的理念

PISA的理论模型是以"输入—过程—输出"模型（input-process-output）为基础的。它把教育指标分成输入、过程、输出三大领域,输入的是教育资源、政策和规则等;输出的是学生学业成果;而资源、政策的输入需要由教育体系内的一系列过程的特点来决定,教育组织、师资力量、学习环境。为此,PISA在评价过程中将教育系统分为四个层面:"教育与学习中的个人参与者、教学背景、教育服务的提供者以及教育整体系统。"PISA的测试模型就是围绕这四个层面开展的[2]。具体的模型见下表2:

表2　PISA的评价模型

作为整体的教育系统	教育服务的提供者	教学背景	个人参与者
OECD数据	学校问卷	学生问卷	测试结果与学生问卷

另外,PISA在其测评框架中首先提出了"素养"的概念,即"学生应用所学知识和技能,分析、推理和进行有效沟通,解决和解释各种不同情境中问题的能力"。这个概念指导了整个PISA测评内容的制定,具有深远的意义。以往的测评,更多的是关注学校里获得的知识,主要考查学生对课程的掌握情况。而PISA认为素养的获得是一个终身的过程,它并不仅仅发生在学校里,经过正规的学习来获得;它还可以通过与同伴、同事以及更广泛社交圈的交往获得。因此PISA测评的整个框架都是建立在"终身学习"的动态模型基础之上的。而终身学习能力也成为PISA素养测评中极其重要的考察内容。

PISA关于语言能力的框架主要参考DeSeCo。DeSeCo是1997至2002年OECD实施的名为《能力的界定与遴选:理论框架与概念基础（Definition and Selection of Competencies: Theoretical and Conceptual Foundations,简称DeSeCo）》的大规模的跨国研

究计划。

DeSeCo把义务教育结束时学习者应该具备的基本的能力定义为八个领域三大类别的关键能力,认为关键能力是个人实现自我、终身发展、融入主流社会和充分就业所必需的知识、技能及态度的集合,它们是可迁移的,并且发挥着多样化的功能,并且在后续的终身学习中继续发挥其基础性作用。[7]

八个领域的关键能力包括:母语交流能力,外语交流能力,数学能力和科学技术能力,数字化能力,学会学习的能力,人际交往和履行公民职责能力,创业能力,文化表达能力。

三大类别包括:交互使用工具能力,在异质群体中互动能力和自主行动能力。

第一,个人需要使用大量的工具来有效与环境互动,既要有信息技术等物理互动,也要有语言等社会文化互动。个人需要充分掌握此类工具来实现自身目标,最终实现交互使用工具。PISA中的阅读素养着重考察的就是个人和文本等工具的互动,交流能力和读写能力都是指这一关键能力。

第二,在日益相互依赖的世界中,个人将会遇到各种背景的人,并与其竞争,所以在异质群体中开展互动的能力很重要。这里就包括PISA对全球胜任力的测评及其强调的跨文化交流能力。

第三,个人需要管理自己的生活,适应社会生活,并可以自主地行动。PISA把个人反思性行为作为关键能力框架的核心内容。反思不再是例行公事,而是能积极应对变化,从过去的经验中学习知识,进行批判性思考和行动的能力。

1.3　PISA评价的主体

PISA测试的内容包括了素养测试和背景问卷。评价主体包括学生、家长、校长和教师四个方面。PISA突破了传统的单一学校评价方式,形成多元化的评价主体。

PISA在测试开始时选取的样本是年龄在15岁3个月到16岁2个月之间的在校学生,因为大多数国家这个年龄段的学生都完成了义务教育,这个时期的评估可以获得各国教育在技能及态度方面累积近十年的成果。在抽样方法上,PISA的目标总体采用了基于年龄的界定。不管学生在哪个年级或哪种教育机构就读,也不考虑他们接受的是否是全日制教育。但是,不包括未在教育机构就读或在国外上学的15岁学生。每个国家(地区)所制订的特定样本设计和样本大小都是为了最大化学生层面估计值的抽样效率。PISA在各国(地区)的样本范围在4 500至10 000名学生之间。

每个学生的素养测试时间为2小时,但由于有不同的题本组合,因此总测评时间加起来一共约390分钟。在每位学生素养测试的2小时内,每轮测评重点领域(如2009年为阅读素养)的测试时间占总测试时间的2/3。此外,PISA 2009年还加入了额外的大多数国家(地区)参与的学生电子文本阅读测评,时间为40分钟。素养测试题目由问答题与选择题相结合,题目通常以单元形式组织,每个单元包含一段文字或一个图表,都是学生在现实生活中可能遇到的问题。

除此以外,学生需要花20至30分钟回答一个关于自身背景的调查问卷。问卷涉及学生特点和受教育的情况、家庭环境和资源、课堂和学校氛围等。校长需要花30分钟回答关于他们学校的调查问卷,涉及学校的结构和组织、学校的学生和老师、学校的教学资源、学校氛围、学校的政策和实践情况。PISA还提供几个调查问卷供参与国家和地区选择,如电脑熟悉问卷,教育事业问卷和父母背景问卷。此外,许多国家选择通过国家调查问卷收集更多的信息。

1.4　PISA的评分

PISA通过分数来划分能力等级,一共有七个能力水平。每个参与国(地区)在一个具体领域中(如阅读、数学或科学)的得分是这个国家所有参与测试学生在该领域的平均分。PISA不提供所有测试的总分,只提供每一特定领域的分数,并根据参与国(地区)在各具体领域的平均分进行排名。

各参与国(地区)都有受各自项目经理监督的测试修正组。测试修正组根据国际联合处和PISA专家制定的指南手册纪录学生在PISA测试中的得分。经专家审阅后,将测试最后结果上交国际联合处,再由国际联合处上交到经合组织秘书处。

测评结束后,经合组织秘书处一般会在第二年下半年提供一份详细的包括PISA全部评估结果的报告。评估报告由大量的图表及文字说明组成,图表通常包括各国平均分排名、影响成绩的因素和分数相关性等方面。

此外,PISA还会不定期发表一系列更详细的主题报告和最新的研究结果,从而使测评获得的信息能够成为教育产出的重要指标,因此各个国家可以每隔三年对其教育系统的效益进行客观的分析。这些相关的数据和资料都可以在经合组织的PISA官方网站免费下载,给各国的教育评价理论和实践提供了极为重要的第一手资料。可以说,PISA是迄今为止最综合和严格的学生成就评价计划。

1.5　PISA测评工具

2009年以前是纸笔测试,在2009年和2012年,一些国家投入额外的测试时间选择一个以计算机为基础的评估,2015年的测试默认计算机,基于计算机的测评方式是指学生的能力测试和问卷调查均在计算机上作答。测评结束后,接着要对所有的答题卷进行编码评分,编码评分是指阅卷人对每个回答给出相应的代码,然后将代码输入数据管理软件,PISA使用的是SAS和SPSS两种国际大型数据处理软件,各国提交后由国际组织统一将代码转化为标准分。

PISA评分大多数都采取二分法,即要么满分(代码1)要么零分(代码0),一些开放性回答题允许部分分数,并根据部分正确答案给予学生分数,有"满分"(代码2)、"部分分数"(代码1)和"不给分"(代码0)。

PISA对测评的每个领域所达到的能力水平进行了精确的划分和描述,即所谓的"能力水平量表",根据学生测评的分数得出学生在阅读、数学、科学等领域的能力水平。阅读素养则根据阅读素养能力标准和知识类型分成七个等级,其中5、6级别需要高水平的认知需求,3、4级别需要中等认知水平,1a、1b和2级水平需要低水平的认知需求,等级越高学生的能力水平越高,反之越低。

二、全球胜任力

2018年的评估增添了一项新的领域,即全球胜任力。这个领域至关重要,因为我们的学习、工作和生活环境之间相互关联和相互依存,变得更加全球化。全球许多人目前都需要全球化能力,尤其是所有向前迈进的年轻人。无论我们在哪里出生、受教育、工作或生活,一生中都将遇到并积极参与和帮助塑造我们周围的环境。鉴于这种情况,年轻人在离开学校的时候,需要配备必要的知识、技能和态度,从而能够在全球化的世界中学习、工作和生活,并且可以在未来的生活中进一步发展这种能力。需要具备的能力如下:对接触周围世界的知识和兴趣;不断成长的自信以及好奇、冒险、灵活而坚韧的精神面貌;能够充分利用快速变化,相互关联和相互依存的环境带来的机遇和挑战所必需的沟通和互动技能。学生需要经历培养他们价值观的课堂和学校,接纳种族、语言和文化的多样性。学校要培养学生的跨文化意识,让学生不是容忍而是接受、尊重和欣赏不同的文化,远离民族中心主义的世界观。我们的学生还需要参与并推动国际跨文化交流和对话,并对这些经历的学习成果进行反思和领悟[16]。

一些作者指出,由于社会发展的速度加快(信息和通信技术[ICT]和跨境工作),学校需要调整课程,更准确地说明学生在未来生活中需要什么[18]。例如,Anderson(2008)[15]指出,21世纪社会繁荣所需的知识和技能远远超出了传统的文化。他把知识建构、适应性、查找、组织和检索信息、信息管理、批判性思维和团队合作认定为现代社会所需的技能。同时,Binkley等人(2012年)[17]在其所著的21世纪技能的框架中,坚持认为实现能力需要具体的知识、技能、态度、价值观和伦理。[20]

三、阅读素养

3.1 阅读素养的定义

在全球化浪潮的冲击下,所有国民都将面临无国界的竞争,除了从教科书习得的基本学习能力外,学生还需培养更一般化的终身学习能力与习惯,以提升国民的创造力与竞争力。而阅读能力是个人终身学习的基石,也是国家竞争力的重要指标。通过自主的阅读,学生方能跨越学校教育的限制,在急剧变迁的环境中随时有效地吸收、内化必要的知识。

正是因为阅读素养关系到学生的个人发展和国家社会经济的进步,所以PISA评估项目一直将阅读素养作为核心的测评内容。PISA最初的阅读素养测评框架是在PISA 2000年(1998—2001)周期制定的,定义参考了国际教育成就评价协会(IEA)的阅读素养研究

（1992）和国际成人识字调查（IALS，1994，1997和1998），同时受到当代阅读理论的影响，强调阅读中涉及的认知过程和互动性质以及解决信息问题的性能理论。随着时间的推移和社会、经济、文化和技术的发展，人们对阅读素养的理解不断变化，PISA对阅读素养的定义也在不断修订。以阅读素养作为主要评估领域的2000，2009和2018年，PISA都对阅读素养的定义进行了修订。

2000年定义：为了实现个人发展目标，增长知识，发挥潜能并参与社会活动，而理解运用和反思书面文本的能力[20]。

2009年定义中增加了"阅读参与度"：为了实现个人发展目标，增长知识、发挥潜能并参与社会活动，而理解、使用、反思书面文本的能力和对书面阅读活动的参与度。这个定义沿用于2012年和2015年[20]。

2018年定义中增加了"评价"文本的能力，并删除了"书面"一词：为了实现个人发展目标，增长知识、发挥潜能并参与社会活动，而理解、使用、评价、反思文本的能力和对阅读活动的参与度。（《PISA2018阅读素养框架（草案）》）[20]

阅读素养包括广泛的认知和语言能力，从基本解码到词汇、语法和更大的语言文本结构的理解，以及人们对世界认识的整体融合，还包括元认知能力，即在处理文本时使用各种适当策略的意识和能力。简而言之，阅读素养是指在一系列情境中为不同目的而采取的主动的、有目的性的、功能性的阅读活动。无论这些被测试的学生将来是上大学，做学术，还是在完成义务教育后进入职场，阅读素养对他们积极投入社会，经济和个人生活都至关重要。[20]

PISA评估的阅读能力超越了文字解析和词汇理解的层面，涉及因各种目的去寻找、选择、理解、解释、整合、评价及反思文本信息的能力。PISA强调教育的目的不是为了培养熟练的阅读能力，而是培养阅读的"参与度"。这里的"参与"意味着阅读动机，包括一系列的情感和行为特征，阅读的兴趣和享受，对阅读的控制感，参与阅读的社会维度以及多样而频繁的阅读实践。已经有研究发现，更高水平的阅读素养与更健康和减少犯罪有关。PISA希望学生通过参与阅读，拥有批判的立场，个人的自由、解放和权利。[20]

随着信息和通信技术（ICT）的发展，阅读正在从传统的印刷文本向大量的数字文本转变。因此，PISA在最新的2018框架草案中特别强调了数字阅读的重要性。读者必须掌握、理解和使用电子设备和应用程序，使用搜索引擎、菜单、链接、标签和其他分页和滚动功能来搜索和访问需要阅读的文本，选择信息来源、评估信息质量和辨别可信度等。[20]这些都对读者的阅读能力提出了更高要求。

最新的PISA测试结果显示，在改用机考的2015阅读测试中，中国学生表现差强人意。"在有些国家，学校非常关注各种媒体呈现的内容，也就是培养学生建立更宽广的媒介视野，反观我国，似乎更重视纸质媒介的书写方式"[10]。可见，熟练的数字阅读素养是学生参与未来知识社会所必需的基础知识和基本技能，因此，在义务教育阶段要对电子阅读素养的教学予以充分的重视，为学生电子阅读素养的养成提供必要的教育环境和指导，并加强对电子阅读素养的教学和运用。[9]

3.2 阅读素养测评内容

根据Snow和RAND集团在2002年提出的影响力框架,PISA的阅读理解过程可以归纳为三种因素共同作用的结果：读者、文本和任务。读者因素,包括动机、先验知识和其他认知能力。文本因素,即在给定地点和时间读者可用的文本,可以包括文本的格式,使用语言的复杂性,读者遇到的文本数量等等。任务因素,即激发读者参与文本的要求或原因,包括潜在的时间和其他实际约束、任务的目标（例如,为了快乐阅读或者为深层理解而阅读）,以及要完成任务的复杂性或数量。

PISA测评主要是考察读者在阅读不同文本和完成不同阅读任务时采取的不同认知过程,从而衡量学生阅读素养的水平。PISA还通过收集问卷进一步测评相关的读者因素,例如动机、处理方法和经验等。为了确保广泛覆盖学生阅读的内容,兼顾学校内外阅读的目的,选择代表自然难度的文本和任务,PISA的阅读素养评估在文本、情境和过程三方面做了细致的分类。

3.2.1 阅读文本种类

文本是阅读活动的对象,在阅读素养评估中必不可少。文本的种类繁多,阅读测试应该选择尽可能多类别的文本作为测试材料,以确保较为广泛的覆盖面。PISA 2015延续了PISA 2009的大致方法,将文本按照呈现空间、环境、版式以及体裁四个要素分别进行归类。

表3　PISA阅读测评框架的任务类型

要素	类别
空间	固定文本、动态文本（超文本）
环境	单向环境文本、交互环境文本
版式	连续、非连续、混合、多源文本
体裁	描述、记叙、阐释、议论、说明和交互文本

固定文本和动态文本的区别在于固定文本可以呈现在纸张和计算机上,有明确的范围,学生需要按照一定的顺序阅读文本；而动态文本只能在计算机上呈现,没有明确的范围,往往是由多个文本组成,读者通过导航搜索等工具开展探索性阅读。动态文本按照呈现环境的不同又分为单向环境文本和交互环境文本。PISA 2015阅读素养测试中尚未包括动态文本,预计在PISA未来的测试内容中会有动态文本的呈现。

3.2.2 阅读情境

PISA认为青少年总是在某一特定情境下阅读文本,即使文本内容差不多但在不同情境下其评价也略有不同,所以阅读素养测评中确定所用文本的具体情境很重要。PISA评估所假设的情境是现实世界,比学校课本里假设的情境更为复杂,更加充满不确定性。为了能更客观地评估学生的阅读素养,文本情境的呈现方式尽可能多样化。PISA对情境的定义援引欧盟的说法,分类了四种阅读文本的情境:

表4 PISA阅读素养测评题目情境

情 境	目 的
个 人	为了满足个人兴趣而进行的阅读(小说、传记等)。
公 共	为了获取公共信息或参加大型社会活动而进行的阅读(文件、公文等)。
工 作	为了做工作或完成某项任务而阅读(招工广告、说明书、时间表等)。
教 育	为了学习新知识而阅读,阅读是一项较大学习任务中的一部分(教材等)。

从阅读情境的划分可以看出,PISA把阅读上升到为了满足学生在生活实际的需要、参与社会活动的层面。阅读素养已经不再是在学校单纯接受知识、理解文本的能力,而是在人生经历的各种情境当中,主动建构知识的能力。

3.2.3 阅读过程测评角度

以PISA 2015为例,PISA对阅读过程的评估可以整合为三个认知维度:访问与检索、集合与解释、反思与评价,和五个认知方面:检索信息、形成整体理解、解释文本、反思与评价文本内容、反思与评价文本的形式。PISA 2015给出了认知维度对应的认知方面,以及具体的阅读内容和阅读素养测评角度。

表5 PISA 2015阅读内容及阅读素养测评角度

三个认知维度	五个认知方面	具体的阅读内容及阅读素养测评角度
访问与检索	检索信息	学生必须将自己需要寻找的信息,与阅读文本中原始(或同义)的信息相联系,以快速得到所需要的结果。这些信息往往处于句子(或段落)中,或隐藏在两个或两个以上的句子(或段落)里。学生需要通过信息的特征、时间、背景等基本元素,迅速找到自己所需要的信息。
整合与解释	形成整体理解	对于连续文本,PISA或者要求学生通过认定文章的主题表明他们对文本的理解,或者要求学生描述故事的主要特点或文章的主要观点,确定文本的中心思想等等。问题的答案可能在文本中可以直接找到,而更多的时候,则要求学生在搜寻的过程中联系不同的信息来推断主题。对于非连续文本,则要求学生能够解释并确定文本涉及的范围,写作的目的,并且能够综合文本中的信息。
	解释文本	要求学生加深并扩展他们的理解,结合自己的知识结构,联系阅读文本中提供的不同信息,对信息进行加工处理,从而得出文本中没有明确陈述的结果。有时,也要求学生进一步判断作者的写作意图,掌握事件发生的原因等等。

（续 表）

三个认知维度	五个认知方面	具体的阅读内容及阅读素养测评角度
反思与评价	反思与评价文本的内容	要求学生把在文本中找到的信息与其他的知识相联系，评价阅读文本中提供的观点。与自己原有的知识、想法和经验相连结，综合判断后，进一步提出自己的见解。学生需要运用已有的相关知识，学习如何组织和运用知识。
	反思与评价文本的形式	要求学生能够客观地评价文本的适用性，确定或评论文章的结构、风格等基本特征，识别其逻辑组织方式，以及讽刺、幽默等写作方法在文本中的作用等等。思考文本的形式有利于更准确地理解文本和作者的意图。

在 PISA 2018 年的草案框架中，这一部分更加细化。具体变化如下[20]：

1. PISA 2018 框架用短语"认知过程"替换在框架的先前版本中使用的短语"认知方面"。短语"认知过程"与阅读心理学研究中使用的术语一致，并且与读者技能和熟练程度的描述更一致。

2. PISA 2018 阅读过程的类型特别区分了流利阅读的过程，不同于与文本理解相关的其他过程。流利阅读可以定义为能够准确、自动地阅读单词和连续的文本，以及对这些单词和文本进行表达和处理，以便理解文本整体含义的个人能力。换句话说，流利性是阅读文本以便理解的容易性和效率。

3. 在 PISA 2000 中，阅读作为主要测评领域，评估的结果采用单个复合阅读素养标准，其平均值为 500，标准偏差为 100。除了复合量表，学生的表现也反映在五个子量表中：三个过程（方面）子量表（检索信息，解释文本，反思与评价）和两个文本格式子量表（连续和不连续）。在 PISA 2009 中，阅读再次成为主要领域。使用包括子量表以及复合量表在内的报告方案。在 PISA 2003、2006 以及 2012 年，阅读是次要领域，参与测评的阅读项目较少，只根据总体综合评分（OECD，2004 年，2007 年，2014 年）报告了阅读素养趋势量表。PISA 2018 阅读是主要的评估领域，将有可能再次报告子量表。

表6　2018年认知过程报告量表和2009—2015年认知方面的对比[20]

2018年认知过程分类	2018年报告子量表	2009—2015年认知方面维度
流利阅读	报告但不在PISA量表中	未评估
访问和检索文本中的信息	定位信息	访问与检索
搜索并选择相关文字		
描述字面意思	理解	整合与解释
整合和生成推理		
评估质量和可信度	评价并反思	反思与评价
反思内容和形式		
检测和处理冲突		合成

3.2.4 阅读任务比例

PISA阅读素养测评根据上述的三大维度来命制阅读试题。每一次的PISA测评框架文件都规定了试题(阅读任务)的近似分布,历次的比例略有调整,最终试题也会稍有不同。2013年颁布的《PISA 2015框架草案》规定了PISA 2015阅读素养测评中三大维度试题(阅读任务)的近似分布,具体见下表7:

表7　PISA 2015阅读素养测评中三大维度试题(阅读任务)的近似分布

情境(%)	文本(形式)(%)	层　　级(%)		
个人的(30%)	连续(60%)	访问与检索(25%)	需专家编码(11%)	不需专家编码(14%)
教育的(25%)	非连续(30%)	整合与解释(50%)	需专家编码(14%)	不需专家编码(36%)
职业的(15%)	混合(5%)	反思与评价(25%)	需专家编码(18%)	不需专家编码(7%)
公共的(30%)	多重(5%)	——		

任务是为了评估认知过程中定义的特定技能。每个任务将主要评估一个认知过程。因此,可以被认为是单个评估项目。2018年阅读素养评估任务的近似分布如下,并对照2015年评估的任务分布:[20]

表8　PISA 2018和PISA 2015阅读素养评估任务对照

2015框架	2018框架	
	单　文　本	多　文　本
访问与检索25%	浏览并找到15%	搜索并选择相关文字10%
整合与解释50%	文字理解15% 推理理解15%	推理理解15%
反思与评价25%	评价质量和可信度20% 反思内容和形式	验证/处理冲突10%

按阅读层级分布的试题又按照试题的评分是否需要专家编码再次分为两类。PISA阅卷过程是对学生作答的试题本进行编码而不是直接评分,阅卷者给出的不是实际分数而是代码,实际的分数要等数据库提交后再统一核算。

PISA阅读试题有五种题型:单项选择题、多项选择题、封闭式问答题、简答题、开放式问答题。单项选择题、多项选择题可直接输入计算机统计,不需专家编码。简答题、开放式问答题需要专家编码,才能直接输入计算机统计。封闭式问答题的答案是确定的,用数字或简短的文字来回答,部分不需要专家编码,部分需要专家判断对错后进行编码[3]。

3.2.5 阅读素养水平标准

学生的阅读表现可以从三个方面显示:

一是根据PISA全部阅读试题构建阅读素养量表,也叫总量表或综合量表,比较各个国家和地区的阅读平均成绩和百分位数分布,研究各国义务教育末期学生的阅读能力高低和差异大小。例如,阅读素养首次作为主要测评领域开展全面测评是在2000年,PISA 2000的阅读量表成绩将作为今后比较的基准。因此,PISA 2009阅读量表的分数是根据与PISA 2000的等值关系来确定的,即2000年经合组织各国(地区)的平均成绩为500分,标准差为100分。

二是根据阅读素养量表成绩,把学生分为若干精熟度水平(Proficiency Level,过去称为能力水平),说明学生在阅读方面能够做什么,分析各个国家和地区达到各级水平的学生比例,评估各国和地区在阅读素养上的高端竞争力,以及有多少学生还没有达到适应未来社会需要的基本阅读素养。

三是比较阅读素养各个分量表上的成绩和精熟度水平分布。例如,阅读是PISA 2009的主要领域,题目量最多,所以不仅有综合量表成绩,还有3个认知方面的分量表成绩和两种文本形式的分量表成绩。通过分析各个国家和地区的相对优势和薄弱环节,可能会发现课程设置上的优势和问题,使各国从别国(地区)的成绩中反思自己的教育,寻找更有效能的教育政策。

例如,下表9显示的是PISA 2012阅读精熟度水平。左列显示了级别数字,最低分值以及能够在此或以上级别完成任务学生的百分比(经合组织平均值)。右列描述了学生在每个级别可以做什么。

表9 PISA阅读精熟度水平表

级 别	阅读素养水平概述
6级 698 1.1%	这个水平的学生有很强的阅读技能。他们能对文本进行精细化分析,这不仅要求详细了解明确的信息,而且要深刻理解隐含的信息,以及能够在更高的概括水平上反思和评价所阅读的文本。达到这一水平的学生能够成功地完成阅读测评中几乎所有试题,证明他们能处理许多不同类型的阅读材料:他们的阅读面很广,不仅能阅读在结构和文本特征上典型的、熟悉的内容,而且能从以非典型格式呈现的不熟悉的内容中吸收信息。PISA所界定的最高水平读者的另一个特点在于,他们在面对新信息时能够克服先入为主的看法,即使这些新信息是与预期相反的。他们能识别出文本提供了什么,包括明显的和较微妙的信息,同时能够利用超出文本的深刻理解,用批判性的观点来看问题。这种吸收新内容并且与评价相结合的能力对知识经济极为有价值,知识经济依赖创新,并且要能利用所有可获得的证据进行细致入微的决策。因而,达到这一极高阅读水平的人的比例受到极大关注。
5级 626 8.4%	这个水平的学生能够处理在内容或形式上不熟悉的文本。他们能够在这类文本中找到信息,详细地理解文本,并推断出哪些信息是与任务相关的。他们还能够批判性地评价这类文本,并建立假设,利用专门的知识,包容与预期相反的概念。检查5级水平学生能答对的题目后发现,这一水平的学生可以被看作是明日潜在的"世界级"知识工人,一个国家达到这一水平的学生比例关系到这个国家未来的经济竞争力。

（续　表）

级　别	阅读素养水平概述
4级 553 29.5%	这个水平的学生能完成复杂的阅读任务,例如查找隐含的信息,从有细微差别的语言中建构意义,以及对文本作批判性的评价。在这一水平上,访问和检索试题要求学生查找与组织若干条隐含的信息;在整合和解释的试题中,有些要求结合对文章整体理解来解释文本某个部分中有细微差别的语言的意思,有些要求在不熟悉的背景中理解及应用分类;反思和评价试题要求读者运用正规知识或公共知识对文本提出假设或作批判性评价。读者必须能够准确理解内容或形式上不熟悉的长文本或复杂文本。
3级 480 58.6%	这个水平的学生能够完成中等复杂程度的阅读任务,例如查找多条信息,在文本不同部分之间建立联系,并将它与熟悉的日常知识相联系。在这一水平上,访问和检索试题要求学生查找满足多种条件的几条信息,有时要认识到满足多种条件的几条信息之间的关系;整合和解释试题要求学生结合文本的几个部分来确定主要观点,理解某种关系,或解释某个词或短语的含义。他们在比较、对比或分类时要考虑许多特点。通常所需要的信息并不突出,或者有许多竞争性信息,或者有其他文本干扰,例如与预期相反的观点或负面的措辞;反思和评价试题要求联系、比较和解释,或者要求学生评价文本的一个特点,有些题目要求读者对熟悉的、与日常知识有关的文本表现出精细的理解,还有些题目不需要对文本深入理解,但是要求读者利用文本之外不常见的知识。
2级 407 82.0%	这个水平的学生能答出的试题,如访问和检索方面,查找满足多种条件的信息,围绕一个单一的特征进行比较或对比,理解文本中指定的某个部分的含义,即使是在信息不明显的情况下。有的题目要求学生查找一条或多条信息,这些信息可能需要推断,并且可能需要满足多种条件;整合和解释方面,有的题目要求学生确定文章的主要观点,理解关系,或者解释文章某个限定部分的意义,有时信息不明显,读者必须做出低层次的推论,有些题目要根据文本的某个单一特点进行比较或对比;反思和评价方面,要求学生利用个人经验和看法,在文本或外部知识之间做比较或做一些联系。
1a级 335 94.3%	这个水平的学生能够查找在文章中相当明显且明确表示的几条信息,在熟悉主题的文章中,能确定文章的主要观点,并且认识到这类文本中的信息与他们的日常经验之间的联系。这一水平的任务要求学生查找一条或几条独立的信息,这些信息表述是明确的,或者在文本信息和常见的日常知识之间做出简单的联系。通常,需要的信息在文本中是明显的,并且几乎是没有竞争性信息,即便有也是很少的,学生们被明确地指向试题或文本中要考虑的相关因素。
1b级 262 98.7%	这个水平的学生能够在内容和风格熟悉的简单短文中找到明确表示的信息。他们能做出低水平的推论,例如即使在没有说明的情况下,也能在两个句子之间确定因果联系。访问和检索试题要求学生在背景和文体都熟悉的、句法简单的短文中查找一条简单的、明确表示的信息,例如一个故事或一个简单的列表。文本通常给读者提供支持性信息,例如重复的信息、图片和熟悉的符号,竞争性信息极少;整合和解释试题一般要求学生在相邻的几条信息之间做出简单的联系。

为了更好地对学生的分数做出解释,说明达到某个分数的学生能够做什么,学生的精熟度水平和试题的难度被分为相对应的七个等级水平。1b级是最低水平,往上依次是1a级,2级,3级,4级,5级和6级。达到某个水平的学生在全部由该水平试题构成的测试中至少能答对50%的试题,完成该水平以下试题的可能性更大,但是不太可能完成该水平以上的试题。例如,在一个假定都是由3级水平试题构成的测试中,达到3级水平分数的学生预计能够答对至少50%的试题。因为一个水平覆盖了一定的难度范围和精熟度要求,所以在该水平底端和顶端的学生能够答对的概率是不同的。位于某个水平底端的学生正好能答对该水平全部试题中50%的题目,而位于某个水平顶端的学生很可能可以答对70%的试题。

区分精熟度水平的意义还在于能够关注顶端学生的测评。全球产业竞争结果表明,具备高层次能力对新技术和创新的产生是最关键的。经合组织把各国达到最高精熟度水平的学生比例看作这些国家未来竞争能力的基础[5]，而几乎没有学生处于最高精熟度水平的国家可能会面临未来的挑战。这就证明了，投资优秀学生可以使所有人受益。

四、中国参加PISA情况

2009年中国上海作为试点第一次参加PISA评估，并夺得数学、阅读、科学三项第一，可谓"震惊世界"；2012年上海学生再次夺冠，引起了世界学者的广泛关注。2015 PISA测试的结果（不包括健康调查、财经素养和协作问题解决能力的数据），新加坡以数学564、阅读535、科学556的成绩取得总分第一，其次为日本、爱沙尼亚、中国台北、芬兰、中国澳门、加拿大、越南、中国香港，而由北京、上海、江苏、广东组成的中国部分地区联合体（B-S-J-G, China）则仅仅获得总分第十[14]。

表10　PISA 2015全球成绩排名

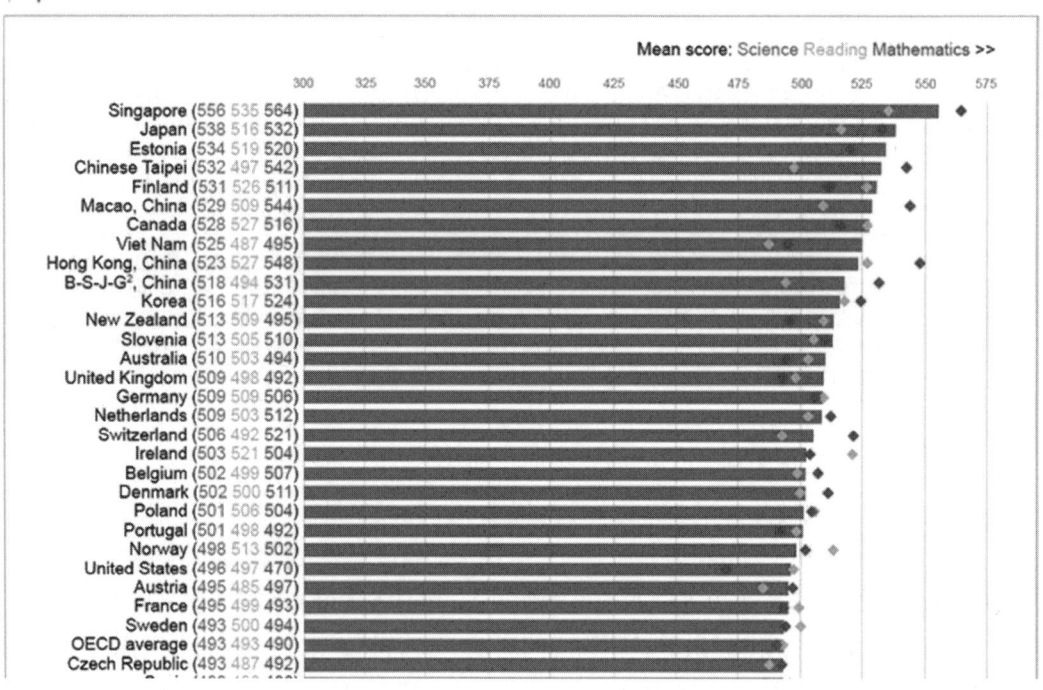

很多人不禁质疑中国教育的水平是否下降了。然而，在教育研究学者的眼中，测试结果只不过提供了看待中国教育的另一个维度，只将排名简单地与基础教育质量"划等号"，绝非PISA测试的意义和价值所在。而比测试成绩更重要的，是成绩背后那些凸显我国教育与发达国家教育之间差距的数据。这些才是我们应该关注的重点。

表11　PISA 2015三项测试的十大排名

科学			阅读			数学		
排名	国家/城市	平均分	排名	国家/城市	平均分	排名	国家/城市	平均分
1	新加坡	556	1	新加坡	535	1	新加坡	564
2	日本	538	2	中国香港	527	2	中国香港	548
3	爱沙尼亚	534	3	加拿大	527	3	中国澳门	544
4	中国台北	532	4	芬兰	526	4	中国台北	542
5	芬兰	531	5	爱尔兰	521	5	日本	532
6	中国澳门	529	6	爱沙尼亚	519	6	中国	531
7	加拿大	528	7	韩国	517	7	韩国	524
8	越南	525	8	日本	516	8	瑞士	521
9	中国香港	523	9	挪威	513	9	爱沙尼亚	520
10	中国	518	10	新西兰	509	10	加拿大	516

*注：中国的平均分由来自北京、上海、江苏和广州的分数计算而成

尽管2015年中国PISA总分排名第10，但在"阅读"测试排名中，中国的排名是第27，494分这个成绩只高出OECD平均分1分，远低于中国香港、澳门和台北。同样的，在2009年，虽然我们的PISA测试获得了第一名，但是在阅读策略中，却低于OECD的平均值。而且学生的阅读兴趣得分也非常低，尤其在阅读的"兴趣指向"和长文本阅读能力上，仍然没有优势。

在过去几年中，中国教育主管部门在面对PISA测试中暴露出的阅读问题时，开始采取了一系列措施。例如，在中考和高考中纳入长文本的阅读，但是语文课程如何满足社会的需求和背景，以及我国教材的选文标准如何同国家核心价值观相关联等仍然值得探索。

表12　PISA 2015中国各地学生阅读水平排名

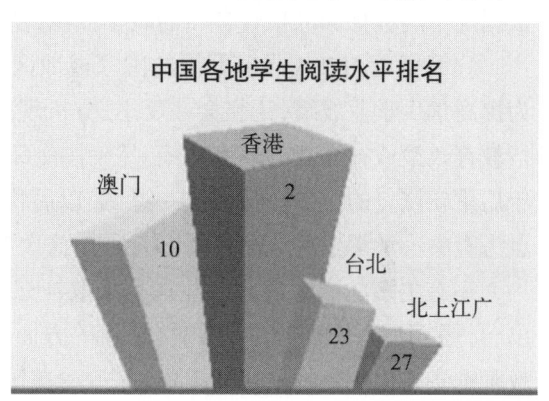

五、PISA对世界各国教育政策的影响

知识经济的到来，引发了世界范围的教育变革，如何实现人才培养质量的有效监控，引导教育健康发展，成为各国教育界关注的焦点。如何评价一个国家的教育总体质量，评价学校的教学状况，评价学生的基本素养，考试是一种最基本的评价手段。然而究竟如何在传统单一考试的基础上建构一个科学的考试评价体系，实现从单一考试到多元评价的跃升，成为各国考试改革新的核心问题。

5.1　PISA对世界各国的影响

被英国人喻为"教育界的世界杯"的PISA逐步成为能够科学比较学生核心素养、最

有影响的国际性的教育质量监测平台。PISA参加国或地区根据PISA评估调查的结果，对教育政策进行调整，虽然路径和方式不尽相同，李伟涛在《基于PISA测试结果的教育政策调整》一文中指出各国的政策调整大概可以分为四种类型：政策深化、政策变革、政策调适和政策效仿。

政策深化：对于PISA成绩优异的国家或地区，为保持或进一步提高学生平均成绩，往往沿着既有的教育改革路径出台政策，进一步深化教育改革[6]。例如，加拿大试图改变以政府为中心的单向度的基础教育管理格局，明确政府、公民和社会之间在教育服务提供中的责任机制，扩大民众参与，建立协商互动机制，促使各省教育部、教育局、学校、社区、学生家长之间建立亲密的合作伙伴关系。教育部制定教学大纲、教学计划，设置课程，批准教材清单，必须广泛征求社区、团体、学生家长的意见，使教学内容、课程设置、学校培养目标切实能为地方经济服务，满足社会需要。学校建立家长咨询委员会，因为社区成员、家长都是纳税人，学校有必要听取社区成员、家长的意见，发挥他们在学校管理中的作用。

学校是教育政策实施的基本单位，教育政策价值取向的变化、教育质量监控的加强最终都需要体现在学校之中，因而，学校教育制度改革受到越来越多参与国或地区的关注。[6]例如，德国各界对学校教育制度认真反思，政府痛下决心，成立了一个横跨各州的科学机构，依据统一的教育标准检查各州的教学质量，从而监测教育政策在学校的实施。

政策变革：PISA成绩下滑的国家或地区，或者PISA成绩改进不理想的国家或地区，为提高学生学业成绩，往往会在反思、分析现行教育政策不合理、不完整的基础上，改革现行教育政策或补充新的教育政策。[6]例如，日本改革现行政策的一个例子，就是中止了43年后重新恢复的全国性学力统一考试，以后将每年举行一次，参考了PISA的出题方向，重点考查中小学学生的"活用"能力，因此这次考试被认为是PISA型的学力考试。

还有更多的国家或地区往往是采取补充新的政策的方法[6]。例如，美国竞争法案的出台，强调通过增加数学、科学、技术等方面的教育投资（包括增加在数学和科学教育及教师准备方面的新的项目和投资）来改善美国的竞争能力。

政策调适：PISA成绩优异的国家或地区，为充分实现公平而高质量的教育，满足公众多样化的教育需求，在结合教育发展中的新问题、借鉴PISA的有益经验的基础上对现行教育政策进行了适当的微调。[4]例如，韩国在坚持"教育平准化"政策基础上，于2004年推出精英教育综合对策，给天资聪明的学生以特殊教育。因为韩国保证教育平等化"大厦"的基础是不变的，改变的只是开始开设更多服务于部分优秀学生的精英教育的"小屋"[4]。

政策效仿：PISA 2000之后，成绩优异的国家在进一步完善本国教育政策的同时，成绩偏下的国家多是借鉴上述国家在某些方面改革的经验，积极调整相应的教育政策[6]。这种政策调整，可以称为政策仿效。例如，许多参与国和地区参加完PISA之后，都对教育政策做了不同程度的调整。例如，芬兰在PISA 2000、2003、2006和2009四次测试的结果都比较优异，这和芬兰一直推行的教育政策"兼顾公平与质量"的价值取向有很大关系，于是芬兰成为许多国家学习的对象,除此以外,韩国、加拿大等国的优异表现也让其他国家前往取经。

巴西作为发展中国家和人口大国,近年来越来越重视教育的作用[6]。巴西于2008年以法律的形式颁布了"全民教育发展计划",强调基础教育是国家的责任,将教育升级为国家行为,将义务教育延长至九年,通过直接资助的方式提高中小学教育质量和教师质量,缩小教育发展的城乡和地域差别。巴西注重公平的教育政策的出台,是对PISA成绩优异国家或地区的积极效仿。

5.2 PISA对中国教育的意义

教育部考试中心在2006年引进并启动PISA 2006中国试测研究项目,到PISA 2015,中国已有十多个省份参与。中国的研究者与公众也越来越关注PISA。PISA的引入的确给我们提供了一个崭新的视角来检视我国的教育现状与问题,有助于我们更好地理解处于全球化之中的中国教育,优化我国的教育政策。

2007年,中国教育部依托北京师范大学成立了中国基础教育质量监测中心,连续八年开展了义务教育阶段六个学科领域的试点监测工作。同时,部分省市也成立了各自的监测中心,甚至有些县市也成立了各自的监测中心。[4]

国家义务教育质量监测以PISA(国际学生测评项目)、TIMSS(数学和科学学习趋势国际测评项目)等国际大型学生测评项目的经验为基础,吸收了国际相关标准化工具研制的测量学技术,"倡导科学、全面的教育质量观"的目标,能对不同层次学生的知识和能力水平进行监测,充分考虑了中国教育的特色,具有本土化的特点。

2015年,国务院教育督导委员会办公室印发了《国家义务教育质量监测方案》(被称为"中国的PISA"),决定在全国开展义务教育质量监测工作,这标志着我国义务教育质量监测制度的正式建立。《国家义务教育质量监测方案》明确了质量监测主要着眼于客观反映教育质量现状,推动教育教学工作的改进,而不以甄别与选拔学生为目的,与中考、高考等传统选拔性考试有根本区别。质量监测的结果主要服务于教育决策、改进教育教学,不对学生和学校进行排队,监测结果不与升学挂钩。

对于中国教育而言,继续的、主动的自我更新,是当下之所需。我们需要高度关注教育质量问题,尤其是学生的质量、教师的质量,聚焦其创新精神与实践能力的发展,关注其社会性与个性的健全,重视社会发展与当代学生素质之间的适切度。我们也需要高度关注教育公平问题,让中华民族的教育底线进一步得到提升,让更多教育的创新从基层涌现出来。我们更需要高度关注教育系统的变革,从政策、理论到实践,扎实于最日常的学校生活变革,实现扎根于中国大地、基于国际视野的教育自我更新。[8]

六、PISA的启示

PISA阅读素养测评的内容领域是基于先进的语言测试理论和PISA测评的性质、目的以及考生等因素制定出的一个科学有效的框架。它为PISA阅读素养测评提供了操作指导和效度保障。国内主要的外语阅读测试同PISA一样,也都运用了语言测试理论研究领域的最新成果,建立起了一套行之有效的测试方法。然而,从长远发展的角度来看,国内的阅读测试还需要改善和提高。

首先,应该根据语言测试理论研究和统计分析方法的最新发展优化现有阅读测试的内容领域,增强其理论基础和统计效力,使之更好地指导试卷设计和试题命制,同时促进分数解释更加科学合理。

此外,应该积极探索阅读测试的新内容和新形式,扩大阅读测试的内容领域,增加覆盖面,以此增强测试工具的概括性和推断力,提高测试效度。做到了这些,国内的外语阅读测试就能有更好的未来。[1]

参考文献:

[1] 陈康.PISA阅读素养测评内容领域的解析及其启示[J].中国考试,2014,(10):56-60.

[2] 陈时见,谭菲.国际学生评价项目(PISA)的发展现状及未来走向[J].比较教育研究,2015,37(07):107-112.

[3] 冯善亮.为了应用而阅读——PISA阅读素养测评框架介绍[J].广东教育(综合版),2014,No.738(10):34-36.

[4] 靳晓燕.教育质量监测:考试评价制度改革的突破口[N].光明日报,2015-04-16010.

[5] 陆璟.PISA如何测评阅读素养[N].中国教育报,2011-3-17.

[6] 李伟涛.基于PISA测试结果的教育政策调整分析[J].教育发展研究,2012,v.32;No.323(4):50-53.

[7] 滕梅芳等编著.面向未来——国际学生评价项目PISA启示[M].上海:上海教育出版社,2010.

[8] 吴正宪,武维民,颜维琦,李家成.PISA夺冠引发的思考[EB/OL].教育部基础教育质量监测中心.https://www.eachina.org.cn/eac/dfjc/ff80808144dca6ac01452604c3a70050.htm

[9] 郑彩华.PISA视野下的电子阅读素养测评及其启示[J].基础教育,2012,v.9;No.93(3):20,52-57.

[10] 朱颖婕,姜澎.PISA应让中国教育变得更国际化[N].文汇报,2016-12-23006.

[11] 上海市教育科学研究院国际学生评估项目,上海研究中心译.面向明日世界的学习——国际学生评估项目(PISA)2003报告[R].上海:上海教育出版社,2008.

[12] 教育部基础教育质量监测中心信息部.国际学生评估项目(PISA)[EB/OL].http://www.eachina.org.cn/eac/index.htm,2015-05-17

[13] 教育部.2015年国家义务教育质量监测测试顺利完成[EB/OL].中华人民共和国教育部.http://moe.edu.cn/jyb_xwfb/gzdt_gzdt/moe_1485/201506/t20150629_191522.html.2015-6-29.

[14] 2015年PISA测试结果出炉:新加坡居首大陆第十[N/OL].新浪教育.2016-12-7.http://edu.

sina.com.cn/zxx/2016-12-07/doc-ifxyiayr9376988.shtml

[15] Anderson, R. (2008). Implications of the information and knowledge society for education. In J. Voogt & G. Knezek (Eds.), International handbook of information technology in primary and secondary education (pp. 5-22). New York: Springer.

[16] Bennett, M. (1993). Towards ethnorelativism: A developmental model of intercultural sensitivity. In M. Paige (Ed.), Education for the intercultural experience (pp. 21-71). Yarmouth, ME: Intercultural Press.

[17] Binkley, M., Erstad, O., Herman, J., Raizen, S., Ripley, M., Miller-Ricci, M., & Rumble, M. (2012). Defining twenty-first century skills. In P. Griffin, B. McGaw, & E. Care (Eds.) Assessment and teaching of 21st century skills (pp. 17-66). Dordrecht, Heidelberg, London, New York: Springer.

[18] Fisch, K., & McLeod, S. (2009). Did you know? 3.0-2009 Edition. Retrieved 15 May 2009 from http://www.youtube.com/watch?v=PHmwZ96_Gos.

[19] http://www.oecd.org/pisa/

[20] OECD. PISA 2018 Draft Analytical Frameworks[M]. OECD: OECD publishing, 2016.

[21] OECD. PISA 2015 Assessment and Analytical Framework: Science, Reading, Mathematic and Financial Literacy[M]. Paris: OECD Publishing, 2016.

[22] OECD. PISA 2012 Assessment and Analytical Framework: Mathematics, Reading, Science, Problem Solving and Financial Literacy, OECD[M]: OECD Publishing, 2013.

[23] OECD. PISA 2009 Assessment Framework: Key Competencies in Reading, Mathematics and Science[M]. OECD: OECD publishing, 2010.

第十九章
中国英语能力及评价

第一部分：中国大陆地区英语能力及评价

一、英语的生态状况

1.1 英语的地位

英语在中国大陆有良好的基础，随着各个时期政治、经济、文化发展的需要，稳步上升，逐渐壮大。在当今的中国大陆，相对于其他语种，英语是第一大外语。

1.2 英语与汉语的亲疏关系

英语和汉语属于不同语系的非亲属语言[30]。英语源于印欧语系中的日耳曼语。在漫长的历史流河中，从英语的诞生到古英语时期、中古英语时期，到现代英语时期，英语体现出时空性的特质。汉语源于汉藏语系，在经历了上古汉语、中古汉语到早期北方话、现代汉语，汉语具备了空间性特质[31]。不同的发源语系，不同的时间空间特质造成国人在学习英语的过程中会受到母语迁移的影响。迁移分正迁移（Positive Transfer）和负迁移（Negative Transfer）：正迁移指母语知识会促进第二语言学习，而负迁移则意味着母语知识会干扰第二语言学习[28]。国人学习英语时，都会受到汉语的语言系统、词汇系统、语法系统、修辞和语体系统以及文化背景知识等方面的影响。迁移可能对某些语言次系统，如语音与音系更具影响力，而词法、句法、语篇等层面受到普遍语法、语言距离等因素的影响而受迁移影响较小[32]。不同的音位系统使国人受语音和音系的负迁移影响较大；英汉词性里部分实词相似的分类使正迁移发挥作用，但二者词义的感情色彩和熟语的不同表达也会发生母语的负迁移；英语里有些语法范畴（例如曲折等）在汉语里不存在，因此会受到负迁移的影响。中西方的文化和思维模式不同，有时也可能会发生负迁移。

1.3 英语与民众生活的关系

随着全球化的发展，英语与民众生活的关系也越来越密切。改革开放以来，英语作为第二语言使用的新领域逐年扩大，包括：英语教育、民航部门、旅游部门、宾馆饭店、公安司法部门、各级外事部门、国际邮政服务、国际体育比赛、各类国际博览会、国际学术会、中外民间往来、中外合资企业、参加国际维和行动、海军亚丁湾护航编队等,几乎涵盖各行各业[25]。因此,良好的英语语言能力成为必备的职业技能,除了在学校里可以接受专业英语的教育,社会上各式各样的英语培训机构也比比皆是,因此年轻人为了有更好的就业机会都努力学习英语。2008年北京举办夏季奥运会,为了向全世界人民提供更好的服务和帮助他们更深入了解中国,北京掀起了"百万市民学外语"的盛况。甚至一些从没学过英语的老人也积极参与学习英语。2010年上海举办世博会,上海市政府制作了英语教学片帮助市民学习英语,组织"迎世博、学双语"的活动,掀起了又一次学习英语的热潮。

英语还与升学、出国留学、职员晋职和教师职称晋升关系密切。为了能够考上好的高中、大学,孩子们甚至是从早教、幼儿园阶段就开始学习英语。在现代化的都市里,英语好是就业的优势,年轻人为标榜时尚喜欢使用英语或英语外来词,例如Wi-Fi表示无线网络,PC代表个人电脑,E-Mail代表电子邮件等等。不管怎样,在如今高速发展的社会,约来越多的人开始投入到英语的学习中去。

1.4 大陆学生的TOEFL和GRE成绩

托福(TOEFL)和GRE成绩可以说明大陆学生的英语能力。近几年美国教育考试服务中心(ETS)发布的《托福考试及成绩数据汇总报告》显示,2007到2011年间,大陆考生的平均分为76—77分。2012年大陆考生的平均分为78分,有所提高,单项阅读成绩高于全球的平均分,但听力和口语部分比全球口语平均分要低。2013年大陆考生的平均分为78分,达到了全球平均水平。2014年大陆考生的平均分为77分,仍然低于全球考生的平均分80分,其中阅读与写作水平和全球平均分基本持平,而听力和口语比全球平均分要低。从全球的排名看,大陆学生的成绩处于中等偏下水平。

根据近年ETS发布的考试数据,2012年到2013年,大陆学生的语文平均分为146.6分,数学平均分为163.4分,写作平均分为2.9分,三个成绩较往年略有进步。2013年到2014年,大陆学生语文平均分为147.5分,数学平均分为164.2分,总成绩为311.7分,写作平均分为3.0分,而全世界范围内考生的语文平均分为150.2分,数学平均分为152.5分,写作平均分为3.5分。由以上数据可以看出,大陆学生的语文和写作成绩距离全球的平均水平仍有一定的差距,只有数学成绩超出全球平均分。

根据近年TOEFL和GRE考试成绩报告,大陆学生的英语能力在全世界仍是中等偏下的水平;就技能来看,听说是弱项,阅读和写作较强;就科目来看,数学是强项,而语文和写作是弱项。这从一个侧面反映出中国大陆地区英语教育的不足,需要进一步加强和完善学生的英语能力,赶上世界先进水平。

二、英语教育政策

2.1 英语教育政策

自改革开放以来,教育部持续出台针对基础英语和高等英语的官方政策,旨在加强英语教育,提高学生的英语能力。政府根据社会发展的需要和英语语言能力发展规律,不断更新和修订完善旧政策,并相继出台更高要求的新政策。

进入21世纪,全球化不断发展,政府从基础教育阶段就将英语作为主要课程之一,为学生在大学阶段进一步接受英语教育奠定扎实的基础。1999年《中央国务院关于深化教育改革全面推进素质教育的决定》颁布后,教育部根据《基础课程改革纲要》出台了《全日制义务教育普通高级中学英语课程标准(实验稿)》和《普通高中英语课程标准(实验)》,从课程性质、设置、目标、结构基本理念和课程实施等方面进行了创新性的改革。2001年教育部颁发了《教育部关于积极推进小学开设英语课程的指导意见》,将英语课程纳入小学阶段的主要课程之一,小学三年级开始可以开设英语课程。《国家中长期教育改革和发展规划纲要(2010—2020)》《关于全面提高高等教育质量的若干意见》和《国务院办公厅关于深化高等学校创新创业教育改革的实施意见》出台后,教育部又颁布了《义务教育英语课程标准(2011年版)》和《2012全日制义务教育普通高级中学英语课程标准(实验稿)》,从课程性质、基本理念、设计思路、目标、分级标准、实施建议等方面进一步深化了基础教育阶段的英语课程改革。

高等教育阶段,教育部针对大学英语教育也制定了符合学生英语学习能力发展的政策。2001年,北京申奥成功和中国加入世贸组织后,全球化形势对公民的外语能力提出了新要求。2003年,教育部开始针对大学英语教学模式进行改革,将"教学大纲"改为"教学要求"。2004年教育部颁布《大学英语教学要求(试行)》,试行了三年。2007年颁布的《大学英语教学要求》,从教学性质和目标、教学要求、课程设置、教学模式、教学评估、教学管理等发面进行了改革。2015年,为了进一步深化大学英语改革,教育部又出台了《大学英语教学指南(意见稿)》,在课程定位与性质、教学目标和要求、课程设置、评价与测试、教学方法与手段、教学资源、教学管理、教师发展等方面实施改革。可以看出,政府非常重视英语教育,随着形势的发展,不断出台更加完善的、有利于提升公民外语能力的语言政策。

2.2 英语教育改革

为了建构有中国特色的外语教育体系,在教育部领导下,大陆地区采取了基础教育新课程改革、大学英语教学改革、英语专业本科教学评估等一系列措施,极大地推动了外语教育的发展[5]。在全球化的背景下,英语教育改革正朝着更加国际化、更重视能力的方向发展。

2.2.1 基础英语教育新课程改革

2000年起,《基础教育课程改革纲要(试行)》提出2000至2005年,完成新课程体系的制定、实验和修订;2005至2010年新课程体系将逐步推行,基础英语教育进入新课程改革时代。

经过十年实验性的改革,基础阶段的英语教学改革进入了一个新的发展时期。义务教育课标和普通高中课标从课程的价值、性质、基本理念、标准和课程实施等方面体现出基础教育阶段英语改革的方向：

第一，课程价值。在义务教育阶段开设英语课程能够为培养具有创新能力和跨文化交际能力的人才，提高国家的国际竞争力和国民的国际交流能力奠定基础。"学习英语不仅有利于他们更好地了解世界，学习先进的科学文化知识，传播中国文化，增进他们与各国青少年的相互沟通和理解，还能为他们提供更多的接受教育和职业发展的机会。学习英语能帮助他们形成开放、包容的性格，发展跨文化交流的意识与能力，促进思维发展，形成正确的人生观、价值观和良好的人文素养。"可以看出，新课标从提高国家整体竞争力和学生个人发展两个角度阐明了英语课程的价值。

第二，课程性质。课标提出将基础阶段的英语定性为具有"工具性和人文性"双重性质的课程，就工具性而言，英语课程承担着培养学生基本英语素养和发展学生思维能力的任务；就人文性而言，英语课程承担着提高学生综合人文素养的任务。

第三，课程设计理念。课标更加强调学生学习英语的渐进性和持续性——"体现小学、初中和高中各学段课程的有机衔接和各学段学生英语语言能力循序渐进的发展特点，保证英语课程的整体性、渐进性和持续性"。为了提高英语语言学习的实践性和应用性，在教学方法上"英语课程提倡采用既强调语言学习过程又有利于提高学生学习成效的语言教学路径和方法，尽可能地为学生创造在真实语境中运用语言的机会"。这些新的理念会引领基础阶段的英语教育走向更加符合学生语言能力发展的道路，为高等教育国际化人才培养目标奠定基础。

第四，课程目标。义务教育阶段英语课程的总目标是："通过英语学习使学生形成初步的综合语言运用能力，促进心智发展，提高综合人文素养。综合语言运用能力的形成建立在语言技能、语言知识、情感态度、学习策略和文化意识等方面整体发展的基础之上。"同时，还对五个方面的能力要求设置了分级标准，详细描述了每个级别需要达到的能力标准。

第五，实施建议。课标在教学、评价、教材编写、课程资源开发与利用四个方面给出了具体的建议和案例，有利于教师在教学过程中更好地实施。

2.2.2 大学英语教育改革

自2003年开始的大学英语教学改革主要侧重于信息化教学模式的改革，经过八年的实施取得了显著的进步。2010年，政府颁布了《国家中长期教育改革和发展规划纲要（2010—2020）》，提出要培养大批具有国际视野、通晓国际规则、能够参与国际事务和国际竞争的国际化人才。因此，在进一步深化大学英语改革的道路上，国际化人才的培养成为了新的目标。目前，大学英语教育的改革主要体现在以下六个方面：

第一，课程定位和性质。将课程定位于"服务于学校办学目标、院系人才培养目标和学生个性化发展需求"是大学英语改革的最新目标。学校可根据自身特点制定教学目标和教学大纲，制定个性化的课程定位，更有利于学生的发展。高等教育阶段的大学英语教育继承了基础英语教育的课程性质——工具性和人文性，既重视英语综合应用能力的培养，又重视人文教育。也就是说，将"工具性和人文性"相结合，培养学生的综合英语能力。

第二，教学目标和教学要求。大学英语的教学目标是培养学生的英语应用能力，增强跨文化交际意识和交际能力，同时发展自主学习能力，提高综合文化素养，使他们在学习、生活、社会交往和未来工作中能够有效地使用英语，满足国家、社会、学校和个人发展的需要。可细化为基础目标、提高目标和发展目标，作为培养学生英语能力的总目标。各校可根据三级教学目标设定适合本校学生情况和发展的教学要求。

第三，课程设置。大学英语课程设置为三大类，即通用英语课程、专门用途英语课程和跨文化交际课程。这三大类课程可以设置为必修课、限定选修课和任意选修课，供学生修读。这体现从语言的基础化、技能化教育转向通识化教育，更加注重课程内容的丰富与提升，不仅仅拘泥于听、说、读、写、译能力的培养，也要满足国际化创新型人才培养的需要。

第四，评价和测试。大学英语课程的评价和测试体系实现从传统的终结性评价向形成性评价的转变。过去只注重对课程结果的终结性评价已经无法满足客观评价学生各阶段学习英语的要求，促进课程发展的形成性评价更能有效地帮助学生在学习过程中发现自己的不足，并及时反思和修正，有利于学生英语能力的发展。"构建共同基础测试与其他多样化测试相结合的综合测试体系"是大学生英语能力测试的目标，可以采用校本考试、校际或地区联考、全国统考等多种方式，全面检测大学生的英语能力。

第五，教学方法和手段。课堂教学方法提倡采用任务式、合作式、项目式、探究式等教学方法，体现以教师为主导、以学生为主体的教学理念。由传统的教师为主导的课堂向学生为主导的课堂形式转变，培养学生的自主学习能力。随着信息技术的发展，英语教学中的教学手段更加多样化，如慕课、微课、网上优质教育资源等。

第六，教师发展。目前，各高校致力于加强教师职业生涯的规划与指导，采取各种形式保障教师的专业和教学发展。教师的发展得到更大的重视，更多教师可以及时接受专业知识和技能的培训，不断提高个人业务和科研能力，为大学英语教育奠定坚实基础。

三、英语教育体系

3.1 英语教育体系概括

改革开放40年来，大陆地区一直致力于建构具有中国特色的外语教育体系。目前，英语教育体系大致分为基础英语教育和高等英语教育两大体系。基础英语教育又分为义务教育阶段（小学1至6年级，初中1至3年级）和高中教育阶段（3年）。高等教育阶段包括本科英语专业（4年）和大学英语教育（4年）、硕士研究生英语教育（2.5至3年）和博士研究生英语教育（3至4年）。

3.2 英语教学目标与要求

教育部制定的大纲体现了基础教育阶段的英语教学目标和要求。改革开放后，各个时期的教学目标和要求受国家政策、经济和文化的影响而变化。

1978年的《全日制十年制中小学英语教学大纲（试行草案）》着重培养学生的阅读能力和自学英语的能力，以及一定的听、说、写和译的能力，为其毕业后在三大革命运动中进一步学习和运用英语或进入高校学习打好基础。1980年，《全日制十年制中小学英语教学大纲（试行草案）第二版》对学生进行听、说、读、写、译等各方面的基本训练，侧重培养阅读能力和自学英语的能力，为进一步学习与运用英语打好基础。可以看出，1978年的教学目标受当时政治形势的影响较大。两个大纲都提出要培养阅读能力和自学英语的能力，但又没有提出如何培养学生的自学能力，此阶段的教学目标比较抽象和含糊。

1986年的《全日制中学英语教学大纲》提出培养学生在口头及书面上初步运用英语的能力。1988年，《九年制义务教育全日制初级中学英语教学大纲（初审稿）》规定通过听、说、读、写的基本训练，使学生获得英语的基础知识以及为交际初步运用英语的能力。1988的大纲比1986的教学目标更具体一些。1993年的《全日制高级中学英语教学大纲（初审稿）》增进学生对所学语言国家的了解，发展他们的智力，提高他们的思维、观察、注意、记忆、想象和联想等方面的能力。1996年的《全日制普通高级中学教学大纲（试验）》增进对外国，特别是英语国家的了解。2000年的两个大纲都提出帮助学生树立自信心，养成良好的英语学习习惯，发展他们的自主学习能力，形成有效的学习策略以及"在学习中发展学生智力，培养他们的创新精神和实践能力"。可以看出，这几个大纲都体现出由应试教育向素质教育的转型。2011年的《义务教育英语课程标准（2011年版）》提出，"基础教育阶段，即义务教育阶段和高中英语课程学习的目标是通过英语学习使学生形成初步的综合语言运用能力，促进心智发展，提高综合人文素养。综合语言运用能力的形成建立在语言技能、语言知识、情感态度、学习策略和文化意识等方面整体发展的基础之上"，体现出英语基础教育的教学目标越来越综合化和国际化的趋势。

大纲的不断发展也体现出高等教育阶段的英语教学目标与要求的变化。1962年的大纲提出，英语教学的目的是为学生今后阅读本专业英语书刊打下较扎实的语言基础。此大纲的教学目标比较简单，重视阅读能力的培养。教学要求针对词汇、语法、阅读做了量化的要求，对听、说、写和翻译能力的描述比较笼统，具有一定的局限性。1980年大纲的教学目标与教学要求的内容与1962年的大纲基本相同，只是分为基础英语教学阶段和专业阅读阶段。基础英语教学阶段为学生阅读英语科技书刊打下较扎实的语言基础；专业阅读阶段使学生具备比较顺利地阅读有关专业的英语书刊的能力。

1985年和1986年大纲的教学目的是培养学生具有较强的阅读能力、一定的听和译的能力以及初步的写和说的能力，使学生能以英语为工具，获取专业所需要的信息，并为进一步提高英语水平打下较好的基础。这两个大纲的教学目标仍以阅读为第一位，强调英语的工具性。教学目标也继承了1980年大纲的基础阶段和专业阅读阶段的分级，在基础阶段又分为基本要求和较高要求，根据学生的入学水平进一步细化了教学目标。对语言基础(语音、词汇、语法)和技能(阅读、听、写、说、翻译)都进行了较具体的描述,体现了培养学生交际能力的最终目标。1999年大纲的教学目的是"培养学生具有较强的阅读能力和一定的听、说、读、写、译能力,使他们能用英语进行信息交流。大学英语教学应帮助学生打下扎实的语言基础,掌握良好的语言学习方法,提高文化素养,以适应社会发展和经济建设的需要"。此大纲对写和说的能力提高了要求,体现了对语言基础的重视。教学要求分为基础阶段和应用提高阶段,基础阶段跟1986年大纲相同,分为基础要求和较高要求。对语言基础和语言技能的要求比1986年大纲都有所提高。

2004年和2007年《教学要求》的教学目标更加全面,培养学生的英语综合应用能力,特别是听说能力,使他们在今后的工作和社会交往中能用英语有效地进行口头和书面的信息交流,同时增强其自主学习能力,提高综合文化素养,以适应社会发展和国际交流的需要。这两个教学要求开始转向培养学生的综合应用能力,特别是听说能力,同时增强自主学习能力和提高综合文化素养。教学要求则针对五个技能和词汇制订了三个级别的标准,一般要求、较高要求和更高要求,每个要求都制定了定性和定量标准,更加清晰地明确了综合应用能力所要达到的目标。

2015年《教学指南》的教学目标是培养学生的英语应用能力,增强跨文化交际意识和交际能力,同时发展自主学习能力,提高综合文化素养,使他们在学习、生活、社会交往和未来工作中能够有效地使用英语,满足国家、社会、学校和个人发展的需要。该指南从学生发展和国家发展的角度提出了更多元化的教学目标,即应用能力、跨文化交际意识、交际能力、自主学习能力、文化素养等,更加重视学生能力的全面发展。教学要求提出基础目标、提高目标和发展目标,并对三个目标进行总能力描述和听、说、读、写、译的分级能力描述,对每项能力的标准进行了详尽的描述,为新一轮的大学英语改革确立了方向。

3.3 英语课程设置

3.3.1 基础教育阶段的英语课程设置

1978年的《全日制十年制中小学英语教学大纲(试行草案)》规定小学五年制,中学五年制(初中三年和高中两年)。从小学三年级开始学习外语,每周四课时。初中一年级为每周五课时,初二到高二阶段每周四课时。学生使用的教材是由人民教育出版社出版的、针对小学三年级至五年级、中学和高中阶段的英语课本。这一时期的主导性教学方式是"注入式",代表性的教学方法是语法翻译法[36]。因为此阶段的教学目标倾向于学生阅读和翻译能力的培养,单一的能力要求导致单一的教学方式和教学法主导了英语教学。

1986年,《全日制中学英语教学大纲》规定了两个起点,初中一年级开始每周五课时,高中一年级开始每周六课时。1988年的《义务教育全日制小学、初级中学教学计划(试行草案)》规定初中三年制和四年制都是每周四课时。此阶段的教材仍由人民教育出版社统编统一出版。采用的教学方法主要是"听说法",即主要训练学生的听力和口语能力,但只重视听说而忽视读写也不利于学生英语能力的全面发展。

20世纪90年代,《九年制义务教育全日制初级中学英语教学大纲》和《全日制普通高级中教学大纲》规定小学阶段可根据学校情况开设英语课程,初中阶段课程分为两级要求,学习两年为一级标准,再继续学习一年或两年为二级标准,高中也是分为两级目标,高一和高二为一级标准,高三为二级标准。这个时期的教材开始出现多个版本,例如人民教育出版社与英国朗文出版集团合作的义务教育三年制和四年制英语教材、北京师范大学九年制义务教育五四学制教材总编辑委员会编写的九年制义务教育初中英语等。为了实现"应试教育"到"素质教育"的转变,以培养交际功能为宗旨的"交际法"成为这阶段主要的教学方法。

2001年《全日制义务教育普通高级中学英语课程标准(实验稿)》明确规定从小学三年级起开设英语课程,一直持续到高三。此阶段教材的出版呈多样化发展。经教育部中小学教材审定委员会审查通过的课程标准试验教材,小学英语就有30套,初中英语共有10套,高中英语有7套等[36]。为培养学生的综合语言应用能力,教师多采用"任务型"教学法进行授课,体现学生在学习中的主导地位。

《义务教育英语课程标准(2011年版)》提出"义务教育阶段的英语课程以小学三年级为起点,以初中毕业为终点(即义务教育九年级),并与高中阶段的英语课程相衔接"。教材使用上不仅限于正式出版的课本,还包括"配套使用的练习册、活动手册、读物、自学手册、录音带、录像带、挂图、卡片、教学实物、计算机软件等"。在教学方法上不再拘泥某个特定的教学法,而是"提倡采用既强调语言学习过程又有利于提高学生学习成效的语言教学选径和方法,尽可能多地为学生创造在真实语境中运用语言的机会。鼓励学生在教师的指导下,通过体验、实践、参与、探究和合作等方式,发现语言规律,逐步掌握语言知识和技能,不断调整情感态度,形成有效的学习策略,发展自主学习能力"。

《普通高中英语课程标准(2017年版)》提出,英语课程由必修、选择性必修、选修三类课程构成[37]。必修课程为全体学生必须修习的课程,旨在构建英语学科核心素养的共同基础,使所有学生都能达到英语学业质量水平一的要求,满足高中毕业基本要求。高中学业水平考试应以必修课程的内容和学业质量水平一为命题主要依据。选择性必修课程供有学习兴趣和升学考试需求的学生选修,与必修课程形成递进关系;学生在完成选择性必修课程后,方可参加高考。高考应以必修课程和选择性必修课程的内容以及学业质量水平二为命题主要依据。选修课程为学生自主选择修习的课程,包括国家设置的提高类、基础类、实用类、拓展类、第二外国语类等课程和学校自主开发的校本课程。选修课程作为学生自主选择修习的课程,既包括国家在必修与选择性必修基础上设置的提高类课程,也包括学生三年期间可以任意选修的基础类、实用类、拓展类和第二外国语类等校本课程。开设选修课程的目的是满足地方和学生发展的需要,供不同水平、不同兴趣和不同需求的学生任意选修。其中,基础类课程主要为英语基础薄弱、但有继续学习英语的兴趣和意愿的学生开设;实用类和拓展类课程供有不同需求、潜能和兴趣的学生选修;第二外国语类课程为有意愿选修另外一门外国语的学生开设。提高类课程主要为未来有意从事与英语相关的工作或研究的学生开设,与选择性必修课程形成递进关系,学生完成提高类课程的学分且学业水平合格,可以达到学业质量水平三。在三级课程管理框架下,选修课程的权利主体是学校,属学校一级的课程开发与管理,由学校根据学生兴趣和当地经济、文化发展需要以及学校办学特色等进行开发建设。课程的选择和内容的选编是校本课程开发的常见方式,学校应根据自己的条件和可利用的当地资源,设置并开好满足学生发展需要、有特色的校本课程。

3.3.2 大学英语课程设置

1962年大纲颁布后,各高校的大学英语课程在第一至第四学期开设,共240学时。此阶段以教师为中心的"讲授型"教学模式为主,课堂上主要是老师一言堂,学生只是听课,缺少课堂互动和学生的参与,这极不利于学生英语应用能力的培养。这一时期的教材主要由上海交通大学凌渭民主编的《高等工业学校英语》,由商务印书馆出版,成为当时最有影响的大学英语教材[6]。

1980年大纲中基础阶段的学时"工科在240学时以上,理科应为300学时,一般安排在第一至四学期",专业阅读阶段"一般每周安排2学时,持续二至三个学期"。1985年和1986年大纲对学时的要求有所提高,即"基础阶段教学时数应不少于240—280学时,安排在第一至第四学期。基础阶段的教学分为六级,每学期为一级,每级为60—70学时。专业阅读阶段安排在基础阅读阶段结束后的第五至第七学期,每周两学时"。20世纪80年代受国外交际教学法的影响,教师开始采用交互型教学模式进行授课,此教学模式有利于培养学生语言的应用能力,但往往又忽视了语言基础知识的积累。关于教材的出版,也分基础阶段和专业阅读阶段。出版的教材包括《基础英语》《英语(理科用)》等等,还包括分专业的基础阶段的教材。由上海外语教育出版社出版,董亚芬主编的《大学英语》(文理科本科用)和清华大学外语系编写的《新英语教程》被广泛使用。

1999年大纲的教学安排跟1986年大纲内容基本一致,没有大的改动。20世纪90年代,随着现代教育技术的发展,教师开始使用既可以培养学生的语言应用能力又可以积累语言基础知识的综合型教学模式进行授课。课上教师依靠多媒体技术,丰富课堂内容,增加师生互动;课下学生可以通过网络进行学习,改善学习环境,提高学习效果。

2000年实施大学英语教学改革后,2004年《教学要求》提出"将综合英语、语言技能类、语言应用类、语言文化类和专业英语等必修课程和选修课程有机结合",从过去单一的大学英语课程转向多门课程并存的局面。2007年《教学要求》进一步提到"对于使用计算机教学的课程,应有相应的面授辅导课时,学校应将面授辅导课时计入教师的教学工作量。学生通过计算机学习完成的课程,经考试合格,应计算学分。"根据两个教学要求,"基于计算机和课程的英语多媒体教学模式"应运而生。教师课上采用更多元化、现代化的教学方法和手段进行教学,课下学生可以在网络自主学习中心进行学习,有利于培养学生的自主学习能力。这一时期的教材都是由教育部委托外语教学与研究出版社、上海外语教育出版社、高等教育出版社、清华大学出版社等印刷出版。《新视野大学英语》《大学体验英语》《大学英语》《新世纪大学英语》等教材都是各高校使用最多的教材,这些教材同时还配套了网络教学系统。北京大学出版社出版的《大学英语立体化网络化系列教材》和高等教育出版社出版的《大学英语学系统》更是实现了教材的网络化、立体化，为大学英语教材树立了典范。

2015年《教学指南》将大学英语课程分为"通用英语、专门用途英语和跨文化交际"三个部分。通用英语课程的目的是培养学生英语听、说、读、写、译的语言技能，同时教授英语词汇、语法、篇章及语用等知识，增加学生的社会、文化、科学等基本知识，拓宽国际视野，提升综合文化素养。专门用途英语课程以英语使用领域为指向，以增强学生运用英语进行专业和学术交流、从事工作的能力，提升学生学术和职业素养为目的，具体包括学术英语（通用学术英语、专用学术英语）和职业英语两类课程。跨文化交际课程旨在进行跨文化教育，帮助学生了解中外不同的世界观、价值观、思维方式等方面的差异，培养学生的跨文化意识，提高学生社会语言能力和跨文化交际能力。可以看出，大学英语课程的设置从统一化转向个性化。各类课程比例并不固定，而是由各高校根据实际需求（学生英语水平、院系专业需要）自行确定[33]。2015年，教育部提出"确定要加强慕课建设、使用和管理"，慕课可以让学生自主的选择课程，以教师为主导、学生为中心的"翻转课堂"新型教学模式出现了，满足了学生个性化的学习需求，提高了学生的自主学习能力。以通用英语、专门用途英语和跨文化交际为课程内容的发展趋势下，上海外语教育出版社又出版了拓展课程系列、学术英语系列、专门用途英语系列等，外语教学与研究出版社也出版了高等学校英语拓展系列教程等，这些教材都极大的满足了各高校个性化课程的需求。

3.4 英语教学所取得的成绩与面临的问题

3.4.1 取得的成绩

基础教育阶段大陆英语教学所取得的成绩从以下六个方面体现：

第一，实施课程改革。自2000年开始实施的课程改革已经取得了长足的进展。新课标在英语的课程价值、课程性质、课程目标、课程理念和实施建议几方面详细、全面地提出英语教育过程中的具体实施内容和方法，使中小学学生的英语能力有了很大的提高。这不仅体现在英语综合应用能力本身的提高，还在于促进了学生心智的发展，综合人文素养的提高。新课标将国家发展和学生发展作为英语课程的价值，这本身就非常符合发展有中国特色的外语教育目标；还将工具性和人文性设定为课程性质，这使学生的人文素养的得到了重视；课程目标将英语综合应用能力进行细化和分级，使中小学学生的英语能力有了统一的评价标准。先进的课程理念为教师的英语教学和学生的英语学习提供了很好的理论基础。新课改取得的成绩有目共睹，大陆地区还将继续致力于研制出更符合国际化人才培养目标的改革方案，使中小学学生的英语能力更上一层楼。

第二，开发和利用课程资源。新课改过程中，充分开发和利用了符合学生不断发展的教材资源，学校里图书馆、语音室等资源、计算机和互联网资源，学生个人资源等，这些都能够帮助老师提高教学效果和提升学生的学习能力。

第三，教学方法和教学手段。在吸收国外教学理论和教学方法的前提下，大陆的英语教育研究者和实践者也创造了适合大陆学生的教学方法,例如"结构功能教学法""外语立体化教学法"等等。再加上信息化时代,教师的教学环境和学生的学习环境得到了很大的改善,教师使用现代教育进行教学,使教学过程变得更加生动和有吸引力,更能激发学生的学习兴趣。

第四,师资培训和教师发展。大陆地区一直致力于培育高质量的外语教师,在各师范院校、外语院校、教育学院、广播电视大学、成人大学、中等师范学校实施外语专业教育,培养骨干教师,为国家储备了大量的外语教师资源。

第五,高考改革和评价体系。自1978年恢复高考后,高考改革的步伐不曾停歇。从英语作为高考考试科目之一,到按100%计入高考成绩,都体现了大陆对英语教育越来越重视。近几年的改革主要体现在考试内容的更新和考试次数的增加,新的考试制度下对英语教育又提出了新的高要求。中小学的英语评价体系越来越重视发展性评价,而不仅仅是通过考试来评价,这种评价模式更利于学生的心智发展和能力的提升。

第六,科研工作和学术交流。大量的英语教学研究者和教师参与了国家社科基金项目和教育部调查研究项目,以及一些学术机构的研究项目。各种国际交流合作活动也如火如荼的展开,例如:中外合作编写教材、参加国际学术研讨会、组织教师出国进修等等,这些都大大促进大陆中小学英语教育的发展。

大学英语教育所取得的成绩从以下六个方面体现:

第一,教学大纲。教学大纲是在一定的教学思想和教学理论指导下对教学目标、教学内容、教学要求、教学评估等进行描述和规定的文件[6]。自1962年《英语教学大纲(试行草案)》问世以来,1980年、1986年、1999年、2004年、2007年,到2015年《大学英语教学指南(意见稿)》的出现,教育部一直对大纲进行孜孜不倦的修订和完善。从最初只针对大学英语教学提出具体要求,到进行分文理科制定大纲,到1999年又将大纲整合到一起,经历了分解到整合的阶段,2004年到2007年的《大学生英语课程教学要求》将大学英语教学的改革提上了日程。要求里明确了大学英语教学的性质和目标、教学要求、课程设置、教学模式、教学评估和教学管理等,大学英语教学改革基于此开展起来。到2015年教育部高教司又提出《大学英语教学指南(意见稿)》。除了继承2007年《教学要求》部分内容外,还在教学目标、课程设置、课程评价体系、教学手段等方面进行了创新,使其更符合"有利于国家发展和学生发展"的教育政策。这些大纲促进了大学英语教学改革的进步,为英语教育的未来奠定了坚固的基石。

第二,教学模式和教学手段。从20世纪60年代的"讲授型教学模式",到80年代的"交互型"教学模式,再到90年代的"综合型"教学模式,英语教育者不断地进步和探索更适合学生能力提高的教学模式。进入21世纪,计算机革命的出现将传统的英语教育模式带到了一个全新的高度,即以计算机技术为基础,以教师为主导、学生为主体的教学模式,迅速成为了最流行、最受欢迎的教学模式,将过去仅限于课堂的英语教学,通过现代技术延伸到了课下和学生的生活中。2010年后,慕课、微课、网络课程的出现又进一步催化了大学英语课程的改革,将英语教育的改革带入了一个新的时代。

第三，评估体系。大学英语四、六级考试，作为评估大陆高校非英语专业学生英语能力的评估体系，根据不同时段的大纲或教学要求进行过多次的改革和完善。从改革考试内容和题型、计分体制到实施网考，四、六级考试紧跟时代的步伐，致力于做好语言测试工作。除此之外，大学英语也有自己的英语教学综合评估体系。到目前为止，基本实现从单一的终结性评估到"发展的形成性评估和终结性评估相结合"的方式进化。各高校、地方也努力建设适合评估自己学生的评测体系，帮助学生评价英语能力。

第四，教材建设。新中国成立后，1962年大陆地区第一次成立了教材编审委员会开始编写大学英语教材。1978年，教育部颁布了《英语教材编写大纲》，统一编订并且出版了适合基础教育阶段和高等教育使用的教材。1986年到1999年，每次大纲被颁布后，各教材主编单位都会重新修订并出版大学英语教材。21世纪，以高等教育出版社、外语教学与研究出版社和上海外语教育出版社为主，出版了适用于不同层次和专业特点的多版本教材，还配备了网络教学系统，满足了大学英语学习者的不同需求。

第五，师资队伍。虽然在建国初期，英语教师因得不到重视而骤减，但随着改革开放，英语教育开始得到重视，英语教师的培养和培训也大力开展起来。高校扩招后，英语师资急缺，各高校都补充了不少英语教师，到2001年达到13 000多人，但此阶段的英语教师学历以本科为主，整体水平不高。2004年教改实施后，师资的培训开始受到重视，各高校、出版社组织培训活动帮助教师进行业务交流和学术交流，在教学技能和科研能力两方面进行培训，吸收国外先进的教学理论、学习国内成熟的教学方法，开阔了英语教师们的视野，提高了教学水平。

第六，研究生英语教育。非英语专业的研究生（硕士研究生和博士研究生）的英语教育随着1978年恢复高考以后也一直循序渐进地发展着。1983年教育部就颁布了《研究生外国语学习和考试的规定（试行）》，1993年颁布了《非英语专业研究生英语（第一外语）教学大纲》，2008年颁布了《非英语专业硕士/博士学位研究生英语教学要求（试行）》，体现了研究生阶段英语教育也备受重视，各种关于研究生阶段外语教育的交流会议也络绎不绝，研究生英语的教育发展顺利。

3.4.2 面临的问题
(1) 大中小学生英语能力培养的标准不统一

韩宝成认为，迄今为止我国尚无统一的中国学生外语能力标准，相关描述仅体现在不同阶段的课程标准、教学大纲或教学要求之中[9]。沈骑指出，中国大中小学的英语教育没有统一的机构来负责和协调各级各类的外语教育政策的制定、大纲的研制、课程的设置、组织教材的编写和教学的评估[27]。还有学者认为尽管学界认识到了现有英语教学体系的弊端，如小学、初中、高中、大学各个阶段存在衔接问题，但行政管理部分始终没有行动起来[38]。例如，就能力培养而言，中小学的英语教学都以高考为指向标，重视培养学生的读写能力，而大学阶段的英语教育政策偏向于听说能力的培养，这使三个阶段的英语教育缺乏连贯性，不利于学生英语能力的渐进提高。

（2）评价体系的问题与不足

《大中小学英语教学现状调查报告》指出英语教学评价体系存在的问题与不足主要表现在五个方面：

一是过分依赖终结性评价结果，忽视形成性评价的作用。刘道义指出长期以来，教师以"评价结果"为目的，过分重视中考、高考，把过多的时间用于考试题型的训练[20]。王华、富长洪指出，到目前为止国内对形成性评估的实证研究还比较有限，基本处于理论探讨阶段……对于形成性评估的实施方法尚未有明确、系统的阐述[34]。陈秀娟认为中国大学外语教学多为几十人的大班上课，教师往往只能选择比较容易操作的形式，如课堂出勤、单独发言记录等，难以形成对每个学生客观准确的评价，因此，中国外语教育还是倚重终结性评价[3]。

二是过分突出甄别、选拔与评价的功能，缺乏改进和激励的功能。徐岩认为我国传统的评价观念把评价等同于纸笔考试，考试的作用只是检测学习结果以及甄别、选拔学生[35]。评价的本质功能是为教和学提供反馈，是为了促进学习，筛选、选拔只是其一部分功能。

三是评价手段过于单一。教师主要依靠期中和期末考试来评定学生的成绩，很少进行课堂测验。唐雄英认为，大学英语课程评价仍在一定程度上存在以考代评的现象，即以学生英语水平为主要评价内容，以终结性考试为主要评价手段，缺乏对教学过程和反映学生个性化的学习结果[29]。张梅指出，在大学英语教学中，许多教师更多地是按计划完成教学任务，对学生的评价主要是看出勤率和课堂表现以及期末考试成绩，对学生课下的学习方法、学习过程、学习体验、学习效果等不够重视，没有学习档案袋，没有网上自学记录等[39]。蔡基刚也认为，我国大学英语传统的教学评价体系最大的缺陷是评价方式单一，评估内容重语言轻能力，评估形式重结果轻过程，重全面发展轻个体差异，把语言测试看成教学评价的全部，结果影响了大学英语教学的健康发展[4]。

四是很少涉及学生的批判性、创造性思维能力的评价，几乎没有涉及情感、态度、学习策略、跨文化交际以及其他非智力因素。金虹认为，平时测验、月考、期中考试、期末考试及中考、高考等是学生成绩的主要评价手段，这些评价内容都只重视词汇和语法的检验，很难体现学生的交际能力[18]。

五是大学英语四、六级考试（CET4与CET6）作为高校在校大学生的水平测试有其不足之处，如以考查零碎的语言知识为主，缺乏语境，缺乏真实的情景，试题考查单句语法结构的多，考查其他能力的较少。以语言知识为核心的传统测试方法仍然是大学英语四、六级考试的基本形式[21]。

（3）应试教育

李炯英指出，整个外语教学仍然停留在以"测试结果"为最终目标的应试教育上[21]。改革开放以来，政府非常重视外语教育，中考、高考、英语四六级考试，英语专业四八级考试、各类出国考试、晋升职称考试等，都体现了英语至高无上的地位，这使大陆地区往往过于看中英语考试成绩，而不是英语语言能力本身。在这个"趋利"的时代，很多国人更加注重英语成绩给他们带来的好处和利益，而忽视英语本身的文化内涵和语言知识的真正用途。学习一门外语语言,特别是世界通用语英语,是为了让我们更好的认识世界,认识自我,而不仅仅是为了升学、就职、出国,这需要政府的职能部门能帮助我们正确认识英语语言学习的目的和意义,回归英语教育的本真。

（4）综合素质教育的缺失

韩宝成认为,语言的文化属性决定了语言教育不只是单纯的语言技能训练,它实际上是一个陶冶性情、构建精神的文化教育过程[10]。根据白晓云的观点,英语教育的工具性追求仍然是终极目标,本应该处于中心地位的真正的人的发展、求知求善求美的意义探寻、个性发扬和生命成长则始终处于局外,语言本身所蕴含的真善美意义遭到遮蔽,语言教育过程所蕴含的人文教育价值受到禁锢,学生本应获得的成长遭到扼杀[1]。在实际的英语教学中,语言形式的学习和语言技能的训练仍然占主流地位,不系统、不全面的跨文化教育造成学生对中国文化的忽视和对西方文化了解的片面性。

四、英语能力评价标准及体系

大陆地区基础英语教育(简称"基础教育")和大学英语教育(简称"大学教育")发展了六十多年,本部分将对各阶段的《教学大纲/标准/要求/指南》(源自教育部网站)中的语言能力标准及评价体系的理念、内容、主体、方式和标准五个方面进行梳理、分析。

4.1 评价的理念

大陆地区英语语言能力标准及评价体系的评价理念可以分为起步、发展、成熟和创新四个阶段,详见表1:

表1 英语教学大纲语言能力标准评价理念的发展

教育阶段	起步阶段	发展阶段	成熟阶段	创新阶段
基础教育	1951年—1986年	1986年—2000年	2000年—2011年	2011年至今
大学教育	1962年—1985年	1985年—2004年	2004年—2015年	2015年至今

第一,起始阶段。大纲中都几乎没有涉及语言能力评价理念的相关内容。基础教育:1951年至1963年颁布的《中学英语教学大纲》和1978年至1980年的《全日制中小学英语教学大纲》都没有涉及到语言能力测评和评价的概念。大学教育:1962年《英语教学大纲》和1980年《高等学校理工科公共英语教学大纲》中也没有提出评估和评价学生英语能力。

第二,发展阶段。本阶段大纲开始提出在教学过程中,需要对学生的语言能力进行检查或测试。基础教育:1986年《全日制中学英语教学大纲》和1988年《九年义务教育全日制初级中学英语教学大纲》都提出在教学过程中需要"检查"学生的语言知识和能力。1992年《九年义务教育全日制初级中学英语教学大纲》的编制者开始将"考试、考查"作为大纲的主要内容,检查学生学习成绩与获取教学的反馈信息,以便教师及时改进教学。大学教育:1985年和1986年《大学英语教学大纲》明确了"测试"的概念。1999年《大学英语教学大纲(高等学校本科用)》对测试的内容只进行了一些修订。

第三,成熟阶段。大纲明确英语语言能力评价体系的建立,并逐步完善相关内容。基础教育:2000年《九年制义务教育初级中学英语教学大纲(试用修订版)》和《全日制普通高级中学英语教学大纲(试验修订版)》以促进学生发展和教师教学为目标,把"考试、考查"改为"教学评价",提出了评价建议(原则、方法和案例等)。大学教育:2004年和2007年教育部将大纲更名为《大学英语课程教学要求》,将"测试"改为"教学评估",旨在建立全面、客观、科学、准确的评价体系。

第四,创新阶段。大纲对英语语言能力的标准及评价体系逐步向多元化、标准化、个性化等不同方向深入发展。基础教育:2011年《义务教育英语课程标准》和2012年《全日制义务教育普通高级中学英语课程标准(实验稿)》以建立"促进学生发展为目标的评价体系、促进教师职业道德和专业水平提高的评价体系和提高学校教育质量的评价体系为目标,提出了"包含评价目标、评价主体、评价内容、评价类型、评价步骤、评价实施等一系列新的观念"[20]。大学教育:2015年《大学英语教学指南(征求意见稿)》指出,建立科学、系统、个性化的大学英语课程评价体系和大学生英语能力测试体系。

从语言能力标准及评价体系的评价理念不同发展阶段来分析,基础英语教育与大学英语教育存在几个显著特性:一是发展时间不统一,基础教育评价理念的发展在起步、发展、成熟、创新等各阶段都要早于大学教育的发展。二是发展理念不统一,基础教育侧重学生、教师和学校的多元化、规范化发展;而大学教育倾向于课程、学生的个性化发展。

4.2 评价的内容

评价的内容也经历了发展和成熟两个阶段,详见表2:

表2 英语教学大纲语言能力标准评价内容的发展

教育阶段	发展阶段	成熟阶段
基础教育	1951年—2000年	2000年至今
大学教育	1962年—2004年	2004年至今

第一阶段,发展阶段,即语言知识和技能阶段。

基础教育:1951年至1985年间的大纲中并没有明确提出评价的内容,英语科目的考试内容以学生英语语言知识(语法知识)为主,高考也以单词和单句层次为主要测试题型。1986年大纲中第一次提到测试的内容,要定期对学生的基础知识与综合运用语言的能力进行检查。1988年大纲提出检查学生听、说、读、写的能力。1992年大纲则既考查学生的英语基础知识,又考察学生综合运用英语进行交际的能力。

大学教育:1962年大纲颁布后,各高校大学英语课程都是在自行安排的考试中把大纲教学要求的内容作为测试内容,包括词汇和听、说、写的能力。1985年和1986年大纲测试内容包括语言基础知识(语音、词汇、语法)和语言技能(阅读、听、写、说、翻译)。四、六级考试也是根据大纲要求进行测试。1999年大纲提出要着重考核语言基础和语言应用能力。因此,四、六级考试中增加了新题型:英译汉、听写填空、简短回答问题和复合式听写等。

第二阶段,成熟阶段,即综合能力阶段。

基础教育:2000年两版中学大纲规定对学生英语学习进行全面综合性的评价。评价内容包括语言基础知识、基本技能和语言运用能力评价,同时对学生课内外的学习行为和学习能力、学习态度、学习潜能,初中生的参与程度、高中生的学习策略进行终结性评价,包括听力。2011版课标对语言能力标准分类细化,在评价学生英语语言技能和语言知识的同时,学习策略、文化意识和情感态度等要素也作为重要的评价内容。

大学教育:2004年和2007年《大学英语课程教学要求》开始将评价和评估的内容聚焦在学生的语言综合应用能力上,即听力理解能力、口语表达能力、阅读理解能力、书面表达能力、翻译能力、词汇量、学习策略、文化意识、情感态度。2015年《大学英语教学指南》正式提出"评价与测试"的概念,大学生英语能力测试体系是对学生的综合语言能力(语言技能与知识、跨文化交际能力和学习策略)和单项语言能力(听、说、读、写、译)进行测试。

基础阶段和大学阶段英语能力评价内容经历了从语言知识和技能到综合能力的发展过程,主要存在两个方面的不统一:第一,发展时间不统一。基础教育评价内容的改革早于大学英语教育。第二,评价内容不统一,侧重点不同。除了语言知识和语言技能以外,基础教育倾向于学习策略、文化意识和情感态度等,而大学教育更注重对跨文化交际能力和学习策略的评价。

4.3 评价的主体

语言能力评价主体的发展经历了起步、发展和成熟三个阶段,详见表3:

表3 语言能力评价主体的发展阶段

教育阶段	起步阶段	发展阶段	成熟阶段
基础教育	1951年—1999年	2000年—2010年	2011年至今
大学教育	1962年—2003年	2004年—2014年	2015年至今

第一阶段,起步阶段。基础教育:1951年至1999年的基础英语教育大纲没有明确提

出评价主体的概念,中小学英语教学过程中学生就成为了唯一的评价主体。大学教育:1962年和1980年大纲的测试对象是中学学过三年英语的学生。1985年和1986年大纲的测试对象为各类高等学校的文科生和理科生。1999年大纲的测试对象则面向所有高等学校非英语专业本科生。可以看出,此阶段学生是唯一的评价主体。

第二阶段,发展阶段。基础教育:直到2000年,两版中学大纲明确提出教师和学生为评价主体。大学教育:2004年和2007年《大学英语教学要求》提出了两个评估主体,即应对各高等学校非英语专业本科生的英语能力和教师的教学态度、手段、方法、内容、组织和效果等进行综合评估。

第三阶段,成熟阶段。基础教育:2011年大纲和2012年大纲把教师、学生、家长和学校管理者作为评价主体,各主体间可以沟通和协商,互动合作,鼓励学生开展自评和他评,在评价中建立共识和发展[20]。大学教育:2015年《大学英语教学指南》中,大学英语课程评价的主体是大学英语教学的专家机构、教学管理部门、教师、学生以及社会用人单位。大学生英语能力测试主体为学生。

因此,起步阶段和发展阶段基础教育和大学教育所针对的评价主体内容一致,但时间不一致。成熟阶段的时间和评价内容都不统一。

4.4 评价的方式

语言能力评价方式的发展也经历了三个发展阶段:起步、发展和成熟阶段,详见表4:

表4 英语教学大纲语言能力评价方式的发展

教育阶段	起步阶段	发展阶段	成熟阶段
基础教育	1951年—1985年	1986年—2000年	2000年至今
大学教育	1962年—1985年	1985年—2004年	2004年至今

第一,起步阶段。1951年至1985年中小学和大学的大纲没有提及评价方式。

第二,发展阶段。基础教育:1986年大纲谈到通过教学过程中"检查"和"测试"的方式进行评价。1992年到1996年大纲中出现了"考试"和"考查"的概念。大学教育:1985年和1986年大纲要求基础阶段各级教学结束时进行考试,四、六级结束时进行全国统一考试。此阶段,大中小的评价方式以终结性方式为主,形成性方式为辅。

第三,成熟阶段。基础教育:2000年大纲提出了形成性和终结性评价方式的概念,强调形成性评价对学生学习的激励作用,终结性评价兼重笔试、听力测试和口试。2011年课标制订了九项"评价建议",认为应该选用合理、多样的评价方式,如自我评价、同伴评价、家长评价、教师评价等,实现形成性与终结性评价相结合。大学英语:2004年和2007年教学要求中正式提出将形成性评价和终结性评价相结合的概念,四、六级测试方式也开始多样化,出现听力测试和网考。2015年教学指南将"教学评估"升级为"评价和测试",

对课程和学生语言能力都进行形成性和评估性的评价和测试,形成综合化的评价方式。

由此可以看出,两个阶段的评价方式有两点不同。第一,中小学比大学《英语教学大纲》较早的明确了两种方法相结合的评价方式。第二,中小学侧重合理、多样的评价方式,而大学倾向于采用综合化的评价方式。

4.5 评价的标准

语言能力评价标准的发展也经历起步、发展和成熟三个发展阶段,详见表5:

表5 英语教学大纲语言能力评价标准的发展

教育阶段	起步阶段	发展阶段	成熟阶段
基础教育	1951年—1962年	1963年—2010年	2011年至今
大学教育	1962年—1979年	1980年—2003年	2004年至今

第一,起步阶段。本阶段大纲语言能力标准以简单的定性和定量描述为主。

基础教育:1951年《普通中学英语课程标准(草案)》针对阅读、写作、词汇、短语和语法进行了定性或定量描述,初中需"认识1 000—1 500个常用词;能运用常用的典型短句约200句;能阅读生字不超过1-2/10的浅近英语;能做清晰熟练的书写",高中"再加修3 000—4 000个一般普通用的单字;能运用普通英语,包括简单的会话和写作;能认识一种音制;能利用字典、词典阅读一般性的英文报杂志"(中华人民共和国教育部,1951)。1956年《高级中学英语教学大纲(草案)》只量化了单词1 500个,阅读、语法、发音、拼写、朗读、造句、问答和翻译进行了定性描述。

大学教育:1962年大纲制定了词汇和语法、阅读、翻译能力标准,"掌握单词约1 400个(包括词组中的生词);掌握阅读一般科学技术书籍所必需的语法知识;能借助词典不很困难地、独立地阅读学生所能理解的一般科学技术书籍,并能正确地译成汉语;能阅读难易程度和第四阶段末的课文相仿的文章(生词10个左右),每课时速度需达2 200—2 500印刷符号,笔译速度需达1 000—1 200印刷符号"(高等工业学校外语课程教材编审委员会,1963),但只是简单量化了词汇、阅读和笔译速度,对听、说、写能力标准进行了简单的描述。

第二,发展阶段。本阶段大纲开始制定简单的语言能力分级要求。

基础教育:1963年《全日制中学英语教学大纲(草案)》分为初中和高中两个阶段。初中阶段掌握1 500—2 000个单词和一定数量的惯用词组、基本的语音知识和技能,初步具有阅读浅易文章的能力,具有一定的造句能力以及日常生活中简单的会话能力;高中阶段掌握2 000个左右的单词和一定数量的惯用词组,进一步的语法知识,具有借助词典初步阅读英语书籍的能力,就日常生活方面的题材进行简单会话和作文的能力以及初步的翻译能力。此大纲量化了每个年级学生需要掌握的词汇、语音、语法并对阅读、写作、会话、翻译能力进行了定性描述。

1978年和1980年两个《全日制十年制中小学大纲》设置了从小学三年级到高中二年级对基础语言知识的要求。经过八个学年的学习(小学三年级至高中二年级)要求学生掌握基本的语音和语法,掌握2 800个左右的单词和一定数量的惯用词组,能借助词典阅读一般题材中等难度的读物,具有一定的听、说、写和译的能力。通过五个学年的学习(初中一年级开始学),要求学生掌握基本语音和语法,掌握2 200个左右的单词和一定数量的惯用词组,能借助词典阅读一般题材的浅易读物,具有初步的听、说、写和译的能力。大纲对词汇量的要求比较明确,但四个技能的要求仍是简单的定性描述,并针对每个年级制定了要求和内容。

1986年中学大纲提出,初中起始六年和高中起始三年学习期满时,要求学生掌握基本语音和语法,学会1 800—2 000个单词和一定数量的短语和习惯用语,能借助词典独立阅读难度略低于课文的一般题材的读物。要求初中起始学习六年的学生还要具有一定的听、说、写的能力。1990年进行修订后,在1986年大纲要求基础上增加了从初中一年级起始到高中二年级结业时,应学会1 800个单词;在高中三年级(选修)结束时,应学会2 000个单词。从高中一年级起始三年学习期满时,要求学会1 800个单词。1986年和1990年《全日制中学英语教学大纲》进一步提高了单词量的要求,开始注重学生四项英语技能能力的要求,但没有定性和定量的描述。

1988年《九年义务教育全日制初级中学英语教学大纲》在词汇、语法、语音和听、说、读、写四个技能方面分三年制和四年制较详细地进行了定性和定量描述,特别是听力能力。听,要求听懂课堂用语,并作简单的回答;能听懂教师用学过的语言讲课文内容概要或故事;能听懂基本上没有生词、浅于所学语言知识的英语国家人士的录音材料,三年制和四年制语速分别为每分钟100和110个词左右,听三遍后,理解正确率达到70%。词汇要求也对单词和短语分别划定标准:三年制掌握700个左右常用词和200条左右习惯用语及固定搭配,四年制掌握800个左右常用词和200条左右习惯用语及固定搭配,要会读、会拼写,能说出单词的词义和词类,并在笔头练习中能够运用。此外,三年制和四年制需再分别学习300个和400个左右的单词及与之相关的一定数量的习惯用语及固定搭配,但只要求认读。大纲已经开始对四个技能分别划分标准,比前三个大纲更加明确的注重英语技能的要求。

1992年大纲在1988年大纲的基础上根据学习的时间(两年或四年)制定了一级和二级的能力要求,例如词汇,一级词汇要求掌握350个左右常用词和100条左右习惯用语及固定搭配,要会读、听得懂、会拼写,并在口笔头练习中能够运用。此外还应认读300个左右的单词及相关的习惯用语及固定搭配。二级要求三年制掌握600个左右常用词和200条左右习惯用语及固定搭配,四年制掌握700个左右常用词和200条左右习惯用语及固定搭配,并在口笔头练习中能够运用。此外还应认读400到500个左右的单词及相关的习惯用语及固定搭配。

1993年《全日制高中英语教学大纲》把高二和高三的学生划分为两个级别,例如词汇,高二和高三累计要求掌握1 100和1 200个左右常用词和一定数量的习惯用语及固定搭配。此外,高二和高三还要分别学习500和800个左右的单词和一定数量的习惯用语及固定搭配,但只要求理解。1996年高中大纲(供试验用)能力要求有所降低,例如词汇,一级词汇要求掌握500个,再学习500个,加上初中掌握的600个,共1 600个词。二级词汇要求掌握1 200个,再学习740个,共1 940个词。阅读能力要求增加了,除课文外,补充阅读量一级应达到10万词左右,二级应达到20万词左右。

2000年《九年义务教育全日制初级中学英语教学大纲》跟1992年大纲内容相同,二级要求中提高了词汇量和泛读要求,一级词汇要求掌握450个左右单词,100条左右习惯用语及固定搭配;二级要求掌握800个左右单词,200条左右习惯用语及固定搭配,还要求扩大400到500个左右的认读词汇。2000年《全日制普通高级中学英语教学大纲》在义务教育大纲一级和二级标准上增加了泛听要求,二级目标要求学生泛听总量不低于40小时,泛读不低于10万词。2000年高中大纲在义务教育大纲的基础上增加了听力,除泛读要求不低于10万词外,泛听要求一级总量应达到40小时以上。

大学教育:1980年大纲对词汇量和阅读速度进行了两个级别的量化描述,即基础阶段和专业阅读阶段。

(1)词汇:基础阶段掌握单词1 500—1 800个,要求能英汉互译,能正确识别词类,选择词义;专业阅读阶段旨在使学生具备比较顺利地阅读有关专业的英语书刊的能力,专业阅读阶段掌握单词800—1 000个,要求能英汉互译,能正确识别词类,选择词义。

(2)阅读能力:基础阶段结束时能阅读与后期课文难易程度相当、内容可以为学生理解的科普或一般科技文章,理解正确,并能做中文摘要。阅读速度为每小时2 500—3 000印刷符号(生词不超过15个)。专业阅读阶段结束时,阅读有关专业书刊的速度应达到每小时4 000—5 000印刷符号。从基础阶段后期要注重快速阅读能力的培养。

(3)听、说、写能力:能听懂课堂用语,能听懂及回答根据课文提出的问题,能听些词汇熟悉的短文,能把结构不太复杂的句子正确地译成英语。其听、说、写的能力标准只限于定性描述,没有量化和分级。

1985年和1986年大纲也分为基础阶段和专业阅读阶段。基础阶段再根据学生入学水平的不同,分为基本要求和较高要求两种,基本要求增加了语音,能运用国际音标和基本读音规则拼读单词,朗读时语音语调基本正确。词汇量的要求大大提升,掌握3 800—4 000(较高要求:5 000—5 300)个单词以及一定量的习语,并具有按照基本构词方法识别生词的能力。对其中2 500(较高要求:3 000)个左右的常用词要求拼写正确,能英汉互译,并掌握它们的基本用法。同时增加了有关语法的描述,在中学原有的基础上,进一步扩大与加深基本语法知识,侧重语法结构在语言交际活动中的运用。阅读能力要求规定,阅读速度达到每分钟50(较高要求:70)个词。对于阅读难度略低、生词不超过3%的材料,阅读速度达到每分钟80(较高要求:120)个词,阅读理解的准确率以70%为合格。对听、说、写、译的能力标准也分别做了描述。听的能力:能听懂英语授课,对题材熟悉、句子结构比较简单、基本上没有生词、语速为每分钟120(较高要求:140)个词的听力材料,要求一遍可以听懂,听力理解的准确率以70%为合格。写的能力：能按规定的题目和提示在半小时内写出100（较高要求：120）个词左右的短文，基本上能表达思想，无重大语法错误。说的能力：能用英语进行简单的日常会话，能就教材内容进行问答。(较高要求：经过准备，能就课文内容或某一问题进行简短的发言，基本上能表达思想。)翻译能力：能借助词典将与课文难度相仿的文章译成汉语，理解正确，译文达意，笔译速度达到每小时300（较高要求：350）个词。

专业阅读阶段针对词汇、阅读和翻译进行了简单描述：(1)掌握1 000—1 200个单词以及一定量的习语。(2)能顺利阅读并正确理解有关部门专业的书籍和文章，阅读速度达到每分钟70个词，阅读理解的准确率以70%为合格。(3)能借助词典将与课文难度相仿的文章译成汉语，理解正确，译文达意，笔译速度达到每小时350个词。对词汇、阅读、听、写、翻译进行了量化，语音、语法和说的能力只有定性描述。专业阅读阶段对词汇、阅读、翻译的标准也有定性和定量的描述。

1999年大纲也分两个阶段制定了能力标准，基础阶段的基本要求为四级，较高要求为六级，提高了词汇和阅读、听力、说、写作和翻译能力的要求。按照四、六级考试对语言技能和语言基础知识进行了描述：阅读速度为每分钟70个词；听力四级每分钟130—150个词，六级每分钟150—170个词；对说的技能的描述更加细致：写作四级为120—150个词的短文，六级为150—180个词的短文。翻译中增加了汉译英的要求；四、六级的词汇量为4 200个词和5 500个词。

第三，成熟阶段，即复杂分级阶段。

基础教育：2011年《义务教育英语课程标准》和2012年《全日制义务教育普通高级中学英语课程标准(实验稿)》对五个综合语言运用能力针对小学、初中和高中三个阶段进行了定性为主、定量为辅的描述，划定了九个级别的评价目标，从三年级开设英语课程的学校，三、四年级完成一级目标，五、六年级完成二级目标；七至九年级分别完成三、四、五级目标；高中阶段完成六、七、八级目标。第九级为外国语学校和外语特色学校高中毕业课程目标，并进行了总体定性目标描述(见图1)和分级别定性、定量描述(见图2)。

在分级描述中，语言技能从一级到九级描述了听做、说唱、玩演、读写、视听五项能力，随着级别的升高逐渐演化成听、说、读、写四个技能的描述。语言知识(语音、词汇、语法、功能、话题)、情感态度(动机兴趣、自信意志、合作精神、祖国意识、国际视野)、学习策略(认知策略、调控策略、交际策略、资源策略)和文化意识(文化知识、文化理解、跨文化交际意识和能力)四项能力划定了二级、五级和八级三个级别。

大学教育：2004年和2007年教学要求把"听力、阅读、口语、书面表达、翻译、词汇"六个内容分别划分为一般要求、较高要求和更高要求。除了口语能力采用单一的定性描述，其他四项能力均以定性和定量相结合的方法描述。听力能力从一般要求到更高要求对不同难度的听力任务(英文授课、谈话、讲座、广播、专业课程、对话、短文等)、语速(每分钟130—150个词)和达到程度进行了具体描述。说的能力根据能交流的对象(英语国家的人)和表达能力的程度(进行一般话题、清楚地表达个人情感、专业性的话题等)由易到难的顺序描述。读的能力主要根据阅读题材(文章、材料、报刊、书籍等)的难度和速

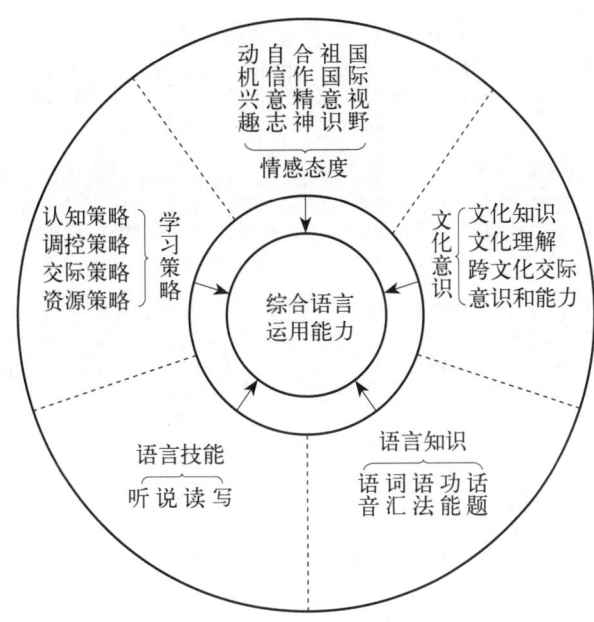

图1 2012全日制义务教育普通高级中学英语课程标准总体语言能力目标

度(每分钟70—80个词,快速阅读为每分钟100—120个词)进行了分级描述。书面表达的能力是由写作体裁(应用文、议论文、学术报告)和规定时间内(半小时)的写作完成词数(分别为120词、160词、200词)来描述的。译的能力也是根据题材的难易来划分,即熟悉的文章(报刊、小论文、科普、文化、评论等),并规定了英译汉(每小时300—400个单词)和汉译英(每小时250—350个汉字)的速度。三个阶段的词汇分别要求掌握4 500、5 500、6 500个单词和700、1 200、1 700个词组,其中2 000、2 500、3 000个单词是积极词汇。2015年教学指南也设立了三大目标,即"基础目标""提高目标"和"发展目标"。指南对三个目标分别进行了总体描述和语言技能分级描述。总体描述在语言交流需要、语言知识、书面口头材料的理解、书面口头材料的交流、处理和加工信息等能力以及学习策略和交际策略七个方面的能力标准描述以定性为主,定量为辅(见图2)。同时,教学指南对三个级别的语言单项技能(听、说、读、写、译)也分别进行了定性描述,见图3。

听力理解能力的基础目标是能听懂或基本听懂日常话题展开的简单英语交谈、音视频材料和题材熟悉的讲座、用英语讲授的相应级别的课程、与工作岗位相关的常用指令、产品或操作说明等;提高目标是能听懂英语谈话和公告,题材熟悉、篇幅较长、语速中等的英语广播、电视节目和其他音视频材料,用英语讲的专业课程或与未来工作岗位、工作任务、产品等相关的口头介绍;发展目标是能听懂英语广播电视节目和主题广泛、题材较为熟悉、语速正常的谈话,用英语讲授的专业课程、英语讲座和与工作相关的演讲、会谈等。本部分内容是根据英语听力内容的难度进行设置的。

口头表达能力三个阶段的目标是根据对话能力和对话内容进行描述的,例如从基础目标能就日常话题用英语进行简短但多话轮的交谈,到提高目标能用英语就一般性话题

级别	描述
一级	·对英语有好奇心,喜欢听他人说英语。能根据教师的简单指令做游戏、做动作、做事情(如涂颜色、连线)。能做简单的角色扮演。能唱简单的英语歌曲,说简单的英语歌谣。能在图片的帮助下听懂和读懂简单的小故事。能交流简单的个人信息,表达简单的情感和感觉。能书写字母和单词。对英语学习中接触的外国文化习俗感兴趣。
二级	·对英语学习有持续的兴趣和爱好。能用简单的英语互致问候、交换有关个人、家庭和朋友的简单信息。能根据所学内容表演小对话或歌谣。能在图片的帮助下听懂、读懂并讲述简单的故事。能根据图片或提示写简单的句子。在学习中乐于参与、积极合作、主动请教。乐于了解异国文化、习俗。
三级	·对英语学习表现出积极性和初步的自信心。能听懂有关熟悉话题的语段和简短的故事。能与教师或同学就熟悉的话题(如学校、家庭生活)交换信息。能读懂小故事及其他文体的简单书面材料。能参照范例或借助图片写出简单的句子。能参与简单的角色扮演等活动。能尝试使用适当的学习方法,克服学习中的困难。能意识到语言交际中存在文化差异。
四级	·明确自己的学习需要和目标,对英语学习表现出较强的自信心。能在所设日常交际情景中听懂对话和小故事。能就熟悉的生活话题交流信息和简单的意见。能读懂短篇故事。能写便条和简单的书信。能尝试使用不同的教育资源,从口头和书面材料中提取信息,扩展知识,解决简单的问题并描述结果。能在学习中相互学习帮助,克服困难。能合理计划和安排学习任务,积极探索适合自己的学习方法。在学习和日常交际中能注意到中外文化的差异。
五级	·有较明确的英语学习动机和积极主动的学习态度。能听懂教师有关熟悉话题的陈述并参与讨论。能就日常生活的各种话题与他人交换信息并陈述自己的意见。能读懂供7—9年级学习阅读的简单读物和报刊、杂志,克服生词障碍,理解大意。能根据阅读目的运用适当的阅读策略。能根据提示起草和修改小作文。能与他人合作,解决问题并报告结果,共同完成学习任务。能对自己的学习进行评价,总结学习方法。能利用多种教育资源进行学习。进一步增强以文化差异的理解与认识。
六级	·进一步增强英语学习动机,有较强的自主学习意识。能理解口头或书面材料中表达的观点并发表自己的见解。能有效地使用口头或书面语言描述个人经历。能在教师的帮助下计划、组织和实施各种英语学习活动。能主动扩展和利用学习资源,从多渠道获取信息。能根据自我评价结果调整学习目标和策略。能体会交际中语言的文化内涵的背景。
七级	·有明确和持续的学习动机及自主学习意识。能就较广泛的话题交流信息,提出问题并陈述自己的意见和建议。能读懂供高中学习阅读的英语原著改写本及英语报刊。具有初步的实用写作能力,如通知、邀请活动。能主动利用多种教育资源进行学习。具有较强的自我调控能力,初步形成适合自己的学习策略。理解交际中的文化差异,初步形成跨文化交际意识。
八级	·有较强的自信心和自主学习能力。能就熟悉的话题与讲英语的人士进行比较自然的交流。能就口头或书面材料的内容发表评价性见解。能写出连贯且结构完整的短文。能自主策划、组织和实施各种语言实践活动,如商讨和制订计划、报告实验和调查结果。能有效利用网络等多种教育资源获取和处理信息。能自觉评价学习效果,形成有效的英语学习策略。了解交际中的文化内涵和背景,对异国文化采取尊重和包容的态度。
九级	·有自主学习能力。能听懂有关熟悉话题的演讲、讨论、辩论和报告的主要内容。能就国内普遍关心的问题如环保、人口、和平与发展等用英语进行交谈,表明自己的态度和观点。能做到日常生活的口头翻译。能利用各种机会用英语进行真实交际。能借助字典阅读题材较为广泛的科普文章和文学作品。能用常见应用文体完成一般的写作任务,并具有初步使用文献的能力。能自主开拓学习渠道,丰富学习资源。具有较强的世界意识。

图2 2012全日制义务教育普通高级中学英语课程标准总体目标

进行比较流利的会话,再到发展目标能用英语较为流利、准确地就通用领域或专业领域里一些常见话题进行对话或讨论。

阅读理解能力也是根据阅读内容来划定的,基础目标是熟悉语言难度中等的英语报

基础目标
· 能够基本满足工作、生活、学习和未来工作中与自身密切相关的信息交流的需要；能够基本正确地运用英语语音、词汇、语法及篇章结构等语言知识，在高中阶段应掌握的词汇基础上增加约2 000个单词，其中400个单词为与专业学习或未来工作相关的词汇；能够基本理解语言难度中等、涉及常见的个人和社会交流题材的口头或书面材料；能够就熟悉的主题或话题进行简单的口头和书面交流；能够借助网络资源、工具书或他人的帮助，对中等语言难度的信息进行处理和加工，理解主旨思想和重要细节，表达基本达意；能够使用有限的学习策略；在与来自不同文化的人交流时，能够观察到彼此之间的文化和价值观差异，能根据交际需要运用有限的交际策略。

提高目标
· 能够在日常生活、学习和未来工作中就熟悉的话题使用英语进行较为独立的交流；能够比较熟练地运用英语语音、词汇、语法及篇章结构等语言知识，在高中阶段应掌握的词汇基础上增加约3 000个单词，其中600个单词为与专业学习或未来工作相关的词汇；能够较好地理解语言难度中等、内容熟悉或与本人所学专业相关的口头或书面材料，理解材料内部的逻辑关系、篇章结构和隐含意义；能够以口头和书面形式较清楚地描述事件、物品，陈述道理或计划，表达意愿等；能够就较熟悉的主题或话题进行较为自如的口头和书面交流；能够较好地使用学习策略；在与来自不同文化的人交流时，能够较好地处理与对方在文化和价值观等方面的不同，并能够根据交际需要较好地使用交际策略。

发展目标
· 能够在日常生活、学习和未来工作等诸多领域中使用英语进行有效的交流；能够有效地运用有关篇章、语用等知识；能够较好地理解有一定语言难度、内容较为熟悉或与本人所学专业相关的口头或书面材料；能够对不同来源的信息进行综合、对比、分析，并得出自己的结论或形成自己的认识；能够就较为广泛的主题，包括大众关心的和专业领域的主题进行较为流利的口头和书面交流，语言符合规范；能够以口头和书面形式阐明具有一定复杂性的道理或理论；能够通过说理使他人接受新的观点或形成新的认识；能够恰当地使用学习策略；在与来自不同文化的人交流时；能够处理好与对方在文化和价值观等方面的不同；并能够根据交际情景、交际场合和交际对象的不同，恰当地使用交际策略。

图3　2015大学英语教学指南英语能力目标要求总体描述

刊文章，借助词典阅读英语教材和未来工作生活中常见的应用文和简单的专业资料；提高目标是阅读公开发表在英语报上的一般性题材的文章，以及未来工作相关的说明书、操作手册等材料，并较好地运用快速阅读技巧阅读篇幅较长、难度中等的材料；发展目标是阅读一定难度的文章，以及所学专业相关的英语文献和资料，并进一步提出阅读能力的发展要求：较好地理解其中的逻辑结构和隐含意义等，对不同阅读材料的内容进行综合分析，形成自己的理解和认识。

书面表达能力是针对话题和题材进行设定的，基础目标是能描述个人经历、观感、情感和发生的事件等；能写常见的应用；能就一般性话题或提纲以短文的形式展开简短的讨论、解释、说明等。提高目标是能就一般性的主题表达个人观点，能撰写所学专业论文的英文摘要和英语小论文，能描述图表，对未来所从事工作或岗位职能、业务、产品等进行简要的书面介绍；发展目标是以书面英语形式比较自如地表达个人的观点，以广泛的社会、文化主题写出有一定思想深度的说明文和议论文，就话题撰写简短报告或论文，思想表达清楚，内容丰富，文章结构清晰，逻辑性较强，能从不同来源获得的信息进行归纳，写出大纲、总结或摘要,并能重现其中的论述和理由,以适当的格式和文体撰写商务信函、简讯、备忘录。

　　翻译能力也是针对内容难度的高低逐一描述的,基础目标是翻译题材熟悉、结构清晰、语言难度较低的文章;提高目标是翻译题材熟悉,以及与所学专业或未来所从事工作岗位相关、语言难度一般的文献资料;发展目标是翻译较为正式的议论性或不同话题的口头或书面材料,并能借助词典翻译有一定深度的介绍中外国情或文化的资料,以及与所学专业或所从事职业的文献资料,以满足专业研究和业务工作的需要。

　　英语教学大纲语言能力评价标准的发展经历了从量化描述、简单分级要求到复杂分级要求三个阶段。首先,从时间上来看,基础教育较早进行了简单分级,时间持续较长。小学阶段的大纲自1980年后就停滞不前。初中和高中大纲虽然一直改进,但发展及其缓慢。小学、初中和高中阶段大纲颁布的时间和发展进度就非常不统一。大学进入简单分级阶段晚于基础教育,但较早进入复杂分级阶段,2004年《英语课程教学要求》制定的能力标准就比较成熟和全面了。其次,就2011年和2012年课标来看,中小学英语根据年级的不同需要分为九级,大学英语根据达到目标的不同分为三级。基础教育课标的最高标准(九级)和大学教学指南中最低标准(基础目标)衔接度较低,课标九级语言技能中包括听、说、读、写四个技能标准,教学指南的基础目标增加了翻译技能,综合能力中包括跨文化交际能力,但缺少了基础教育中对文化意识、情感态度的分级标准制定。这体现了基础英语教育和大学英语教育语言能力标准和评价体系的不统一性,因此科学性有待增强。

五、结论及建议

　　六十年来,大陆地区基础英语教育和大学英语教育都在制定学生语言能力标准及评价体系方面取得了很大的进步,并逐渐完善和成熟。本文通过对比分析大陆地区英语教学大纲中评价理念、评价内容、评价方式和评价标准,发现其中的不足,提出以下几点建议。

　　第一,制定大中小学统一的语言能力标准及评价体系。统一的语言能力标准和评价体系有利于学生语言能力的持续性发展,使其终身受益。首先要实现时间的统一,基础英语教育和大学英语教育应该实现同步改革,统一《教学大纲》的制定和颁布时间。然后,为使两个阶段的语言能力标准和评价体系更好的衔接,可分为小学、初中、高中、大学四个阶段在评价理念、评价内容、评价方式和评价标准四个方面进行一体化的设计,使学生语言能力逐级提高,目标明确。最后,统一改革小升初、中考、高考和大学四、六级考试。按照大纲中制定的语言能力标准进行测试和评价,以实现评价理念所设定的目标。

　　第二,增强语言能力标准及评价体系的科学性。以主体(学生、教师、学校)和客体(课程)两个维度综合发展为目标,设计更加多元化、标准化、个性化的评价理念,符合以人为本的教育目标和课程改革的方向。结合学生的现实情况,在语言知识与技能的基础之上,继续丰富评价内容,如文化意识、情感态度、跨文化交际、批判性思维、学习策略等。以形成性和终结性评价相结合的评价方式,灵活地、全面地对学生语言能力进行评价。研究国外成功的语言能力量表,详细制定一套适合学生语言能力发展的、科学合理的语言能力标准及评价体系。

第三,为了培养具有中国情怀、国际视野和跨文化沟通能力的时代新人[23],构建人类命运共同体[24],应将"核心素养"概念纳入英语语言能力标准及评价体系中。发展学生核心素养是指"学生应具备的、能够适应终身发展和社会发展需要的必备品格和关键能力"[22]。把发展学生"核心素养"作为评价理念之一,将其主要内容,例如国际理解、人文底蕴、科学精神、审美情趣、学会学习、实践创新等适当地融入和贯穿到大中小学的语言能力评价标准和体系中,实现培养学生"核心素养"的目标。

参考文献:

[1] 白晓云.基础英语教育人文价值的迷失与回归[J].中国教育学刊.2015(6): 84-87.
[2] 陈学芬.中国英语教育变迁研究[M].杭州:浙江大学出版社,2011.
[3] 陈秀娟.中美两国外语教育的比较研究[J].黑龙江高教研究.2013(9): 65-67.
[4] 蔡基刚.高等教育国际化背景下的外语教学评价体系调整[J].外语电化教学.2013(1): 3-8.
[5] 戴炜栋.构建具有中国特色的英语教学"一条龙"体系[J].中国高等教育,2002(11).
[6] 戴炜栋,胡文仲.中国外语教育发展研究[M].上海:上海外语教育出版社,2009.
[7] 高等工业学校外语课程教材编审委员会,1963.英语教学大纲(试行草案)(高等工业学校本科五年制各类专业适用)[M].北京:人民教育出版社.
[8] 高等学校理工科公共外语教材编审委员会,1980.英语教学大纲(草案)(高等学校理工科本科四年制试用)[M].北京:人民教育出版社.
[9] 韩宝成.中外外语能力标准对比研究[J].中国外语.2011(7): 39-54.
[10] 韩宝成,刘润清.我国基础教育阶段英语教育回眸与思考(一)[J].外语教学与研究.2008(3): 515-155.
[11] 教育部高等教育司.大学英语教学大纲(高等学校理工科本科用)[Z].北京:高等教育出版社,1985.
[12] 教育部高等教育司.大学英语教学大纲(高等学校文理科本科)[Z].北京:高等教育出版社,1986.
[13] 教育部高等教育司.大学英语教学大纲[修订本](高等学校本科用)[Z].北京:高等教育出版社,1999.
[14] 教育部高等教育司.大学英语课程教学要求(试行)[S].上海:上海外语教育出版社,2004.
[15] 教育部高等教育司.大学英语课程教学要求[S].上海:上海外语教育出版社,2007.
[16] 教育部高等学校大学外语教学指导委员会.大学英语教学指南(征求意见稿)[S].上海:上海

外语教育出版社,2014.

[17] 贾国栋.继承改革成果与构建创新发展——学习《大学英语教学指南》[J].中国外语:2015(7):4-9.

[18] 金虹.英语教学中跨文化交际能力培养研究[J].课程·教材·教法.2015(11):80-85.

[19] 李良佑,张日昇,刘犁.中国英语教学史[M].上海:上海外语教育出版社,1988.

[20] 刘道义.基础外语教育发展报告[M].上海:上海外语教育出版社,2008.

[21] 李炯英.中国现行大学英语四、六级考试:问题与思考——兼评国内外相关研究[J].课程·教材·教法.2002(9):33-38.

[22] 梅德明.基于核心素养的英语学科课程发展——课程目标演进的价值取向[J].英语学习,2016(12):6-12.

[23] 梅德明.培养具有中国情怀、国际视野和跨文化沟通能力的时代新人——《普通高中英语课程标准(2017年版)》的学科育人观及实现路径[J].人民教育.2018(11):46-49.

[24] 梅德明.新时代外语教育应助力构建"人类命运共同体"[N].文汇报.

[25] 牛道生.英语对中国的历史影像[M].北京:北京大学出版社,2013.

[26] 庞凤娇.晚清英语学习热的历史探源[J].兰台世界,2013(11).

[27] 沈骑.当代东亚外语教育政策发展研究[M].北京:北京大学出版社,2012.

[28] 唐承贤.第二语言习得研究的语言学视野[M].广州:世界图书出版公司,2014.

[29] 唐雄英.四、六级考试与大学英语课程评价[J].外语教学,2005,(1):56-59.

[30] 王福祥.对比语言学论文集[M].北京:外语教学与研究出版社,1992.

[31] 王文斌.论英语的时间性特质与汉语的空间性特质[J].外语教学与研究(外国语文双月刊),2013(3).

[32] 文秋芳.二语习得重点问题研究[M].北京:外语教学与研究出版社,2010.

[33] 王守仁.当代中国语境下个性化英语教学的理念与实践[J].外语与外语教学,2015(4).

[34] 王华,富长洪.形成性评估在外语教学中的应用研究综述[J].外语界,2006(4):67-72.

[35] 徐岩,丁朝蓬,王利.新课程实施以来学生评价改革的回顾与思考[J].课程·教材·教法.2012(3):12-17.

[36] 易斌.改革开放年中国基础教育英语课程变革研究[D].湖南师范大学,2010.

[37] 中华人民共和国教育部.普通高中英语课程标准(2017版).北京:人民教育出版社,2018.

[38] 周莉,王德亮,林敦来,高淼.HiE英语等级测评体系一体化的构建与思考.课程与教学.2015(8):27-31.

[39] 张梅.基于形成性自我评价的大学生终身学习能力培养研究[J].重庆大学学报.2010(16):140-144.

第二部分：中国香港地区英语能力及评价

一、英语的生态状况

1.1 英语的地位

英语对于香港是一门及其重要的语言。在英国殖民统治时期，英语是香港的唯一官方语言。直至1974年，香港通过了一项语言政策，规定汉语与英语同为香港的官方语言。但是在法律领域，英语仍然是唯一的标准用语，所有法律条文均以英文版为准。为了巩固殖民统治，英国政府也大力推行英语教育。至今，英语仍然是香港学生在学习生涯中受到高度重视的语言媒介和学科。1997年香港回归之后，香港的法定语言是中文和英文，而政府的语文政策是"两文三语"，即书面语使用中文白话文和英文、口语使用粤语（俗称广东话）、普通话和英语。综上所述，英语在香港的地位可以概括为三点：（1）英语是香港的官方语言之一；（2）英语是香港社会的重要语言之一，在政治、法律、经济、文化等领域发挥着重要的作用；（3）英语是香港主要的教学语言之一，很多中小学都用英语教学，且香港高校几乎全部采用英文授课[1]。

1.2 英语与当地语言的亲疏关系

全球化时代，英语成为国际通用语言，而在世界上的一些国家和地区，英语与当地语言和文化的结合形成了各种不同的英语变体，如：印度英语、新加坡英语和香港英语等。针对此现象，语言学家Braj Kachru提出了"三大同轴圈"理论，根据历史、语言、文化、社会等因素，将世界各地的英语变体分为三大部分[17]。居于内圈的是传统的英语为母语的国家，即英国、美国、澳大利亚、新西兰等；居于外圈的是英美等国曾殖民统治的国家和地区，如印度、马来西亚、菲律宾等。英语是这些国家或地区的官方语言或主要使用语言，在政治、经济、文化生活等领域都发挥着重要的作用，但英语并不是当地民众的母语；位于最外层的是延伸圈，如中国、日本、德国等。英语在这些地方是外语，并未在政治和社会生活领域广泛运用。

根据Braj Kachru的理论，中国香港属于外圈地区。香港英语在词汇、语法、发音等方面，都形成了自己一定的特色。其中，词汇作为语言中最具开放性的要素之一，最能生动地体现两种语言的互动。香港英语从当地语言中通过借入和翻译的方式产生了较多的借入词和译借词。香港的当地语言主要是粤语，所以香港英语的外来词汇主要来源于粤语，如：cheongsam（长衫）、dimsum（点心）、chasiu（叉烧）、laisee（利是）等，这些词汇是直接从粤语中借来的。还有一些受粤语文化影响所产生的新词汇，如Can-to-pop（粤语流行音乐）等。但同时，香港英语中的典型借入词或创新词往往局限于在当地概念无法用英语表达的情况下才产生的，粤语对于英语的当地化影响程度并不大。

1.3 英语与民众生活的关系

在日常生活中，香港居民广泛使用粤语；由于中国内地推行简化字的时候，香港还是英国的殖民地，因此香港最普遍使用的汉字字体是繁体中文[1]。

与香港殖民地历史以及国际大都市地位不相符合的是，粤语是香港真正广泛通行的语言。香港的广播电视节目绝大多数使用粤语，政府官员发表讲话也使用粤语，民众日常生活中更是使用粤语居多。且粤语在香港还有自己的一套书写体系，广泛运用于香港的大众刊物和媒体上，以及居民的日常生活中。虽然香港的高校教学科研水平位居世界前列，且使用英语作为教学语言，但在中学教育阶段很多学校却并不使用英语作为教学语言，使得很多学生因此失去晋身高等学府的机会。截至2009年，全港官立及资助中学413所，采用英语作为教学语言的只有114所。与此同时，英语在香港高等教育和商业社会中的地位不言而喻，英语的流利程度被认为是一个人受过良好高等教育的重要标志之一。能够进入高等学府的优秀学生几乎全部来自用英语教学的中学，即教育走向精英化，优质教育成为少数人的资源。

为此，很多香港教育界人士呼吁，要区分语言教学政策和教学语言政策。在语言学习方面，使用粤语，学好中文，学好英文，并学习其他外语；但从与高等教育衔接和商业社会实际出发，并根据科目特点，逐渐提高英文作为教学语言的比例[2]。

在普通话的教学推广方面，政府不断给予政策支持，加大普通话师资培训和考核，学生的普通话水平均有所提高，但在社会和日常生活中，粤语仍然是最广泛使用的语言。

1.4 学生英语能力

美国教育考试服务中心（ETS）于2016年最新发布的《托福考试及成绩数据汇总报告》显示，2015年，中国香港考生的平均成绩为85分。TOEFL考试总分为120分，听力、阅读、口语和写作各项总分均为30分。香港学生听力均分为21分，阅读均分为20分，口语均分为21分，写作均分为22分[7]。从各项均分来看，香港学生的英语能力发展较为均衡，并且写作能力相对较为突出，这与香港学生有较多英语输入有一定关系。从全球排名看，中国香港学生的考试成绩属于中等偏上的水平，但在亚洲地区，排名第一的新加坡学生均分为97分，在绝对分数值上，中国香港与新加坡还存在着一定的差距。

二、英语教育政策

2.1 英语教育简史

在港英政府殖民统治早期,英国统治者的语言霸权意识尚不明显。19世纪40至50年代,许多教会学校主要使用中文授课。随后,为了加大殖民统治力度,英国政府开始大力推行英语教育。1851年,第一所英文学校(Saint Paul's College)在香港建立,标志着英语教育在香港的开端。随后,为了培养更多服务于港英政府的公务员和法律人才,英国政府开始在香港推广高等教育,并规定使用英语作为教学语言。

英文和中文的教学语言之争,在香港持续了一个多世纪。在大学里使用英文作为教学语言和使用英文教材这一事实,很大程度上巩固了中小学使用英语教学的立场。1935年至上世纪90年代,香港约有90%以上的学校开始使用英语作为教学语言。

在英语教学方面,香港注重语言的技能和运用。英语不是一门知识课而是一门技能课。在英语学校里,学生必须熟练掌握英语这门工具,用以学习其他科目的知识。即使是在中文授课学校,由于教材和试题都是英文的,所以学生也仍然有大量机会锻炼和使用英语。

香港的中小学毕业会考,大多数科目的题目是用英语命制的。在学历承认方面,自殖民统治时代至上世纪70年代,香港基本上只承认英国和英联邦的学历和职业资格;自上世纪80年代开始承认美国学历。对于世界其他各国和地区的学历与职业资格,往往以课程未用英语授课为由,并未完全放开承认。这一系列客观事实也固化了英语的重要地位,驱使着学生在英语学习上不得不多下功夫[10]。

2.2 当前英语教育政策

香港回归之后,政府制定了"两文三语"的语文政策。这一政策即承认了英文的官方语言地位,也提升了中文的地位,促使普通话不断普及。回归之后,政府在官立中学、政府津贴中学里坚持推行中文教学,虽遇到不少阻力,但总体仍向前推进并取得良好效果。

推行母语教育政策,对于学生的身份认同、语言文化传承以及科学知识学习等各方面都有非常重要的意义。长期以来的"重英轻中"的氛围,使得很多学生仅以熟练掌握英语为荣,不以具备良好的中文能力为傲,更缺乏对中华传统文化和民族身份的认同感与自豪感;其次,由于英语并非香港学生的本族语,并不是他们日常生活时真正使用的语言,所以其英文水平并不如预期般出色。在学习学科知识时,需要首先克服语言上的障碍。这样并不利于学习效率的提高,也在一定程度上阻碍了英文水平不太理想的同学吸收知识、提高分析问题和解决问题的能力。另外一个重要的考量,就是香港与内地的关系越来越密切,香港的政治、经济、文化发展都与内地息息相关。掌握好中文和普通话对于学生自身和香港社会的发展都有着巨大的有益影响[11]。

根据1997年的统计,香港采用中文为教学语言的中学约占16%。1997年9月,《中学教学语言指引》正式推出,在这一政策指导下,短短两三年时间,香港的中文教学中学从

70几所增至300多所,占全港中学的四分之三左右。推行母语教学初见成效。

另一方面,英文的重要性和地位并未下降。政府以提高英文教学师资为着眼点,采取一系列措施提高英语教育水平。香港政府制定了以英语为母语的教师计划。从1998年开始,政府每年约提供近两亿元补贴,聘请近千名英语为母语的教师,分派给以中文为教学语言的官立和津贴学校;并为小学提供英语教学助理,并资助英语教师进行进修。

2.3 英语改革的方向

虽然香港学生近十年以来英文水平有所下降,但是总体而言香港学生的英语语言技能还有香港的英语教育理念仍然较为领先并有很多可借鉴之处。2009年颁布的微调政策,旨在让学生有更多机会在校内接触和运用英语,弥补校外英语环境不足,配合社会发展。同时,中学不再二分为"中中"和"英中",可根据各自学校情况酌情选择授课语言。

在"两文三语"的大背景下,香港政府一直致力于提高英文教学水平,强调将英文学习、英文阅读和英文运用贯彻到各个学习阶段,营造了极其浓厚的英语学习氛围,创造充足的语言"习得"机会。为此,香港政府相继出台了一系列行动计划:由1997年开始逐步扩展中文及英文广泛阅读计划,涵盖从小学一年级至中学五年级;在2000至2001学年,出版成套中文及英文写作教材,并派发给全港学校;提供以英语为母语的教师,改善政府以及资助中小学的英语教学;由2001至2002学年起,向所有符合条件的资助普通小学提供额外教席,以加强图书馆服务,以及协助推行中文及英文广泛阅读计划;提供课程指导,以加强英文课程的统筹、策划及教学法;并为老师提供丰富的英文教学参考资源。截至目前,香港政府已投入11亿元加强中学在英语方面的教学。

三、英语教育体系

3.1 英语教育体系概括

香港特区政府通过公立学校为所有学龄儿童提供小学至初中的九年免费普及教育,并从2008至2009学年起,通过公立学校提供免费高中教育。提倡德、智、体、美、劳五育并重,以多元化的学校教育配合香港学生的不同需要,帮助确立价值观和掌握技能,为日后升学或就业打下良好的基础,并促进学生的个人成长。香港特区政府明确提出,在中小学阶段必须提高学生的"两文三语"能力。

在教育内容方面,香港课程发展议会明确提出七个学习宗旨、八个学习领域和四个关键项目。七个学习宗旨是:健康生活方式、八个学习领域的知识、学习能力、语文能力、阅读习惯、国民身份认同和责任感。基于这七个学习宗旨,政府明确提出希望学生能够:

(1) 明白自己在家庭、社会和国家所担当的角色和应履行的责任,并关注本身的福祉;

(2) 认识自己的国民身份,致力贡献国家和社会;

(3) 养成独立阅读的习惯;

（4）积极主动及有信心地以中英两种语文（包括普通话）与人沟通和讨论；
（5）发展创意思维及掌握独立学习的能力（例如批判性思考、资讯科技和自我管理）；
（6）全面掌握八个学习领域的基础知识；
（7）建立健康的生活方式，并培养对艺体活动的兴趣和鉴赏能力。

八个学习领域依次是中国语文，英国语文，数学，科学，科技，个人、社会及人文教育，艺术教育，以及体育。四个关键项目分别是德育及公民教育、从阅读中学习、专题研习、资讯科技互动学习。

从以上三个大的教育宗旨和纲领中可以看出，香港非常注重语文能力和阅读能力的培养，以及阅读习惯的养成，强调终身学习。英语教育作为一个独立的学习领域，其教育目标也体现并包含七个学习宗旨和四个关键项目的主要精神和内容，如：英语阅读习惯和能力的养成；用英语沟通和讨论；批判性思考；国家和社会认同感；情感、态度、价值观等。并且，香港的英语教育课程大纲明确表示，英语是香港的第二语言。通过英语科目的学习，学生不仅可以用英语思考、沟通，并且通过英语去获取、发展并应用其他领域的知识。换言之，英语不仅是满足听、说、读、写等层面的语言技能训练，而且还与不同学习科目的英语使用紧密相连。

3.2　英语教学目标与要求

2002年，香港特区教育局下属的课程发展议会发布了"英语教育关键学习领域课程指南"*English Language Education: Key Learning Area Curriculum Guide (Primary 1-Secondary 3)*。该指南是香港义务教育阶段英语教育课程的纲领性文件。文件在开头就非常明确地指出，英语语言教育作为一个关键的学习领域，旨在通过一系列的学习经历，使学生能够提高：(1) 英语语言技能；(2) 个人发展和智力发展，以及社会交往能力；(3) 文化理解力；(4) 全球竞争力。该指南规定：所有从小学一年级至中学三年级的学生都被赋予接受英语语言教育的权利；在每一个学习阶段，至少17%至21%的课时要用于英语教学。

课程指南明确指出，英语在香港是第二语言。而英语语言教育的总体目标是：(1) 给每一位英语学习者以充足的机会，使他们可以有充分的文化体验和认知。同时，可以有充足的机会获得个人发展与智力发展，用英语进一步学习、工作和娱乐。(2) 使每一位学习者可以充分应对当今迅猛发展的信息科技所带来的社会和经济挑战，这些挑战包括：理解、使用和创造英文资料，并用英语进行娱乐、学习和工作。

3.3　英语课程设置

虽然香港的英语教育纲领主要覆盖小学一年级至中学三年级的任务和目标，但在大纲中也明确指出香港学生从幼稚园至中六阶段都需要接受英语教育。在幼稚园阶段，香港政府建议让学生尽量暴露或沉浸在英语环境中，如通过游戏、歌曲和故事等，并多以小组活动的方式，使他们在潜移默化中对英语学习感兴趣。此外，机械地、死记硬背式的以及正式授课等教学方式是不被允许的。在儿童学习英语的起始阶段，有意识的给孩子们创设语言"习得"环境，尽量让他们在无意识的状态下感知英语，而不是侧重于有意识的认知英语，这对孩子们英语学习兴趣的培养和保持都有很重要的作用，同时这也是保障孩子们能自由、自然、正确使用英语的绝佳途径。一旦他们的英语"习得"达到了足够的量，他们语言的"学得"能力也会随之显现和提高，为他们语言的终身学习奠定良好基础。

香港的英语课程教育大纲由两个科目内容组成：(1) 英语语言；(2) 英语文学。其中，英语语言是核心科目，而英语文学则是拓展和必修科目。每个学科都有各自具体的目标和要求。

就英语学科而言，其培养目标是培养学生用英语：思考和交流；获取、发展和应用知识；表达相关经历并作出回应的能力。并且，在上述情境下，逐步理解并灵活运用语言的组织、形成和学习机制。而英语文学的培养目标则是培养学生在以下几方面的能力：(1) 对不同文化背景的作者的英文作品，能够理解并欣赏；(2) 自由且有想象力地对文学作品中的观念和经历进行评述；(3) 有批判性地解读、讨论和评价文学作品；(4) 提高英语语言能力。

英语语言和英语文学的关系在于二者都注重提高学习者的语言能力、批判性思考技巧、解决问题能力、创造性和文化意识。英语文学作为拓展科目，进一步强调语言学习中的情感和文化内涵的挖掘。

课程大纲规定，学生的英语学习时间不仅仅局限在学校和课题，而是应该由以下几部分构成：课堂时间；除上课外的学校时间（如：早晨集会、午餐时间、学校开放日等）以及假期里的时间（如：周末、圣诞假日、暑假等）。根据大纲规定，从小一至中三阶段，学校需将17%至21%的教学时间用于英语教学。在此范围内，各学校可以根据各个阶段的学习重点，灵活安排课程量。

在教学方法方面，课程指引建议教师在课堂教学中采用实践性强、具有明确任务目标的"任务型"学习方式，让学生在解决问题的过程中学会学习、学会合作、学会英语。"任务型学习活动"是通过解释、表达、询问与说明等形式来培养语言运用的能力，该教学模式一般涉及项目设计、小组学习、协作实践和目标建构。学生带着明确的任务目标，主动地进行学习，在执行任务的过程中，学生通过实践、思考、调查、讨论、交流和合作等方式学习和使用英语，完成学习任务。这种教学方法有利于学生在发展语言能力的同时，强化学习动机和兴趣，形成学习策略，培养合作精神，增进文化理解；同时，也有利于学生思维和想象能力、审美情趣和艺术感受、协作和创新精神等综合素质的发展，促进外语学科与其他学科的相互渗透和联系。

同时，在英语教学纲领中，还明确提到了运用互联网和信息科技进行自主学习的要求。香港的持续教育学习方式有很多种，其中最主要的是多媒体主导下的学生自主性学习模式，即通过电脑多媒体和人工智能的自学模式来实现遥距教育。遥距教育最主要的形式是网上教学形式（E-Class），E-Class不仅使学生掌握所需知识，更强调学生掌握运用现代化学习手段进行自主学习和终身学习的能力。

3.4 英语教学所取得的成绩与面临的问题

香港的英语教育在教学理念、课程设置以及教学方法和教学资源等方面都体现出了先进之处。

香港的英语教育着眼于素质教育和终身学习,并且对于英语教育在教学上进行了层次的划分:(1)作为提高语言技能的语言基础课程;(2)作为拓宽知识、了解世界文化、提高英语人文素养的英语语言文学课程;(3)注重社会性和实用性的应用性英语课程。

香港的英语教育在师资方面也体现了国际化的特点。香港是中西文化荟萃地,国际化是其显著的特点。其在教师聘任、科学研究、学术交流、图书资料等方面都十分注意面向世界,博采众长,资源共享,优势互补。以师资为例,香港的大多数学校都有相当比例的外籍教师,并且在增加外籍教师聘用的同时,加大对当地英语教师的培训和进修,加强国际间的合作和图书资料的共享[4]。

但是香港的英语教育也遇到了一些问题。近年来,香港青年人的英语水平却有走低的趋势。1997年,香港参加高考的学生共3万多人,仅有约40%的人能达到大学英语的及格标准。香港工商界反映近年新招聘的大学毕业生语言能力、知识水准都有下降的趋势。2000年9月,香港教育工作者联会进行了一次教师意见调查,发现大约有85%的中小学教师认为他们自己的英语授课能力,是学校采用英语教学的先决条件[5]。教联会指出,政府制订语言政策时并没有考虑教师的英语水平,只是以学生的成绩评估该校是否用英语教学,所以出现了英语授课的中学教师,并不一定有足够英语水平的问题。香港英语教育的问题,很大程度与多年来混乱的教学语言政策有关。事实上,即使是采用英文作为教学语言的中学,其大部分的英文教师都不能做到百分百用英语授课,但课本与考卷却完全使用英文。在定位方面,香港将英语定位为第二语言,但在实际使用中,英语对香港人而言基本就是一门外语,因为大多数香港人在日常生活中主要是使用粤语。所以香港的英语教育在定位与现实之间有些许矛盾,缺乏有效的衔接和调节手段。所以一些有识之士呼吁:"过去这二三十年,从幼稚园到大学、从校内到校外,我们投放在英文教学上的资源不断增加,但培养出来的人的英文水平却不断下降。要扭转这一局面,我们必须立即开始对香港的整套英文教学,尤其是其中的基本原则和教学目标,进行彻底的检讨。"[5]

四、英语能力评价体系

4.1 评价的理念

长久以来,香港的教育是以考试为主导的。1982年,联合国经济与发展合作组织派遣国际顾问团到香港考察了教育制度,探讨教育问题,同年写成了《国际顾问团报告书》,为香港教育问题把脉诊断。报告书特别指出了应试教育的负面影响:学生为了应付考试,把学习局限于学校与书本,学习生活单调[21]。香港的公开考试包括中学会考和高级程度考试,是高风险及高竞争的筛选性考试,且以笔试为主,其目的和功能在于选出"精英"。

这种考试体制不能诊断课堂学习的效果、不能评估学生认知范畴以外的理解能力和技能，且无法给更多的学生提供进一步升学和深造的机会[20]。因此，1997年，香港特别行政区行政长官董建华要求改革考试制度，提出未来学生的成绩不应该由一次考试决定[18]，因为评核的功能不应该只反映成绩，还应该提供继续学习的基础[20]。

香港教育统筹委员会在2000年的报告书《终身学习，全人发展》建议在中、英、数三科设立基本能力评估，以评估回馈学与教，发挥"促进学习的评估（Assessment for Learning）"的理念，提升教学质量。"促进学习的评估"是学习与教学系统中有机的环节，而不是孤立地附着于教学阶段之后的。评估的结果，旨在为学生学习进步而提供他们学习上优缺点的信息；也以此帮助教师洞悉学生的学习需求，并对下一阶段的教与学作相应的调整。

在以"促进学习的评估"这一基本理念的指导下，目前香港的公开考试体系由以下几部分组成：（1）低利害性的公开评估——全港性系统评估（Territory-wide System Assessment，下称TSA）。（2）高利害性的公开评估——香港中学文凭考试（HKDSE）。DSE考试取代了原来的香港中学会考及香港高级程度会考。在香港中学文凭考试中，将采用"水平参照成绩汇报"（Standards-referenced Reporting，SRR）制度，同时实施"校本评核"（School-based Assessment，SBA）。对于英语学科来说，进入大学的最低等级是三级，但个别学校会有更高的要求[3]。

4.2 评价的内容和目标

（1）TSA

在以"促进学习的评估"的核心理念的指引下，香港于2006年在小三、小六和中三的学生中全面开展了全港性系统评估（Territory-wide System Assessment，下称TSA）。所涉及评估的科目为：中、英文科读、写、听，中学中文科视听资讯评估以及数学科（以纸笔形式进行）；同时还有中、英文科说话评估及小学中文科视听资讯评估（以抽样形式进行）。评估的内容针对中、英、数的基本能力，这是课程的基本要求，不代表课程的全部内容。"基本能力"是指学生有能力继续下一个阶段学习，而不需要额外学习支援的最低而又可接受的水平。中、英、数三科的基本能力水平由这三科的独立专家小组，经专业判断及心理测量方法，参照国际水平而审定，并且各科各年级的基本能力水平一经审定将维持不变。

就英语科目而言，TSA涵盖了听、说、读、写四种技能，所有的学生都需要参加笔试，同时各所学校以随机抽样的方式，选取部分学生参加口语评估。在考试结束后，学校和教师会收到关于学生考试表现的详细报告。报告不仅指出学生已经达标的学习能力，并帮助分析表现不足之处和原因，进一步给出教师具体的改善教学的建议。这一形式得到了教师的欢迎，因为通过分析，教师可以给出建设性的反馈。教师可以基于学生已有的能力，有针对性地提高后续教学，形成一种良性循环，并且此举也能促进教师的专业发展，帮助他们更深入地理解"促进学习的评估"。

(2) HKDSE

DSE考试(Diploma of Secondary Education)是香港2012年推出的中学文凭考试[13]。DSE考试取代了香港当时的两个公开考试——香港中学会考和香港高级程度会考,香港考试及评核局认为,DSE考试最重要的目标是评核修满三年高中课程学生的学业水平,并且以"水平参照成绩汇报"(SRR)模式汇报考试的成绩。DSE文凭不单是可信、可靠的学历证明,也是香港各高校的大学联合招生办法或其他招生模式的基本标准。DSE公开考试分为三个类别:甲类高中科目共24个课程,包括"中国语文""英国语文""数学"及"通识教育"等四个核心科目;乙类应用学习科目约60多门课程,以职业技能学习为主;丙类其他语言科目,包括"法语""德语""日语""西班牙语""印地语"和"乌尔都语"等六种语言。考生必考四个核心科目,此外还要在甲、乙、丙三类科目中选考二到三个选修科目。除公开考试外,学生的DSE考试成绩还有一部分来自"校本评核"(SBA),由任课教师在日常教学过程中根据学生的表现给予相应的分数,一般评核成绩占比在15%至30%之间,一些实用科目评核成绩占比高达50%。

DSE的中学文凭英语科公开考试主要考查听、说、读、写四种技能,而校本评核则主要集中于对学生学习过程和英语口语的考查[8]。校本评核成绩占15%,公开考试成绩占85%,具体实施情况如下表1:

表1 香港中学文凭考试英语试卷构成

组成部分	考试内容	比重	考试时间
公开考试	第一部分 阅读 第二部分 写作 第三部分 听力与综合技能 第四部分 口语	20% 25% 30% 10%	90分钟 120分钟 120分钟 20分钟
校本评核		15%	

根据香港考试考评局所提供的考试大纲,DSE英语科主要考查以下几方面的内容:
① 阅读理解
理解各类型文本的主旨含义;
理解并认出各类型文本的主要话题和重要细节;
理解词和词组在上下文中的含义;
理解作者情感态度;
在复杂文本中分辨并评价各种观点;
在复杂文本中理解语言特征;
从各种资料中筛选有效信息。
② 写作
能掌握各类型文本的写作;

准确并灵活运用词汇、句法和各种修辞方式；

有逻辑有结构地阐述意义；

起草并修改作文。

③ 听力

理解各类型文本的主旨含义；

理解并认出各类型文本的主要话题和重要细节；

理解说话者的情感态度和意图；

理解正常语速下的不同口音和英语变体；

在复杂文本中理解语言特征。

④ 口语

清晰表达意思并加以阐释；

准确并灵活运用词汇、句法和各种修辞方式；

使用口语完成不同的交际任务；

能进行连贯并有逻辑结构的阐述；

发音清晰准确；

使用正确的语速、语调和重音等。

香港中学文凭考试的英语公开考试部分题型多样，主观题多于客观题。以阅读部分为例，其题型包括：选择题、图表题、简答题和判断题等。如果公开考试可以看成终结性评价的话，那么校本评核就是形成性评价。校本评核在最终成绩中占有15%的比例，大大提高了考试的效度和评核的信度，并有效地促进了教学[8]，体现了"以评促学"的理念。

香港公共考试英语学科（以2012年香港中学文凭考试为例）校本评核的主要内容是：学生阅读或观看数个文本（包括书籍、电影、纪录片等），学习三个选修单元，并以个人叙述和小组讨论的形式分享心得。校本评核的标准：香港实施的校本评核是一种标准参照型的评核模式。所谓标准指学生的表现标准，它定性地描述了学生在知识、技能、理解上达到的水平[22]。英语学科一共有两个评核标准，分别针对个人叙述和小组讨论。每个标准分为两个维度，横向为评核的内容，纵向为分数等级（0–6）。两个标准的评核内容都分为四个方面：语音表达、交际策略、词汇句式和内容组织。下表2是英语学科校本评核框架，表3和表4分别是个人叙述的评核标准和小组讨论的评核标准（第6等级）。

表2　香港公共考试英语学科校本评核框架

要 求	中 四	中 五	中 六	总 要 求
阅读/观看文本的数量与类型	一个或两个文本（需做好阅读笔记）	一个或两个文本（需做好阅读笔记）	一个或两个文本（需做好阅读笔记）	在中四到中六的三年时间，需阅读/观看四个文本，类型可以是书籍、电影、纪录片等

（续　表）

要　求	中　四	中　五	中　六	总要求
A部分任务数量，以及评核的内容与时间		一项任务，以个人演讲(3至5分钟，但不是硬性规定，允许参考一些简要的笔记)或小组讨论的形式分享阅读/观看后的感受，评核时间为中五的第二学期	一项任务，可以是小组讨论或个人演讲(3至5分钟，但不是硬性规定，允许参考一些简要的笔记)，评核时间为中六任何一个时间段	两项任务，每项任务涉及的文本需来自不同的类型，并且任务的形式不能重复，即一项为小组讨论，另一项必须为个人演讲
B部分任务数量，以及评核的内容与时间			一项任务，以个人演讲(3至5分钟，允许参考一些简要的笔记)或小组讨论的形式分享学习选修单元的感受，评核时间为中五的第二学期或中六的任何一个时间段	一项任务，内容来自选修单元
教师向考评局提交成绩的时间以及评核成绩占会考总成绩的百分比		在中五的第二学期末，提交A部分的第一项任务评核成绩，占会考成绩的5%	在中六的第二学期末，提交A部分的第二项任务和B部分任务的评核成绩，占会考成绩的10%	三次评核成绩，占中学文凭考试总成绩的15%

表3　个人叙述评核标准

等　级	语音表达	交际策略	词汇句式	内容组织
6	语音、语调能够正确地反映说话语境；发音清晰准确；表达流利、自然，能够合理应用语调促进交流	能够运用合适的肢体语言加强表达，吸引听众；能够在特定的时间内完成个人简短的讲话；能够引起他人提问并回答问题，同时给予相关评论	词汇量丰富且使用准确；能够准确使用各种句式(有少量的口误但不阻碍交流)；能够不参考笔记而选择恰当的内容，并用合适的语言进行陈述，使他人理解；能够有效地进行自我纠正	在不参考笔记的情况下，能够清晰流利地表达相关的信息与观点；能够详细、准确地描述与话题相关的内容，并在他人的帮助与启发下论证各要点

表4　小组讨论评核标准

等　级	语音表达	交际策略	词汇句式	内容组织
6	语音、语调能够正确地反映说话语境；发音清晰准确；表达流利、自然，能够合理应用语调促进交流	能够运用合适的肢体语言将自己融合于小组讨论，活跃小组气氛；能够使用一系列话语转换技巧发起并且维持对话，同时能够吸引他人推动小组讨论；能够避免使用一些罕见的表达方式	词汇量丰富且使用准确；能够准确使用各种句式(有少量的口误但不阻碍交流)；能够进行有效的自我纠正	能够流利地表达相关的信息与观点；能够有效、准确地进行互动；能够有效使用问答技巧参与小组讨论

4.3 评价的主体

香港教育局成立了"基本能力评估及评估素养统筹委员会",管理和执行全港性系统评估。TSA题目由各科各年级审题会负责拟定和审阅。审题会由来自大专院校学者担任试卷主席,其他成员包括任教不同组别学校的资深教师和校长,教育局的课程主任,以及考试局的科目经理和高级主任。审题会按照课程的基本能力描述制定评估蓝图,就各分卷的内容、题型的安排、题干的描述、选项的布置等,给予专业意见,确保试卷题目切合课程的基本能力要求。

无论是TSA还是HKDSE,学生无疑是评价的主体,但这两种评估方式中,教师都发挥了很大的作用。在传统考试占主导地位的文化中,英语教师与评估者两种身份是分离的[21]。但事实上,教师作为最了解学生学习情况的人理应被赋予更多评核学生的权利。在香港公开考试英语学科校本评核(SBA)的过程中,英语教师从头到尾参与其中,从规划评核项目到发展评核任务,再到评核学生表现,教师的自主性得到了较好的体现。同时,教师的高自主性和高参与度,也对教师的评核技能提出了更高的要求。香港考评局通过各种形式来提高教师的评核素养,如校本评核的培训课程、教师经验交流会等。教师评核素养的提升不仅能为校本评核的信度与效度提供保证,而且能将相应的评核技能运用于教学的其他方面,从而提高教学[16]。

4.4 评价的方式

(1) TSA:全港性系统评估

TSA评估在小三及中三每年举行,小六隔年举行。每年于第二学期(约四月至五月)举行评估,全港性报告及学校报告则于十一月至十二月发布。评估报告包括量化分析和质性分析这两个部分。量化分析主要发布以下三方面的数据报告:学校层面报告、题目分析报告(按卷别为序)、题目分析报告(按基本能力为序)。质性分析则是关于全港性系统评估学生表现概说的书面报告(内附学生示例)。该评估是一项低风险评估,即不会向学生提供个人成绩,不影响学生升学,也不会用作学校评核。学校参考分析报告,结合校内其他评估资料,客观检视校内学生的强弱项及学校课程的成效,以掌握学生的能力和需要,并进一步落实"促进学习的评估",提升教学质量。为了落实"促进学习的评估"的理念,教育局校本支援服务会以不同形式,例如顾问服务、网络形式的专业发展活动及协作发展的模式去协助学校,通过分析不同的评估数据,协助学校发展校本课程及评估策略。此外,教育局亦会分析基本能力评估所得数据,进行个案研究及以焦点小组形式收集教育同工意见,发展一个名为"网上学与教支援"资源网,提供跟进措施建议、教学材料及互动课程,供教师选用和参考,以助学生掌握所需的能力。

(2) HKDSE:香港中学文凭考试

在HKDSE的公开考试部分,为了确保评估配合教学,考试的方法并不局限于传统的纸笔考试方式,而是呈现多样化的特点。就英文科目而言,除了考核阅读和写作能力,也对学生的听说能力做出了评估和详细的报告。此外,根据过去公开考试的经验,学生在英语科目的成绩跨度特别大。由于文凭考试不单为甄别尖子生,也需要让学习表现稍逊的学生能利用文凭考试成绩寻找工作,所以英语科目的阅读和聆听及综合能力试卷分为共同部分和选答部分,学生可按照他们的能力水平,选答较难或较易部分的题目[9]。

而英语科目的校本评核(SBA)则体现了更大的灵活性和更高的教师自主性。评核的具体任务可以由任课教师设置(教师也可以从考评局提议的任务中选择需要的评核方式)。教师可以为学生设置个性化的任务,以最大程度的体现每个学生的学习能力和优点。不同的学校也会用不同的方式将校本评核融入平时的教学过程中。有些学校并不把校本评核当成孤立的评核任务,而是倾向于将校本评核融入学校内部的一些评核项目中。有些学校则会给学生建立档案袋,定期对学生的口语进行评核,保存相关的语音或视频材料,评核记录表,然后将学生表现最好的一次的成绩提交给考核局[16]。

香港中学文凭考试采用水平参照模式汇报考试成绩(SRR)。成绩分为一至五级,其中五级为最高等级。各能力等级附有详细的定性描述。等级描述与课程学习目标及学习成果紧密结合。考生所得的成绩,能反映其知识及技能,并无需和其他考生比较。水平参照成绩汇报制度没有"合格"或"不合格"的概念,成绩接收机构可以参考等级描述了解考生的能力表现[9]。

参考文献:

[1] 百度百科:香港.http://baike.baidu.com.
[2] 陈家伟,李业富.香港教学语言政策的由来、发展、困局与更替[R].八成英中方案——香港中学教学语言微调方案,2009.
[3] 陈燕萍.香港学生评估:英语科的探索[J].基础教育课程,2011(4):33-35.
[4] 杜予景,胡敏琦.大学英语课程改革刍议——香港高校英语教育的启示[J].当代教育论坛,2010(1).
[5] 方奕.香港英语教学水平走低[J].中国青年研究,2002(2):84-85.
[6] 刘蜀永.简明香港史[M].香港:三联书店,2009.
[7] 美国教育考试服务中心(ETS):《托福考试及成绩数据汇总报告》,2016:http://file.xdf.cn/uploads/160805.pdf.
[8] 靳一波.香港高中英语教学目的、学科任务及学习目标之考察——以《香港高中英语课程与评估指引》为基准[J].现代基础教育研究,2011(6):38-44.
[9] 唐创时.香港的学制改革与香港中学文凭考试[J].考试研究,2013(2):25-31.
[10] 田朝凤.香港考试制度及其给我们的启示[J].教育探索,2001(12).
[11] 田小琳.试论香港回归中国后的语文教育政策[J].语言文字应用,2001(2):73-82.
[12] 吴潜龙.谈谈香港社会语言现象及英语教学[J].逻辑学研究,1994(2):34-37.
[13] 香港考试及评核局.2012年香港中学文凭考试英国语文课校本评核教师手册[EB/OL].http://

www.hkeaa.edu.hk/DocLibrary/SBA/HKDSE/SBAhandbook-2012-LS-C-300609.pdf, 2010-9-17.

[14] 香港考试及评核局.香港中学文凭考试校本评核简介[EB/OL].http://www.hkeaa.edu.hk/DocLibrary/Media/Leaflets/SBA_pamphlet_C_web.pdf, 2010-9-17.

[15] 英孚:《EF英语能力指标2015》: http://bg.yjbys.com/diaochabaogao/22310.html.

[16] 张智丰,李静.香港公开考试中英语学科校本评核的初步经验[J].基础英语教育,2011(3):78-84.

[17] Braj B. Kachru, Englishization and Contact Linguistics: Dimensions of the Linguistic Hegemony of English, in Thiru Kandiah and John Kwan-Terry, *English and Language Planning: A Southeast Asian Contribution*[M]. Singapore: Times Academic Press,1994.

[18] Choi, C.C. 1999. Public examinations in Hong Kong[J]. Assessment in Education, 6 (3): 405-417.

[19] Davison,C.Views from the chalkface: English language school-based assessment in Hong Kong[J].Language Assessment Quarterly, 2007, 4(1): 37-68.

[20] Fung, A., Broadfoot, P. & Cheung, D. Review of Public Examination System in Hong Kong: Final Report[R]. 1998.

[21] Llewellyn, J., et al. A perspective on education in Hong Kong: report by a visiting panel[R].1982.

[22] Tognolini, J. & Stanley, G. 杜承达译.基于标准的评核:教育领域人力资本和能力提升的工具与方法[J].考试研究,2010(2): 4-20.

第三部分：中国台湾地区英语能力及评价

一、英语的生态状况

1.1 英语地位

中国台湾地区的英语教育深受全球化的影响，2001年全面实施的小学英语教育政策以及2006年4月1日开始实施的《迈向顶尖大学计划》看似不同，实则目标一致：培养民众英文沟通能力，提升民众国际观，发展台湾经济，加速台湾国际化，增强国际竞争力。在台湾，民众的英文能力被视为影响区域竞争力的主要因素之一。

尽管英语在台湾社会中的作用看法不一，但在大众眼中，英语已成为台湾经济、金融、科技发展的重要组成部分，同时也是影响台湾教育成败与否的首要因素。

1.2 英语与当地语言的亲疏关系

台湾是一个多民族组成的地区，主要由原住民、闽南人、客家人和外省人四个族群组成。仅仅在三万平方公里的岛上，多族群的生活状态导致多语言相互交织影响，形成了一个独具特色的语言环境。目前，台湾正处于多语多方言发展时期，有着普通话、闽南话、客家话、原住民语言以及一些外国语言并存的现象。

对于所有外语学习者而言，母语在学习过程中扮演了重要的角色。台湾英语学习者中，同样存在二语习得理论中的正负迁移现象。台湾说闽南语的学生，若善于把浊音[b, g]应用到英语习得上，可以把英语的浊音读得更好。这是因为闽南语是少数汉语方言中保存浊塞音的语言。又如汉语和英语的双元音结构都只允许结构内的元音同为前元音或同为后元音，例如：英语与汉语均有[ei]（day[dei]，"给"[kei]）及[ie]（yes[yes]，"也"[ie]），如果在教学上能善加引导学生正确利用正迁移效果，那么这些学生应该可以把英语的[ei]或[ie]念得更好。但是研究显示，正迁移能发挥的关键性效果相当有限，还往往会受到更多负迁移影响。如受过日本教育的台湾民众在说英语时，常常在辅音尾加上一个后元音[u]，如把book[bʊk]读成[puku]。

在许多第三语言习得中，第二语言会有从第一语言而来的迁移，之后又迁移到第三语言之中,正负迁移的互动对比分析研究大部分都集中于以英语作为第二语言或外语的习得,然而大部分的学生在初学英语时,实际上已通晓两种语言。台湾大多数学生在家中使用闽南语、客家语或原住民语,上学之后必须讲汉语及英语。因此,台湾学生必须历经母语与第二语言的对比,然后再与第三语言作对比,于是产生了正负迁移之间的互动。

1.3 英语与民众生活的关系

台湾长期以来以单语环境为主,许多人认为语言是非此即彼、互相排斥的关系。因此,母语推动者害怕讨论英语教育,反之亦然,认定两类语言的教育会排挤彼此的资源。自2003年准备实施《挑战2008》后的十年间,台湾经历了有史以来学习英语热情最为高涨的十年,也是全世界弥漫全球化思维的年代。然而台湾地区的英语普及度,却依然无法和香港地区匹敌。

从英语日常使用范围来看,台湾人平时在各场合使用英语的比率并不是很高,2013年数据显示[2],使用最多的场合为朋友聚会,且比率很低。配合考虑每日英语使用时数这一指标来看:尽管略有涨幅,但无论是在2003年或2013年,台湾人平均每天花在听、说、读、写的时间均不算多。这两项指标都表明,英语在台湾民众日常生活中所扮演的角色仍然相当有限,英语很难成为认知或社会化的主要工具。

1.4 全球视野下的台湾地区英语能力

根据全球范围内的外语测试水平来看,台湾地区的表现略有提升,但依然处于中等水平行列。

GRE被誉为外语考试中的奢侈品,对逻辑要求和综合分析的能力要求很高。语文测试是GRE中难度最高的部分,从多个角度考查考生的英语能力,对于非英语母语国家和地区的考生来说,确实是个不小的挑战。

根据美国教育考试服务中心ETS每年发布的 *A Snapshot of Individuals Who Took the GRE revised General Test* 报告显示,2014年7月到2015年6月间,中国台湾地区GRE考生的总体水平较三年前基本维持不变,语文及数学略有涨幅。虽然数学能力均远超全球均分,但在语文及写作方面,我们看到中国台湾地区仍存在一定差距,在亚洲仅略胜于日本[8]。写作单项更是亚洲倒数,且几年均未提升,详见表1:

表1 GRE通用能力考试(General Test)考试人群情况报告(2011/2014)

	文字推理(语文)	定量推理(数学)	分析性写作
新加坡(2011)	157.1	160.3	4.3
新加坡(2014)	157.7	160.3	4.3
马来西亚(2011)	149.5	154.6	3.7

（续　表）

	文字推理（语文）	定量推理（数学）	分析性写作
马来西亚（2014）	149.7	154.5	3.6
中国香港（2011）	147.1	159.5	3.5
中国香港（2014）	149.4	160.7	3.3
韩国（2011）	147.5	158.2	3.2
韩国（2014）	149.3	160.0	3.2
中国大陆（2011）	145.9	162.9	3.1
中国大陆（2014）	147.7	164.5	3.0
中国台湾（2011）	144.2	159.2	2.9
中国台湾（2014）	146.4	161.3	2.9
日本（2011）	144.5	156.3	3.1
日本（2014）	145.9	158.0	3.0
全球（2011）	150.8	151.4	3.7
全球（2014）	149.9	152.5	3.5

就ETS公布的另一项托福（TOEFL）考试数据来看[2]，2012至2014年间，中国台湾在亚洲地区30个国家和地区的排名由17位提升至12位，并于2011至2012年间超越中国大陆，但始终不如新加坡、马来西亚、中国香港及韩国。2014年，中国台湾地区考生的托福平均总成绩为80分，较2012年度的平均总分78分有一定的提升；听、说、读、写的单项成绩均为20分，根据ETS官方最新公布的CEFR等级TOEFL iBT分数表，水平相当于CEFR B2等级。总分与全球均分基本持平，听力略高于全球平均分，详见表2及表3：

表2　2012/2014亚洲地区TOEFL iBT考试人群情况报告

	阅　读	听　力	口　语	写　作	总　分
新加坡（2012）	24	25	24	25	98
新加坡（2014）	24	25	24	25	98
马来西亚（2012）	22	22	22	24	89
马来西亚（2014）	22	22	21	23	89
韩国（2012）	21	21	20	22	84
韩国（2014）	22	21	20	21	84
中国香港（2012）	19	20	21	22	82

(续表)

	阅读	听力	口语	写作	总分
中国香港(2014)	20	21	21	22	83
中国台湾(2012)	20	19	20	20	78
中国台湾(2014)	20	20	20	20	80
中国大陆(2012)	20	18	19	20	77
中国大陆(2014)	20	18	19	20	77
日本(2012)	18	17	17	18	70
日本(2014)	18	17	17	18	70
全球(2013*)	20.1	19.7	20.1	20.6	81
全球(2014)	20.0	19.7	20.2	20.3	80

*2012年全球托福成绩均分无法考证

表3　参照CEFR等级TOEFL iBT分数表

CEFR等级	阅读	听力	口语	写作	总分
C1或以上(流利级)	24	22	25	24	95
B2(高阶级)	18	17	20	17	72
B1(进阶级)	4	9	16	13	42
A2(基础级)	N/A	N/A	10	7	N/A

根据ETS公布的另一项针对员工英语能力的托业(TOEIC)考试来看,2014年中国台湾地区的托业排名(32/44)较2013年(37/45)略有提升,超过了日本,但始终不及中国大陆地区及韩国(见表4)[2]。大陆地区在2012及2014年分别领先台湾地区208分及135分,差距明显缩小。不过值得注意的是,同其他地区有所不同,托业考试在台湾地区被当作英语毕业检测的途径之一,参考人员以学生居多,因此考生人群性质不同,不能精确反映台湾地区员工的英语能力水平。同样,由于托业成绩的适用范围不同于出国留学强制需要的托福、GRE等考试,大多数英语可达母语水准的香港人无需证明自己的英语能力,因此用托业成绩对比香港、台湾地区的英语水平意义有限。

表4　2012/2014托业考试人群情况报告

	听力	阅读	总分
中国大陆(2012)	389	358	747
中国大陆(2014)	350	322	671

（续表）

	听力	阅读	总分
马来西亚（2012）	376	312	688
马来西亚（2014）	362	294	656
韩国（2012）	342	285	628
韩国（2014）	351	295	646
中国台湾（2012）	295	244	539
中国台湾（2014）	294	242	536
中国香港（2012）	281	232	513
中国香港（2014）	297	235	532
日本（2012）	284	229	512
日本（2014）	284	228	512
亚洲（2012）*	309	255	564
亚洲（2014）	311	256	567

*ETS未提供全球整体均分

根据英国文化协会公布的2014雅思（IELTS）全球成绩报告，就学术类考试而言，中国台湾地区考生的英文水平已从2007年的16/20位跃升至2014年的19/40位，从低水平跨入中等水平行列。排除新加坡无数据外，中国台湾地区雅思水平超过韩国、中国大陆地区及日本，详见表5[11]：

表5　2014雅思成绩报告（学术类）

	学术类					培训类				
	听	读	写	说	总分	听	读	写	说	总分
新加坡	N/A	N/A	N/A	N/A	N/A	7.6	7.3	6.8	7.3	7.3
马来西亚	7.2	7.0	6.2	6.6	6.8	7.2	6.9	6.4	6.9	6.9
中国香港	6.8	6.6	5.9	6.1	6.4	6.7	6.6	6.0	6.3	6.4
中国台湾	6.1	6.2	5.6	6.0	6.1	5.9	5.6	5.6	6.0	5.8
韩国	6.2	6.3	5.5	5.8	6.0	5.7	5.5	5.3	5.5	5.6
中国大陆	5.9	6.1	5.3	5.4	5.8	6.1	6.1	5.6	5.8	6.0
日本	5.9	6.2	5.3	5.6	5.8	5.7	5.4	5.4	5.7	5.6

据英孚教育机构(Education First, EF)近年来公布的数据,中国台湾地区英语水平已于2014年从低水平上升至中水平阶段,国际竞争力显著提高。据2015年最新调查显示,中国台湾地区英语能力在70个母语为非英语的国家和地区中排名31,亚洲位列第7,已于2014年超过中国香港地区(33位),但与亚洲领先的马来西亚(14位)和新加坡(12位)还有不小差距。值得注意的是,近年来在EF排名中,中国台湾地区始终落后于日本,详见表6[12]:

表6 英孚英语能力数据(2011—2015)

	2011	2012	2013	2014	2015
高熟练度	马来西亚(9)	新加坡(12)	马来西亚(11)	马来西亚(12)	新加坡(12)
		马来西亚(13)	新加坡(12)	新加坡(13)	马来西亚(14)
中熟练度	中国香港(12)	韩国(21)	中国香港(22)	韩国(24)	韩国(27)
	韩国(13)	日本(22)	韩国(24)	日本(26)	日本(30)
	日本(14)	中国香港(25)	日本(26)	中国台湾(30)	中国台湾(31)
低熟练度	中国台湾(25)	中国台湾(30)	中国台湾(33)	中国香港(31)	中国香港(33)
	中国大陆(29)	中国大陆(36)	中国大陆(34)	中国大陆(37)	中国大陆(47)
	44	54	60	63	70

综合不同来源的数据可以看出,中国台湾地区的英语能力虽然始终落后新加坡、马来西亚和韩国,但近年来不断提升,与中国香港地区不相上下。不可否认,中国台湾地区的英语教育规定起到不可忽视的作用。

二、英语教育政策

2.1 英语教育简史

台湾的英语教学理念及目标可以从过去一系列英语教科书的选择和编排内容归纳出一条明晰的发展轨迹,大致可分为四个阶段:第一时期,1949年至1955年,无固定教科书时期,采用语法翻译教学法(Grammar-translation Approach);第二时期,1955年至1968年,百家争鸣,无统一教科书,采用听说教学法(Audio-lingual Approach);第三时期,1968年至2002年,统一教科书,听说法与沟通式教学法(Communicative Approach)并用;第四时期,2002年至今,教科书又呈现了多元化发展,强调沟通式教学法。

第一时期,台湾的英语教学虽然重要,但是短期内并没有找到最适合的方法,因此该阶段借鉴了大陆常用的简易英语经典(Simplified English Classics)作为入门常用书籍。此种教育理念建立在纯粹的母语与外语的"翻译"互动之上,教学目标也仅为能欣赏或读懂英文,对听说没有提出任何要求。

第二时期的台湾英语教学受到当时结构语言学(American Structuralism)和行为主义心理学(Behaviorism)的双重影响,主张从构成语言的最小结构及音位(phoneme)或词素(morpheme)入手,采用重复"刺激—反应"的机械过程以达到学习效果。该时期尽管没有统一教材,但各版本的编写方式却呈现出高度一致性,大多分为词汇、结构练习、对话练习及课文阅读部分。无论是课文内容的选择还是习题的编排,都相当乏味,并不考虑英语语言本身的修辞或文学性,只是单纯进行重复机械式的练习。这一时期的听说教学理念对后期台湾的英语教学产生了不可磨灭的影响,直至今日依然可以看到它的踪影。这其实亦和台湾学生"应试教育"的需求密不可分。

第三时期开始,台湾采用了统一教材,但在编排和改版的过程中,依然无法彻底摆脱听说教学的影响,第二版本教材甚至使用了14年之久(1972至1986年),这也表明"台湾英语教学正处在安逸慵懒的阶段"[13]。1987年开始,受到部分学者、学生及家长对听说法的质疑,台湾对教材进行第三次改版,明显倾向于沟通式教学法。与重视语言结构和语法的听说教学法不同,沟通式教学法强调沟通才是语言学习的首要目的,相信语言是认知和内化的过程。沟通法帮助学生创造有意义的语言,而非习得完美的语法结构或母语人士的口音,也就是说,学习外国语言的成功与否决定在于学习者交际能力(Communicative Competence)的程度。出于师生短期无法快速适应的考虑,教材编写采取听说法及沟通法并重的编排方式。新教材每课分为阅读、对话、句型、口语练习、应用及发音六部分,重视内容语意及沟通交流。沟通法教学不再一味机械地练习,而是模拟真实的语言环境,培养学生的语言能力,绝非灌输语言知识。然而,这项改革依然招致师生的不满,由于教学理念的不同,沟通法无法像听说法一样在短期内体现在英语分数上。

2002年后,随着新规定的不断推出,同时放开教材编写权限,台湾的教育又回到之前百花齐放的年代,台湾也迎来了大力推动国际化、民众英语学习的热情最高涨的十年。

2.2 当前英语教育政策

2.2.1 新世纪之初的变革

在全球化浪潮的推动下,为积极融入跨国贸易及国际交流,21世纪初,台湾英语教育经历了重大变革。

2001年8月开始,台湾英语教育向低年级延伸至小学,英语正式列入小学高年级课程。这一决定是经过学者、教师、家长及各界关心英语的人士经过深入探讨后达成的重要共识,讨论的主要原因如下:(1)英语是世界主要的国际语言之一;(2)语言学习越早越好;(3)汉语、外语双语教学有"红花配绿叶"的效果;(4)缩小贫富与城乡差距,实现"教育机会均等"的理想[5]。

2.2.2 "提升英语力建设计划"

2008年,马英九上台后,鉴于台湾民众英语沟通运用能力偏低、生活环境国际化与友善度不足,因此要求"行政院"推动"提升英语力建设计划",主要包括以下策略:(1)民众英语学用不足,需大力培养英语专业人才;(2)谨慎构建英语情境学用场所,活化英语学习;(3)运用英语能力提升城市竞争力,加强国际化及友善度;(4)运用英语能力增进国际服务品质,深化在地服务;(5)强化整合支援国际化推动机制,重视人才培育,期望能达成"学与用并进"并塑造与国际接轨和国际友善的形象。在英语教学方面,着重强调"学用合一"及"英语教学灵活化"的理念:要提高民众英语能力,需要听、说、读、写各项能力的全面进步,推动各项措施时应结合当地大专院校、各级学校的实际情况,注意缩小城乡与群体间的差异,达到资源优化配置。就灵活教学而言,应审慎建立、选择英语学用的场所,并结合图书馆、文化中心、生活美术馆等机构,提供英语对话的机会和场所。

2.3 课程改革

台湾目前拥有良好的教学环境、软硬件设施及教学资源,但在教学改革的过程中,依然有诸多问题悬而未决。为充分利用时代提供的天时地利,台湾英语教育未来需要进行如下领域的改革:

为有效落实新规定,首先需要提升英语教师能力,尤其是专业技能,建议重建英语师资培养的有效机制:从专业与人文素养双管齐下,再辅以21世纪的精湛教育与咨询传播科技,积极培育优质英语师资,并恢复1980至1990年的"在职英语教师"培训机制[7]。

其次,加大英语听力与口语能力的测评难度与力度。高中听说考评的难度不可局限于日常生活沟通。听说部分的教学还应考虑如何有效协助弱势学生学好英语,并提供英语学习者更多、更友善的英语学习环境,这是导致城乡差距的一大因素。

第三,大学应开展全英语教学模式。为培养各行各业的英语人才,大学各院系应采取"全英文授课"的方式。此举也能吸引更多外籍学生赴台读书,是促进台湾国际化的有效手段之一。当然,要真正做到全英文授课对教师来说并不简单,但通过这一过程,亦可提高师生的英语阅读、表达、分析与写作能力,从而达到教学相长的目标[7]。

在培养目标方面,台湾地区在课程大纲中提出核心素养的理念,注重人文情怀的培养。台湾十二年基本教育课程改革中提出的核心素养贯穿小学教育至高中教育,并作为各领域或科目垂直连贯与水平统整课程设计的组织核心。在课程设计方面,台湾希望在大学开展全英教学模式,为培养各行各业的英语人才,台湾地区的专门用途英语课程发展推广也呈上升趋势。在教学方法上,一改以往的灌输式教育,开始转向以学生为主体、教师为主导的教学理念,培养学生的自主学习能力,多为学生创造在真实语境中运用语言的机会,以提高学生的实践能力。但是任何形式的改革,都需要更高质量的教师队伍,尤其在对英语综合能力更高的高校,应"加强教师职业生涯的规划与指导,采取各种形式保障教师的专业发展和教学发展"。没有符合要求的配套师资力量,课程改革只能是美好愿望,难以实现。

三、英语教育体系

台湾民众整体英语水平的提升离不开当地不断革新的英语教育体系。从基础教育到高等教育,台湾的英语课程都采取国际化视野,强调学校与学生本位的教学理念,给予相当程度的灵活度,非常重视素质教育与实践能力的培养。但与此同时,也存在着一些难以根治的问题。

3.1 英语教育体系概况

台湾教育体系与大陆相似,实行六、三、三、四的学制架构。小学六年,学龄6至12岁;初中三年,学龄12至15岁;高中三年,学龄15至18岁。义务教育阶段从之前的小学六年延长为小学加初中九年,实施九年一贯课程纲要。自2002年实施以来,小学和初中两阶段的课程已有效衔接,并规定小学三年级起学习英语。

3.2 英语教学目标与要求

3.2.1 基础教育阶段

九年一贯制课程自实施以来,备受各界关注。近年来,由于社会发生急剧变迁,国际化进程不断加快,"教育部"对九年一贯制课程进行了新一轮课程改革。根据最新版2008年课程纲要修订版,九年一贯的教育应着眼于培养21世纪所需的健全民众,九年一贯制课程总纲明确提出了带有鲜明时代特色的十大课程目标:增进自我了解,发展个人潜能;培养欣赏、表现、审美及创作能力;提升生涯规划与终身学习能力;培养表达、沟通和分享的知能;发展尊重他人、关怀社会、增进团队合作;促进文化学习和国际了解;增进规划、组织与实践的知能;运用科技与咨询的能力;激发主动探索和研究的精神;培养独立思考与解决问题的能力[4]。

英语学科纲要指出,英语课程的基本理念即奠定民众英语沟通能力的基础,提升英语学习的动机和兴趣,接触并培养国际观,以获新知,借此提升民众对国际事务的处理能力,增强国际竞争力。中小学九年一贯制课程纲要语文学习领域(英语)明确提出中小学阶段的课程目标:(1)培养学生基本的英语沟通能力,能运用于实际情境中;(2)培养学生学习英语的兴趣与方法,能自发有效地学习;(3)增进学生对中外文化习俗的认识,能加以比较,并尊重文化差异。

在台湾,高级中学阶段包含四种不同类型学校:普通型高级中学、技术型高级中学、综合型高级中学、单科型高级中学。普通型高级中学是通往大学的主要通道(本研究将以此为重点研究对象),技术型高级中学归为技职教育体系,综合型高级中学即同时开设学术型与职业课程的学校,单科型高级中学是以特定学科领域为核心课程、提供明显学习方向的学校。

《普通高级中学必修科目(英文)课程纲要》提出,为很好地衔接九年一贯制英语课程,普通高级中学英语课程应以提升学生英语能力为目的,以为将来升学或就业做准备。

课程目标同时包含了学习方法、逻辑思考的训练以及兴趣的培养,此外,借由文化的了解培养恢弘的世界观。具体教学目标为:(1)增进英语的听、说、读、写能力,以应用于实际生活中的交流沟通;(2)培养以英语进行逻辑思考、分析、判断与整合创新的能力;(3)建立有效的英语学习方法,以加强自学能力,奠定终身学习的基础;(4)培养学习英语的兴趣和积极态度,主动涉猎各领域知识,提升人文素养与科技知能;(5)促进多元文化的了解与尊重,培养国际视野与全球永续发展的世界观[9]。

不难发现,台湾基础教育阶段的英语课程强调授之以渔,培养学生利用英语获取新知的能力,放眼全球,了解多元文化,侧重实践。

3.2.2 高等教育阶段

在日益全球化的国际背景下,高等教育和跨文化技能愈发重要。学生与雇主同样越来越希望拥有具备国际竞争力的高等教育文凭。台湾"教育部"于2006年推出了《迈向顶尖大学计划》,力求打造高等教育国际化,其目的在于帮助毕业生能在越来越全球化的工作世界中竞争,解决大多数本地教育主观主义思想,更好地应对全球化的冲击。台湾"教育部"的"2005—2008四年施政主轴"中已把大学院校学生通过英语检定列为其目标。如何提升大学生英语能力,以增强竞争力,成为当前各大学校务发展的重点之一。目前台湾愈来愈多的大专院校鼓励开设全英语授课,许多高等教育机构也逐渐开始广泛采用英语原版书作为课堂教科书,希望可以吸引更多国际交换生,让台湾的高等教育真正国际化。

同时,"全英文授课"的做法也招来不少质疑声,台湾师范大学副校长吴正己表示,英文授课只是工具,不应该变成"目标",课程最重要的目的还是应该确保学生能够吸收[10]。还有教授认为,英语不完全等于国际化,这样的价值判断太过单一。

台湾大学、台湾清华大学、台湾师范大学等都未规定新聘教师需开设英语授课课程,大多采取鼓励方式。以台湾清华大学为例,老师开设一门英语授课课程,学分数可乘以1.5倍。

台湾清华大学教务长戴念华表示,循序渐进,英语授课有其必要性,外籍生来台,或台湾学生赴国外深造都需要上英语课程,但并不是所有老师、所有课程都适合以英文授课,且营造英文环境需要按部就班,所以采取鼓励方式更为恰当[3]。

3.3 英语课程设置

3.3.1 基础教育阶段

根据最新九年一贯制课程总纲,英语课程分为小学及初中两个阶段:第一阶段为小学三至六年级;第二阶段为初中一至三年级。小学三、四年级英语课每周1节,五、六年级每周2节,初中三年每周3节。小学每节课时长为40分钟,初中为45分钟。

过去,台湾的课程发展大多遵循"教育部门"主导的"自上而下"的标准化模式,而最近一次新课改提倡以《课程纲要》取代《课程标准》,打破编译馆的垄断角色,同时肯定了"学校本位课程发展",给予学校多元、弹性的发展空间。《课程纲要》规定教材内容及活动设计应尽量满足生活化、实用化、趣味化和体裁多样化的要求,还提出了教材编纂原则:中小学英语科教材需涵盖贴近学生日常生活相关的主题,并融入例如歌谣、韵文、贺卡、便条、书信、简易故事、幽默短文、短句谜语、笑话卡通等不同体裁,根据沟通功能,分为问候、感谢、道歉、同意、请求、问路、打电话等类别。第一阶段的教材内容及活动设计应重视听、说能力,培养建立简易的读、写能力,第二阶段应力求听、说、读、写四种能力均衡发展。为避免各教材差异过大,课纲规定了教材选用的词条,常用词1 200个及2 000个词的参考词条,并规定学生完成第一阶段英语教育后,口语部分应至少掌握300个词,书写部分至少会拼写180个词,第二阶段毕业时,至少掌握1 200个词,并能应用于听、说、读、写等沟通中。

关于教学方法,课纲指出应为学生营造自然、丰富、愉快的语言学习环境,通过多元化的平面、视听教材及活动练习,并采用轻松活泼的互动式教学模式,引导学生接触童谣、歌曲等,循序渐进地训练学生的听说能力。同时,鼓励以英语作为教学语言,增加学生听说的机会,创造更多与同伴和师生间的互动,全方位接触英语,着眼实际运用,不再使用老师单向灌输语法知识的授课模式。教学应由意义的建构出发,先处理整体的理解与表达,交代情境、目的、对象后,再进行局部语言成分的练习,语言整体和局部并重。对于学生水平不一的问题,课纲建议老师在时间、资源允许的范围内,借助措施和教学技巧对不同水平的学生进行个性化辅导。

台湾的高级中学教育尽管有四类不同学校,但为落实全人教育、强化通识教育,《十二年基本教育课程纲要总纲(草案)》,简称"总纲(草案)",规定了高级中等教育共同核心课程,核心课程包括语文、外语(英文)、数学、社会、艺术等学科,最低总学分要求为32分,其中英语4学分。"总纲(草案)"还对四类高中的课程类别、领域科目和学分数提出了授课建议(见表7),且课程可遵循学校本位的精神,对课程时间进行弹性组合。

表7　台湾不同类型高中的建议学分

	普通型高中	技术型高中	综合型高中	单科型高中
部订课程	114	111—136	48	48
校订课程	66	44—81	118—152	132
总课程	180	180—192	174—192	180
英文	18	12	8	8

同时,《普通高级中学必修科目(英文)课程纲要》还另行规定,英语课程的时间分配为一、二、三学年每周四节,每学期4学分,实际高于"总纲(草案)"的建议学分与时间。

《普通高级中学英文科目课程纲要》同样沿袭了九年一贯制课程的"学校本位"精神,仅仅提出了教材编纂原则。"纲要"指出,教材应注重设计的整体性和活动的多元性,重视听、说、读、写四种能力的综合运用,根据年级循序渐进,第一学年提供听、说、读、写并重的综合性课程,第二、三学年,除听、说、读、写的训练外,还应进一步加强阅读和写作能力的培养。另外,高级中学阶段,课纲还规定应根据学生水平差异,高二起使用A、B两版教材,A版仅包含难度较低的基础内容,而B版除了基础内容外,还包括难度较高、更具挑战性的进阶内容。

关于教学方法,"纲要"指出,教学活动应秉持"学生本位"的精神,以学生练习为主,教师讲解为辅,学生是学习的主体,教师仅仅起到引导和鼓励学生的作用,且应尽可能使用英语,增加学生接触英语的机会。课程应以任务为导向,引导学生将所学单词、词组和语法灵活运用于日常沟通之中。听力重在语意理解,口语重在语意表达,写作应强调写作过程的重要性,包括构思内容、规划组织、遣词造句和修订文稿等。语法教学应以课文语法为主,简明有系统地讲解,并配合情境丰富的练习活动,以培养学生实际应用语法结构和句型的能力。教师还应充分利用各种媒体,激发学生学习英语的兴趣,并根据学生个体水平的差异,使用相应的教材来因材施教。

3.3.2 高等教育阶段

在政策指导下,各大学均尽力配合国际化,尽管各校状况不一,但推动国际化的目标一致。以台湾私立大学义守大学为例,为增进台湾地区学生的英语学习能力,并吸引外籍生来校就读,2010学年度,台湾义守大学开授英语授课专业课程,全英语授课专业课程72个。外语授课的学士学位3个、外语授课的硕士学位2个。

台湾成功大学(简称"成大")则根据不同专业学生的需求,开设了12门专业英语课程,作为"成大"专业英语课程教学之列。"成大"全校65%的学生主修电机、资讯工程、纯科学及设计,这意味着通用英语训练课程(English for General Purposes)已无法满足学生未来的职场需求,因此,学校还另外开设了专门用途英语课程ESP(English for Specific Purposes),来应对国际上专业领域的竞争。

"成大"的ESP课程包括学术英语EAP(English for Academic Purposes)和前职场英语(Pre-service EOP)两类。学术英语以课堂学习技能(Study Skills)和学术词汇(Academic Words)习得为主,培养学生课堂英语笔记撰写、听讲[12]及讨论技巧和以研究生为主的论文写作[13]。学术英语是满足学生在以英语授课为主的课堂上理解及沟通需求为前提而设计,这也是台湾多数高校专业英语课程设置的目的。课程包括经贸英语(English for Economics)、商管英语(English for Business Management)、基础科学英语(English for Basic Sciences)、基础工程英语(English for General Engineering)、信息英语(English for Information Technology)、高科技产业英语(English for Hi-tech Industries)、生物科技英语(English for Biotechnology)以及医学英语(English for Health and Medical Care)。

前职场英语主要训练学生一般性工作场合的职场英语沟通。"成大"ESP课程将前职场英语和职场英语EOP(English for Occupational Purposes)区分开来,主要是为了针对学生进入职场前的需求。前职场英语课程是依据特定职业设计而成,因为像工程师、医生和机械师等专业人士都需要个别的英语语言训练来学习专业词汇及自我表达以达到工作要求。课程包括商业沟通英语(English for Business Communication)、餐旅英语(English for Tourism and Hospitality)、职场英语(English for Careers)及创意产业英语(English for Creative Industries)。

3.4 英语教学所取得的成绩与面临的问题

3.4.1 英语教学所取得的成绩

在21世纪初英语教育改革逐渐落实的数年后,台湾民众的英语能力确实发生了一定变化。台湾科技大学应用外语系陈淑娇教授采集了改革前2003年和改革后2013年两个时间点的数据,对比了国际化政策推行前后台湾民众英语能力或英语使用频率的差异[2]。研究发现,2013年,台湾29岁以下的三个年龄层民众(12岁以下、13—18岁、19—29岁)的英语能力有显著进步,这三个年龄层刚好涵盖小学、初中和大学与研究所阶段。民众使用英语沟通的比率也明显提高,最高的年龄组别为19—29岁,同时,小学及初中学生的比率也并不算低。整体来看,12—29岁之间,英语沟通的比率正逐渐增长。这些数据均表明台湾地区推行的国际化英语教育规定具有明显成效,详见表8:

表8　2003、2013台湾英语能力调查

年　龄	人数(2003)	人数(2013)	平均数(2003)	平均数(2013)
12岁以下	376	1 020	2.6277	2.9284↑
13—18岁	754	2 866	2.5743	2.7135↑
19—29岁	258	470	3.0581	3.1000↑
30—45岁	468	1 863	2.3248	2.0032
46—59岁	134	994	2.2687	1.9819
60岁以上	31	53	1.548	0.585
合　计	2 055	7 343	2.549	2.4610

(注:基于5级量表,1=几乎完全不懂,5=相当流利)

3.4.2 英语教学所面临的问题

英语教育改革收效显著的同时,也应注意到改革的收效其实远不如预期。新世纪初,铭传大学应用英语学系张武昌(2014)教授曾这样描述过当时的台湾英语教育状况:幼儿勤学美语,小学疯英检;初中基测有双峰,城乡差距影响大;高中与高职英语学习落差日趋严重;大学生学习动机仍需加强,技专校院学习成效有待提升;托福考试成绩普遍不理想,英语教育应虚心检讨。放在十几年后的今天,除了"小学疯英检"势头有所减缓,其他

问题并没有得到太大改善。

在台湾地区，影响英语教育的最重要因素实则有二：学生英语能力的不均衡及小学英语师资严重匮乏。学生英语能力不均衡不仅仅体现在城乡之间的差异，即便在同一区域，亦因学生性别、家长经济水平和教育意识等因素，产生学生英语水平相差悬殊的现象，如此一来，在同一课堂学习，势必会影响弱势学生的学习兴趣和自信心。2012年，台北市小学基本学力检测英语科目共检测了5 551名学生，根据学生表现分为高级、中级、基础级和未达基础级，检测结果显示，高级别学生占比31.71%，未达基础级占21.20%。可见，即便在最为发达的台北市，两极分化现象也十分严重。

另一方面，台湾师资力量短缺问题长期存在，在两项重大变革推出后，师资不足的问题愈显严峻，早在台湾推行小学课程时期就已暴露。然而，相关师范院校的毕业生人数供不应求，加之人口老龄化的趋势，使得许多小学采取聘用代课教师，或现任教师通过短期培训后转岗英语教学的权宜之计。这些治标不治本的方式显然无法在改善英语教育质量方面起到任何积极作用。只有加强师资培训、平衡偏远及发达地区的师资分布才能真正为英语教育铺平道路。

台湾的英语状况，有人称之为"全民运动"，也有人称之为"一团乱象"。与汉语及方言政策不同，21世纪以来，台湾的英语教育领域陆续经历多次改革，初期改革采取的政策态度较为激进，不顾民众英语语言能力现状，忽略教育根本问题。民众方面，尤其是学生家长，也有一种因不愿让小孩输在起跑线上而痴迷英语低龄化教育的趋势，导致制度外私人英语培训乱象丛生。种种原因导致台湾出现众多英语教学问题。

四、英语能力评价体系

4.1 评价的理念

4.1.1 基础教育阶段

最新《九年一贯制课程纲要》和《普通高级中学必修科目（英文）课程纲要》中同时提出了多元评量的概念，这是台湾首次对基础教育阶段的英语教学提出全新非传统测试的评量理念。《普通高级中学必修科目（英文）课程纲要》中明确提出，评量的主要目的在于了解学习成效及诊断学生学习困难，作为实施补救的重要依据。《九年一贯制课程纲要》还明确规定了学习评量应分为知识、思考、技能和情意等类别。

学习评量采用多元化的方式进行，旨在配合多元智慧的理念，让不同特质、不同智能的学生皆有表现的机会，可以避免传统测试因视角途径单一而"误诊"一些不善传统纸笔测验的学生的语言能力。例如，有些学生不善语言表达，若要求其以文字表现其所阅读或听力理解内容，很可能表现不佳；但若能以另类的评量方式，允许其以擅长的图表或肢体语言传递，则可以充分表现其理解能力。同样，有些学生社交能力、团体意识较强，独立参加纸笔测验中所呈现的能力，往往不如其在小组活动中与同伴脑力碰撞、共同合作后的表现来得好。然而,这并不表示测试该就此销声匿迹;事实上,测试也是多元评量中的一种,而且是颇为经济有效的一种,因此多元评量并未取消测试评量方式,仅是削弱了测试在综合评量中的地位。

除了考虑学生个别差异外,多元评量还有数项其他优点,包括具有效度,省时,且学生压力小。以活动式评量为例,利用教学过程中的活动,尤其是在复习阶段所进行的各种练习或游戏中的表现,作为评量的依据,在无压力状况下,学生可较真实、较充分地表现出自己的语言实力。如此一来,教师便可取得较有效度的评量样本,同时也不致于花过多的课堂时间做评量,而牺牲宝贵的教学时间。同样地,档案式评量亦是不错的选择,档案内容可充分记录学生的学习历程及进步情形。学生在建立档案内容的过程中,自己决定如何呈现最好的一面,学生不但没有考试的压力,还能充分体验自主学习与活用英语的乐趣,可大幅提高其学习动机与成就感。

4.1.2 高等教育阶段

自从2002年,特别是2006年"教育部"大力推动《迈向顶尖大学计划》后,大学院校的英语毕业门槛几乎成为既定政策,很多大学开始执行,各校规定英语毕业门槛的论述大多是为提升学生竞争力或促进国际化。然而,各校英语教学程度不一,很难制定共同的标准,因此毕业门槛由各校自行决定。学生如果未通过学校的英语毕业门槛,各校也有不同做法。有些学校必须考过为止,有些学校则制定了"后门条款",例如通过补修课程的方式通过毕业门槛,实际上并无门槛。

虽然毕业门槛政策广泛实施,但门槛的存在一直饱受争议。台湾政治大学语言学研究所暨心智、大脑与学习研究中心特聘教授何万顺曾批评"教育部"的英语毕业门槛政策,在台湾地区有关规定上侵犯大学学术自由与自治权,在教育上做出了"考试引领进步"的错误导向,在价值观上,传达了"独尊英语、英语至上"的扭曲价值,使得"毕业门槛"沦为实质上的"假门槛"[6]。

台湾和大陆地区都开始采用形成性和终结性评价相结合的多元评价方式,除语言知识外,开始注重考察学生的思考能力、情感态度和文化意识等综合能力。

4.2 评价的内容和目标

4.2.1 基础教育阶段

Halliwell将外语课程的学习目标分为两类:课程内容目标(Content Goals)与态度目标(Attitude Goals),前者指发音、词汇及语法等语言形式及听、说、读、写四种语言技能的养成,后者则为正确学习态度的培养[14]。她主张在小学初级阶段,应以"态度目标"为主,随着年龄的增长,逐渐加重"课程内容目标"的比重。

九年一贯课程英语科目的总目标不仅包含了这两项,同时在第二个总目标中,将正确的学习方法与学习态度并列,并增列对中西文化的了解为第三个总目标。学习态度、方法及文化了解,均属于非语言层面,应列为初学阶段的重点,学习经验较丰富后,正确的学习方法与态度也已略有概念,此时方宜将"课程内容目标"列为重心。

《中小学九年一贯制课程纲要语文学习领域(英语)》根据小学及初中两个阶段,提出了分段能力指标,根据三项总目标,提出了各分项能力的具体要求。第一部分语言能力包括听、说、读、写和四项技能的综合应用能力,第二部分学习英语的兴趣和方法和第三部分文化与习俗。第一部分的能力指标并无颠覆性要求,第一阶段毕业时,要求学生口语部分至少会应用300个词,书写部分至少会拼写其中180个词,以用于日常沟通;第二阶段要求熟悉课纲中规定的1 200个基本词,并能用于日常生活,能看懂故事及简易短文,并以简短的句子说出或写出其内容大意。第二和第三部分的目标较为新颖,课纲对学习态度和文化习俗的掌握提出了非常具体详细的指标要求,详见下表9:

表9 学习态度和文化习俗的英语课纲指标

	兴趣和方法	文化与习俗
第一阶段	1. 乐于参与各种课堂练习活动。 2. 乐于回答老师或同学所提的问题。 3. 对于老师的说明与演示,能集中注意力。 4. 主动预习、温习功课。 5. 能妥善运用情境中的非语言信息帮助学习。 6. 乐于接触课外英语学习素材。 7. 不畏犯错,乐于沟通、表达意见。 8. 主动向老师或同学提出问题。 9. 在生活中有使用英语机会时,乐于尝试。 10. 在生活中接触英语时,乐于探究其含义并尝试模仿。 11. 运用已学过的词来联想学习新的词。 12. 乐于参与有助提升英语能力的活动。 13. 能认真完成教师布置的作业。 *14. 具有好奇心,并对教师或同学讨论的内容能举出示例或反例。 *15. 主动查阅图书词典。 *16. 会在生活中或媒体上注意到学过的英语。	1. 能知道课堂中所介绍的国外主要节庆习俗。 2. 能知道课堂中所介绍的国内主要节庆习俗。 3. 能了解基本的国际社会礼仪规范。 4. 能知道国外风土人情。
第二阶段	1. 乐于接触英语电影、歌曲、广播、书籍等。 2. 乐于尝试阅读英语故事、杂志或其他课外读物。 3. 对于世界各地风土人情及文化有兴趣,并乐于接触与学习。 4. 能使用英语词典。 5. 了解基本英语阅读技巧,进而提升阅读的兴趣与能力。 6. 对于教学内容能主动复习并加以整理归纳。 *7. 利用各种查询工具,主动了解所接触英语的内容。 *8. 主动从网络或其他课外材料搜寻相关学习资源,并与老师及同学分享。	1. 能以简单英语介绍国内外风土人情。 2. 能应用基本的国际社会礼仪规范。 3. 能从多元文化视点,了解并尊重不同的文化及习俗。

*表示各校在针对不同学生能力或不同时数规划课程时,可就该项能力指标选取或自行研发难度不同的教材,完成适应性教学。

《普通高级中学必修科目(英文)课程纲要》对学生核心能力做出了明确规定,提出核心能力包含基本能力及进阶能力两部分,基本能力为高级中等阶段共同课程完成的英语能力培养目标,相当于高中一年级的能力要求;进阶能力相当于高二和高三学生的英语能力要求。与九年一贯制课纲不同,在继承三大目标的同时,普通高级中学阶段细化了第二、三大目标,还另外加入了逻辑思考、判断力与创造力的能力要求,共提出五大能力指标:语言能力;逻辑思考、判断与创造力;学习方法;学习兴趣与态度;文化涵养与世界观。就语言能力而言,课纲规定分为听、说、读、写能力和综合应用四项能力五个维度;逻辑思考、判断与创造力强调培养学生对于信息的分析处理能力;学习方法不仅包括英语学习方法,还包括如何利用多种方式提升英语能力;学习兴趣能力指标要求学生主动接触课外资源,积极参加提升英语能力的课外活动;文化涵养与世界观要求学生能够用英语介绍国内外风土人情,能依靠文化语言知识解决生活中的实际问题,了解国际事务,形成健康的世界观。

两类大学升学考试大学学科能力测验(以下简称"学测")和指定科目考试(以下简称"指考")的命题以课程纲要所列的主要概念为原则,依据各科的测验目标设计试题。"学测"与"指考"主要评量学生英语词条、阅读、翻译及写作等语言能力,且多数试题已涵盖逻辑思考、判断与创造力的评量。为体现学生水平程度上的个体差异,两类考试难度不同,"学测"简单,涵盖高一、高二必修课程;"指考"较难,涵盖高一至高三必修课程。其测验目标也略有不同,"指考"增加了对考生掌握篇章结构的理解与组织能力的测验。

4.2.2 高等教育阶段

由于雅思、托福、托业均为国际认可、知名度较高的检测体系,因此,本研究在此不再赘述,将详细介绍由语言训练测验中心举办的台湾全民英检(General English Proficiency Test)。全民英检用途多元,不仅可作为大学毕业门槛的检测渠道,还可用于就业、外派和升迁,是企事业单位的入职、晋升、派任的选拔条件之一。

这项考试共分初级、中级、中高级、高级与优级五级,优级仅有在持有高级资格的前提下才可报考。前四级考试包括初试与加试两部分,检测听、说、读、写四项分项技能,试题题型和难度随着级别上升而适当调整。听力与阅读题型较为单一,听力主要以对话、谈话、短文理解为主,阅读主要以词条结构、段落填空、阅读理解为主。写作与口语部分题型更为灵活,低级别的口语部分题型包括朗读、简短回答问题、看图叙述等,中高级以上包括申述(连续回答1.5分钟)、面谈等。优级考试仅包含写作和口语两项——整合式写作和整合式口语。整合式写作要求根据一段约10至15分钟的录影或录音节目及一篇约3 000词的文章,根据指示写一篇约750词的文章。整合式口语要求考生依据写作测验的试题内容及考生缩写文章内容准备30分钟,再进行10分钟的口语汇报,随后即席回答数个与主题相关的问题,回答时间约10分钟。由此可见,英语能力达到一定高度后,听、说、读、写的技能边界越发模糊,这种整合式检测打破传统的试题设计,对考生的综合运用能力要求很高。

4.3 评价的主体

在台湾地区，基础教育阶段的评价主要由学校和教师根据《九年一贯制课程纲要》《普通高级中学必修科目（英文）课程纲要》来进行，没有设置统一的评测机构，主要以学生课堂内外的平时表现为考量依据。在高中毕业考试和大学毕业考试阶段，台湾设有专门的第三方机构进行考试的组织和评分。

大学升学考试"学测"和"指考"由财团法人大学入学考试中心基金会（College Entrance Examination Center）举办，这是台湾专责办理大学入学考试的机构。自1989年7月成立以来，该机构不断研究改进大学入学制度与技术，完成《大学入学制度改革建议书》和《大学推荐甄选入选方案》，研发"语文表达能力测验"和"英文写作能力测验"，革新试务作业，协助高中生规划学业和选择大学院校，还推动入学制度与试务经验的交流活动。未来，该机构将朝着考试专业机构的方向继续发展，研发各类相关测验，并强化相关考试的咨询服务。

大学毕业考试由语言训练测验中心举办，1952年成立之初，该中心名为"英语训练中心"，专为美援技术协助计划项目下的赴美受训人员提供密集英语训练，后改组成立"语言中心"，并扩大业务，除英语课程外，还增加日、法、德及西班牙语等外语，对象推广至一般社会人士，同年开办外语测试业务。该中心现为台湾唯一提供五种语言课程与检测服务的机构，办理托福测试超过50年之久，除了全民英检外，还开创了外语能力测验（Foreign Language Proficiency Test）等其他测验。随着台湾社会经济的发展，该中心不断开拓国际合作，深耕语言教育与研究，以满足外语学习者的需求。

4.4 评价的方式

多元评量是一套应用于台湾英语教育的评量体系，具体评价方式随着英语教学的推进而适时调整改变。语言教学的评量，不能只以一次期末考来评定学生的学习成效。不但要有期末总结式的评量，更要有过程中形成式的评量。没有平日的评量资料，教师便无法深入掌握学生的学习困难所在，并做必要的适应与调整。概括来说，多元评量类型包括形成式评量和总结式评量，评价方式包括活动式评量以及测验式评量。

形成式评量的重点在评量的时间点涵盖了学习全程且次数众多，数据源不限于正式测验的成绩或结果，而是包括学生所有学习历程中的种种表现。动态方面，可于课堂中进行各种观察，包括对老师上课时非正式问题的回答、练习活动中语言能力的呈现、甚至其上课提问题及回答问题时所表现出的学习态度与方法等皆可纳入；静态方面，收集各种书面资料，除了传统的评量项目作业，学生的学习日志、学习问卷等都在收集之列，其中最具特色的是学生学习档案的建立，这种"档案评量"是英语科新课程中新增列的，目的在收集更多的信息，以期更详实地勾勒个别学生的学习历程、进步情况及成果。

由于课纲要求"低年级重视态度培养、高年级重视语言能力培养"，且由于小学、初中学习压力和课程时间等不同的客观因素，台湾基础教育阶段的英语课程评价体系中，小学阶段应以形成性评量为主，且尽量采用活动式的评量方式；但在初中和高中阶段，计分排名对日后升学有较大影响，且形成性评量有试题无整体性规划、评分较为主观等缺陷，因此不宜在高年级阶段大量使用。总体来说，就次数和频率而言，形成式评量应远高于总结式评量，活动式评量高于测验式评量；就成绩比重而言，小学阶段，形成式评量成绩可占70%，而总结式评量仅占30%，尽量不采用测验式评量，而以活动、课堂观察、作业、学习档案及进步情形的评量为主；初中阶段，形成式评量与总结式评量的成绩各占占50%。

新世纪后，"台湾教育部门"开始对升学阶段的评量方式进行了革新，中考和高考招生废除了以往一考定终身的招生制度，开始实施多元入学体制。"中招"制度改革后，保送、加分政策制度化，"中招"考试也改为"中学学生基本学力测验"，简称"基测"，仅作为升学的参考。"基测"每年考两次，两次"基测"难度相近，以考分最高的一次为录取依据。为进一步缓解低年级学生升学压力，2014年起，为配合十二年基本教育的实施，"教育部"规划2015年至少有80%的学生能通过免试入学高中、高职和五专，另有20%的学生通过特色招生的渠道入学。在这样的升学机制下，"教育部"制定了初中会考制度，以追踪了解初中毕业生的学习状况。会考各科评量结果分为精熟、基础和待加强三个等级，出现"待加强"的学生，学校将协助进行补救教学。

台湾大学入学考试有"学测"和"指考"两类，考生可以二选一或者两者都选，两种考试命题由大学入学考试中心负责，招生则由各大学组成的各类委员会负责，各校甚至各院系均可依据各自特色制订招生条件。台湾高校现行甄选入学制和考试分发入学制两种，其中甄选入学制又分学生个人申请和学校推荐两种。甄选入学制需"学测"成绩作为参考，主要通过学生个人申请或学校推荐；考试分发入学制类似传统的高考制度，需要参加难度更高的"指考"。总之，招生制度改革后，台湾考生可以有多种渠道进入心仪院校。

大学英语科目毕业门槛常见的检测方式主要包括全民英检（GEPT）、雅思、托福、托业考试。有些学校规定通过GEPT中级初试即可毕业，有些则将GEPT中高级设为毕业门槛。

4.5 评价的标准

4.5.1 中学会考评价标准

台湾中学教育会考采用标准参照方式呈现学生各科学力表现，通过事先制定的标准，各科将评量结果分为精熟、基础和待加强三个等级。精熟级别表示学生精通熟悉该科目初中阶段所学习的知识与能力；基础级别表示学生具备该科目初中阶段的基本学力；待加强级别表示学生尚未具备该科目初中教育阶段的基本学力。英语科目考试测验内容包括阅读和听力，多以客观题为主，各级具体标准如下表10：

表10　台湾中学会考评价标准

	精　熟	基　础	待加强
听力	听懂日常生活主题、讯息简单的短篇言谈，指出言谈的主旨与结论等重要讯息，并从言谈中明显的言语及其他语调如节奏等线索做出简易推论。		仅能听懂单句及简单问答；仅能有限地理解短篇言谈。
阅读	能整合应用词句及语法结构等多项语言知识；能理解主题较抽象或严肃，讯息或情境多元复杂，语句结构长且复杂的文本，并指出各类文本的主旨、结论与作者立场等重要讯息，且能整合文本内容如文本结构、解释或例子等，并做进一步的推论或评论。	能理解词句基本语意及语法概念；能理解主题具体熟悉或贴近日常生活，讯息或情境略为复杂，语句结构略长的文本，并指出文本主旨、结论与作者立场等重要讯息，且从文本的解释或例子中做出推论。	仅能有限地理解词句基本语意；仅能理解主题贴近日常生活或与个人相关，讯息或情境简单且明显，语句结构简单的文本或语句；仅能指出文本陈述的主旨、结论与作者立场等重要讯息；仅能借助文本明显的线索做出简易的推论。

4.5.2　大学入学考试评价标准

大学升学考试《学科能力测验英文考科考试说明》与《指定科目考试英文考科考试说明》中没有对听、说、读的分项技能给出明确的评价标准，但对英语写作评分规定了具体指标，详见表11：

表11　大学升学考试英语写作评分标准

	优	中	差	劣
内　容	主题(句)清楚切题，并有具体、完整的相关细节支持。(5—4分)	主题不够清楚或突显，部分相关叙述发展不全。(3分)	主题不明，大部分相关叙述发展不全或与主题无关。(2—1分)	文不对题或没写(凡文不对题或没写者，其他各项均以零分计算)。(0分)
组　织	重点分明，有开头、发展、结尾，前后连贯，衔接语使用得当。(5—4分)	重点安排不妥、前后发展比例与衔接语使用欠妥。(3分)	重点不明、前后不连贯。(2—1分)	全文毫无组织或未按提示写作。(0分)
语法、句构	全文无语法错误，句子结构富有变化。(4分)	语法错误少，且未影响文意之表达。(3分)	语法错误多，且明显影响文意之表达。(2—1分)	全文语法错误严重，导致文意不明。(0分)
词条、拼写	用词精确、恰当，且几无拼写错误。(4分)	单词重复，用词偶有不当，有少许拼写错误，但不影响文意之表达。(3分)	用词、拼写错误多，明显影响文意之表达。(2—1分)	只写出或抄写与题意有关的零碎单词。(0分)
体　例	格式、标点、大小写几乎无错误。(2分)		格式、标点、大小写等有错误，但不影响文意之表达。(1分)	违背基本的写作体例或格式，标点、大小写等错误很多。(0分)

4.5.3　全民英检评价标准

台湾高校英语科目毕业门槛检测通道不一，除有国际统一评价体系的雅思、托福和托业考试之外，台湾大学还认可全民英检（GEPT）的成绩。全民英检共分五个等级，优级、高级、中高级、中级、初级，分别对应《欧洲语言教学与评估共同纲领》中的C2、C1、B2、B1、A2。综合来看，初级水平应具备基础英语能力，能理解和使用浅显日常用语；中级具有使用简单英语进行日常生活沟通的能力；中高级英语能力逐渐成熟，应用的领域扩大，虽有错误，但不影响沟通；高级通过者英语流利顺畅，仅有少数错误，应用能力扩及学术或专业领域；优级通过者，英语能力接近受过高等教育的母语人士，各种场合均能使用适当策略做最有效的沟通，详见表12：

表12　全民英检各级别评价标准

	听	读	写	说
初级	能听懂与日常生活相关的浅显谈话，包括价格、时间及地点等。	可看懂与日常生活相关的浅显文章，并能阅读路标、交通标志、招牌、简单菜单、时刻表及贺卡等。	能写简单的句子及段落，如写明信片、便条、贺卡及填表格等。对一般日常生活相关的事物，能以简短的文字叙事或说明。	能朗读简易文章、做简单的自我介绍，对熟悉的话题能以简单的英语对答，如问候、购物、问路等。
中级	在日常生活中，能听懂一般的会话；能大致听懂公共场所广播、气象报告及广告等。在工作时，能听懂简单的产品介绍与操作说明。能大致听懂外籍人士的谈话及询问。	在日常生活中，能阅读短文、故事、私人信件、广告、传单、简介及使用说明。在工作时，能阅读工作须知、公告、操作手册、例行的文件、传真、电报等。	能写简单的书信、故事及心得等。对于熟悉且与个人经历相关的主题，能以简易的文字表达。	在日常生活中，能以简单的英语交谈或描述一般事物，能介绍自己的生活作息、工作、家庭、经历等，并可对一般话题陈述看法。在工作时，能进行简单的咨询，并与外籍人士交谈沟通。
中高级	在日常生活中，能听懂社交谈话，并能大致听懂一般的演讲、报道及节目等。在工作时，能听懂简报、时论、产品介绍及操作说明等。	在日常生活中，能阅读书信、说明书及报道杂志等。在工作时，能阅读一般文件、摘要、会谈记录及报告等。	能写一般的工作报告及书信等。除日常生活相关主题外，与工作相关的事物、时事及较复杂或抽象的概念皆能适当表达。	在日常生活中，对与个人与兴趣相关的话题，能流畅地表达意见及看法。在工作时，能接待外籍人士、介绍工作内容、洽谈业务、在会议中发言，并能做简报。
高级	在日常生活中，能听懂各类主题的谈话、辩论、演讲、报道及节目等。在参与业务会议或谈判时，能听懂报告及讨论的内容。	能阅读各类不同主题、体裁的文章，包括报章杂志、文学作品、专业期刊、学术著作及文献等。	能写一般及专业性摘要、报告、论文、新闻报道等，可翻译一般书籍及新闻。对各类主题均能表达看法，并作深入探讨。	对于各类主题皆能流畅地表达看法并参与讨论，能在一般会议或专业研讨会中报告或发表意见等。
优级	能听懂各类主题及体裁的内容，理解程度与受过高等教育的母语人士相当。	能阅读各类不同主题、体裁文章。阅读速度及理解程度与受过高等教育的母语人士相当。	能撰写不同性质的文章，如企划报告、专业或学术性摘要、论文、新闻报道及时事评论等。对于各类主题均能有效完整地阐述并作深入探讨。	能在各种不同场合以正确流利的英语表达看法；能适切地引用文化知识及惯用语词。

参考文献：

[1] 蔡基刚.从通用英语到学术英语——回归大学英语教学本位[J].外语与外语教学,2014(1):9-14.

[2] 陈淑娇.全球化下的台湾英文教育：政策、教学及成果[J].教育人力与专业发展,2014,31(2):7-20.

[3] 戴念华.英文授课就是国际化？台大教授：本末倒置[OL].联合新闻网.http://udn.com/news/story/6928/1583992, 2016.

[4] 中小学九年一贯课程纲要总纲[OL].http://teach.eje.edu.tw/data/files/class_rules/all.pdf, 2008.

[5] 英语教学相关问题探讨：http://study.naer. edu.tw/Upload FilePath//dissertation/l016 _03_025.html.

[6] 何万顺.大学英语毕业门槛的真相（一）法律、教育、价值观[OL].天下杂志.http://opinion.cw.com.tw/blog/profile/351/article/3986, 2016.

[7] 李振清.台湾英语教育的演进与前瞻思维[J].台湾教育,2012,674:31-40.

[8] 美国教育考试服务中心（ETS）:《托福考试及成绩数据汇总报告》,2016:http://file.xdf.cn/uploads/pdf.

[9] 普通高级中学必修科目（英文）课程纲要[OL].http://web.ylsh.ilc.edu.tw/course/overview/03.pdf, 2008.

[10] 吴正己.英文授课就是国际化？台大教授：本末倒置[OL].联合新闻网.http://udn.com/news/story/6928/1583992, 2016.

[11] 雅思官网.http://takeielts.britishcouncil.org.

[12] 英孚：《EF英语能力指标2015》: http://bg.yjbys.com/diaochabaogao/22310.html.

[13] 钟荣富.台湾的英语教学：回顾与前瞻[J].基础教育外语教学研究,2002,11(1),23-27.

[14] Halliwell, S. *Teaching English in the primary classroom*[M]. Longman, 1992.

[15] Tsou,W. & Huang, Y-H(a). Instruction on English abstract writing for science and engineering graduate students in Taiwan[J]. Journal of English Education, 2013, 5: 1-24.

[16] Tsou, W. & Huang, Y-H(b). Skills for enhancing academic listening comprehension. In W. Tsou & S-M. Kao(eds.). *Towards a New Paradigm for English Teaching and Learning in Higher Education in Taiwan*[M]. Taipei,Taiwan: Bookman Books, Ltd, 2013.